高等学校经济与工商管理系列教材
普通高等教育"十三五"规划教材

财务会计

（第3版修订本）

主　编　江金锁
副主编　丁春贵　李西明
参　编　黄华梅　陈　丽　许　慧
　　　　杨　燃　刘　阳

清华大学出版社
北京交通大学出版社
·北京·

内容简介

本书共 15 章,具体包括财务会计基本理论、货币资金、应收款项及预付账款、存货、金融资产与长期股权投资、固定资产与递耗资产、无形资产及投资性房地产、流动负债、长期负债、所有者权益、收入、费用、利润、财务报告、财务报告调整等内容。

本书适用于普通高等院校财务会计课程的教学,也可供从事会计工作的人员参考。

本书封面贴有清华大学出版社防伪标签,无标签者不得销售。
版权所有,侵权必究。侵权举报电话:010-62782989　13501256678　13801310933

图书在版编目(CIP)数据

财务会计/江金锁主编.—3 版.—北京:北京交通大学出版社:清华大学出版社,2019.2(2020.11 修订)
(高等学校经济与工商管理系列教材)
ISBN 978-7-5121-3779-0

Ⅰ.①财… Ⅱ.①江… Ⅲ.①财务会计-高等学校-教材 Ⅳ.①F234.4

中国版本图书馆 CIP 数据核字(2018)第 257952 号

财务会计
CAIWU KUAIJI

责任编辑:	黎　丹
出版发行:	清 华 大 学 出 版 社　邮编:100084　电话:010-62776969　http://www.tup.com.cn
	北京交通大学出版社　邮编:100044　电话:010-51686414　http://www.bjtup.com.cn
印 刷 者:	北京鑫海金澳胶印有限公司
经　　销:	全国新华书店
开　　本:	185 mm×260 mm　印张:24.5　字数:627 千字
版　　次:	2019 年 2 月第 3 版　2020 年 11 月第 1 次修订　2020 年 11 月第 3 次印刷
书　　号:	ISBN 978-7-5121-3779-0/F•1849
印　　数:	3 501~5 000 册　定价:65.00 元

本书如有质量问题,请向北京交通大学出版社质监组反映。对您的意见和批评,我们表示欢迎和感谢。
投诉电话:010-51686043,51686008;传真:010-62225406;E-mail:press@bjtu.edu.cn。

前 言

为了贯彻习近平新时代中国特色社会主义思想和十九大精神,《财务会计（第 3 版修订本）》以财务会计概念框架为理论基础，以 2019 年中国《企业会计准则》及其应用指南为主要依据，以应用型本科人才培养目标、知识结构和能力要求为基本定位，在《财务会计（第 3 版）》的基础上编撰而成。

本书分为五大部分：第一部分，阐述财务会计的基本理论；第二部分，阐述"资产"要素的核算，包括"货币资金""应收款项及预付款项""存货""金融资产与长期股权投资""固定资产与递耗资产""无形资产及投资性房地产"的核算等内容；第三部分，阐述"负债与所有者权益"要素的核算，包括"流动负债""长期负债""所有者权益"的核算等内容；第四部分，阐述动态会计要素的核算，包括"收入""费用""利润"的核算等内容；第五部分，财务报告部分，包括"财务报告"及"财务报告调整"等内容。本书具体分工如下：第 1 章、第 11 章由江金锁（广东金融学院）编写；第 2 章由陈丽（广东外语外贸大学）编写；第 3 章由李西明（广东金融学院）编写；第 4、5、6、7 章由丁春贵（广东金融学院）编写，第 8 章由刘阳（河南财经政法大学）编写；第 9 章由刘阳和杨燃（广东金融学院）编写；第 10 章由刘阳与江金锁合作编写；第 12、13 章由黄华梅（广东金融学院）编写；第 14、15 章由许慧（广东工业大学）编写。本书由江金锁教授负责拟定全书的写作大纲与组织编写工作，并对全书进行了总纂。

本次修订主要变化是：第 5 章的内容进行更换；第 11 章按照收入的最新准则进行了重新编写；资产负债表与利润表增加了一些新的项目，如合同资产、资产处置损益、其他收益等；各章内容均按照 2017 年中国企业准则进行了修订。修订工作主要由江金锁教授完成，同时广东金融学院研究生李铭、张之林、张利果、张鉴、柯源及英国华威大学研究生江明泓为本次修订做了不少工作，在此表示感谢！

本书主要供非会计专业本科生财务会计课程教学使用，力求做到言简意赅，表达精准，以适应本科教学改革课时减少这一大的趋势。同时，本书也可以供会计专业本科生中级财务会计课程教学使用，本书涵盖了中级财务会计课程的全部内容，难点部分以"*"标出，供财务会计课程与中级财务会计课程教学时取舍。本书的出版得到了广东金融学院 2018 年创强项目"《财务会计》教材建设"的经费资助。

本书配有教学课件和相关的教学资源，有需要的读者可以从网站 http://www.bjtup.com.cn 下载或者发电子邮件至 cbsld@jg.bjtu.cn 索取。

由于水平有限，书中错误之处在所难免，欢迎广大读者和同行批评指正。联系邮箱：jiangjinsuogduf@126.com。

编 者

2020 年 5 月

目 录

第1章 财务会计基本理论 (1)
1.1 财务会计的概念及其特征 (1)
1.2 财务会计假设及其目标 (6)
1.3 财务会计信息质量特征 (9)
1.4 会计要素及其确认与计量原则 (12)
思考题 (20)
练习题 (20)

第2章 货币资金 (23)
2.1 货币资金概述 (23)
2.2 库存现金 (25)
2.3 银行存款 (31)
2.4 其他货币资金 (40)
思考题 (44)
练习题 (44)

第3章 应收款项及预付账款 (48)
3.1 应收票据 (48)
3.2 应收账款 (53)
3.3 应收账款融资 (59)
3.4 预付账款及其他应收款项 (61)
思考题 (63)
练习题 (64)

第4章 存货 (66)
4.1 存货的性质与范围 (66)
4.2 取得存货的计价 (68)
4.3 发出存货的计价 (73)
4.4 计划成本法与存货估价法 (78)
4.5 周转材料 (85)
4.6 存货的期末计价 (90)

思考题 ·· (95)
　　练习题 ·· (95)

第 5 章* 金融资产与长期股权投资 ·· (98)
　5.1 交易性金融资产 ··· (98)
　5.2 债权投资 ·· (100)
　5.3 其他权益工具投资与其他债权投资 ·· (105)
　5.4 长期股权投资 ·· (107)
　　思考题 ·· (119)
　　练习题 ·· (120)

第 6 章 固定资产与递耗资产 ·· (123)
　6.1 固定资产的性质与分类 ··· (123)
　6.2 固定资产的取得与初始计量 ·· (125)
　6.3 固定资产折旧 ·· (131)
　6.4 固定资产的后续支出 ·· (135)
　6.5 固定资产的处置 ··· (137)
　6.6 固定资产减值准备 ··· (139)
　6.7* 递耗资产与折耗 ··· (141)
　　思考题 ·· (143)
　　练习题 ·· (143)

第 7 章 无形资产及投资性房地产 ·· (146)
　7.1 无形资产 ·· (146)
　7.2* 投资性房地产 ·· (154)
　7.3 其他长期资产 ·· (161)
　　思考题 ·· (163)
　　练习题 ·· (163)

第 8 章 流动负债 ·· (166)
　8.1 流动负债的性质与分类 ··· (166)
　8.2 流动负债的会计处理 ·· (168)
　8.3* 或有事项与预计负债 ·· (183)
　　思考题 ·· (190)
　　练习题 ·· (191)

第 9 章 长期负债 ·· (193)
　9.1 长期负债的性质与分类 ··· (193)
　9.2 长期借款 ·· (194)

9.3* 长期债券	(196)
9.4 长期应付款	(202)
9.5* 借款费用	(205)
思考题	(211)
练习题	(212)

第10章 所有者权益 ································· (215)
10.1 所有者权益概述	(215)
10.2 投入资本与资本公积	(219)
10.3 留存收益	(231)
思考题	(235)
练习题	(235)

第11章 收入 ································· (238)
11.1 收入的概念	(238)
11.2 收入的确认与计量	(238)
11.3 合同成本	(257)
11.4 特定交易的会计处理	(259)
思考题	(268)
练习题	(269)

第12章 费用 ································· (272)
12.1 费用概述	(272)
12.2 费用的会计处理	(274)
思考题	(280)
练习题	(280)

第13章 利润 ································· (284)
13.1 税前利润及其构成	(284)
13.2* 所得税会计	(287)
13.3 税后利润及其分配	(304)
思考题	(307)
练习题	(308)

第14章 财务报告 ································· (311)
14.1 财务报表的内容与列报要求	(311)
14.2 资产负债表	(312)
14.3 利润表和综合收益表	(323)
14.4 现金流量表	(326)

14.5　所有者权益变动表 ·· (334)
14.6　财务报表附注 ··· (335)
14.7* 中期财务报告 ··· (338)
14.8* 分部财务报告 ··· (341)
思考题 ·· (347)
练习题 ·· (347)

第 15 章* 财务报告调整 ··· (356)
15.1　资产负债表日后事项 ··· (356)
15.2　会计变更与差错更正 ··· (365)
思考题 ·· (377)
练习题 ·· (377)

参考文献 ··· (380)

第1章 财务会计基本理论

> 【学习目标】
> 通过本章的学习,要求学生:了解会计产生与发展的历程,理解财务会计的概念、财务会计假设与财务会计目标,掌握财务会计信息质量特征与会计要素的基本内容。

1.1 财务会计的概念及其特征

1. 会计发展的主要阶段

会计是随着人类社会生产实践活动的产生而产生、发展而发展的。在原始社会早期,人类社会生产实践活动极其简单,生产水平极其低下,主要是通过采集野果、狩猎等简单的生产活动谋生,劳动产品几乎无剩余,这时仅靠人脑记忆和计算即可满足需要,当然无须进行计量与记录活动。随着人类社会第一次与第二次大分工,社会生产有所发展,劳动产品开始出现剩余,有了交换劳动产品的条件。于是便出现了结绳记事、刻记等最原始的处于萌芽状态的计量与记录行为,但这时的计量与记录还只是作为"生产职能的附带部分",独立的会计并未产生。

剩余产品的出现进一步刺激了人类对物质财富的追求欲望。人们逐渐并日益强烈地认识到应以尽可能少的劳动消耗(包括生产和生活资料消耗、劳动时间消耗),创造出尽可能多的物质财富。随着人们欲望的不断增强,对节约劳动耗费和提高经济效益的必要性日益增强,对生产过程的计量与记录行为日益复杂,最终导致会计的产生。正如马克思所概括的那样:"过程越是按社会的规模进行,越是失去纯粹个人的性质,作为对过程控制和观念总结的簿记就越是必要;因此,簿记对资本主义生产,比对手工业和农民的分散生产更为必要,对公有生产,比对资本主义生产更为必要。"

所以说,会计是社会生产发展到一定阶段的产物,也是在人们为组织与管理生产与服务活动过程中得到不断发展的。在会计发展的历史长河中,大致经历了古代会计、近代会计和现代会计三个主要阶段。

(1) 古代会计

从会计的产生到 1494 年专门论述复式簿记的书籍——《算术、几何、比及比例概要》出现之前,习惯上称为古代会计。

这一阶段,社会形态处在原始社会、奴隶社会和封建社会,经济形态是自给自足的自然经济形态,社会特征是生产发展缓慢,生产力水平比较低下,商品经济尚不发达,商品货币的交换关系没有全面展开。因此,会计的发展自然也十分缓慢,但在后期已经出现了明显的具备会计特征的会计行为。

中国是世界上的文明古国之一,经济发达程度曾经处于世界领先地位,尤其是封建社会鼎盛时期的唐宋时代,从而使中国的古代会计在世界会计发展史上一度占据过重要地位,有以下标志为证:周朝,就有专门掌管中央、地方政府钱粮收支的政府官员"司会"出现在官厅组织中,使会计成为一个独立的经济职能部门,进行"月计岁会"工作;唐宋时代,我国封建社会发展到了顶峰,于是就出现了"四柱清册"(即"旧管＋新收＝开除＋实在"),与现今的"期初余额＋本期增加发生额＝本期减少发生额＋期末余额"的结账方法已基本接近,形成了让中国人引为自豪、让世界为之赞誉的著名的中式簿记的早期形态;封建社会末期的明末清初,又出现了能够满足盈亏计算需要的"龙门账"等较为完善的中式会计。这些客观历史表明,中国封建社会早期的强盛,为中国会计初始发展提供了肥沃的土壤,并为世界会计发展史做出了杰出贡献。

在国外,由于商业的发展,爱好组织管理的巴比伦人,大约在 4 000 多年前就开始在金属或瓦片上记录大部分与会计记录有关的楔形文字。古埃及与古巴比伦大体相同,并且还建立了较为严格的内部控制制度,如仓库的记录官与仓库的监督官的设置等。公元前 5 世纪前后是奴隶社会发展的顶峰时期,产生了著名的古希腊文化和古罗马文化等地中海沿岸的文明,会计也达到了一定的水平。如公元前 630 年古希腊发明了铸币,并应用到会计记录中。古罗马的国家档案中已经有将政府收入、支出分设项目的记载,并在政府设有会计官员。

13 世纪以后,意大利沿海城市率先出现了资本主义的萌芽,借贷资本家开始以"借主""贷主"的形式登记债权、债务项目,为以后借贷记账法的产生奠定了记账符号的基础和由单式簿记向复式簿记过渡的基础等。

古代会计是以官厅会计为主的,民间会计仅居于非常次要的地位。所谓官厅会计,即它主要服务于奴隶主和封建皇(王)室赋税征收、财政支出及财产保管的会计。统治阶级为了加强对经济活动的监督和控制,十分重视官厅会计,甚至将它提到"治国安邦"的大计这一高度来认识。官厅会计具有以下主要特征。

① 它是社会发展到一定阶段的产物。由于奴隶社会和封建社会生产力发展水平低下,剩余产品较少,因此作为奴隶社会和封建社会统治者的奴隶主和封建皇(王)室才可能拥有较多的剩余产品,需要重视会计工作,并利用会计开展必要的核算、管理和控制。

② 它同其他的计算活动、财政收支活动、财产保管工作混在一起,尚未确立自己独特的职责和对象。这样,它就必然同时采用实物单位、货币单位甚至劳动单位进行计量。

③ 在记录方法上,它广泛采用文字叙述的方法,后来也逐渐完善了单式记账的方法。

④ 在那时,由于未出现经济实体或法人的概念,会计记录的主体不够明晰和确定,所有者本人及家庭、奴隶主和封建皇(王)室及其所统治的国家在会计记录上是分不清的,也就是说,在会计记录上是"家国不分"的。

⑤ 它有两个主要服务方面：一是确立财产保管责任关系；二是协调经济利益分配关系。具体说来，通过计量、记录和财政收支活动，就可在产品和财富分配时确保财政收入，在财政收入的分配中确保满足统治阶级的需要；借助计量、记录、钱币出纳和财物保管，则可确保财产物资的安全和完好无损。

(2) 近代会计

中世纪末期，中西方经济的贸易往来，使得地中海沿岸的一些城市的经济空前繁荣，尤其是意大利沿海城市佛罗伦萨、热那亚、威尼斯等地，商业和金融业率先得以发展，成为当时世界经济贸易中心，奠定了社会形态向资本主义迈进的关键一步。为了经济发展的需要，人们开始将原来借贷资本家所用的"借主""贷主"的记录方式，经逐步改进和提高后，形成了早期的第一个借贷复式记账法，并在这些城市广为流行。到15世纪末，借贷复式记账法已经发展成为一种成熟的记账方法。

从15世纪末起到20世纪50年代这一阶段的会计，人们习惯上称为近代会计，以1494年为划分标志。1494年，意大利传教士、数学家、会计学家卢卡·帕乔利（Luca Pacioli）在威尼斯出版了一部耗费他30年心血的世界名著——《算术、几何、比及比例概要》（亦译为《数学大全》）。其中有专门论述簿记的一章，对意大利威尼斯簿记和借贷记账法做了全面系统地理论描述和总结，成为当今人们赞誉的第一部会计理论书籍，并为会计由自然存在推向科学奠定了重要基石，被后人称为近代会计发展史的第一个里程碑，卢卡·帕乔利也被史学家尊称为"近代会计之父"。著名的德国诗人歌德曾将借贷记账法赞誉为"人类智慧的一种绝妙创造，以致每一个精明的商人在他的经济事业中都必须运用它"。

从16世纪末到19世纪，意大利经济逐渐走向衰落，资本主义在荷兰、德国、法国、英国等欧洲国家得到迅速发展，使得意大利的复式簿记不仅迅速在欧洲得以传播，而且取得了很大发展。17世纪初，荷兰借助强大海军进行了大规模海外殖民掠夺，使之成为当时最为发达的被马克思称之为"17世纪标准的资本主义国家"，因此成为意大利复式簿记在欧洲传播和发展的中心。17世纪初担任教师的荷兰王子西蒙·斯蒂文（Simon Stevin），出版了一本最杰出的会计著作《数学惯例法》，所论述的复式簿记部分，被会计史学界称为"王子簿记"，有人甚至将他与卢卡·帕乔利相提并论。再后来，德国、法国、英国等国家资本主义的迅速发展，尤其是英国工业革命的兴起，复式簿记不仅在这些国家迅速传播与发展，而且出版了许多专门研究和论述簿记、会计的理论书籍，会计知识得到广泛普及。尤其值得一提的是，1600年世界上第一个公司制企业——英国东印度公司的诞生，由于该公司允许签发永久性股份，从而形成了持续经营与会计分期的概念。1853年，英国在苏格兰又成立了世界上第一个注册会计师专业团体——"爱丁堡会计师协会"，并于1854年被授予皇家特许证，允许它的会计师冠予"特许会计师"的标志，会计开始成为一种社会性专门职业和通用的商务语言。

在近代会计的发展过程中，它不仅提供了一系列科学的会计概念，如资本、成本、收益和盈利等，更重要的是它还创造了资本主义"企业"的概念，会计主体、持续经营等概念由此慢慢确定，难怪它被推广应用之后，受到各界著名人士的交口称赞。

除了封建皇（王）室、资本主义国家的政府会计得到继续发展外，工商企业承包会计代表了近代会计发展一个最主要的潮流。工商财务会计的发展不仅促进了工商企业的快速成长，也成为当时资本主义社会发展的一项基础性的工具。

(3) 现代会计

现代会计是 20 世纪 50 年代以后，在发达的市场经济国家特别是在美国发展和完善起来的。现代会计的形成和发展主要表现在以下两个方面。

① 会计的工艺与现代电子计算机和信息技术相结合，会计由手工簿记系统发展为电子数据处理系统和网络系统。会计处理的电算化，是会计在记录与计算技术方面的重大革命。会计信息的网络化大大促进了会计信息的传递，有助于提高会计信息的使用效率。

② 会计理论、方法随着企业内部和外部对会计信息的不同要求而分化为两个子系统：一是财务会计，它以向投资者、债权人和企业外部其他利益相关者提供投资决策、信贷决策和其他经济决策所需要的信息为主；二是管理会计，它主要为企业内部管理当局服务。在这个意义上，管理会计也称为"对内报告会计"。现代会计除了财务会计和管理会计这两个特点和服务对象有明显差别的领域外，介于它们之间的成本会计也常被人们当作一个相对独立的领域提出来。

当然，现代会计除了上述方面的发展外，还有许多其他方面的发展领域，如公允价值会计、人力资源会计、通货膨胀会计、现值会计、资本成本会计和国际会计等。

2. 财务会计的概念

要明确财务会计的定义，不能离开财务会计所处的环境，其中现代企业组织结构就是一个很重要的因素。在企业组织中，投资者、债权人、经理与雇员、客户、供应商、政府等都与企业有着重要的契约关系，可以将每个组织看成是众多参与者一系列契约的集成。财务会计对于制定、实施、加强、改善和维护组织契约是非常必要的。

随着现代化大生产的产生和发展、管理方式的演变，与财务会计关系密切的企业内部组织结构也经历了一个发展变化的过程。目前已形成直线制、职能制、直线职能制、分权事业部制、矩阵结构和模拟分散管理结构等基本形式。根据现代企业组织与管理主要文献的论述，就与财务会计地位有关的问题，可以得出以下结论。

① 财务会计一般不具备生产要素实体管理的特点。在现代企业生产经营中，除有物资流动外，还伴随着资金的流动和人员的流动。作为企业传统意义上生产要素的人力、财力和物力，具有同等重要的地位。能够直接调节和控制这些要素的管理可称为实体管理。实践中，财务会计并不作为这样一种生产要素的实体管理而存在。

② 财务会计通常不具备职能管理的特点。职能管理与管理职能是两个不同的概念。人们通常把计划、组织、指挥、监督和调节都视为管理职能，而职能管理则与职能部门化类似，目前职能部门化概念逐渐取代了职能管理。部门化把组织的工作划分为若干个半自治的单位或部门。部门化的结果是划清经理人员的各项职责，并对业务活动进行分类归组。职能部门化的主要标准是生产经营业务活动的特性和类别，当然与生产要素的实体管理有一定的关系。在划分职能部门化时，常常见不到会计部门。

③ 在现代企业组织理论中，财务会计一般都出现在讨论直线经理人员与参谋人员、直线指挥与参谋系统之间的关系时。艾伯特在《管理学原理》中指出："……会计、组织及预算控制等部门及其经理，通常被称为参谋。""直线经理人员与参谋人员之间的差别在于：直线经理人员有指挥权，而参谋人员没有。"就会计而言，它主要通过建议、服务及有限的职能权力，去协调和推动直线指挥系统达成组织目标。财务会计的参谋作用通常是通过提供对决策有用的信息的方式加以实现的。

④ 既然职能参谋系统一般都通过信息的方式作用于物资供销、技术设备、生产质量、劳动人事和财务等职能管理，那么就很有必要考察一下职能参谋系统中不同的信息渠道，主要是区分会计信息、业务统计信息和专业技术信息渠道。虽然并不是每一个企业都设有专职部门负责上述三条渠道，但它们是客观存在、各自独立的。随着市场经济和相关管理方面的发展，会计信息渠道虽有拓宽，但货币计量作为会计的基本特征仍未改变。

⑤ 财务会计在现代企业管理中的确存在控制，即在一定条件下进行直线指挥和开展生产要素实体管理的问题。对此，可从两方面加以理解：一方面，在正常的情况下，财务会计是企业管理控制的某些部分和环节，财务会计表面上只提供信息，而实际上还要做出某些安排，进行某些控制；另一方面，在非正常的情况下，或是有企业规模问题，或是出现例外情况，财务会计的控制范围很可能还会扩大。

我国会计界对会计的定义存在两种代表性的观点，即"信息系统论"和"管理活动论"。信息系统论认为：会计是旨在提高微观经济效益、加强经济管理而在企业承包（单位）范围内建立的一个以提供财务信息为主的经济信息系统。这种观点，将会计看成是为经济管理提供价值信息服务，但本身并不是经济管理活动。"管理活动论"认为：会计是通过搜集、处理和利用经济信息，对经济活动进行组织、控制、调节和指导，促使人们权衡利弊、比较得失、讲求经济效果的一种管理活动。

根据前面对财务会计在现代企业组织结构中地位的考察分析，我们也认为财务会计是一个经济信息系统。按照系统的功效不同，财务会计信息系统可以分为四个层次。

① 财务会计信息传递系统。信息传递系统不改变信息本身的结构和形态，只是把信息从一处传到另一处，如电话系统。就财务会计而言，如果企业管理中的某一职能部门直接使用（会计）原始凭证中的资料，它就构成一个信息传递系统。实际上，这时的凭证资料仅仅是原始数据而已。

② 财务会计信息处理系统。信息处理系统是将原始数据进行加工处理，使之获得新的结构和形态，或产生新的数据资料。例如，使用数学方法输入的个别单价计算得到的平均单价就是一种信息处理。计算机本身也是一个信息处理系统，经过它处理得到的各种不同形态的新数据资料，虽然都依据原始数据输入，但输出的内容与输入的内容已大不相同了。财务会计经过填制凭证、登记账簿到编制财务报告实际上就是一个信息处理系统。这个系统的全过程完全可由计算机来操作。财务会计不是计算机，财务会计信息处理系统仅仅是会计整体中的一个有机组成部分。

③ 财务会计信息解释和分析系统。信息解释就是指依据各种数据资料（大部分已经过加工处理），经过调查分析，通过科学的思维和合理的推断得到新的信息。在财务会计工作中，我们将会看到报表分析、预测预算、制定决策方案的内容，这些内容已经构成了现代会计的重要组成部分，并且也是会计发展的一个方向。

④ 财务会计信息调节系统。信息调节系统主要是在计划制订（或目标确定）及实施之中或之后，为保证按既定目标运行而对差异所采取的校正措施。例如，会计监督就可以校正某些行为，起到调节的作用。

综合起来，财务会计是以会计准则为依据，对企业已经发生的交易与事项，运用复式记账的专门方法，通过确认、计量、记录和报告等主要程序进行加工处理，并以财务报告的形式，向企业管理层和与企业有利害关系的外部信息使用者提供企业财务状况、经营成果和现金流量等方面信息的信息处理系统。

3. 财务会计的特征

财务会计与管理会计相比,有如下几个方面的特征。

(1) 财务会计以计量和传送信息为主要目标

财务会计的目标主要是向企业的投资者、债权人、政府部门及社会公众提供财务信息。从信息的性质看,主要反映企业已经发生的交易与事项,是历史信息,并不涉及对企业重大的经营活动进行预测和决策;从信息的使用者看,尽管企业内部管理层也是财务信息的使用者,但财务会计更着眼于为企业外部信息使用者提供信息,这些外部信息使用者包括企业的投资者、债权人、政府部门及社会公众等。

(2) 财务会计以财务报告为工作核心

财务会计作为一个信息系统,是以财务报告作为最终成果的。财务信息最终是通过财务报告反映出来,因此财务报告是财务会计工作的核心。而财务报表又是财务报告的核心,财务会计所编制的财务报表是以会计准则为指导编制的,可以对外公开,不包括涉及企业商业秘密的成本报表。

(3) 财务会计仍然是以复式簿记原理作为数据处理和信息加工的基本方法

复式簿记是指对每一笔经济业务,都要以相等的金额,在相互联系的两个或两个以上账户中进行登记的一种记账方法。它一般包括设置账户、复式记账、填制凭证、登记账簿、成本计算、财产清查和编制报表等专门方法。

(4) 财务会计以公认会计原则和会计准则为指导

公认会计原则是被普遍接受并得到权威支持的会计原则,是指导会计实务的规范,也是会计准则的前身。会计准则由基本准则和具体准则组成。随着经济全球化的发展,资本跨国流动的趋势越来越强劲,这在客观上要求会计国际化及会计准则国际趋同。一套高质量、可理解、可实施的全球性会计准则的时代正在到来。

1.2 财务会计假设及其目标

1. 财务会计假设

财务会计假设是财务会计确认、计量和报告的前提,是对会计核算所处时间、空间环境等所作的合理设定。会计基本假设包括会计主体、持续经营、会计分期和货币计量。

(1) 会计主体

会计主体,是指财务会计确认、计量和报告的空间范围。为了向财务报告使用者反映企业财务状况、经营成果和现金流量,提供与其决策有用的信息,会计处理和财务报告的编制应当反映特定对象的经济活动,才能实现财务报告的目标。

在会计主体假设下,企业应当对其本身发生的交易或者事项进行会计确认、计量和报告,反映企业本身所从事的各项生产经营活动。明确界定会计主体是开展会计确认、计量和报告工作的重要前提。

首先,明确会计主体,才能划定会计所要处理的各项交易或事项的范围。在会计实务中,只有那些影响企业本身经济利益的各项交易或事项才能加以确认、计量和报告,那些不影响企业本身经济利益的各项交易或事项则不能加以确认、计量和报告。通常所讲的资产、负债的确认，收入的实现，费用的发生等，都是针对特定会计主体而言的。

其次，明确会计主体，才能将会计主体的交易或者事项与会计主体所有者的交易或者事项及其他会计主体的交易或者事项区分开来。例如，企业所有者的经济交易或者事项是属于企业所有者主体所发生的，不应纳入财务会计处理的范围，但是企业所有者投入到企业的资本或者企业向所有者分配的利润，则属于企业主体所发生的交易或者事项，应当纳入财务会计确认、计量和报告的内容。

会计主体不同于法律主体。一般而言，法律主体必然是一个会计主体。例如，一个企业作为一个法律主体，应当建立财务会计系统，独立反映其财务状况、经营成果和现金流量。但是，会计主体不一定是法律主体。例如，企业集团中的母公司拥有若干子公司，母、子公司虽然是不同的法律主体，但是母公司对子公司拥有控制权，为了全面反映企业集团的财务状况、经营成果和现金流量，需要将企业集团作为一个会计主体，编制合并财务报表。在这种情况下，尽管企业集团不属于法律主体，但它却是会计主体。再如，由企业管理的证券投资基金、企业年金基金等，尽管不属于法律主体，但属于会计主体，应当对每项基金进行会计确认、计量和报告。

(2) 持续经营

持续经营，是指在可以预见的将来，企业将会按当前的规模和状态继续经营下去，不会停业，也不会大规模削减业务。在持续经营前提下，会计确认、计量和报告应当以企业持续、正常的生产经营活动为前提。会计准则体系是以企业持续经营为前提加以制定和规范的，涵盖了从企业成立到清算（包括破产）整个期间的交易或者事项的会计处理。一个企业在不能持续经营时就应当停止使用这个假设，如仍按持续经营这一基本假设选择会计确认、计量和报告原则与方法，就不能客观地反映企业的财务预算状况、经营成果和现金流量，会误导会计信息使用者的经济决策。

(3) 会计分期

会计分期，是指将一个企业持续经营的生产经营活动划分为一个个连续的、长短相同的期间。会计分期的目的在于通过会计期间的划分，将持续经营的生产经营活动划分成连续、相等的期间，据以结算盈亏，按期编报财务报告，从而及时向财务报告使用者提供有关企业财务状况、经营成果和现金流量的信息。

根据持续经营假设，一个企业将按当前的规模和状态持续经营下去。但是，无论是企业的生产经营决策者还是投资者、债权人等的决策都需要及时的信息，需要将企业持续的生产经营活动划分为一个个连续的、长短相同的期间，分期确认、计量和报告企业的财务状况、经营成果和现金流量。由于会计分期，才产生了当期与以前期间、以后期间的差别，才使不同类型的会计主体有了记账的基准，进而出现了折旧、摊销等会计处理方法。

在会计分期假设下，企业应当划分会计期间，分期结算账目和编制财务报告。会计期间通常分为年度和中期。中期，是指短于一个完整的会计年度的报告期间。

(4) 货币计量

货币计量，是指会计主体在财务会计确认、计量和报告时以货币作为计量尺度，反映会计主体的生产经营活动。

在会计的确认、计量和报告过程中之所以选择以货币为基础进行计量，是由货币的本身性决定的。货币是商品的一般等价物,是衡量一般商品价值的共同尺度,具有价值尺度、流通手段和支付手段等特点。其他计量单位,如吨、米、立方米、台、件等,只能从一个侧面反映企业的生产经营情况,无法在量上进行汇总和比较,不便于会计计量和经营管理。只有选择货币这一共同尺度进行计量,才能全面反映企业的生产经营情况。所以,基本准则规定,会计确认、计量和报告选择货币作为计量单位。

在有些情况下,统一采用货币计量也有缺陷,某些影响企业财务状况和经营成果的因素,如企业经营战略、研发能力、市场竞争力等,往往难以用货币来计量,但这些信息对于使用者决策来讲也很重要,为此企业可以在财务报告中补充披露有关非财务信息来弥补上述缺陷。

2. 财务会计目标

基本准则对财务报告目标进行了明确定位,将保护投资者利益、满足投资者进行投资决策的信息需求放在了突出位置,彰显了财务报告目标在企业会计准则体系中的重要作用。基本准则规定,财务报告的目标是向财务报告使用者提供与企业财务状况、经营成果和现金流量等有关的会计信息,反映企业管理层受托责任履行情况,有助于财务报告使用者做出经济决策。

财务报告使用者主要包括投资者、债权人、政府及其有关部门和社会公众等。满足投资者的信息需要是企业财务报告编制的首要出发点。近年来,我国企业改革持续深入,产权日益多元化,资本市场快速发展,机构投资者及其他投资者队伍日益壮大,对会计信息的要求日益提高。在这种情况下,投资者更加关心其投资的风险和报酬,他们需要会计信息来帮助他们做出决策,比如决定是否应当买进、持有或者卖出企业的股票或者股权,他们需要会计信息来帮助他们评估企业支付股利的能力等。因此,基本准则将投资者作为企业财务报告的首要使用者,凸显了投资者的地位,体现了保护投资者利益的要求,是市场经济发展的必然。

财务报告所提供的信息应当如实反映企业各项经营活动、投资活动及筹资活动等所形成的现金流入和现金流出情况,从而有助于现在的或者潜在的投资者正确、合理地评价企业的资产质量、偿债能力、盈利能力和营运效率等;有助于投资者根据相关会计信息做出理性的投资决策,有助于投资者评估与投资有关的未来现金流量的金额、时间和风险等。

除了投资者之外,企业财务报告的使用者还有债权人、政府及其有关部门、社会公众等。例如,企业贷款人、供应商等债权人通常十分关心企业的偿债能力和财务预算风险,他们需要信息来评估企业能否如期支付贷款本金及其利息,能否如期支付所欠购货款等;政府及其有关部门作为经济管理和经济监管部门,通常关心经济资源分配的公平、合理,市场经济秩序的公正、有序、宏观决策所依据信息的真实可靠等,他们需要信息来监管企业承包的有关活动(尤其是经济活动)、制定税收政策、进行税收征管和国民经济统计等;社会公众也关心企业的生产经营活动及其影响,包括企业对所在地经济做出的贡献,如增加就业、刺激消费、提供社区服务等。在财务报告中提供有关企业发展前景及其能力、经营效益及其效率等方面的信息,可以满足社会公众的信息需要。财务报告使用者的信息需求中许多是共同的,由于投资者是企业资本的主要提供者,通常情况下,如果财务报告能够满足这一群体的会计信息需求,也就可以满足其他使用者的大部分信息需求。

现代企业制度强调企业所有权和经营权相分离,企业管理层是受投资者之托经营管理企业及其各项资产，负有受托责任。即企业管理层所经营管理的企业各项资产基本上均为投资者投入的资本（或者留存收益作为再投资）或者向债权人借入的资金所形成的，企业管理层有责任妥善保管并合理、有效运用这些资产。企业投资者和债权人等也需要及时或者经常性地了解企业管理层保管、使用资产的情况，以便于评价企业管理层的责任情况和业绩，并决定是否需要调整投资或者信贷政策，是否需要加强企业内部控制和其他制度建设，是否需要更换管理层等。因此，财务报告应当反映企业管理层受托责任的履行情况，以有助于外部投资者和债权人等评价企业的经营管理责任和资源使用的有效性。

财务报告目标要求满足投资者等财务报告使用者决策的需要，体现为财务报告的决策有用观；财务报告目标要求反映企业管理层受托责任的履行情况，体现为财务报告的受托责任观。财务报告的决策有用观与受托责任观是统一的，投资者出资委托企业管理层经营希望获得更多的投资回报，实现股东财富的最大化，从而进行可持续投资；企业管理层接受投资者的委托从事生产经营活动，努力实现资产安全完整，保值增值，防范风险，促进企业可持续发展，就能够更好地、持续地履行受托责任，为投资者提供回报，为社会创造价值。由此可见，财务报告目标的决策有用观和受托责任观是有机统一的。

1.3 财务会计信息质量特征

财务会计信息质量关系到投资者决策、完善资本市场及市场经济秩序等重大问题。何为高质量会计信息及如何提高财务会计信息质量，会计准则进行了明确规定。财务会计信息质量特征是对企业财务报告提供高质量会计信息的基本规范，是使财务报告中所提供会计信息对投资者等使用者决策有用应具备的质量特征。根据基本准则的规定，它包括可靠性、相关性、可理解性、可比性、实质重于形式、重要性、谨慎性和及时性等。其中，可靠性、相关性、可理解性、可比性是会计信息的首要质量要求，是企业财务报告中所提供会计信息应具备的基本质量特征；实质重于形式、重要性、谨慎性和及时性是会计信息的次级质量要求，是对可靠性、相关性、可理解性、可比性等首要质量要求的补充和完善，尤其是在对某些特殊交易或者事项进行处理时，需要根据这些质量要求来把握会计处理原则。另外，及时性还是会计信息相关性和可靠性的制约因素，企业需要在相关性和可靠性之间寻求一种平衡，以确定信息及时披露的时间。

1. 可靠性

可靠性要求企业应当以实际发生的交易或者事项为依据进行确认、计量和报告，如实反映符合确认和计量要求的各项会计要素及其相关信息，保证会计信息真实可靠、内容完整。可靠性是高质量会计信息的重要基础，企业以虚假的经济业务进行确认、计量、报告，不仅会严重损害财务会计信息质量，而且会误导投资者，干扰资本市场，导致会计秩序混乱。为了贯彻可靠性要求，企业应当做到以下几点。

① 以实际发生的交易或者事项为依据进行确认、计量，将符合会计要素定义及其确认条件的资产、负债、所有者权益、收入费用和利润等如实反映在财务报告中，不得根据虚构的、没有发生的或者尚未发生的交易或者事项进行确认、计量和报告。

② 在符合重要性和成本效益原则的前提下，保证会计信息的完整性，其中包括应当编报的报表及其附注内容等应当保持完整，不能随意遗漏或者减少应予披露的信息，与使用者决策相关的有用信息都应当充分披露。

③ 在财务报告中的会计信息应当是客观中立的、无偏的。如果企业在财务报告中为了达到事先设定的结果或效果，通过选择或列示有关会计信息以影响决策和判断，这样的财务报告信息就不是中立的。

2. 相关性

相关性要求企业提供的会计信息应当与投资者等财务报告使用者的经济决策需要相关，有助于投资者等财务报告使用者对企业过去、现在或者未来的情况做出评价或者预测。

会计信息是否有用，是否具有价值，关键是看其与使用者的决策需要是否相关，是否有助于决策者提高决策水平。相关的会计信息应当能够有助于使用者评价企业过去的决策，证实或者修正过去的有关预测，因而具有反馈价值。相关的会计信息还应当具有预测价值，有助于使用者根据财务报告所提供的会计信息预测企业未来的财务状况、经营成果和现金流量。

财务会计信息质量的相关性要求是以可靠性为基础的，两者之间是统一的，并不矛盾，不应将两者对立起来。也就是说，会计信息在可靠性前提下尽可能地做到相关性，以满足投资者等财务报告使用者的决策需要。

3. 可理解性

可理解性要求企业提供的会计信息应当清晰明了，便于投资者等财务报告使用者理解和使用。

企业编制财务报告、提供会计信息的目的在于使用，而要使使用者有效使用会计信息，应当让其了解会计信息的内涵，弄懂会计信息的内容，这就要求财务报告所提供的会计信息应当清晰明了，易于理解。只有这样，才能提高会计信息的有用性，实现财务报告的目标，满足向投资者等财务报告使用者提供对其决策有用的信息的要求。投资者等财务报告使用者通过阅读、分析、使用财务报告信息，能够了解企业的过去和现状，以及企业净资产或企业价值的变化过程，预测未来发展趋势，从而做出科学决策。

会计信息是一种专业性较强的信息产品，在强调会计信息的可理解性要求的同时，还应假定使用者具有一定的有关企业经营活动和会计方面的知识，并且愿意付出努力去研究这些信息。对于某些复杂的信息，如交易本身较为复杂或者会计处理较为复杂，但其与使用者的经济决策相关，企业就应当在财务报告中予以充分披露。

4. 可比性

可比性要求企业提供的会计信息应当相互可比，这主要包括两层含义。

（1）同一企业不同时期可比

财务会计信息质量的可比性要求同一企业不同时期发生的相同或者相似的交易或者事项，应当采用一致的会计政策，不得随意变更。但是，满足会计信息可比性要求，并非表明企业不得变更会计政策，如果按照规定或者在会计政策变更后可以提供更可靠、更相关的会计信息，可以变更会计政策。有关会计政策变更的情况，应当在附注中予以说明。

（2）不同企业相同会计期间可比

为了便于投资者等财务报告使用者评价不同企业的财务状况、经营成果和现金流量及其变动情况，财务会计信息质量的可比性要求不同企业同一会计期间发生的相同或者相似的交易或者事项，应当采用统一规定的会计政策，确保会计信息口径一致、相互可比，以使不同企业按照一致的确认、计量和报告要求提供有关会计信息。

可比性要求各类企业执行的会计政策应当统一。比如2006版的企业会计准则于2007年1月1日在所有上市公司执行，实现了上市公司会计信息的可比性；之后该准则实施范围进一步扩大，实现了所有大中型企业实施准则的目标，从而解决了不同企业之间会计信息的可比性问题。

5. 实质重于形式

实质重于形式要求企业应当按照交易或者事项的经济实质进行会计确认、计量和报告，不仅仅以交易或者事项的法律形式为依据。

企业发生的交易或事项在多数情况下其经济实质和法律形式是一致的，但在有些情况下也会出现不一致。例如，企业按照销售合同销售商品但又签订了售后回购协议，虽然从法律形式上看实现了收入，但如果企业没有将商品所有权上的主要风险和报酬转移给购货方，没有满足收入确认的各项条件，即使签订了商品销售合同或者已将商品交付给购货方，也不应当确认销售收入。

又如，在企业合并中，经常会涉及"控制"的判断，有些合并，从投资比例来看，虽然投资者拥有被投资企业50%或50%以下的股份，但是投资企业通过章程、协议等有权决定被投资企业财务和经营决策的，就不应当简单地以持股比例来判断控制权，而应当根据实质重于形式的原则来判断投资企业对被投资单位的控制程度。

再如，关联交易中，通常情况下关联交易只要交易价格是公允的，关联交易属于正常交易，按照准则规定进行确认、计量、报告；但是，某些情况下，关联交易有可能会出现不公允，虽然这个交易的法律形式没有问题，但从交易的实质来看，可能会出现关联方之间转移利益或操纵利润的行为，从而影响财务会计信息质量。由此可见，在会计职业判断中，正确贯彻实质重于形式原则至关重要。

6. 重要性

重要性要求企业提供的会计信息应当反映与企业财务状况、经营成果和现金流量有关的所有重要交易或者事项。

财务报告中提供的会计信息的省略或者错报会影响投资者等使用者据此做出决策的，该信息就具有重要性。重要性的应用需要依赖职业判断，企业应当根据其所处环境和实际情况，从项目的性质和金额大小两方面加以判断。例如，企业发生的某些支出，金额较小的，从支出受益期来看，可能需要在若干会计期间进行分摊，但根据重要性要求，可以一次计入当期损益。

7. 谨慎性

谨慎性要求企业对交易或者事项进行会计确认、计量和报告时应保持应有的谨慎，不应高估资产或者收益，低估负债或者费用。

在市场经济环境下，企业的生产经营活动面临着许多风险抵押和不确定性，如应收款项的可收回性、固定资产的使用寿命、无形资产的使用寿命、售出存货可能发生的退货或者返修等。财务会计信息质量的谨慎性要求，需要企业在面临不确定性因素的情况下做出职业判断时，应当保持应有的谨慎，充分估计到各种风险和损失，既不高估资产或者收益，也不低估负债或者费用。例如，对于企业发生的或有事项，通常不能确认或有资产，只有当相关经济利益基本确定能够流入企业时，才能作为资产予以确认；相反，相关经济利益很可能流出企业而且构成现时义务时，应当及时地确认为预计负债。

再如，企业在进行所得税会计处理时，只有在有确凿证据表明未来期间很可能获得足够的应纳税所得额用来抵扣暂时性差异时，才应当确认相关递延所得税资产；而对于发生的相关应纳税暂时性差异，则应当及时足额确认递延所得税负债，这也是会计信息谨慎性要求的具体体现。

谨慎性的应用不允许企业设置秘密准备金，如果企业故意低估资产或者收入，或者故意高估负债或者费用，将不符合会计信息的可靠性和相关性要求。损害财务会计信息质量，扭曲企业实际的财务状况和经营成果，从而对使用者的决策产生误导，这是不符合会计准则要求的。

8. 及时性

及时性要求企业对于已经发生的交易或者事项，应当及时进行确认、计量和报告，不得提前或者延后。

会计信息的价值在于帮助所有者或者其他方做出经济决策，具有时效性。即使是可靠的、相关的会计信息，如果不及时提供，就失去了时效性，对于使用者的效用就大大降低，甚至不再具有实际意义。在会计确认、计量和报告过程中贯彻及时性，一是要求及时收集会计信息，即在经济交易或者事项发生后，及时收集整理各种原始单据或者凭证；二是要求及时处理会计信息，即按照会计准则的规定，及时对经济交易或者事项进行确认或者计量，并编制财务报告；三是要求及时传递会计信息，即按照国家规定的有关时限，及时地将编制的财务报告传递给财务报告使用者，便于他们及时使用和决策。

1.4　会计要素及其确认与计量原则

会计要素是根据交易或者事项的经济特征确定的会计对象所进行的基本分类。基本准则规定，会计要素按照性质不同，可分为资产、负债、所有者权益、收入、费用和利润，其中资产、负债和所有者权益侧重于反映企业的财务状况，收入、费用和利润侧重于反映企业的经营成果。会计要素的界定和分类可以使财务会计系统更加科学严密，为投资者等财务报告使用者提供更加有用的信息。

1. 资产的定义及其确认条件

1）资产的定义

资产是指企业过去的交易或者事项形成的、由企业拥有或者控制的、预期会给企业带来经济利益的资源。根据资产的定义，资产具有以下特征。

（1）资产应是企业拥有或者控制的资源

资产作为一项资源，应当由企业拥有或者控制，具体是指企业享有某项资源的所有权，或者虽然不享有某项资源的所有权，但该资源能被企业所控制。

企业享有资产的所有权，通常表明企业能够排他性地从资产中获得经济利益。一般而言,在判断资产是否存在时,所有权是考虑的首要因素。有些情况下,资产虽然不为企业所拥有,即企业并不享有其所有权,但企业控制了这些资产,同样表明企业能够从资产中获取经济利益,符合会计上对资产的定义。例如,某企业以融资租赁方式租入一项固定资产,尽管企业并不拥有其所有权,但是如果租赁合同规定的租赁期相当长,接近于该资产的使用寿命,也表明企业控制了该资产的使用及其所能带来的经济利益,应当将其作为企业资产予以确认、计量和报告。

(2) 资产预期会给企业带来经济利益

资产预期会给企业带来经济利益,是指资产直接或者间接导致现金和现金等价物流入企业的潜力。这种潜力可以来自企业日常的生产经营活动,也可以是非日常活动。带来经济利益的形式可以是现金或者现金等价物形式,也可以是能转化为现金或者现金等价物的形式,或者可以是减少现金或者现金等价物流出形式。

资产预期能否会为企业带来经济利益是资产的重要特征。例如,企业采购的原材料、购置的固定资产等可以用于生产经营过程,制造商品或者提供劳务,对外出售后收回货款,货款即为企业所获得的经济利益。如果某一项目预期不能给企业带来经济利益,那么就不能将其确认为企业的资产。前期已经确认为资产的项目,如果不能再为企业带来经济利益,也不能再确认为企业的资产。例如,待处理财产损失及某些财务挂账等,由于不符合资产的定义,均不应当确认为资产。

(3) 资产是由企业过去的交易或者事项形成的

资产应当由企业过去的交易或者事项所形成。过去的交易或者事项包括购买、生产、建造行为或者其他交易或事项。换句话说,只有过去的交易或者事项才能产生资产,企业预期在未来发生的交易或者事项不形成资产。例如,企业有购买某存货的意愿或者计划,但是购买行为尚未发生,就不符合资产的定义,不能因此而确认存货资产。

2) 资产的确认条件

将一项资源确认为资产,除了需要符合资产的定义外,还应同时满足以下两个条件。

(1) 与该资源有关的经济利益很可能流入企业

从资产的定义来看,能否带来经济利益是资产的一个本质特征。但在现实生活中,由于经济环境瞬息万变,与资源有关的经济利益能否流入企业或者能够流入多少实际上带有不确定性。因此,资产的确认还应与经济利益流入的不确定性程度的判断结合起来。如果根据编制财务报表时所取得的证据,与资源有关的经济利益很可能流入企业,那么就应当将其作为资产予以确认;反之,不能确认为资产。

(2) 该资源的成本或者价值能够可靠计量

财务会计系统是一个确认、计量和报告的系统,其中可计量性是所有会计要素确认的重要前提,资产的确认也是如此。只有当有关资源的成本或者价值能够可靠计量时,资产才能予以确认。在实务中,企业取得的许多资产都是发生了实际成本的,如企业购买或者生产的存货、企业购置的厂房或者设备等。对于这些资产,只要实际发生的购买成本或者生产能够可靠计量,就视为符合了资产确认的可计量条件。在某些特定情况下,企业取得的资产没有发生实际成本或者发生的实际成本很小,如企业持有的某些衍生金融工具形成的资产。对于这些资产,尽管它们没有实际成本或者发生的实际成本很小,但是如果其公允价值能够可靠计量,也被认为符合了资产可计量性的确认条件。

2. 负债的定义及其确认条件

1) 负债的定义

负债是指企业过去的交易或者事项形成的、预期会导致经济利益流出企业的现时义务。根据负债的定义，负债具有以下特征。

（1）负债是企业承担的现时义务

负债必须是企业承担的现时义务，这是负债的一个基本特征。其中，现时义务是指企业在现行条件下已承担的义务。未来发生的交易或者事项形成的义务，不属于现时义务，不应当确认为负债。

这里所指的义务可以是法定义务，也可以是推定义务。其中法定义务是指具有约束力的合同或者法律法规规定的义务，通常必须依法执行。例如，企业购买原材料形成应付账款，企业向银行贷入款项形成借款，企业按照税法规定应当交纳的税款等，均属于企业承担的法定义务，需要依法予以偿还。推定义务是指根据企业多年来的习惯做法、公开的承诺或者公开宣布的政策而导致企业将承担的责任，这些责任也使有关各方形成了企业将履行义务解脱责任的合理预期。

（2）负债预期会导致经济利益流出企业

预期会导致经济利益流出企业也是负债的一个本质特征。只有企业在履行义务时会导致经济利益流出企业的，才符合负债的定义，如果不会导致企业经济利益流出，就不符合负债的定义。在履行现时义务清偿负债时，导致经济利益流出企业的形式多种多样，例如用现金偿还或以实物资产形式偿还，以提供劳务形式偿还，以部分转移资产、部分提供劳务形式偿还等。

（3）负债是由企业过去的交易或者事项形成的

负债应当由企业过去的交易或者事项所形成。换句话说，只有过去的交易或者事项才形成负债，企业将在未来发生的承诺、签订的合同等交易或者事项，不形成负债。

2) 负债的确认条件

将一项现时义务确认为负债，需要符合负债的定义，还应当同时满足以下两个条件。

（1）与该义务有关的经济利益很可能流出企业

从负债的定义来看，负债预期会导致经济利益流出企业，但是履行义务所需要流出的经济利益带有不确定性，尤其是与推定义务相关的经济利益通常需要依赖于大量的估计。因此，负债的确认应当与经济利益流出的不确定性程度的判断结合起来。如果有确凿的证据表明，与现时义务有关的经济利益很可能流出企业，就应当将其作为负债予以确认；反之，如果企业承担了现时义务，但是导致经济利益流出企业的可能性已不复存在，就不符合负债的确认条件，不应将其作为负债予以确认。

（2）未来流出的经济利益的金额能够可靠计量

负债的确认在考虑经济利益流出企业的同时，对于未来流出的经济利益的金额应当能够可靠计量。对于与法定义务有关的经济利益流出金额，通常可以根据合同或者法律规定的金额予以确定，考虑到经济利益流出的金额通常在未来期间，有时未来期间较长，有关金额的计量需要考虑货币时间价值等因素的影响。对于与推定义务有关的经济利益流出金额，企业应当根据履行相关义务所需支出的最佳估计数进行估计，并综合考虑有关货币的时间价值、风险等因素的影响。

3. 所有者权益的定义及其确认条件

(1) 所有者权益的定义

所有者权益是指企业资产扣除负债后由所有者享有的剩余权益。公司的所有者权益又称为股东权益。所有者权益是所有者对企业资产的剩余索取权,它是企业资产中扣除债权人权益后应由所有者享有的部分,既可反映所有者投入资本的保值增值情况,又体现了保护债权人权益的理念。

(2) 所有者权益的来源构成

所有者权益的来源包括所有者投入的资本、直接计入所有者权益的利得和损失、留存收益等,通常由实收资本(或股本)、资本公积(含资本溢价或股本溢价、其他资本公积)、盈余公积和未分配利润构成。商业银行等金融企业按照规定在税后利润中提取的一般风险准备,也构成所有者权益。

所有者投入的资本是指所有者投入企业的资本部分,它既包括构成企业注册资本或者股本部分的金额,也包括投入资本超过注册资本或者股本部分的金额,即资本溢价或者股本溢价。这部分投入资本在我国企业会计准则体系中被计入资本公积,并在资产负债表中的资本公积项目下反映。

直接计入所有者权益的利得和损失,是指不应计入当期损益、会导致所有者权益发生增减变动的、与所有者投入资本或者向所有者分配利润无关的利得或者损失。其中,利得是指由企业非日常活动所形成的、会导致所有者权益增加的、与所有者投入资本无关的经济利益的流入。利得包括直接计入所有者权益的利得和直接计入当期利润的利得。损失是指由企业非日常活动所发生的、会导致所有者权益减少的、与向所有者分配利润无关的经济利益的流出。损失包括直接计入所有者权益的损失和直接计入当期利润的损失。直接计入所有者权益的利得和损失主要包括其他权益工具投资与其他债权投资的公允价值变动额、现金流量套期中套期工具公允价值变动额(有效套期部分)等。

留存收益是企业历年实现的净利润留存于企业的部分,主要包括累计计提的盈余公积和未分配利润。

(3) 所有者权益的确认条件

所有者权益的确认和计量,主要取决于资产、负债、收入、费用等其他会计要素的确认和计量。所有者权益即为企业的净资产,是企业资产总额中扣除债权人权益后的净额,反映所有者(股东)财富的净增加额。通常企业收入增加时,会导致资产的增加,相应地会增加所有者权益;企业发生费用时,会导致负债的增加,相应地会减少所有者权益。因此,企业日常经营的好坏和资产负债的质量直接决定着企业所有者权益的增加变化和资本的保值增值。

所有者权益反映的是企业所有者对企业资产的索取权,负债反映的是企业债权人对企业资产的索取权,而且通常债权人对企业资产的索取权要优先于所有者对企业资产的索取权。因此,所有者享有的是企业资产的剩余索取权,两者在性质上有本质区别,因此企业在会计确认、计量和报告中应当严格区分负债和所有者权益,以如实反映企业的财务状况,尤其是企业的偿债能力和产权比率等。在实务中,企业某些交易或者事项可能同时具有负债和所有者权益的特征,在这种情况下,企业应当将属于负债和所有者权益的部分分开处理和列报。例如,企业发行的可转换公司债券,企业应当将其中的负债部分和权益部分进行分拆,分别确认负债和所有者权益。

4. 收入的定义及其确认条件

1) 收入的定义

收入是指企业在日常活动中形成的、会导致所有者权益增加的、与所有者投入资本无关的经济利益的总流入。根据收入的定义，收入具有以下特征。

(1) 收入是企业在日常活动中形成的

日常活动是指企业为完成其经营目标所从事的经常性活动及与之相关的活动。例如，工业企业制造并销售产品、商业企业销售商品、保险公司签发保单、咨询公司提供咨询服务、软件企业为客户开发软件、安装公司提供安装服务、商业银行对外贷款、租赁公司出租资产等，均属于企业的日常活动。明确界定日常活动是为了将收入与利得相区分，日常活动是确认收入的重要判断标准，凡是日常活动所形成的经济利益的流入都应当确认为收入；反之，非日常活动所形成的经济利益的流入不能确认为收入，而应当计入利得。比如处置固定资产属于非日常活动，所形成的净利益就不应确认为收入，而应确认为利得。再如，无形资产出租所取得的租金收入属于日常活动所形成的，应当确认为收入，但是处置无形资产属于非日常活动，所形成的净利益，不应当确认为收入，而应确认为利得。

(2) 收入会导致所有者权益的增加

与收入相关的经济利益的流入应当会导致所有者权益的增加，不会导致所有者权益增加的经济利益的流入不符合收入的定义，不应确认为收入。例如，企业向银行借入款项，尽管也导致了企业经济利益的流入，但该流入并不导致所有者权益的增加，而使企业承担了一项现时义务，故不应将其确认为收入，而应当确认为一项负债。

(3) 收入是与所有者投入资本无关的经济利益的总流入

收入应当会导致经济利益的流入，从而导致资产的增加。例如，企业销售商品，应当收到现金或者在未来有权收到现金，才表明该交易符合收入的定义。但是，经济利益的流入有时是所有者投入资本的增加所致，所有者投入资本的增加不应当确认为收入，应将其直接确认为所有者权益。

2) 收入的确认条件

企业应当在履行了合同中的履约义务，即在客户取得相关商品控制权时确认收入。取得相关商品控制权，是指能够主导该商品的使用并从中获得几乎全部的经济利益，也包括有能力阻止其他方主导该商品的使用并从中获得经济利益。取得商品控制权包括以下3个要素。

一是能力，即客户必须拥有现时权利，能够主导该商品的使用并从中获得几乎全部经济利益。如果客户只能在未来的某一时期主导该商品的使用并从中获益，则表明其尚未取得该商品的控制权。

二是主导该商品的使用。客户有能力主导该商品的使用，是指客户有权使用该商品，或者能够允许或阻止其他方使用该商品。

三是能够获得几乎全部的经济利益。商品的经济利益，是指该商品的潜在现金流量，既包括现金流入的增加，也包括现金流出的减少。客户可以通过很多方式直接或间接地获得商品的经济利益，如使用、消耗、出售或持有该商品、使用该商品提升其他资产的价值，以及将该商品用于清偿债务、支付费用或抵押等。

5. 费用的定义及其确认条件

1) 费用的定义

费用是指企业在日常活动中发生的、会导致所有者权益减少的、与向所有者分配利润无关的经济利益的总流出。根据费用的定义，费用具有以下特征。

(1) 费用是企业在日常活动中形成的

费用必须是企业在日常活动中所形成的，这些日常活动的界定与收入定义中涉及的日常活动的界定一致。日常活动所产生的费用通常包括销售成本（营业成本）和管理费用等。将费用界定为日常活动形成的，目的是将其与损失相区分。企业非日常活动所形成的经济利益的流出不能确认为费用，而应当计入损失。

(2) 费用会导致所有者权益的减少

与费用相关的经济利益的流出应当导致所有者权益的减少，不会导致所有者权益减少的经济利益的流出不符合费用的定义，不应确认为费用。

(3) 费用导致的经济利益总流出与向所有者分配利润无关

费用的发生应当会导致经济利益的流出，从而导致资产的减少或者负债的增加（最终也会导致资产的减少）。其表现形式包括现金或者现金等价物的流出，存货、固定资产和无形资产等的流出或者消耗等。企业向所有者分配利润也会导致经济利益的流出，但该经济利益的流出属于投资者投资回报的分配，是所有者权益的直接抵减项目，不应确认为费用，应当将其排除在费用的定义之外。

2) 费用的确认条件

费用的确认除了应当符合定义外，也应当满足严格的条件，即费用只有在经济利益很可能流出从而导致企业资产减少或者负债增加、经济利益的流出额能够可靠计量时才能予以确认。费用的确认至少应当符合以下条件：一是与费用相关的经济利益很可能流出企业；二是经济利益流出企业的结果会导致资产的减少或者负债的增加；三是经济利益的流出额能够可靠计量。

6. 利润的定义及其确认条件

(1) 利润的定义

利润是指企业在一定会计期间的经营成果。通常情况下，如果企业实现了利润，表明企业的所有者权益将增加，业绩得到了提升；反之，如果企业发生了亏损（即利润为负数），表明企业的所有者权益将减少，业绩下降。利润是评价企业管理层业绩的指标之一，也是投资者等财务报告使用者进行决策时的重要参考。

(2) 利润的来源构成

利润包括收入减去费用后的净额、直接计入当期利润的利得和损失等。其中收入减去费用后的净额反映企业日常活动的经营业绩。直接计入当期利润的利得和损失，是指应当计入当期损益、最终会引起所有者权益发生增减变动的、与所有者投入资本或者向所在者分配利润无关的利得或者损失。企业应当严格区分收入和利得、费用和损失，以便更加全面地反映企业的经营成果。

(3) 利润的确认条件

利润反映收入减去费用、利得减去损失后的净额。利润的确认主要依赖于收入和费用，以及利得和损失的确认，其金额的确定也主要取决于收入、费用、利得、损失金额的计量。

7. 会计要素的计量属性及其应用原则

1) 会计要素的计量属性

会计计量是为了将符合确认条件的会计要素登记入账并列报于财务报表而确定其金额的过程。企业应当按照规定的会计计量属性进行计量，确定相关金额。计量属性是指予以计量的某一要素的特性方面，如桌子的长度、铁矿的重量、楼房的面积等。从会计角度，计量属性反映的是会计要素金额的确定基础，主要包括历史成本、重置成本、可变现净值、现值和公允价值等。

（1）历史成本

历史成本，又称为实际成本，就是取得或制造某项财产物资时所实际支付的现金或其他等价物。在历史成本计量下，资产按照其购置时支付的现金或者现金等价物的金额，或者按照购置资产时所付出的对价的公允价值计量。负债按照其因承担现时义务而实际收到的款项或者资产的金额，或者承担现时义务的合同金额，或者按照日常活动中为偿还负债预期需要支付的现金等价物的金额计量。

（2）重置成本

重置成本又称现行成本，是指按照当前市场条件，重新取得同样一项资产所需支付的现金或现金等价物金额。在重置成本计量下，资产按照现在购买相同或者相似资产所需支付的现金或者现金等价物的金额计量，负债按照现在偿付该项债务所需支付的现金或者现金等价物的金额计量。

（3）可变现净值

可变现净值，是指在正常生产经营过程中，以资产预计售价减去进一步加工成本和预计销售费用及相关税费后的净值。在可变现净值计量下，资产按照其正常对外销售所能收到的现金或者现金等价物的金额扣减该资产至完工时估计将要发生的成本、估计的销售费用及相关税费后的金额计量。可变现净值通常应用于存货资产减值情况下的后续计量。

（4）现值

现值也被称之为未来现金流量现值，是指对未来现金流量以恰当的折现率进行折现后的价值，是考虑时间价值的一种计量属性。在现值计量下，资产按照预计从其持续使用和最终处置所取得的未来净现金流入量的折现金额计量，负债按照预计期限内需要偿还的未来净现金流出量的折现金额计量。

（5）公允价值

公允价值，是指市场参与者在计量日发生的有序交易中，出售一项资产所能收到或者转移一项负债所需支付的价格。在公允价值计量下，资产和负债按照在公平交易中熟悉情况的交易双方自愿进行资产交换或者债务清偿的金额计量。

2) 各种计量属性之间的关系

在各种会计要素计量属性中，历史成本通常反映的是资产或者负债过去的价值，而重置成本、可变现净值、现值及公允价值通常反映的是资产或者负债的现时成本或者现时价值，是与历史成本相对应的计量属性。公允价值相对于历史成本而言，具有很强的时间概念，也就是说，当前环境下某资产或负债的历史成本可能是过去环境下该项资产或负债的公允价值，而当前环境下某项资产或负债的公允价值也许就是未来环境下该项资产或负债的历史成本，一项交易在交易时点通常是按公允价值交易的，随后就变成了历史成本。资产或者负债的历史成本许多就是根据交易时有关资产或者负债的公允价值确定的。在应用公允价值时，当相关资产或者负债不存在活跃市场的报价、不存在同类或者类似资产的活跃市场报价时，需要采用估值技术来确定相关资产或者负债的公允价值。而在采用估值技术估计相关资产或者负债的公允价值时，现时计量往往是比较普遍的一种估值方法，在这种情况下公允价值就是以现值为基础确定的。

3）计量属性的应用原则

基本准则规定，企业在对会计要素进行计量时，一般应当采用历史成本，采用重置成本、可变现净值、现值、公允价值计量的，应当保证所确定的会计要素金额能够取得并可靠计量。

企业会计准则体系适度、谨慎地引入公允价值这一计量属性，是因为随着我国资本市场的发展，越来越多的股票、债券、基金等金融产品在交易所挂牌上市，使得这类金融资产的交易已经形成了较为活跃的市场，已经具备了引入公允价值的条件。在这种情况下，引入公允价值，更能反映企业此类交易的实际情况，对投资者等财务报告使用者的决策更具有相关性。

在引入公允价值过程中，我国充分考虑了国际财务报告准则中公允价值应用的三个级次：第一，资产或负债等存在活跃市场的，活跃市场中的报价应当用于确定其公允价值；第二，不存在活跃市场的，参考熟悉情况并自愿交易的各方最近进行的市场交易中使用的价格或参照实质上相同或相似的其他资产或负债等的市场价格确定其公允价值；第三，不存在活跃市场，且不满足上述两个条件的，应当采用估值技术确定公允价值。

企业会计准则体系引入公允价值是适度、谨慎和有条件的。原因是：考虑到我国尚属新兴和转型的市场经济国家，如果不加限制地引入公允价值，有可能出现公允价值计量不可靠，甚至借机人为操纵利润的现象。因此，在投资性房地产和生物资产等具体准则中规定，只有在公允价值能够取得并可靠计量的情况下，才能采用公允价值计量。

本章重点

财务会计的内涵；财务会计假设；财务会计信息质量特征；会计要素的基本内容。

本章难点

会计计量属性及其应用原则；财务会计目标的决策有用观与受托责任观的比较。

关键术语

古代会计　近代会计　现代会计　财务会计　财务会计假设　会计主体　持续经营　会计分期　货币计量　财务会计目标　可靠性　相关性　可理解性　可比性　实质重于形式　重要性　谨慎性　及时性　会计要素　资产　负债　所有者权益　收入　费用　利润　历史成本　重置成本　可变现净值　现值　公允价值

思 考 题

1. 会计产生与发展经历了哪几个阶段？
2. 财务会计的基本假设有哪些？
3. 财务会计信息质量特征包括哪些内容？
4. 什么是会计要素？它包括哪些内容？
5. 会计要素计量属性有哪些？它们之间有怎样的关系？

练 习 题

一、单项选择题

1. 会计在我国有悠久的发展历史，早在（　　）时期就设置"司会"官职，首次出现了"会计"二字构词连用。
   A. 西周　　　　　B. 汉代　　　　　C. 春秋　　　　　D. 秦朝
2. 近代会计形成的标志是（　　）。
   A. 单式记账法的产生　　　　　B. 账簿的产生
   C. 借贷复式记账法的形成　　　D. 成本会计的产生
3. 会计的管理活动论认为（　　）。
   A. 会计是一种经济管理活动　　B. 会计是一个经济信息系统
   C. 会计是一项管理经济的工具　D. 会计是以提供经济信息、提高经济效益为目的的一种管理活动
4. 会计的基本职能是（　　）。
   A. 反映与分析　B. 核算与监督　C. 反映与核算　D. 控制与监督
5. 各企业单位处理会计业务的方法和程序在不同会计期间要保持前后一致，不得随意变更，这符合（　　）。
   A. 相关性　　　B. 可比性　　　C. 明晰性　　　D. 重要性
6. 会计对各单位经济活动进行核算时，选作统一计量标准的是（　　）。
   A. 劳动量度　　B. 货币量度　　C. 实物量度　　D. 其他量度
7. 确定会计核算工作空间范围的前提条件是（　　）。
   A. 会计主体　　B. 持续经营　　C. 会计分期　　D. 货币计量
8. 强调经营成果计算的企业适合采用（　　）。
   A. 收付实现制　B. 权责发生制　C. 永续盘存制　D. 实地盘存制
9. 会计的最终目标是为（　　）提供对他们决策有用的信息。

A. 会计信息使用者 B. 股东
C. 债权人 D. 政府部门
10. 企业的会计期间是（ ）。
　　A. 自然形成的　　B. 人为划分的　　C. 一个周转过程　　D. 营业年度

二、多项选择题

1. 下列说法正确的有（ ）。
   A. 会计是适应生产活动发展的需要而产生的
   B. 会计是生产活动发展到一定阶段的产物
   C. 会计从产生、发展到现在经历了一个漫长的发展历史
   D. 1494 年意大利人卢卡·帕乔利所著《算术、几何、比及比例概要》是借贷复式记账法形成的重要标志
   E. 借贷复式记账法的形成标志着近代会计的开端
2. 会计核算职能的特点有（ ）。
   A. 具有客观性 B. 具有完整性、连续性、系统性
   C. 主要计量单位是货币 D. 可以预测未来
   E. 检查经济活动的合法性
3. 会计监督职能的显著特征有（ ）。
   A. 既要对已经发生的经济活动进行事中监督、事后监督，又要对未来经济活动进行事前监督
   B. 主要利用价值指标来进行货币监督　　C. 具有连续性、完整性和具体性
   D. 是单位内部的监督 E. 是社会的监督
4. 下列属于会计信息质量要求的有（ ）。
   A. 可靠性 B. 可比性 C. 一贯性 D. 谨慎性
   E. 及时性
5. 会计核算的前提条件包括（ ）。
   A. 会计主体 B. 客观性原则 C. 持续经营 D. 会计分期
   E. 货币计量
6. 会计主体应具备的条件有（ ）。
   A. 必须为法人单位 B. 具有一定数量的经济资源
   C. 独立地从事生产经营活动或其他活动
   D. 实行独立核算 E. 营利企业
7. 会计的监督包括（ ）。
   A. 事前监督 B. 事中监督 C. 外部监督 D. 事后监督
   E. 上级监督
8. 可比性的含义包括（ ）。
   A. 会计处理方法一致 B. 企业前后期一致
   C. 会计指标计算口径一致 D. 横向企业间一致
   E. 收入和费用一致
9. 根据谨慎性的要求，对企业可能发生的损失和费用做出合理预计，通常做法

有( )。
A. 对应收账款计提坏账准备　　B. 固定资产加速折旧
C. 对财产物资按历史成本计价　　D. 对长期投资提取减值准备

10. 按权责发生制的要求，下列收入或费用应归属本期的有( )。
A. 对方暂欠的本期销售产品的收入　　B. 预付明年的保险费
C. 本月收回的上月销售产品的货款　　D. 尚未付款的本月借款利息支出

三、判断题

1. 会计主体是指企业法人。( )
2. 会计计量单位只有一种，即货币计量。( )
3. 我国所有企业的会计核算都必须以人民币作为记账本位币。( )
4. 谨慎原则要求会计核算工作中做到不夸大企业资产、不虚增企业费用。( )
5. 会计核算必须以实际发生的经济业务及证明经济业务发生的合法性凭证为依据，表明会计核算应当遵循可靠性原则。( )
6. 企业选择一种不导致虚增资产、多计利润的做法，所遵循的是会计的客观性原则。( )
7. 会计可反映过去已经发生的经济活动，也可反映未来可能发生的经济活动。( )
8. 会计核算具有连续性，而会计监督只具有强制性。( )
9. 实质重于形式原则要求应当按照经济业务的法律实质进行会计核算。( )
10. 会计核算的基本前提也称会计假设。( )

第 2 章

货 币 资 金

> 【学习目标】
>
> 通过本章的学习，要求学生：了解货币资金、银行支付结算、其他货币资金的概念和种类；了解各种银行支付结算方式的有关规定、适应范围及收付款双方进行账务处理的依据；熟悉货币资金管理的要求及库存现金的使用范围；掌握库存现金收支及清查的账务处理；掌握银行存款收付的核算与银行存款的核对；掌握其他货币资金的内容和主要账务处理。

2.1 货币资金概述

1. 货币资金的概念及内容

(1) 货币资金的概念及内容

货币资金是指企业在生产经营过程中以货币形态存在的那部分资产。在企业所有的资产中，货币资金的流动性是最强的，它是企业流动资产的重要组成部分。企业的货币资金包括以下几种。

① 现金。现金是指企业存放在财务部门，由出纳人员经管，作为零星开支使用的货币资金，包括库存的人民币和外币。

② 银行存款。银行存款是指企业存放在银行或其他金融机构的货币资金。

③ 其他货币资金。其他货币资金是指除现金、银行存款以外的其他各种货币资金，包括外埠存款、银行汇票存款、银行本票存款、信用证保证金存款、信用卡存款、存出投资款和在途资金等。

(2) 货币资金的意义

企业从事的各种生产经营活动，都要发生货币资金的收付业务，如购买商品或劳务、支付费用和工资、销售商品或提供劳务、偿还债务等，都会引起货币资金的收付。因而，拥有货币资金是企业进行生产经营活动的前提条件。货币资金作为企业生产经营活动赖以进行的最重要的流动资产，具有最强的流动性和普遍的可接受性，代表着企业的实际购买力，是可以立即投入流通、购买商品和劳务或用来偿还债务的交换媒介物，是唯一能转化成其他任何类型资产的资产。企业的货币资金拥有量是企业支付能力大小的标志,也是投资者分析企业财务状况好坏的重要标志。在企业的生产经营过程中,货币资金既是营运资金的起始形态,又是营运资金的终结形态,在生产过程每一次循环中的每一个环节,都有货币资金参与。因此,加强货币资金的管理,搞好货币资金的核算,对合理调度资金,挖掘资金潜力,提高资金使用效率,全面完成生产经营计划,正确处理企业与各方面的经济关系,保证企业生产经营活动顺利进行,都具有十分重要的意义。

2. 货币资金的管理

1) 货币资金管理的目的

为了保证企业正常的生产经营活动,必须保持适量的货币资金储备,其主要目的如下。

(1) 防止货币资金短缺影响企业正常的生产经营

企业从事的各种生产经营活动都必须有货币资金的支持,企业只有保持一定量的货币资金,才能保证正常生产经营活动的运行;否则,企业就会陷入困境。

(2) 保持合理的货币资金规模

货币资金不能直接为企业带来高收益,过多的货币资金储备是企业不能有效利用资金的表现。过量持有货币资金会对企业造成损失,这种损失表现为机会成本。通过有效的货币资金管理能提高资金的使用效率。

(3) 保证货币资金的安全

由于货币资金的特点及重要作用,任何单位和个人都对它有一种特殊的兴趣,它不仅是正常生产经营活动的重要保证,也是不法分子作案的重点目标。因此,制定一套完整的货币资金管理制度,正确、及时、完整地反映货币资金的收、付、存情况,严格监督、检查货币资金管理制度的执行情况,合理使用货币资金,保护货币资金的安全完整,是货币资金管理的基本要求和目的之一。

2) 货币资金的内部控制

由于货币资金具有高度的流动性,也最易为经管人员挪用或侵占。为了减少差错的发生和营私舞弊的机会,企业需要建立一套完整的货币资金内部控制制度。企业应遵循岗位分工和职务分离、严格授权批准控制、交易分开、内部稽核、凭证制度、定期轮岗等原则,建立适合本企业业务特点和管理要求的货币资金内部控制制度,做好货币资金的控制工作。单位负责人对本单位货币资金内部控制的建立健全和有效实施及货币资金的完全完整负责。货币资金内部控制的主要内容如下。

(1) 建立健全的企业内部牵制制度

内部牵制制度是指将一项业务活动分别由两个或两个以上的人员负责而形成的相互核对、相互制约的一种工作制度。它是企业内部控制制度的一个重要组成部分,包括职责分工和授权批准等制度,主要有以下规定。

① 严格岗位责任制。企业应当建立货币资金业务的岗位责任制,明确相关部门和岗位的职责、权限,确保办理货币资金业务的不相容岗位相互分离、制约和监督,使货币资金收支业务的全过程分工完成。出纳人员不得兼管稽核、会计档案保管及收入、支出、费用、债权、债务账目的登记工作;不得由一人办理货币资金业务的全过程。

② 实行岗位轮换。办理货币资金业务,应配备合格人员并应定期进行岗位轮换。

③ 执行授权批准制度。企业应当建立严格的货币资金授权审批制度。经办人应当在职

责范围内,按照审批人的批准意见办理货币资金业务;未经授权的部门和人员一律不得办理货币资金业务。

(2) 加强现金和银行存款的管理

国务院针对现金的使用和管理颁布了《现金管理暂行条例》。其主要内容包括:现金的使用范围;库存现金限额和备用金制度;严禁坐支行为等。

按照规定,企业必须在银行或其他金融机构开设账户,以办理银行存款的存入、付出和转账结算业务。在国家规定的现金开支范围以外的各项付款,应按照银行有关结算办法的规定,通过银行办理转账结算。对于货币资金支出的审批、支票等的签发与使用都要完全分开。企业收入的一切款项,除国家另有规定以外,都必须当日解缴银行。

(3) 加强票据及有关印章的管理

企业要加强银行预留印鉴的管理,财务专用章应由专人保管,个人名章必须由本人或其授权人员保管,严禁一人保管支付款项所需的全部印章;企业应明确各种货币资金票据的购买、保管、领用、背书转让、注销等环节的职责权限和程序,并专设登记簿进行记录,防止空白票据的遗失和盗用。

(4) 实施内部稽核,加强监督检查

企业应当建立对货币资金业务的监督检查制度,设置内部稽核单位和人员,对货币资金实施定期检查和不定期检查,以确定账实是否相符,对发现的问题应当及时采取措施。具体要求包括:对库存现金的收付业务,除了出纳人员每日营业终了要清点现金,与现金日记账余额进行核对外,会计主管人员还应定期或不定期地进行复核性清查盘点;对银行存款收付业务,除了由出纳人员随时与银行进行对账外,会计主管人员还要每月进行一次复核性核对。

2.2 库 存 现 金

1. **库存现金概述**

现金是可以立即投入流动的交换媒介,是流动性最强的一种货币性资产,可以随时用其购买所需的物资,支付有关费用,偿还债务,也可以随时存入银行。现金的概念有狭义和广义之分。狭义的现金是指企业的库存现金,即企业金库中存放的现金,包括人们经常接触的纸币和硬币等;广义的现金除了库存现金以外,还包括银行存款和其他能够用于立即支付并且能被普遍接受的票证,如银行汇票、银行本票等。我国会计实务中使用狭义的现金概念,即现金仅指库存现金。

2. **库存现金的管理与控制**

库存现金是指存放在企业会计部门,由出纳人员保管的作为日常零星开支用的现款,包括人民币和外币。库存现金的管理是指企业按照国家有关现金管理的财经法规和企业内部控制制度,对库存现金收入和支出的管理。《现金管理暂行条例》规定,凡是在银行或其他金融机构开立账户的机关、团体、部队、企事业单位必须依照规定使用现金,自觉接受开户银行的监督。

《现金管理暂行条例》的各项具体内容如下。

(1) 现金的使用范围
① 职工的工资、津贴。
② 个人劳务报酬。
③ 根据国家规定发给个人的科学技术、文化艺术、体育等各种奖金。
④ 各种劳保、福利费用及国家规定的对个人的其他支出。
⑤ 向个人收购农副产品和其他物资的价款。
⑥ 出差人员必须随身携带的差旅费。
⑦ 结算起点（1 000元）以下的零星开支。
⑧ 中国人民银行确定需要支付现金的其他支出。
除上述范围内的支付可以使用现金外，其他款项结算必须通过开户银行办理转账结算。

(2) 库存现金限额
库存现金限额是指按照银行现金管理的规定，由开户银行核定的企业现金的库存最高额度。现金的库存限额由开户单位提出申请，由开户银行审查核定。现金的库存限额原则上根据企业3~5天的日常零星现金开支的需要确定，边远地区和交通不发达地区可以适当放宽，但最多不超过15天。企业每日的现金结存数，不得超过核定的限额，超过部分必须及时送存银行；不足限额时，可签发现金支票向银行提取现金补足。

(3) 现金收支管理规定
开户企业在办理现金收支业务时，应遵守《现金管理暂行条例》关于现金收支管理的规定。

① 企业日常现金收入的主要来源有：零星销售收入；从银行提取的备用金；交还的差旅费余款、暂欠款；发生的各种用现金支付的暂收款；其他，如各种罚金收入、现金溢余等。企业现金的收入应于当日送存银行，当日送存银行确有困难的，由开户银行确定送存时间。企业取得的现金收入必须及时入账，不得私设"小金库"，不得账外设账。

② 企业支付现金时，可以从本单位库存现金限额中支付或者从开户银行提取，不得坐支现金。所谓坐支现金，就是指企业从本单位现金收入中直接支付。因特殊情况需要坐支现金的，应事先报开户银行审查批准，由开户银行核对坐支范围和限额。

③ 企业签发现金支票从开户银行提取现金，应当写明用途，由本单位财会部门负责人签字盖章，经开户银行审核后，予以支付现金。

④ 企业因采购地点不固定、交通不便利及其他特殊情况必须使用现金的，应向开户银行提出申请，经开户银行审核后，予以支付现金。

(4) 企业内部现金管理
企业内部现金管理应按照内部牵制制度的要求实行钱账分管，即对现金的收入业务和记账工作由两人或两人以上分管，互相牵制，互相监督。企业的库存现金由出纳员保管，经管现金的出纳员不得兼管收入、费用、债权、债务等账簿的登记工作及会计档案保管工作。填写银行结算凭证的有关印鉴应实行分管制度，不能全部交由出纳员一人保管。

3. 库存现金的核算
为了加强现金管理，保存库存现金的安全，企业的一切现金收支都必须取得和填制合法的原始凭证并由会计主管或其他指定专人进行认真审核，经过审核后的现金收付原始凭证，才能据以填制现金收付的记账凭证，并据以办理现金收付。出纳员在收付现金后，还应在原始凭证上加盖"现金收讫"或"现金付讫"的戳记,以免重复收付。经过审核后的收付款记账凭证,才能作为登记"现金日记账"和"现金总账"的依据。

库存现金收付的账务处理包括总分类核算和序时核算两方面。

(1) 库存现金的总分类核算

为了总括地反映和监督企业库存现金的收支结存情况,需要设置"库存现金"总分类账户。该账户属于资产类账户,借方登记现金的收入数,贷方登记现金的付出数,余额在借方,反映企业持有的库存现金结存数。库存现金总分类账的登记,可以根据现金收、付款凭证和从银行提取现金时填制的银行存款付款凭证逐笔登记。但是在现金收付款业务较多的情况下,这样登记必然会加大工作量,所以实际工作中,一般是把现金收付款凭证按照对方科目进行归类,定期(10天或半月)填制汇总收付款凭证,据以登记库存现金总分类账。

企业收到现金时,借记"库存现金"账户,贷记有关账户,付出现金时,借记有关账户,贷记"库存现金"账户。

【例 2-1】 7月1日,企业开出现金支票一张,从银行提取现金 2 000 元。根据现金支票编制会计分录如下。

借:库存现金　　　　　　　　　　　　　　　　　　　　　　　　　2 000
　　贷:银行存款　　　　　　　　　　　　　　　　　　　　　　　　2 000

【例 2-2】 7月1日,企业购买办公用品支付现金 450 元。根据购货发票编制会计分录如下。

借:管理费用　　　　　　　　　　　　　　　　　　　　　　　　　　450
　　贷:库存现金　　　　　　　　　　　　　　　　　　　　　　　　　450

【例 2-3】 7月1日,企业职工李华出差,预借差旅费 2 000 元,以现金支付。根据借款单编制会计分录如下。

借:其他应收款——李华　　　　　　　　　　　　　　　　　　　　2 000
　　贷:库存现金　　　　　　　　　　　　　　　　　　　　　　　　2 000

【例 2-4】 7月1日,职工王明出差回来报销差旅费 600 元,余款 200 元交回现金。根据差旅费报销单和现金收据编制会计分录如下。

借:管理费用　　　　　　　　　　　　　　　　　　　　　　　　　　600
　　库存现金　　　　　　　　　　　　　　　　　　　　　　　　　　200
　　贷:其他应收款——王明　　　　　　　　　　　　　　　　　　　　800

(2) 库存现金的序时核算

为了及时核算库存现金的收付和结存情况,加强对库存现金的管理,企业除进行库存现金总分类核算外,还要对库存现金进行序时核算。现金的序时核算是指根据现金的收支业务逐日逐笔地记录现金的增减及结存情况。它的方法是设置与登记现金日记账。

现金日记账是核算和监督现金日常收付结存情况的序时账簿。通过它可以全面、连续地了解和掌握企业每日现金的收支动态和库存余额,为日常分析、检查企业的现金收支活动提供资料。

现金日记账为订本式账簿,一般采用收入、付出及结余三栏式格式,如表2-1所示。

现金日记账的收入栏和付出栏,是根据审核签字后的现金收、付款凭证和从银行提取现金时填制的银行存款付款凭证,按照经济业务发生的时间顺序,由出纳人员逐日逐笔登记的。每日业务终了应结出余额,与实存库存现金进行核对,二者应一致;若不一致,应及时查明原因,进行调整,做到账实相符。在每月终了时,应在现金日记账上结出月末余额,并同现金总账的月末余额核对相符。

有外币现金的企业,应分别按人民币现金、各种外币现金设置"现金日记账"进行序时核算。

表2-1 现金日记账

202×年		凭证		摘 要	对方科目	收入	付出	结余
月	日	字	号					
6	30			本月合计		15 000	14 500	500
7	1	银付	1	提现备用	银行存款	2 000		2 500
7	1	现付	1	购买办公用品	管理费用		450	2 050
7	1	现付	2	李华借差旅费	其他应收款		2 000	50
7	1	现收	1	王明报销差旅费退回余款	其他应收款	200		250

(3) 备用金的核算

备用金是指财会部门按企业有关制度规定,拨付给所属报账单位和企业内部有关业务和职能管理部门,用于日常业务零星开支的备用现金。企业拨付备用金采用先付后用、用后报销的办法。

为什么会产生备用金制度?企业为了有效地进行现金的内部控制,每天收到的现金应及时、全额送存银行,对每笔现金支出需要经过严格的审查后方可支付。但在企业日常经营活动中,会发生许多小额零星支出,逐笔审核与支付非常麻烦,有时还会影响业务的需要。按照重要性原则,对这些零星开支需要的现金,应建立备用金制度加以控制。

备用金主要用于小额零星报销费用支出,其使用范围为:除工资统发项目外的国家规定对个人的其他支出;出差人员必须随身携带的差旅费;其他确需支付现金的支出等。备用金实质上也是库存现金,其使用必须严格遵守现金管理制度。备用金应指定专人负责管理,按照规定用途使用,不得转借给他人或挪作他用。预支备作差旅费、零星采购等的备用金,一般按估计需用数额领取,支用后一次报销,多退少补。前账未清,不得继续预支。预算单位为办理日常零星开支,需要保持一定数量的库存备用金,一般不超过3~5天零星支付所需现金。各预算单位应根据本单位的业务量、规模大小及零星开支情况提出备用金额度申请,支付中心依据预算单位的申请及具体业务情况审定备用金额度,并签订备用金管理责任书。财会部门应该对备用金定期进行清查盘点,防止挪用或滥用,保证其安全和完整。

备用金的总分类核算,应设置"其他应收款"科目,它是资产类科目,用来核算企业除应收票据、应收账款、预付账款以外的其他各种应收、暂付款项,包括各种赔款、罚款、存储保证金、备用金、应向职工收取的各种垫付款项等。在备用金数额较大或业务较多的企业,可以将备用金业务从"其他应收款"科目中划分出来,单独设置"备用金"科目进行核算。

备用金的明细分类核算，一般是按领取备用金的单位或个人设置三栏式明细账，根据预借和报销凭证进行登记。有的企业为简化手续，用借款单的第三联代替明细账（借款单第一联是存根，第二联出纳员据以付款），报销和交回现金时，予以注销。

备用金的管理办法有两种：一种是非定额备用金制度，即随借随用、用后报销，适用于不经常使用备用金的单位和个人；二是定额备用金制度，适用于经常使用备用金的单位和个人。定额备用金制度的特点是对经常使用备用金的部门或车间，分别规定一个备用金定额。按定额拨付现金时，记入"其他应收款"或"备用金"科目的借方和"库存现金"科目的贷方。报销时，财会部门根据报销单据付给现金，补足用掉数额，使备用金仍保持原有的定额数。报销的金额直接记入"库存现金"科目的贷方和有关科目的借方，不需要通过"其他应收款"或"备用金"科目核算。

【例 2-5】 天宇公司行政管理部门职工刘芳，2020年6月7日因公出差预借备用金350元，实际支出200元，经审核予以报销，剩余现金150元交回财会部门。

预借时，应根据审核的借款单填制现金付款凭证，会计分录如下。

借：备用金——刘芳　　　　　　　　　　　　　　　　　　350
　　贷：库存现金　　　　　　　　　　　　　　　　　　　　350

报销时，应根据审核的报销单填制转账凭证，会计分录如下。

借：管理费用　　　　　　　　　　　　　　　　　　　　　200
　　贷：备用金——刘芳　　　　　　　　　　　　　　　　200

剩余现金交回财会部门时，应填制现金收款凭证，会计分录如下。

借：库存现金　　　　　　　　　　　　　　　　　　　　　150
　　贷：备用金——刘芳　　　　　　　　　　　　　　　　150

【例 2-6】 天宇公司行政管理部门职工杨光，2020年6月7日因公出差预借备用金800元，实际支出960元，经审核予以报销，财会部门另支付现金160元。

预借时，应根据审核的借款单填制现金付款凭证，会计分录如下。

借：备用金——杨光　　　　　　　　　　　　　　　　　　800
　　贷：库存现金　　　　　　　　　　　　　　　　　　　　800

报销时，应根据审核的报销单填制转账凭证，会计分录如下。

借：管理费用　　　　　　　　　　　　　　　　　　　　　960
　　贷：备用金——杨光　　　　　　　　　　　　　　　　960

财会部门付出现金160元时，应填制现金付款凭证，会计分录如下。

借：备用金——杨光　　　　　　　　　　　　　　　　　　160
　　贷：库存现金　　　　　　　　　　　　　　　　　　　　160

【例 2-7】 天宇公司会计部门对供应部门实行定额备用金制度。根据核定的定额，支付定额备用金2 000元，会计处理如下。

借：备用金——供应部门　　　　　　　　　　　　　　　2 000
　　贷：库存现金　　　　　　　　　　　　　　　　　　　2 000

【例2-8】 供应部门在一段时间内共发生备用金支出1 600元，持开支凭证到会计部门报销。会计部门审核后付给现金，补足定额，会计处理如下。

借：管理费用　　　　　　　　　　　　　　　　　　　　　　　　　1 600
　　贷：库存现金　　　　　　　　　　　　　　　　　　　　　　　　　1 600

【例2-9】 会计部门因管理需要决定取消定额备用金制度。供应部门持尚未报销的开支凭证800元和余款1 200元到会计部门办理报销和交回备用金的手续，会计处理如下。

借：管理费用　　　　　　　　　　　　　　　　　　　　　　　　　　800
　　库存现金　　　　　　　　　　　　　　　　　　　　　　　　　1 200
　　贷：备用金——供应部门　　　　　　　　　　　　　　　　　　　2 000

4. 库存现金的清查

为了加强对现金的管理，保证财产的安全与完整，企业应对库存现金进行清查盘点。现金的清查盘点是指对库存现金进行实地盘点，即将现金日记账余额与库存现金实存数进行核对，发现问题及时查明原因，并按规定进行处理。现金清查包括出纳人员每日营业终了时进行清点核对及清查小组定期与不定期的盘点和核对。

每日清查由出纳人员在每日终了时清点现金，同时结出现金日记账的收支金额和结余额，并将此余额与库存现金数核，如果发现现金溢余或短缺，应及时查明原因。每日清查的目的在于防止现金短缺及记账差错，保证账款相符。定期和不定期清查由清查小组在出纳人员的配合下进行。清查范围包括检查企业是否遵守现金管理制度规定；库存现金有无超过限额；有无以借条、收据充抵现金情况。清查的目的在于加强对出纳人员的监督，防止贪污、挪用现金等非法行为发生。清查盘点后将清查记录整理编制成"现金盘点报告单（表）"，注明实存数与账面余额。如发现现金账实不符或有其他问题，应查明原因，报告主管负责人或上级领导部门处理。对于预付给职工或内部单位尚未使用的备用金或剩余备用金，应及时催促报销或交回。采用定额备用金制度的企业，一般是在年终时进行一次清理，收回拨付的定额数，下一年度再根据实际需要重新规定定额，拨付现金。

企业发现的现金溢余或短缺应及时进行账务处理，可先记入"待处理财产损溢——待处理流动资产损溢"科目，待查明原因后再转其他科目。现金清查中发现短缺的现金，应按短缺的金额，借记"待处理财产损溢——待处理流动资产损溢"科目，贷记"库存现金"科目；现金清查中发现溢余的现金，应按溢余的金额，借记"库存现金"科目，贷记"待处理财产损溢——待处理流动资产损溢"科目，待查明原因后再作如下处理。

如为现金短缺，属于应由责任人赔偿的部分，借记"其他应收款——××个人"或"库存现金"等科目，贷记"待处理财产损溢——待处理流动资产损溢"科目；属于应由保险公司赔偿的部分，借记"其他应收款——应收保险赔款"科目，贷记"待处理财产损溢——待处理流动资产损溢"科目；属于无法查明的其他原因，根据管理权限，经批准后作为盘亏损失处理，借记"管理费用"科目，贷记"待处理财产损溢——待处理流动资产损溢"科目。

如为现金溢余，属于应支付给有关人员或单位的，应借记"待处理财产损溢——待处理流动资产损溢"科目，贷记"其他应付款——××个人或单位"科目；属于无法查明原因的现金溢余，经批准后作为盘盈利得处理，借记"待处理财产损溢——待处理流动资产损溢"科目，贷记"营业外收入——盘盈利得"科目。

【例2-10】 天宇公司在现金清查中，发现现金短缺100元，原因待查。根据"现金盘点报告单"，编制会计分录如下。

  借：待处理财产损溢——待处理流动资产损溢 100
    贷：库存现金 100

后来查明短缺原因，其中40元是因出纳员王红工作失职造成，应由其负责赔偿。另外60元无法查明原因，经批准后转作管理费用。编制会计分录如下。

  借：其他应收款——王红 40
    管理费用——现金短缺 60
    贷：待处理财产损溢——待处理流动资产损溢 100

【例2-11】 天宇公司在现金清查中，发现现金溢余110元，原因待查。根据"现金盘点报告单"，编制会计分录如下。

  借：库存现金 110
    贷：待处理财产损溢——待处理流动资产损溢 110

后来无法查明现金溢余原因，经批准，转作营业外收入。编制会计分录如下。

  借：待处理财产损溢——待处理流动资产损溢 110
    贷：营业外收入 110

2.3 银行存款

1. 银行存款的管理

银行存款是指企业存放在银行或其他金融机构的各种款项，包括人民币存款和外币存款。企业收入的一切款项，除留存限额内的现金之外，都必须送存银行。企业的一切支出除规定可用现金支付之外，都必须遵守银行结算办法的有关规定，通过银行办理转账结算。

银行存款管理的主要内容如下。

（1）严格执行银行账户管理办法的规定

按照中国人民银行《支付结算办法》的规定，企业应当在银行开立账户，办理存款、取款和转账结算。企业收到现金销货款必须存入银行，购进商品支付的货款必须通过银行转账结算。企业在银行开立存款账户，必须遵守相应的《银行账户管理办法》的各项规定。《银行账户管理办法》将企事业单位的银行存款账户分为四类，即基本存款账户、一般存款账户、临时存款账户、专用存款账户。

基本存款账户是企业办理日常结算和现金收付业务的账户，企业职工薪酬等现金的支取只能通过该账户办理。

一般存款账户是企业在基本存款账户以外的银行借款转存及与基本存款账户的企业不在同一地点的附属非独立核算的单位的账户，企业可以通过该账户办理转账结算和现金缴存，但不能支取现金。

临时存款账户是企业因临时经营活动需要而开立的账户，企业可以通过该账户办理转账结算和根据国家现金管理的规定办理现金收付。

专用存款账户是企业因特殊用途需要而开立的账户。

一个企业只能在一家银行开立一个基本账户，不得在同一家银行的几个分支机构分别开立一般存款账户。企业在办理存款账户后，在使用账户时应严格执行银行结算纪律的规定，具体内容包括：合法使用银行账户，不得转借给其他单位或个人使用；不得利用银行账户进行非法活动；不得签发没有资金保证的票据和远期支票，套取银行信用；不得签发、取得和转让没有真实交易和债权债务的票据，套取银行和他人的资金；不准无理拒绝付款、任意占用他人资金；不准违反规定开立和使用账户。

(2) 贯彻内部控制制度，实行钱账分管的原则

银行存款与库存现金一样，应由出纳人员管理，并负责办理收付款业务；票据及各种付款凭证应指定专人负责保管，并由专人负责审批；审批和具体签发付款凭证的工作应分别由两个或两个以上的人员办理，不能由一人兼管。

(3) 银行存款收付业务必须使用银行统一规定的结算凭证

企业向银行存入款项时，要填制"送款单"或"进账单"，将现金或转账支票送存银行，或由银行按支付结算办法规定划转存入企业存款账户，企业根据"送款单"或"进账单"回单联或银行收账通知单入账。企业从银行提取现金或支付款项时，应签发支票或其他结算凭证，或由银行根据支付结算办法的规定，主动将款项从企业存款账户中划出，企业根据银行盖章的付款通知单入账。企业填写的各项收付款结算凭证，必须如实填明款项来源或用途，不得弄虚作假以套取银行信用。

(4) 定期与银行核对账目

企业收入的一切款项，除国家另有规定外，都必须及时送存银行；一切支出，除规定可用库存现金支付外，都应按照《支付结算办法》的有关规定，通过银行办理转账结算。因此，企业要定期与银行核对账目，发现不符的账项，要及时与银行联系，查明原因，进行账项调整。

2. 银行支付结算方式

支付结算是指单位、个人在社会经济活动中使用票据、信用卡、汇兑、托收承付、委托收款等结算方式进行货币给付及资金清算的行为。银行是支付结算和资金清算的中介机构。企业各项经济业务的款项结算，除按照国家《现金管理暂行条例》规定可以直接使用现金办理收付结算外，都必须通过银行办理支付结算，即通过银行将收付的款项从付款单位账户划转到收款单位账户。根据中国人民银行结算办法的规定，银行的结算方式包括支票、银行汇票、银行本票、商业汇票、信用卡、汇兑、托收承付、委托收款、信用证等几种方式。

(1) 支票

支票是出票人签发的，委托办理支票存款业务的银行在见票时无条件支付确定的金额给收款人或者持票人的票据。支票按其支付方式不同，可分为现金支票、转账支票和普通支票三种。支票上印有"现金"字样的为现金支票，现金支票只能用于支取现金；支票上印有"转账"字样的为转账支票，转账支票只能用于转账；支票上未印有"现金"或"转账"字样的为普通支票，普通支票可以用于支取现金，也可以用于转账；在普通支票左上角划两条平行线的，为划线支票，划线支票只能用于转账，不得支取现金。

支票作为流通手段和支付手段，具有清算及时、使用方便、收付双方都有法律保障和结算灵活的特点。支票的出票人是在银行机构开立可以使用支票的存款账户的单位和个人，出票人开户银行是付款人，付款人受出票人的委托从其账户支付票款。按照规定，单位和个人在同一票据交换区域的各种款项结算都可以使用支票。签发支票时，出票人在付款人处的存款应足以支付支票金额，持票人可以委托开户银行收款或直接向付款人提示付款，付款银行见票即付。出票人签发现金支票和用于支取现金的普通支票，必须符合国家现金管理的规定。支票一律记名，转账支票可以根据需要在票据交换区域内背书转让；支票提示付款期限为自出票日起 10 日内，但中国人民银行另有规定的除外；支票的金额、收款人名称可以由出票人授权补记，未补记前不得背书转让和提示付款；签发支票的金额不得超过付款时在付款人处实有的存款余额，禁止签发空头支票；出票人不得签发与其预留银行签章不符的支票，使用支付密码的，不得签发支付密码错误的支票；签发空头支票、签章与预留银行签章不符的支票、支付密码错误的支票，银行应予以退票，并按票面金额处以 5‰但不低于 1 000元的罚款，持票人有权要求出票人赔偿支票金额 2％的赔偿金。

（2）银行汇票

银行汇票是出票银行签发的，由其在见票时按照实际结算金额无条件支付给收款人或者持票人款项的票据。银行汇票的出票银行为银行汇票的付款人。企业与异地单位和个人的各种款项结算，均可使用银行汇票。银行汇票具有使用灵活、票随人到、兑现性强等特点，适用于先收款后发货或钱货两清的商品交易。银行汇票可以用于转账，填明"现金"字样的银行汇票也可以用于支取现金，其中现金银行汇票的申请人与收款人必须均为个人；银行汇票的提示付款期为自出票日起 1 个月，逾期的汇票，兑付银行不予受理。

采用这种结算方式，付款企业应先向出票行填写"银行汇票申请书"，出票行同意受理后，收妥款项并签发银行汇票。汇票申请人持银行汇票向填明的收款人办理结算时，应将银行汇票和解讫通知单一并交给收款人。收款人在收到银行汇票后，应填写进账单，连同银行汇票和解讫通知一并交开户银行，并在票面金额内按照经济业务的实际结算金额办理结算。票面金额大于实际结算金额的，余款由出票行退交申请人。收款人可以将银行汇票存入银行，亦可背书转让（填明"现金"字样的除外），背书金额以不超过票面金额的实际结算金额为限。

（3）银行本票

银行本票是银行签发的，承诺自己在见票时无条件支付确定的金额给收款人或者持票人的票据。银行本票的出票人是银行。按规定，出票银行应收妥银行本票申请人的款项后才签发银行本票，并保证见票付款。无论是单位或是个人，凡需要在同一票据交换区域支付款项的，都可以使用银行本票。作为流通和支付手段，银行本票具有信誉度高、支付能力强，并有代替现金使用功能的特点。

银行本票分为不定额本票和定额本票两证。定额本票分为 1 000 元、5 000 元、10 000 元和 50 000 元四种面额。银行本票可以用于转账，注明"现金"字样的银行本票可以支取现金。银行本票的提示付款期限为自出票日起最长不得超过 2 个月，持票人超过付款期限提示付款的，兑付行不予受理。

采用银行本票结算，付款方企业应先向出票行填写"银行本票申请书"，出票行同意受理后，收妥款项再签发本票。银行本票的收款人可将本票背书转让。本票丧失，持票人可凭人民法院出具的享有票据权利的证明，向出票银行请求付款或退款。这些均与前述银行汇票结算相同；不同之处表现在：银行本票的付款期限比银行汇票长，使用更灵活；银行本票只能按票面金额办理全额结算，交易的实际金额与本票票面金额若有差额，由交易双方自行结清；银行本票只能用于同城结算。

(4) 商业汇票

商业汇票是由出票人签发的，委托付款人在指定的日期无条件支付确定的金额给收款人或持票人的票据。只有在银行开立账户的法人及其他组织之间具有真实交易关系或债权债务关系时，如购买材料、销售商品等业务，才能使用商业汇票。这种结算方式同城和异地均可以使用。商业汇票的付款期限由交易双方商定，但最长不得超过 6 个月。商业汇票的提示付款期限为自汇票到期日起 10 日内。商业汇票可以背书转让，符合条件的商业汇票的持票人可持未到期的商业汇票连同贴现凭证向银行申请贴现。商业汇票作为一种商业信用，具有信誉度高和结算灵活的特点。

商业汇票的出票人是交易中的收款人或付款人。商业汇票须经承兑人承兑。承兑是汇票的付款人承诺在汇票到期日支付汇票金额的票据行为。商业汇票按照承兑人不同分为商业承兑汇票和银行承兑汇票。

商业承兑汇票是由银行以外的承兑人承兑。商业承兑汇票按交易双方约定，由销货企业（即收款人）或购货企业（即付款人）签发，但由购货企业承兑。付款人依照购销合同签发商业承兑汇票并"承兑"后，将商业承兑汇票交给收款人。收款人收到经承兑的商业汇票，审核无误后发运商品。收款人提前将汇票和委托收款凭证送交开户银行办理收款手续。付款人在汇票到期日前，应将票款足额交存银行，以备到期支付。付款人开户银行收到收款人开户银行转来的有关凭证后，于汇票到期日，将票款从付款人账户划转到收款人开户银行账户，并向付款人发出付款通知。收款人开户银行收到票款后，将委托收款凭证收账通知联加盖"转讫"章交收款人，通知款已收妥。汇票到期时，如果付款人的存款不足以支付票款，其开户银行应填制付款人未付票款通知书，连同商业承兑汇票退给收款人或者被背书人，由其自行处理，银行不负责付款。

银行承兑汇票由银行承兑，由在承兑银行开立存款账户的存款人（承兑申请人）签发。银行承兑汇票的出票人即购货企业，承兑人是购货企业的开户银行。购货企业持银行承兑汇票向开户银行申请承兑，银行审查同意后，由承兑申请人与其开户银行签订承兑协议，并将银行承兑汇票交给收款人。承兑银行按票面金额向出票人收取万分之五的手续费。收款人收到银行承兑汇票经审查无误后，按合同发运商品。承兑申请人应于银行承兑汇票到期前将票款足额交存银行，以备支付；承兑申请人于汇票到期日未能足额交存票款的，承兑银行除凭票向收款人、被背书人或贴现银行无条件履行支付义务外，应根据承兑协议规定，对承兑申请人进行扣款处理，并对尚未扣回的承兑金额每天按万分之五计收罚金。

(5) 信用卡

信用卡是指商业银行向个人或单位发行的，凭以向特约单位购物、消费和向银行存取现金，且具有消费信用的特制载体卡片。

信用卡按使用对象分为单位卡和个人卡，单位卡的使用对象为单位，个人卡的使用对象为个人。信用卡还可按信誉等级不同分为金卡和普通卡。凡在中国境内金融机构开立基本存款账户的单位可申请单位卡。单位申领信用卡，应按规定填制申请表，连同有关资料一并交发卡银行，符合条件并按一定要求交存一定金额的备用金后，银行为申请人开立信用卡存款户,并发给信用卡。单位卡账户的资金一律从其基本存款账户转账存入,在使用过程中,需要向其账户续存资金的,也一律从其基本存款账户转账存入,不得交存现金,不得将销售收入的款项存入其账户。持卡人可持信用卡在特约单位购物、消费。单位卡不得用于10万元以上的商品交易、劳务供应款的结算。持卡人不得出租或转借信用卡。单位卡一律不得支取现金。信用卡在规定的限额和期限内允许善意透支,但有透支额度和透支期限的规定。

(6) 汇兑

汇兑是指汇款人委托银行将其款项支付给收款人的结算方式。汇兑结算方式具有适用范围大、服务面广、手续简便、划款迅速、灵活易用等特点。单位和个人的各种款项结算,均可适用汇兑结算方式。汇兑分为信汇和电汇两种,由汇款人根据需要选择使用。信汇是指汇款人委托银行通过邮寄方式将款项划转给收款人,电汇是指汇款人委托银行通过电报将款项划给收款人。

汇款人委托银行办理汇兑时,应填写信汇或电汇凭证,详细填明汇入地点、汇入银行名称、收款人姓名或收款单位名称、汇款用途等内容,送达开户银行,即汇出银行。汇出银行受理汇款单位签发的汇兑凭证,经审查无误后,应及时向汇入银行办理汇款,并向付款单位签发汇款回单。对开立存款账户的收款人,汇入银行应将汇给其的款项直接转入收款人账户,并向其发出收账通知。支取现金的,信、电汇凭证上必须有按规定填明的"现金"字样才能办理,未填明"现金"字样,需要支取现金的,由汇入银行按国家现金管理规定审查支付。转账支付的,应由原收款人向银行填制支款凭证,并由本人交验其身份证办理支付款项。该账户的款项只能转入单位或个体工商户的存款账户,严禁转入储蓄和信用卡账户。

(7) 托收承付

托收承付是根据购销合同由收款人发货后委托银行向异地付款人收取款项,由付款人向银行承认付款的结算方式。根据《支付结算办法》的规定,托收承付的适用范围是:使用该结算方式的收款单位和付款单位必须是国有企业、供销合作社及经营管理较好,并经开户银行审查同意的城乡集体所有制工业企业;办理结算的款项必须是商品交易及因商品交易而产生的劳务供应的款项。代销、寄销、赊销商品的款项不得办理托收承付结算。《支付结算办法》还规定,办理托收承付,除必须同时符合以上两项规定外,还必须具备以下两个条件:收付双方使用托收承付结算必须签有合法的购货合同,并在合同上订明使用托收承付结算方式;收款人办理托收,必须具有商品确已发运的证件。

托收承付结算每笔的金额起点为10 000元,新华书店系统每笔的金额起点为1 000元。

销货企业按照购销合同发货后,填写托收承付凭证,盖章后连同发运凭证或其他符合托收承付结算的有关证明和交易单证送交开户银行办理托收手续。销货企业开户银行接到托收凭证及其附件后,应当按照托收范围、条件和托收凭证填写的要求认真进行审查,经审查无误后,将有关托收凭证连同交易单证一并寄交购货企业开户银行。购货企业开户银行收到托收凭证及其附件后,应及时通知并转交购货企业。购货企业在承付期内审查核对,安排资金以备承付。购货企业应在双方签订合同时约定是验单付款还是验货付款。验单付款的承付期为3天,从购货企业开户银行发出承付通知的次日算起;验货付款的承付期为10天,从运输部门向购货企业发出提货通知的次日算起。承付期内购货企业未表示拒绝付款的,银行视为同意承付,于承付期满的次日上午银行开始营业时,将款项划给销货企业。购货企业不得在承付货款中抵扣其他款项或以前托收的货款。

购货企业在验单或验货时，发现所收到货物的品种、规格、数量、价格与合同规定不同，或货物已到，经查验货物与合同规定或发货清单不符，在承付期内，可向银行提出全部或部分拒绝付款。付款单位提出拒绝付款时，必须填写"拒绝付款理由书"并签章，注明拒绝付款理由，送交开户银行。开户银行必须认真审查拒绝付款理由书，查验合同。银行同意部分或全部拒绝付款的，应在拒绝付款理由书上签注意见，连同拒付证明和拒付商品清单邮寄收款人开户银行转交收款人。

购货企业在承付期满银行营业终了时，如无足够资金支付，其不足部分即为逾期未付款项，开户银行根据逾期付款金额和逾期天数，按每天万分之五计算逾期付款赔偿金。赔偿金实行定期扣付，每月计算一次，于次月 3 日内单独划给销货企业。当购货企业账户有款时，开户银行必须将逾期未付款和应付的赔偿金及时扣划给销货企业，不得拖延扣划。

（8）委托收款

委托收款是收款人委托银行向付款人收取款项的结算方式。无论是单位还是个人都可凭已承兑商业汇票、债券、存单等付款人债务证明办理同城或异地款项结算，均可以使用委托收款结算方式。委托收款结算款项的划回方式，分为邮寄和电报两种，由收款人选用，不受金额起点的限制。委托收款还适用于收取电费、电话费等付款人众多、分散的公用事业费等有关款项。

收款企业委托银行收款时，应填写委托收款凭证并提供有关的债务证明，经开户银行审查后，据以办理委托收款。付款单位开户银行接到收款企业开户银行寄来的委托收款凭证，经审查后通知付款单位，付款单位收到银行交给的委托收款凭证及债务证明，应签收，并在 3 日内审查债务证明是否真实，是否是本单位的债务，确认之后通知银行付款。如果付款单位不通知银行，银行视其为同意付款，并在第 4 日从单位账户中付出此笔托收款项。付款单位在 3 日内审查有关债务凭证后，对收款企业委托收取的款项拒绝付款的，应出具拒绝证明，连同有关债务证明、凭证送交开户银行，转交收款企业。付款期满，付款单位如无足够资金支付全部款项，其开户银行应将其债务证明连同未付款通知书邮寄收款企业银行转交收款企业。

（9）信用证

信用证是指开证行依照申请人的申请开出的，凭符合信用证条款的单据支付的付款承诺，并明确规定该信用证为不可撤销、不可转让的跟单信用证。

信用证结算原是国际贸易结算的一种主要方式。为适应国内贸易发展的需要，我国于 1997 年制定了《国内信用证结算办法》。该办法旨在通过信用证结算，维护贸易双方有关当事人的合法权益，同时丰富国内结算种类。信用证属于银行信用，采用信用证支付，对销货方安全收回货款有保证；对购货方来说，由于货款的支付是以取得符合信用证规定的货运单据为条件，避免了预付货款的风险。

信用证结算方式的一般收付款程序如下。

① 开证申请人根据合同填写开证申请书并交纳押金或提供其他保证，请开证行开证。开证行是指接受开证申请人的委托开立信用证的银行，它承担保证付款的责任。

② 开证行根据申请书内容，向受益人开出信用证并寄交出口人所在地通知行。受益人是指信用证上所指定的有权使用该证的人，即出口人或实际供货人；通知行是受开证行委托

将信用证转交出口人的银行,它只证明信用证的真实性,不提供其他义务。

③ 通知行核对印鉴无误后,将信用证交受益人。

④ 受益人审核信用证内容与合同规定相符后,按信用证规定装运货物、备妥单据并开出汇票,在信用证有效期内送议付行议付。议付行是指愿意买入受益人交来跟单汇票的银行。

⑤ 议付行按信用证条款审核无误后,将货款垫付给受益人。

⑥ 议付行将汇票和货运单据寄给开证行或其特定的付款行索偿。多数情况下,付款银行即是开证行。

⑦ 开证行审核单据无误后,付款给议付行。

⑧ 开证行通知开证人付款赎单。

3. 银行存款的核算

(1) 银行存款的总分类核算

为了总括核算银行存款的收入、支出和结存情况,应设置"银行存款"总分类账户。该账户属于资产类账户,借方登记存款的增加数,贷方登记存款的减少数,期末余额在借方,表示期末存款的实际结存数。企业在其他金融机构有存款的,也应在本账户内核算,但企业在银行的其他存款,如外埠存款、银行本票存款、银行汇票存款、信用卡存款、信用证保证金存款等,在"其他货币资金"账户核算,不在该账户核算。银行存款总账可直接根据收付款凭证逐笔登记,也可定期或于月份终了,根据汇总收付款凭证或科目汇总表登记。

企业收入款项时,借记"银行存款"账户,贷记有关账户;付出款项时,借记有关账户,贷记"银行存款"账户。

【例2-12】 天宇公司7月5日开出现金支票一张,从银行提取现金30 000元备发工资。根据现金支票存根编制如下会计分录。

借:库存现金　　　　　　　　　　　　　　　　　　　　　　　　　　30 000
　　贷:银行存款　　　　　　　　　　　　　　　　　　　　　　　　　30 000

【例2-13】 天宇公司7月6日销售产品给泰华公司,前已采用托收承付结算方式委托银行向泰华公司收取款项50 000元,现收到银行转来的托收承付收账通知。天宇公司根据托收承付收账通知及有关单据,编制会计分录如下。

借:银行存款　　　　　　　　　　　　　　　　　　　　　　　　　　50 000
　　贷:应收账款——泰华公司　　　　　　　　　　　　　　　　　　　50 000

【例2-14】 天宇公司7月7日销售商品收到销售货款22 600元(其中含增值税2 600元),款项已存入银行。

借:银行存款　　　　　　　　　　　　　　　　　　　　　　　　　　22 600
　　贷:主营业务收入　　　　　　　　　　　　　　　　　　　　　　　20 000
　　　　应交税费——应交增值税(销项税额)　　　　　　　　　　　　　2 600

【例2-15】 天宇公司7月9日购进材料一批,价款9 000元,增值税税款1 170元,签发转账支票付讫,材料已验收入库。根据转账支票存根及发票等原始凭证编制如下会计分录。

借：原材料　　　　　　　　　　　　　　　　　　　　　　　　　　　9 000
　　应交税费——应交增值税（进项税额）　　　　　　　　　　　　1 170
　　贷：银行存款　　　　　　　　　　　　　　　　　　　　　　　　10 170

【例 2-16】 天宇公司 7 月 12 日采用汇兑结算方式，委托银行将款项 23 000 元划转给宏远公司，以偿还前欠货款。根据开户银行退回的汇款回单，编制会计分录如下。

借：应付账款——宏远公司　　　　　　　　　　　　　　　　　　 23 000
　　贷：银行存款　　　　　　　　　　　　　　　　　　　　　　　 23 000

（2）银行存款的序时核算

为了及时核算银行存款的收、付和结存情况，加强对银行存款的管理，企业除进行银行存款总分类核算外，还要设置"银行存款日记账"，进行序时核算。银行存款日记账采用订本式账簿，由出纳人员根据银行存款收、付款凭证及存入银行现金时的现金付款凭证，按照经济业务发生的先后顺序，逐日逐笔登记，同时要逐日加计收入合计、付出合计和结存数，月末时还应结出本月收入、付出的合计数和月末结存数。"银行存款日记账"应定期与"银行对账单"核对，至少每月核对一次。企业账面结余与银行对账单余额之间如有差额，必须逐笔查明原因，并按月编制"银行存款余额调节表"调节相符。月份终了，"银行存款日记账"的余额必须与"银行存款"的总分类账余额核对相符。有外币业务的企业应分别按人民币和外币设置银行存款日记账进行明细核算。

银行存款日记账一般采用收入、付出及结存三栏式格式，如表 2-2 所示。

表 2-2　银行存款日记账——人民币

202×年		凭证		摘　要	对方科目	收入	付出	结存
月	日	字	号					
7	4			承前页				300 000
7	5	银付	12	提现备发工资	库存现金		30 000	270 000
7	6	银收	8	收到销货款	应收账款	50 000		320 000
7	7	银收	9	收到销货款	主营业务收入、应交税费	23 400		343 400
7	9	银付	13	支付购货款	原材料、应交税费		10 530	332 870
7	12	银付	14	偿还货款	应付账款		23 000	309 870

4. 银行存款的清查

（1）银行存款清查的内容

企业银行存款收付发生频繁，为了检查其记录的正确性，保证企业存款资金的安全，查明银行存款的实际余额，企业应定期对银行存款进行清查。清查内容一般包括：银行存款日记账与银行存款收、付款凭证互相核对，做到账证相符；银行存款日记账与银行存款总账互相核对，做到账账相符；银行存款日记账与银行对账单互相核对，做到账单相符，从而达到账实相符。

银行存款是企业存在银行的款项，由银行负责保管，企业在银行的存款实有数是通过银行对账单反映的，所以企业应定期将银行存款日记账与银行对账单进行逐笔核对，至少每月要进行一次。企业的银行存款日记账和银行签发的对账单,虽然均是记载企业同一时期存款账户存取金额及结存金额的记录,但二者所列余额却不一定一致,原因主要有两个:一是双方各自的记账错误,包括计算错误和记账错漏,这种错误应由双方及时查明原因,予以更正;二是存在未达账项。所谓未达账项,是指企业与银行之间由于凭证传递上的时间差,一方已登记入账而另一方尚未入账的账项。在核对中如发现未达账项,应编制"银行存款余额调节表"进行调节,使双方余额相等。

(2) 银行存款余额调节表的编制

由于银行存款的收付有多种支付结算方式,收付凭证的传递又需要一定的时间,这就会出现在有些结算方式下,银行已完成了款项的收付但凭证还未到达企业;在另一些结算方式下,情况则相反。所以,对同一笔业务,企业和银行各自入账的时间可能会不一致。

未达账项具体有四种情况。

① 银行已收款记账,企业尚未收到银行的收账通知而未记账的款项。如企业委托银行收取的款项,银行办妥收款手续后入账,而收款通知尚未到达企业,企业尚未记增加。

② 银行已付款记账,企业尚未收到银行的付款通知而尚未记账的款项。如银行向企业收取的借款利息、代企业支付的公用事业费用、到期的商业汇票付款等,银行办妥付款手续后入账,而付款通知单尚未到达企业,企业尚未登记减少。

③ 企业已收款记账,而银行尚未办妥入账手续的款项。如企业收到外单位的转账支票,填好进账单,并经银行受理盖章,即可入账记增加,而银行则要办妥转账手续后,才能入账记增加。

④ 企业已付款记账,而银行尚未支付入账的款项。如企业签发转账支票后记存款减少,而持票人尚未到银行办理转账手续,银行尚未登记减少。

出现未达账项的第①种和第④种情况,会使银行对账单的余额大于企业银行存款账户的余额;出现第②种和第③种情况,结果则相反。为了准确掌握企业可运用的银行存款实有数,合理调配使用资金,企业应编制"银行存款余额调节表"对未达账项进行调节。

银行存款余额调节表的具体编制方法是:在银行与企业的存款账面余额的基础上,加上各自的未收款,减去各自的未付款,然后再计算出各自的余额。其基本原理是:假设未达账项全部入账,银行存款日记账及银行对账单的余额应相等。用公式表示为

$$银行存款日记账余额 + 银行已收企业未收款项 - 银行已付企业未付款项$$
$$= 银行对账单余额 + 企业已收银行未收账项 - 企业已付银行未付账项$$

经调节后,双方余额如果相等,一般说明双方记账没有错误,该余额就是企业银行存款的实有数;双方余额如果不相等,表明记账有差错,应立即查明错误原因。属于本企业原因的,应按规定的改错方法进行改正;属于银行方面的,应及时通知银行更正。

【例 2-17】 天宇公司 7 月 31 日的银行存款日记账的账面余额为 185 300 元,银行对账单上的公司存款余额为 176 500 元,经逐笔核对,发现有以下未达账项。

① 7 月 30 日,公司收到其他单位的转账支票 18 200 元,银行尚未入账。

② 7 月 31 日,企业开出转账支票 6 200 元,持票人尚未到银行办理转账,银行尚未入账。

③ 7 月 31 日,企业委托银行代收款项 5 900 元,银行已收妥入账,企业尚未接到银行

的收账通知,所以企业尚未入账。

④ 7月31日,银行代企业支付水费2 700元,企业尚未接到银行的付款通知,所以企业尚未入账。

根据以上未达账项,编制"银行存款余额调节表"如表2-3所示。

表2-3 银行存款余额调节表
202×年7月31日

项 目	金 额	项 目	金 额
企业银行存款账户余额	185 300	银行对账单余额	176 500
加:银行已收、企业未收的托收款项	5 900	加:企业已收、银行未收的转账支票	18 200
减:银行已付、企业未付的水费	2 700	减:企业已付、银行未付的转账支票	6 200
调整后的存款余额	188 500	调整后的存款余额	188 500

表2-3调整后的余额相等,表示双方记账没有错误,调整后的余额就是企业目前银行存款的实有数。但要说明的是,企业在调节表上调整的未达账项不是记账,也不能据此做账面调整,要待结算凭证到达后再进行账务处理,登记入账。

(3) 无法收回银行或其他金融机构款项的核算

企业应加强对银行存款的管理,并定期对银行存款进行检查,如果有确凿证据表明存在银行或其他金融机构的款项已经部分或全部不能收回,如吸收存款的单位已宣告破产,其破产时财产不足以清偿的部分或全部不能清偿的,应当作为当期损失,冲减"银行存款",借记"营业外支出"账户,贷记"银行存款"账户。

2.4 其他货币资金

1. 其他货币资金的内容

其他货币资金是企业除库存现金、银行存款以外的其他各种货币资金,包括外埠存款、银行汇票存款、银行本票存款、信用卡存款、信用证保证金存款和存出投资款等。

从某种意义上来说,其他货币资金也是一种银行存款,但它是承诺了专门用途的存款,不能像结算账户存款那样可随时安排使用,所以专设"其他货币资金"账户对其进行核算。该账户属资产类账户,借方登记增加数,贷方登记减少数,期末借方余额反映其他货币资金的实存数。"其他货币资金"账户应设置"外埠存款""银行汇票""银行本票""信用卡""信用证保证金""存出投资款"等明细账。

2. 其他货币资金的账务处理

(1) 外埠存款

外埠存款是指企业到外地进行临时或零星采购时,汇往采购地银行开立采购专户的款项。企业将款项委托当地银行汇往采购地开立的采购专户,除采购员差旅费可以支取少量现金外,一律转账结算;采购专户资金不计利息,只付不收,付完结束账户。采购结束后有结余款的,将其退回汇款企业开户银行。

企业将款项委托当地银行汇往采购地开立专户时,借记"其他货币资金——外埠存款"科目,贷记"银行存款"科目;会计部门收到采购员交来的供应单位发票账单等报销凭证时,借记"在途物资""原材料""库存商品""应交税费——应交增值税(进项税额)"等科目,贷记"其他货币资金——外埠存款"科目。将多余的外埠存款转回当地银行时,根据银行的收账通知,借记"银行存款"科目,贷记"其他货币资金——外埠存款"科目。

【例2-18】 天宇公司6月4日,委托当地开户银行汇款50 000元给采购地银行开立采购专户;7月10日,会计部门收到采购员交来的购货发票,发票上注明的价款为40 000元,增值税进项税额为5 200元,物资尚未验收入库;采购任务完成后,将多余的外埠存款转回当地银行。该公司有关账务处理如下。

① 开立采购专户时:

借:其他货币资金——外埠存款　　　　　　　　　　　　　　50 000
　　贷:银行存款　　　　　　　　　　　　　　　　　　　　　50 000

② 交来购货发票时:

借:在途物资　　　　　　　　　　　　　　　　　　　　　　40 000
　　应交税费——应交增值税(进行税额)　　　　　　　　　　5 200
　　贷:其他货币资金——外埠存款　　　　　　　　　　　　 45 200

③ 将多余的外埠存款转回时:

借:银行存款　　　　　　　　　　　　　　　　　　　　　　3 200
　　贷:其他货币资金——外埠存款　　　　　　　　　　　　 3 200

(2) 银行汇票存款

银行汇票存款是指企业为取得银行汇票按规定存入银行的款项。企业将款项交存开户银行取得银行汇票后,可持其前往异地办理转账结算或支取现金,汇票使用后如有多余款或因汇票超过付款期未付出的,将其退回企业开户银行。企业向银行提交"银行汇票申请书"并将款项交存银行,取得银行汇票后,根据银行盖章退回的申请书存根联,借记"其他货币资金——银行汇票存款"科目,贷记"银行存款"科目。企业使用银行汇票后,根据发票等有关凭证,借记"在途物资""原材料""库存商品""应交税费——应交增值税(进项税额)"等科目,贷记"其他货币资金——银行汇票存款"科目。如有多余款或因汇票超过付款期未付出等原因而退回款项,根据开户行转来的银行汇票第四联(多余款收账通知),借记"银行存款"科目,贷记"其他货币资金——银行汇票存款"科目。

【例2-19】 天宇公司6月20日,向银行提交"银行汇票申请书"并将款项24 000元交存开户银行,要求银行办理银行汇票并已取得汇票。6月25日,公司使用该银行汇票采购一批商品,已验收入库。收到的增值税专用发票上注明的价款为20 000元,增值税进项税额为2 600元;采购任务完成后,将多余款项转回当地银行。该公司的相关账务处理如下。

① 申请办理银行汇票时:

借：其他货币资金——银行汇票存款　　　　　　　　　　　　　　24 000
　　贷：银行存款　　　　　　　　　　　　　　　　　　　　　　24 000
② 采购商品时：
借：在途物资　　　　　　　　　　　　　　　　　　　　　　　 20 000
　　应交税费——应交增值税（进行税额）　　　　　　　　　　　2 600
　　贷：其他货币资金——银行汇票存款　　　　　　　　　　　　22 600
③ 将多余的外埠存款转回时：
借：银行存款　　　　　　　　　　　　　　　　　　　　　　　　　600
　　贷：其他货币资金——外埠存款　　　　　　　　　　　　　　　 600

如果企业因银行汇票超过付款期限等原因未曾使用而要求银行退票时，收到盖章退回的进账单，应作如下账务处理。

借：银行存款　　　　　　　　　　　　　　　　　　　　　　　24 000
　　贷：其他货币资金——外埠存款　　　　　　　　　　　　　　24 000

（3）银行本票存款

银行本票存款是指企业为了取得银行本票按规定存入银行的款项。企业向银行提交"银行本票申请书"并将款项交存银行，取得银行本票后，根据银行盖章退回的申请书存根联，借记"其他货币资金——银行本票存款"科目，贷记"银行存款"科目。企业使用银行本票后，根据发票账单有关凭证，借记"在途物资""原材料""库存商品""应交税费——应交增值税（进行税额）"等科目，贷记"其他货币资金——银行本票存款"科目。因本票超过付款期未付出等原因而要求退款时，应当填制进账单一式两联，连同本票一并送交银行，根据银行盖章退回的进账单第一联，借记"银行存款"科目，贷记"其他货币资金——银行本票存款"科目。

【例 2-20】 天宇公司 6 月 15 日，向银行提交"银行本票申请书"并将款项 3 000 元交存开户银行，取得银行本票。6 月 16 日公司使用银行本票购买办公用品 3 000 元。该公司的有关账务处理如下。

① 申请办理银行本票时：
借：其他货币资金——银行本票存款　　　　　　　　　　　　　 3 000
　　贷：银行存款　　　　　　　　　　　　　　　　　　　　　　 3 000
② 购买办公用品：
借：管理费用　　　　　　　　　　　　　　　　　　　　　　　 3 000
　　贷：其他货币资金——银行本票存款　　　　　　　　　　　　 3 000

（4）信用卡存款

信用卡存款是指企业为取得信用卡按照规定存入银行的款项。企业的信用卡存款一律从基本账户转账存入，持卡人可持信用卡在特约单位购货、消费，但不得支取现金。企业应按规定填制申请表，连同支票和有关资料一并送交发卡银行，根据银行盖章退回的进账单第一联，借记"其他货币资金——信用卡存款"科目，贷记"银行存款"科目。企业用信用卡购物或支付有关费用，借记有关科目，贷记"其他货币资金——信用卡存款"科目。企业信用卡在使用过程中，需要向其账户续存资金的，借记"其他货币资金——信用卡存款"科目，贷记"银行存款"科目。

【例 2-21】 天宇公司 6 月 5 日，将信用卡申请表连同 30 000 元的支票一并送交发卡银行。根据银行盖章退回的进账单第一联，编制会计分录如下。

  借：其他货币资金——信用卡存款   30 000
    贷：银行存款   30 000

公司用信用卡支付费用共 25 000 元。根据银行转来的付款凭证及所附发票账单，编制会计分录如下。

  借：管理费用   25 000
    贷：其他货币资金——信用卡存款   25 000

(5) 信用证保证金存款

信用证保证金存款是指企业为取得信用证按规定存入银行的保证金。企业向银行申请开立信用证，应按规定向银行提交开证申请书、信用证申请人承诺书和购销合同，并向银行交纳保证金。企业用信用证保证金存款结算货款后，结余款可退回企业开户银行。

【例 2-22】 某企业要求银行对境外甲公司开出信用证 100 000 元，按规定向银行提交开证申请书、信用证申请人承诺书、购销合同及保证金 100 000 元。根据银行退回的进账单第一联，编制会计分录如下。

  借：其他货币资金——信用证保证金存款   100 000
    贷：银行存款   100 000

20 天后，企业收到境外甲公司发来的材料及银行转来的信用证结算凭证及所附发票账单，共支付款项 93 600 元，其中价款 80 000 元，增值税 10 400 元。余款 6 400 元已退回企业开户银行。编制会计分录如下。

  借：原材料   80 000
    应交税金——应交增值税（进项税额）   10 400
    贷：其他货币资金——信用证保证金存款   90 400
  借：银行存款   6 400
    贷：其他货币资金——信用证保证金存款   6 400

(6) 存出投资款

存出投资款是指企业存入证券公司但尚未进行短期投资的资金。

【例 2-23】 某企业向证券公司存入资金 200 000 元，10 天后用该存款购买股票 150 000 元。编制会计分录如下。

① 存入证券公司款项时：

  借：其他货币资金——存出投资款   200 000

　　　　贷：银行存款　　　　　　　　　　　　　　　　　　　　　　　200 000
　②购买股票时：
　　　　借：交易性金融资产　　　　　　　　　　　　　　　　　　　150 000
　　　　贷：其他货币资金——存出投资款　　　　　　　　　　　　　150 000

> **本章重点**
> 　　货币资金的管理和控制方法；库存现金的账务处理；备用金的核算；库存现金的清查；银行各种结算方式的适用范围；银行存款的核算；银行存款余额调节表的编制；其他货币资金的账务处理。
> **本章难点**
> 　　备用金的核算；库存现金的清查；银行存款余额调节表的编制。
> **关键术语**
> 　　货币资金　内部控制　库存现金　银行存款　其他货币资金　备用金　银行结算方式　支票　银行汇票　银行本票　商业汇票　汇兑　信用卡　托收承付　委托收款　信用证　未达账项　银行存款余额调节表

思　考　题

1. 什么是货币资金？货币资金包括哪些内容？
2. 货币资金管理的目的是什么？货币资金的内部控制有哪些内容？
3. 什么是库存现金？库存现金管理的内容有哪些？
4. 什么是备用金？在定额备用金制度下如何进行备用金的管理和核算？
5. 银行存款管理的要求有哪些？
6. 企业在银行可以开立哪些账户？每个账户的用途是什么？
7. 银行支付结算方式有哪几种？简述各种银行结算方式的程序和特点。
8. 什么是未达账项？未达账项有哪几类？
9. 如何编制银行存款余额调节表？
10. 其他货币资金包括哪些内容？如何进行核算？

练　习　题

一、单项选择题
1. 企业发放工资支取现金，应通过（　　）办理。
　　A. 一般存款账户　　　　　　　B. 基本存款账户

C. 临时存款账户 D. 专用存款账户

2. 企业对现金清查过程中发现的现金盘亏，在未查明原因和未经有关领导批准之前，应贷记"库存现金"账户，借记（　　）账户。
   A. 营业外支出 B. 投资收益
   C. 待处理财产损溢 D. 其他应收款

3. 备用金可以通过（　　）账户核算。
   A. 其他货币资金 B. 银行存款
   C. 库存现金 D. 其他应收款

4. 不属于其他货币资金核算的是（　　）。
   A. 银行汇票存款 B. 银行本票存款
   C. 商业汇票 D. 信用证保证金存款

5. 根据《现金管理暂行条例》的规定，下列业务中，不能用现金支付的是（　　）。
   A. 支付材料采购货款 1 200 元
   B. 支付职工奖金 6 800 元
   C. 支付职工差旅费 2 300 元
   D. 支付零星办公用品购置费 800 元

二、多项选择题

1. 下列不符合转账支票业务手续的有（　　）。
   A. 按顺序签发支票 B. 签发远期支票
   C. 签发空头支票 D. 支票的签发和印鉴的加盖由出纳一人办理
   E. 收入的转账支票一般采用先收取支票，待款项实际入账后再付款的办法

2. 下列属于货币性资产的有（　　）
   A. 银行存款 B. 库存现金 C. 其他货币资金 D. 应收账款
   E. 无形资产

3. 下列规定中，属于现金内部控制相关要求的有（　　）。
   A. 现金收支业务中不相容职务必须分离
   B. 不允许坐支现金
   C. 不允许保留账外现金
   D. 所有现金收入必须经过相关领导审批
   E. 所有现金支出必须经过相关领导审批

4. 企业可以设立的银行存款账户有（　　）。
   A. 基本存款账户 B. 一般存款账户
   C. 临时存款账户 D. 专用存款账户
   E. 特别存款账户

5. 除了银行本票结算、银行汇票结算、支票结算方式外，银行结算方式还有（　　）。
   A. 委托收款结算 B. 托收承付结算
   C. 商业汇票结算 D. 信用卡结算
   E. 汇兑结算

三、计算题

1. （练习库存现金、银行存款、其他货币资金的核算）天宇公司为增值税一般纳税企业，该公司某年6月份发生以下经济业务。

① 4日，开出现金支票，从银行提取现金3 000元备用。

② 6日，采购员王平到广东某地采购材料，预借差旅费1 000元，以现金支付。

③ 8日，厂部管理人员参加市内业务会议，报销交通费40元，以现金支付。

④ 9日，销售一批商品给福建华阳公司，价款为10 000元，增值税税款为1 600元，商品已经发出，并通过开户行办理托收承付结算。

⑤ 11日，向大理公司购入商品一批，价款为20 000元，增值税税率为13%，货款已经签发转账支票支付。

⑥ 13日，用银行存款支付报社广告费11 000元。

⑦ 15日，向证券公司开立的资金账户中转账200 000元，准备购买证券。

⑧ 17日，通过银行汇款至江西50 000元，开立采购专户。

⑨ 20日，开出现金支票14 000元从银行提取现金，准备发放工资。

⑩ 21日，以现金14 000元发放工资。

⑪ 23日，采购员王平报销差旅费700元，余款退回。

⑫ 25日，填写汇款委托书交银行，汇交广东大德公司，偿还上月购货款12 000元。

⑬ 27日，汇往江西外购材料款44 000元回厂报销（材料已入库），余款通过银行收回。

⑭ 30日，接到银行通知，福建华阳公司前欠货款已经到账，金额111 700元。

要求：根据以上经济业务，编制会计分录。

2. （练习现金清查的核算）天宇公司有关现金盘点的情况如下。

① 某年3月31日，库存现金日记账的余额为7 000元，当日现金盘点报告单填写的库存现金实有数为6 750元。经查，短缺的250元中，100元是由于出纳员收发计量差错造成的，应由出纳员赔偿，另有150元无法查明原因。

② 某年4月7日，库存现金日记账的余额为5 400元，当日现金盘点报告单填写的库存现金实有数为5 600元。经查，溢余的200元中，150元是由于采购员张三报销后未拿走现金，另有50元无法查明原因。

要求：编制上述现金清查的有关会计分录。

3. （练习银行余额调节表的编制）天宇公司某年6月30日"银行存款日记账"账面余额为226 600元，"银行对账单"余额为269 700元。经核对，存在以下未达账项。

① 6月29日，公司销售产品，收到转账支票一张，金额23 000元，银行尚未入账。

② 6月29日，公司开出转账支票一张，支付购买材料款58 500元，持票单位尚未向银行办理手续。

③ 6月30日，银行代公司收到销货款24 600元，公司尚未收到收款通知。

④ 6月30日，银行代公司付出电费17 000元，公司尚未收到付款通知。

要求：根据以上资料，编制"银行存款余额调节表"。

银行存款余额调节表
某年 6 月 30 日

项　目	金　额	项　目	金　额
企业银行存款账户余额		银行对账单余额	
加：银行已收、企业未收的销货款		加：企业已收、银行未收的销货款	
减：银行已付、企业未付的电费		减：企业已付、银行未付的购料款	
调整后的存款余额		调整后的存款余额	

4.（练习备用金的核算）天宇公司某年 5 月起对某职能部门实行定额备用金制度。有关备用金业务情况如下。

① 5 月 1 日，经会计部门主管与该职能部门主管核定，设立备用金的定额为 1 000 元。当日开出支票交给该职能部门的备用金保管人员。

② 该部门 5 月上旬发生各类开支共计 680 元，备用金保管员于 5 月 10 日到会计部门办理报销。

③ 5 月 11 日，经该职能部门主管与会计部门协商，决定核增 500 元定额，增加的备用金直接以现金支付给备用金保管人员。

要求：编制建立备用金、补足备用金、增加备用金定额的有关会计分录。

第3章 应收款项及预付账款

【学习目标】

通过本章的学习，要求学习者了解应收账款及预付款项的构成，掌握应收票据、应收账款、预收账款及其他应收款等的核算方法。

3.1 应收票据

1. 应收票据的概念及种类

1) 应收票据的概念

应收票据（bills receivable）是指企业因销售商品、产品、提供劳务等而收到的、尚未到期兑现的商业汇票。应收票据是由于采用商业汇票结算方式而形成的。企业之间采用商业汇票进行结算，对于销货方来讲形成了应收票据，对于购货方来讲形成了应付票据。在我国，除商业汇票外，大部分商业票据（银行本票、银行汇票）都是即期票据，可以即刻收款存入银行，作为货币资金，不必作应收票据处理。应收票据是企业未来收取货款的权利，这种权利和将来应收取的货款金额以书面文件形式约定下来，因此它受到法律的保护，具有法律上的约束力。

2) 应收票据（商业汇票）的分类

应收票据（商业汇票）是指收款人或付款人（或承兑申请人）签发，由承兑人承兑，并于到期向收款人或被背书人支付款项的票据。它是交易双方以商品购销业务为基础使用的一种信用凭证。

（1）商业汇票按承兑人的不同分类

商业汇票按承兑人分类，可分为银行承兑汇票和商业承兑汇票。

银行承兑汇票（banker's acceptance）是由收款人或承兑申请人签发，并由承兑申请人向其开户银行申请，经银行审查同意承兑的票据。由于银行承兑汇票的承兑人是银行，不管到期付款单位是否有款支付，银行负有到期无条件支付款项给收款人的义务，这对于收款方来说是没有风险的。

商业承兑汇票（trade acceptance）是由收款人签发，经付款人承兑，或者由付款人签发并承兑的汇票。汇票到期时，购货企业的开户银行凭票将票款划给销货企业或贴现银行。销货企业应在提示付款期限内通过开户银行委托收款或直接向付款人提示付款。如果到期时购货企业的存款不足以支付票款，其开户银行将汇票退还销货企业，银行不负责付款，由购销双方自行处理。

(2) 商业汇票按是否计息分类

商业汇票按是否计息分类，分为不带息商业汇票和带息商业汇票。不带息商业汇票（noninterest-bearing note）是指在商业汇票到期时，承兑人只按票面金额向收款人或被背书人支付款项的汇票。带息商业票据（interest-bearing note）是指在商业汇票到期时，承兑人按票面金额加上应计利息向收款人或被背书人支付票款的票据。带息票据应注明利率（一般为年利率）。商业汇票的承兑期限一般不超过6个月，到期一律通过银行转账结算；商业汇票可以向银行申请贴现，也可以背书转让；商业汇票不仅可用于同城结算，也可以用于异地结算。

2. 应收票据的确认与到期值

(1) 应收票据的确认

一般情况下，企业应在收到开出承兑的商业汇票时，按应收票据的票面价值入账。对于带息的应收票据，企业会计制度中规定带息票据应在期末计提利息，期末一般理解为半年末或年末，计提的利息增加应收票据的账面余额。也就是说，其利息应逐期计入应收票据的账面余额。相对于应收账款来讲，应收票据（尤其是银行承兑汇票）发生坏账的风险较小，因此一般不对应收票据计提坏账准备。超过承兑期收不回的应收票据应转作应收账款，并对其计提坏账准备。

(2) 应收票据的到期日与到期值的确定

应收票据的期限有按日表示和按月表示两种。按日计算的票据，应从出票日起按实际经历天数计算。通常出票日和到期日只能算一天，即"算头不算尾"。例如，4月13日出票60天到期的票据，4月份算17天（13日不算），5月份算31天，所以到期日为6月12日（12日应算）。与此同时，要将计算利息使用的年利率换算成日利率（年利率÷360）。按月计算的票据，以到期月份中与出票日相同的那一天为到期日。例如，6月18日出票的6个月票据，到期日为12月18日。月末出票的票据，不论月份大小，以到期月份的月末一天为到期日。例如，3月31日出票的1个月票据，到期日为4月30日。与此同时，计算利息使用的年利率要换算成月利率（年利率/12）。

不带息票据的到期值，也就是票据的面值；带息票据的到期值应该是面值加上应计利息，其计算公式为

$$带息票据到期值 = 面值 + 利息$$
$$= 面值 + 面值 \times 利率 \times 票据期限$$
$$= 面值 \times (1 + 利率 \times 票据期限)$$

3. 应收票据的账户设置

为了进行应收票据的核算，企业应设置"应收票据"账户，该账户用于核算因销售商品、产品、提供劳务等收到开出、承兑的商业汇票，它属于资产类账户。借方登记应收票据的票面金额及其应计利息；贷方登记到期收回、背书转让、到期承兑人无款支付及未到期向

银行贴现的票额和应计利息;期末借方余额反映企业持有的商业汇票的票面价值和应计利息。

在"应收票据"账户下,应按不同的单位分别设置明细账户,进行明细核算。同时,企业应设置"应收票据备查簿",逐笔登记每一笔应收票据的种类、号数和出票日期、票面金额、票面利率、交易合同号和付款人、承兑人,背书人的姓名或单位名称、到期日、背书转让日、贴现日期、贴现率和贴现净额,以及收款日期和收回金额、退票情况等。应收票据到期结清票款或退票等,都应在备查簿内逐笔注销。

4. 应收票据的会计处理

1) 取得应收票据

取得的应收票据,不论是带息票据还是不带息票据,其会计处理基本相同。

【例3-1】 4月1日,天宇公司采用商业汇票结算方式向甲公司销售甲产品300件,每件售价410.62元,增值税税额为16 014元,甲公司签发为期6个月、年利率为6%的银行承兑汇票139 200元。编制会计分录如下。

借:应收票据　　　　　　　　　　　　　　　　　　　　　　　139 200
　　贷:主营业务收入　　　　　　　　　　　　　　　　　　　　120 000
　　　　应交税费——应交增值税(销项税额)　　　　　　　　　　19 200

2) 票据持有期间计提利息的处理

对于带息应收票据,应于期末时(6月30日或12月31日,也可于各月末),按应收票据的票面价值和确定的利率计提利息。计提的利息增加应收票据的账面余额,同时确认利息收入冲减当期财务费用。无息票据不需作会计处理。

【例3-2】 承例3-1,天宇公司持有甲公司的商业汇票期间,于6月30日计提票据利息。编制会计分录如下。

$$应计提的利息 = 139\ 200 \times 6\% \times 3/12 = 2\ 088(元)$$

借:应收票据　　　　　　　　　　　　　　　　　　　　　　　2 088
　　贷:财务费用　　　　　　　　　　　　　　　　　　　　　　　2 088

此时"应收票据"账户的借方余额为141 288元。

3) 应收票据到期

票据到期,承兑人可能按期付款,也可能承兑人无款支付。对于银行承兑汇票来说,收款方到期肯定能收到款项。收回到期不带息应收票据,则按收到的应收票据票面金额入账,若收回到期带息应收票据,则按收回的本息入账。对于商业承兑汇票,可能对方无款支付。如果到期的应收票据因付款人无力支付票款而无法按期收回,按应收票据的账面余额进行账务处理,转入应收账款核算,未确认的利息暂不确认,待实际收回时冲减当期财务费用。

【例3-3】 承例3-1和例3-2,假设10月1日商业汇票到期,天宇公司收到该批商品价款。编制会计分录如下。

可收回的票据本金和利息 = 139 200 × (1 + 6‰ × 6/12) = 139 200 + 4 176 = 143 376（元）

同时确认后3个月的利息2 088元，贷记"财务费用"科目。

借：银行存款　　　　　　　　　　　　　　　　　　　　　　　143 376
　　贷：应收票据　　　　　　　　　　　　　　　　　　　　　　141 288
　　　　财务费用　　　　　　　　　　　　　　　　　　　　　　　2 088

如果是无息商业汇票，则到期收回的是票面金额，借记"银行存款"科目，贷记"应收票据"科目。

【例3-4】 承例3-1和例3-2，假设10月1日，上述应收票据为商业承兑汇票，到期对方暂时无款支付，应将其转入"应收账款"科目，未确认的后3个月的利息暂不确认，待实际收回时再确认，冲减当期财务费用。编制会计分录如下。

借：应收账款　　　　　　　　　　　　　　　　　　　　　　　141 288
　　贷：应收票据　　　　　　　　　　　　　　　　　　　　　　141 288

假设再过2个月后，甲公司将所欠货款和利息143 376元全部付清。天宇公司的会计处理为

借：银行存款　　　　　　　　　　　　　　　　　　　　　　　143 376
　　贷：应收账款　　　　　　　　　　　　　　　　　　　　　　141 288
　　　　财务费用　　　　　　　　　　　　　　　　　　　　　　　2 088

4）应收票据贴现

应收票据贴现是指持票人在票据到期之前，持票到银行申请贴现，实际上是持票人以应收票据作为抵押向银行申请贷款。银行向申请贴现的持票人支付的款额为到期价值扣除贴现额之差额。如果是持银行承兑汇票到银行申请贴现，到期付款单位无款支付，票据贴现申请人不负连带责任，因为到期应由承兑银行无条件付款给办理贴现的银行。如果是持商业承兑汇票到银行申请贴现，到期付款单位无款支付，票据贴现申请人负有连带责任，形成或有负债。

（1）票据贴现值的计算

票据贴现值是指企业持票据到银行申请贴现而实际收到的贴现所得。其计算公式为

$$票据贴现金额 = 票据到期价值 - 贴现息$$
$$贴现息 = 票据到期价值 × 贴现率 × 贴现期$$

按照中国人民银行《支付结算办法》的规定，承兑人在异地的，贴现期应另加3天的划款日期。

【例3-5】 承例3-1，假设天宇公司于4月10日，持票到银行申请贴现，为同城贴现，银行年贴现率为7.8%。则

票据到期值＝139 200（1＋6％×6/12）＝143 376（元）

贴现天数＝21＋31＋30＋31＋31＋30＝174（天）

贴现息＝143 376×7.8％×174/360＝5 405（元）

贴现净额＝143 376－5 405＝137 971 元）

(2) 票据贴现的会计处理

应收票据贴现一般可以采用无追索权和有追索权两种方式。一般而言，银行承兑汇票贴现是无追索权的贴现，故贴现人将银行承兑汇票贴现时应贷记"应收票据"；商业承兑汇票贴现为有追索权的，即当付款人到期无力支付票据款项，背书人或贴现人在法律上要承担连带清偿责任，即贴现企业必须向贴现银行偿还这一债务（会计上称其为或有负债），故贴现人将商业承兑汇票贴现时应贷记"短期借款"，待贴现票据到期，付款人支付票据到期值给贴现银行后，贴现人再冲减应收票据，借记"短期借款"，贷记"应收票据"。

企业持未到期票据向银行贴现时，应根据银行盖章退回的贴现凭证入账。贴现息与尚未确认的利息的差额作为财务费用处理。

【例 3-6】 根据例 3-5 银行承兑汇票的贴现计算编制会计分录：

应计入"财务费用"的金额＝贴现息－尚未确认的利息＝5 405－4 176＝1 229（元）

借：银行存款　　　　　　　　　　　　　　　　　　　　　137 971
　　财务费用　　　　　　　　　　　　　　　　　　　　　　1 229
　　贷：应收票据　　　　　　　　　　　　　　　　　　　　139 200

如果是有息票据贴现，计算出的贴现息小于票据尚未确认的利息，其差额记入"财务费用"科目的贷方；贴现息大于票据尚未确认的利息的差额记入"财务费用"科目的借方。该例贴现息为 5 405 元，4 月 10 日持 4 月 1 日签发的商业票据，尚未确认利息收入，所以尚未确认的利息为全部利息收入 4 176 元，贴现息大于尚未确认的利息收入，其差额 1 229 元应记入"财务费用"科目的借方。

【例 3-7】 承例 3-2，该企业按季确认利息收入，于 6 月 30 日确认了前 3 个月的利息 2 088 元，此时"应收票据"科目的余额为 141 288 元（139 200＋2 088＝141 288），应收票据到期值 143 376 元（139 200＋4 176＝143 376），并于 9 月 1 日到银行申请贴现。

贴现息＝143 376×7.8％×30/360＝932（元）

贴现金额＝143 376－932＝142 444（元）

此时利息收入 932 元小于票据尚未确认的后 3 个月的利息 2 088 元，其差额 2 088－932＝1 156 元，应记入"财务费用"科目的贷方。

借：银行存款　　　　　　　　　　　　　　　　　　　　　142 444
　　贷：应收票据——甲公司　　　　　　　　　　　　　　　141 288
　　　　财务费用　　　　　　　　　　　　　　　　　　　　1 156

(3) 贴现票据到期

商业承兑汇票贴现后，假设票据到期时，因承兑人的银行账户不足支付，申请贴现的企业将会收到银行退回的应收票据，按应付本息入账，借记"应收账款"科目，贷记"银行存款"科目；如果申请贴现企业的银行存款账户余额不足，银行作逾期贷款处理，则应按转作贷款的本息（票据到期值）入账，借记"应收账款"科目，贷记"短期借款"科目。银行承兑汇票不存在此类问题。

【例 3-8】 承例 3-5，假设该票据为商业承兑汇票，票据到期时，付款人甲公司无力偿还票款。天宇公司应向银行偿付到期值 143 376 元，而不是贴现金额 142 444 元。编制会计分录如下。

借：短期借款　　　　　　　　　　　　　　　　　143 376
　　贷：银行存款　　　　　　　　　　　　　　　　143 376

假设票据到期时，天宇公司银行存款亦不足，作短期借款处理。

借：应收账款——甲公司　　　　　　　　　　　　143 376
　　贷：应收账款——甲公司　　　　　　　　　　　143 376

3.2 应 收 账 款

1. 应收账款的概念

应收账款是指企业在正常经营过程中，因销售商品、产品、提供劳务、办理工程结算等，应向购货单位或接受劳务单位收取的款项。应收账款是公司在一定时期内可以收回的一种债权，故又称应收销货款，主要包括企业出售商品、产品、材料、提供劳务、办理工程结算等应向债务人收取的价款及代购货方垫付的运杂费等。它表示企业未来能获得的现金流入。

企业应加强对应收账款的管理，根据企业生产的经营状况，控制应收账款的限额和回收时间，采取有效的措施，积极组织催收，避免企业资金被其他单位长期占用，以及时弥补企业生产经营过程中的资金耗费，确保企业的持续经营和扩大再生产。对于长期难以收回的应收账款，企业应认真分析，查明原因，积极催收，以便加速流动资金的周转。对于确实无法收回的，按规定程序报批后，作坏账损失处理。

2. 应收账款的确认和计量

应收账款是在商业信用条件下由于赊销业务而产生的，因而在销售成立时既确认了营业收入，又确认了应收账款。也就是说，一般情况下，营业收入的确认时间，就是应收账款的入账时间。应收账款的入账时间应依据收入确认原则，利用会计人员的职业判断做出判定。

企业会计制度规定，当企业发生应收账款时，按实际发生额入账。在一般情况下，应根据买卖双方在成交时的实际金额记账，它包括发票金额和代购货单位垫付的运杂费两个部分。在有折扣的情况下，还要考虑折扣因素。

商业折扣（trade discount），是指在实际销售商品或提供劳务时，为鼓励购货方批量购买，从价目单的报价中给予对方的优惠。企业应按扣除商业折扣后的金额确认应收账款和收入，也就是企业收入和应收账款金额中不包括商业折扣。

现金折扣或销售折扣，是指企业为了鼓励客户在一定期限内及早偿还货款而从发票价格中让渡给客户的一定数额的优惠。现金折扣的条件通常用一定形式的"术语"来表示，如"2/10，n/30"，它表示如果购货方在十天内付款可享受2%的现金折扣，30天内付款，按发票全额负担付款，10天为现金折扣期，30天为信用期。在这种情况下，企业向客户转让商品而预期有权收取的对价金额不是固定的，而是变动的，按照《中国企业会计准则——收入》规定的可变对价最佳估计数计量确定收入的金额和相应的应收账款金额。

3. 应收账款的会计处理

(1) 设置的账户

为了核算企业应收账款的增减情况，需要设置"应收账款"账户。该账户用于核算因销售商品、产品、提供劳务、办理工程结算等应向购货单位或接受劳务单位收取的款项，属于资产类账户。借方登记企业应收的款项，包括应收取的货款、增值税税额、代购货单位垫付的包装费和运杂费、未能按期收回的商业承兑汇票结算款等；贷方登记已收回的款项、改用商业汇票结算的应收账款、已转为坏账损失的应收款项、以债务重组方式收回的债权等；期末借方余额反映尚未收回的各种应收账款。该账户应按不同的购货单位或接受劳务的单位设置明细账户，进行明细核算。

不单独设置"预收账款"账户的企业，预收的账款也在该账户反映。此时，"应收账款"账户期末明细账如为贷方余额，则反映企业预收的账款。

(2) 应收账款的会计处理

应收账款的会计处理主要包括一般经营中应收账款的形成和收回、应收账款与应收票据间的转换及债务重组方式下债权的收回等。

【例3-9】 4月1日，天宇公司采用委托收款结算方式向甲公司销售产品一批，货款为40 000元，增值税税额为5 200元，以银行存款代垫运杂费1 000元，货已发出，已办理委托银行收款手续。4月26日接到银行收款通知，该笔款项已收回入账。编制会计分录如下。

① 4月1日，委托银行收款：

借：应收账款　　　　　　　　　　　　　　　　　　　　　　　　46 200
　　贷：主营业务收入　　　　　　　　　　　　　　　　　　　　40 000
　　　　应交税费——应交增值税（销项税额）　　　　　　　　　 5 200
　　　　银行存款　　　　　　　　　　　　　　　　　　　　　　 1 000

② 4月26日，收款入账：

借：银行存款　　　　　　　　　　　　　　　　　　　　　　　　46 200
　　贷：应收账款　　　　　　　　　　　　　　　　　　　　　　46 200

在有现金折扣的情况下，企业发生的应收账款应按货款的最佳估计数和以发票中的货款为基础计算的税额及代垫的运杂费等借记"应收账款"科目，实际发生现金折扣时，将其记入"财务费用"。

【例 3-10】 4月6日,天宇公司向乙公司销售产品 100 000 元,销项增值税为 13 000 元,规定的现金折扣条件为"2/10,n/30",产品已发出,各有关托收手续已办妥。假定能收到的货款的最佳估计数为 100 000 元。编制会计分录如下。

① 4月6日,发出产品,办妥托收手续时:

借:应收账款　　　　　　　　　　　　　　　　　　　　　113 000
　贷:主营业务收入　　　　　　　　　　　　　　　　　　　100 000
　　　应交税费——应交增值税(销项税额)　　　　　　　　 13 000

② 若乙公司在10天内交付货款:

借:银行存款　　　　　　　　　　　　　　　　　　　　　111 000
　　财务费用　　　　　　　　　　　　　　　　　　　　　　2 000
　贷:应收账款　　　　　　　　　　　　　　　　　　　　　113 000

③ 若乙公司第20天交付货款:

借:银行存款　　　　　　　　　　　　　　　　　　　　　113 000
　贷:应收账款　　　　　　　　　　　　　　　　　　　　　113 000

企业因销售商品、产品或提供劳务而发生的应收账款,后来由于某些原因又改用商业汇票结算方式时,应在收到承兑的商业汇票时,借记"应收票据"科目,贷记"应收账款"科目。

【例 3-11】 承例 3-9,若上述销售后,经双方协商又改为商业承兑汇票结算,则应按商业承兑汇票票面金额 47 400 元作如下会计分录。

借:应收票据　　　　　　　　　　　　　　　　　　　　　47 400
　贷:应收账款　　　　　　　　　　　　　　　　　　　　　47 400

4. 坏账及坏账损失

坏账(bad debt)是指无法收回的或收回的可能性极小的应收款项。由于发生坏账而使企业遭受的损失,称为坏账损失。

企业会计制度规定对不能收回的应收款项(包括应收账款和其他应收款),根据企业的管理权限,经股东大会或董事会,或厂长(经理)办公会或类似机构批准作为坏账损失时予以确认。在以下情况下,企业应当确认坏账损失:

① 有确凿证据表明该应收款项不能收回,如债务单位已撤销、破产;

② 有证据表明该项应收款项收回的可能性不大,如债务单位资不抵债、现金流量严重不足、发生严重的自然灾害等导致停产而在短时间内无法偿付债务的;

③ 应收款项逾期3年以上债务人仍没履行偿债义务的。

5. 坏账损失的会计处理

1) 直接注销法

直接注销法(direct write-off method)是指在实际发生坏账时,确认坏账损失,计入费用,同时注销该笔应收账款。

【例3-12】 甲公司欠乙公司应收账款30 000元已超过三年，多次催收无效，估计无法收回，则应对该客户的应收账款作坏账损失处理。编制会计分录如下。

借：信用减值损失 30 000
  贷：应收账款——甲公司 30 000

如果已冲销的应收账款确定又能收回：

借：应收账款——甲公司 30 000
  贷：信用减值损失 30 000

收回款项时：

借：银行存款 30 000
  贷：应收账款——甲公司 30 000

直接注销法的优点是账务处理简单，但是这种方法忽视了坏账损失与赊销业务的联系，在转销坏账损失的前期，对于坏账的情况不做任何处理，显然不符合权责发生制及收入与费用相配比的会计原则，而且核销手续较复杂。如果不及时核销，会导致企业发生大量陈账、呆账，长年挂账得不到处理，虚增前期利润，也夸大了前期资产负债表上应收账款的可实现价值。

2）备抵法

备抵法（allowance method）是按期估计坏账损失，形成坏账准备，当某一应收账款全部或者部分被确认为坏账时，应根据其金额冲减坏账准备，同时转销相应的应收账款金额。我国企业会计制度规定，对坏账处理采用备抵法。

采用备抵法，一方面企业应按期估计坏账损失计入资产减值损失，另一方面设置应收账款的备抵账户"坏账准备"，待实际发生坏账时冲销坏账准备和应收账款金额，使资产负债表上的应收账款反映其可实现价值。

备抵法的优点：一是预计不能收回的应收账款作为坏账损失及时计入费用，避免企业虚增利润；二是在报表上列示应收账款净额使报表阅读者能更加详细地了解企业真实的财务情况；三是使应收账款占用资金接近实际，消除了虚列的应收账款，有利于加快企业资金周转，提高企业经济效益。

备抵法首先要按期估计坏账损失。估计坏账损失主要有三种方法，即应收账款余额百分比法、账龄分析法和赊销百分比法。

（1）应收账款余额百分比法

采用应收账款余额百分比法，是根据会计期末应收账款的余额乘以估计坏账率确定当期应估计的坏账损失，据此提取坏账准备。估计坏账率可以按照以往的数据资料加以确定，也可根据规定的百分率计算。理论上讲，这一比例应按坏账占应收账款的比率计算，企业发生的坏账多，比例相应就高；反之则低。会计期末，企业应提取的坏账准备大于其账面余额的，按其差额提取；应提取的坏账准备小于其账面余额的，按其差额冲回坏账准备。

应收账款余额百分比法又分为综合百分比法和分项百分比法。

综合百分比法是指每年年末，企业按应收账款余额和估计的综合百分比计算"坏账准备"期末的余额，然后计算本期应提的坏账准备。

【例 3-13】 天宇公司 2019 年年末应收款项余额为 410 万元,从 2019 年开始采用备抵法计提坏账准备。该企业按应收款项余额的 5% 计提坏账准备。坏账准备于每年年末一次计提。

2020 年天宇公司的应收账款 10 万元确认为坏账,年末应收款项余额为 450 万元。2021 年收回上年已注销的坏账 10 万元,年末应收账款余额为 480 万元。编制会计分录如下。

① 2019 年计提坏账准备:

借:信用减值损失　　　　　　　　　　　　　　　　　　　　　　205 000
　　贷:坏账准备　　　　　　　　　　　　　　　　　　　　　　　　　　205 000

② 2020 年发生坏账:

借:坏账准备　　　　　　　　　　　　　　　　　　　　　　　　100 000
　　贷:应收账款　　　　　　　　　　　　　　　　　　　　　　　　　　100 000

此时"坏账准备"为贷方余额为 105 000 元。本期应提坏账准备 = 450 × 5% − 10.5 = 12 万元。

借:信用减值损失　　　　　　　　　　　　　　　　　　　　　　120 000
　　贷:坏账准备　　　　　　　　　　　　　　　　　　　　　　　　　　120 000

③ 2021 年收回上期已注销的坏账,应编制两笔分录:

借:应收账款　　　　　　　　　　　　　　　　　　　　　　　　100 000
　　贷:坏账准备　　　　　　　　　　　　　　　　　　　　　　　　　　100 000
借:银行存款　　　　　　　　　　　　　　　　　　　　　　　　100 000
　　贷:应收账款　　　　　　　　　　　　　　　　　　　　　　　　　　100 000

④ 2021 年年末计提坏账准备。

此时"坏账准备"有贷方余额为 32.5 万元。应提坏账准备 = 480 × 5% − 32.5 = −8.5 万元。

借:坏账准备　　　　　　　　　　　　　　　　　　　　　　　　 85 000
　　贷:信用减值损失　　　　　　　　　　　　　　　　　　　　　　　　 85 000

采用应收账款余额百分比法估计损失,能使年末调整后"坏账准备"科目余额直接体现为应收账款年末余额按预定比例提取的坏账损失数额,从而可以恰当地反映应收账款预期可变现净值。这种方法的缺点是未能很好地解决收入与费用的配比问题。坏账损失的发生与企业赊销金额的多少有关,按应收账款余额的一定比例计提坏账准备,与当期赊销额的大小并无直接关系,特别是在实际坏账损失发生很不均衡的年份,企业计入当期的坏账损失与当期的赊销收入更无关系。

(2) 账龄分析法

账龄分析法是指每年年末,企业按不同账龄的应收账款和各账龄应收账款估计坏账提取比率确定"坏账准备"期末的余额,然后计算本期应提的坏账准备。

账龄分析法实际上是应收账款余额百分比法的一种更为精确的估计坏账的方法。采用这一方法,首先要对应收款项按账龄的长短进行分析,然后对各类应收款项确定不同的估计坏账的百分比,据以确定各类应收款项中无法收回的坏账金额,最后将各类应收款项中估计坏账金额加总,求得全部应收款项中的坏账金额。账龄分析法是以账款被拖欠的期限越长,发生坏账的可能性越大为前提的。尽管应收账款能否收回不完全取决于欠账时间的长短，但就一般而言，这一前提是可以成立的。

【例 3-14】 天宇公司某年年末应收账款余额为 5 000 000 元，该企业将应收账款的账龄划分为未过信用期限和过期 1 个月、过期 2 个月、过期 3 个月、过期 3 个月以上五类。该年年末的应收账款账龄与分项计提坏账准备的比率及计算的坏账准备额如表 3-1 所示。

表 3-1 坏账损失估计表

应收账款账龄	应收账款金额/元	估计损失率/%	估计损失金额/元
未到信用期	800 000	1	8 000
过期 1 个月	1 700 000	2	34 000
过期 2 个月	1 600 000	3	48 000
过期 3 个月	500 000	4	20 000
过期 3 个月以上	400 000	6	24 000
合　　计	5 000 000		134 000

根据表 3-1 的计算结果及"坏账准备"科目年末调整前余额，作如下调整分录。
① 假定调整前"坏账准备"科目的贷方余额为 50 000 元。

本期应计提的坏账准备＝134 000－50 000＝84 000（元）

借：信用减值损失　　　　　　　　　　　　　　　　　　　　　　84 000
　　贷：坏账准备　　　　　　　　　　　　　　　　　　　　　　　　84 000

② 假定年末调整前"坏账准备"科目借方余额为 10 000 元（当年可能确认了坏账）。

应计提的坏账准备＝134 000＋10 000＝144 000（元）

借：信用减值损失　　　　　　　　　　　　　　　　　　　　　　144 000
　　贷：坏账准备　　　　　　　　　　　　　　　　　　　　　　　　144 000

采用账龄分析法估计损失，同样未能很好地解决收入与费用的配比问题。

(3) 赊销百分比法

赊销百分比法是按当期赊销金额的一定百分比估计坏账损失的一种方法。运用这种方法的理由是：坏账损失的产生与赊销业务直接相关，当期赊销业务越多，产生坏账损失的可能性就越大。因此，可以根据过去的经验和当期的有关资料，估计坏账损失与赊销金额之间的比率，再用这一比率乘以当期的赊销净额，计算坏账损失的估计数。赊销净额一般应扣除销货退回和折让。

【例 3-15】 天宇公司根据以往的经验估计坏账损失占赊销额的 1%，本期期初"坏账准备"贷方余额为 15 000 元，本期发生一笔坏账 12 000 元。本期赊销额为 1 800 000 元。
① 发生坏账的会计处理：

借：坏账准备　　　　　　　　　　　　　　　　　　　　　　　　12 000

贷：应收账款　　　　　　　　　　　　　　　　　　　　　　　　　　　12 000
② 本期计提坏账准备＝1 800 000×1‰＝18 000（元）：
借：信用减值损失　　　　　　　　　　　　　　　　　　　　　　　　　　18 000
　　贷：坏账准备　　　　　　　　　　　　　　　　　　　　　　　　　　　18 000

　　应收账款余额是一个静态指标，所以在计算本期应提坏账准备时，应以当前应收账款余额和规定的计提比率确定当前"坏账准备"的期末余额，然后考虑计提本期坏账准备之前"坏账准备"的余额，以确定本期应计提的坏账准备。

　　赊销收入是一个动态指标，在计算本期应计提坏账准备时，不需考虑之前"坏账准备"的余额，直接根据本期赊销收入和规定的计提比率确定本期应计提的坏账准备金额。

　　当经济状况发生变化，从而使企业放宽或紧缩原来的信用政策时，就有必要修正以前年的坏账提取率。采用赊销百分比法时，"坏账准备"科目可能会出现借方余额。如果出现借方余额，应调整下期的坏账准备提取比例。由于赊销百分比法可根据本年度实际的销货情况、信用政策随时修正坏账提取率，因此本年确定的坏账与本年的销售收入相配合，从而使本期应计提的坏账准备额不受计提坏账准备前"坏账准备"余额的影响。

6. 坏账的收回

　　企业在前期已经注销的坏账（应收账款），有可能重新收回。如果已列为坏账的应收账款又重新收回，应先作一笔与原来注销应收账款分录相反的分录，然后再按正常的方式记录账款的收回。

【例 3-16】 天宇公司 2019 年注销的 N 公司应收账款 10 000 元，于 2020 年又全部收回。
① 确定债权：
借：应收账款——N 公司　　　　　　　　　　　　　　　　　　　　　　　10 000
　　贷：坏账准备　　　　　　　　　　　　　　　　　　　　　　　　　　　10 000
② 收回债款：
借：银行存款　　　　　　　　　　　　　　　　　　　　　　　　　　　　 10 000
　　贷：应收账款——N 公司　　　　　　　　　　　　　　　　　　　　　　10 000

　　按规定，企业应在会计报表附注中披露有关坏账准备的内容，主要包括：本年计提坏账准备的比率、本年计提坏账准备的数额、计提坏账准备比率变动的理由、本年度实际冲销的应收账项及理由、本年收回以前年度已注销的坏账数额等。

3.3　应收账款融资

　　在商业信用盛行的市场经济环境下，企业为了加速资金的收回，就需要加速应收账款的周转。有时将应收账款作为抵押进行借款，或者将应收账款出售，融通企业所需资金。银行和非银行金融机构在贷款业务不足时，也乐于接受应收账款的融资业务，以增加银行收益。

按照实质重于形式的原则,企业将其按照销售商品、提供劳务的销售合同所产生的应收债权出售给银行等金融机构时,应充分考虑交易的经济实质。对于有明确证据表明有关交易事项满足销售确认条件,如与应收债权有关的风险和报酬实质上已经发生转移等,应按照出售应收债权处理,并确认相关损益;否则,应作为应收债权为质押取得借款,进行会计处理。

1. 应收账款的抵借

企业将其按照销售商品、提供劳务的销售合同所产生的应收债权提供给银行作为其向银行借款的质押的,应将从银行等金融机构获得的款项确认为对银行等金融机构的一项负债,作为短期借款等核算。

企业发生的借款利息及向银行等金融机构偿付借入款项的本息的会计处理,应按有关借款核算的规定进行处理。

会计期末,企业应根据债务单位的情况,按企业会计制度的规定合理计提用于质押的应收债权的坏账准备。企业应设置备查簿,详细记录质押的应收债权的账面余额、质押期限及回款情况等。

【例3-17】 天宇公司2019年2月5日销售一批商品给乙公司,开出的增值税专用发票上注明的销售价款为200 000元,增值税销项税额为26 000元,款项尚未收到。双方约定,乙公司应于2020年9月30日付款。2020年4月1日,天宇公司因急需流动资金,经与中国银行协商,以应收乙公司货款为质押取得5个月流动资金借款180 000元,年利率为6%,每月末偿付利息。假定不考虑其他因素,天宇公司与应收债权质押有关的账务处理如下。

① 2月5日销售成立时:

借:应收账款　　　　　　　　　　　　　　　　　　　　　　　　226 000
　　贷:主营业务收入　　　　　　　　　　　　　　　　　　　　　　200 000
　　　　应交税费——应交增值税(销项税额)　　　　　　　　　　　 26 000

② 4月1日取得短期借款时:

借:银行存款　　　　　　　　　　　　　　　　　　　　　　　　180 000
　　贷:短期借款　　　　　　　　　　　　　　　　　　　　　　　 180 000

③ 4月30日偿付利息时:

借:财务费用　　　　　　　　　　　　　　　　　　　　　　　　　 900
　　贷:银行存款　　　　　　　　　　　　　　　　　　　　　　　　 900

④ 8月31日偿付短期借款本金及最后一期利息。

借:财务费用　　　　　　　　　　　　　　　　　　　　　　　　　 900
　　短期借款　　　　　　　　　　　　　　　　　　　　　　　　 180 000
　　贷:银行存款　　　　　　　　　　　　　　　　　　　　　　　 180 900

---

2. 应收账款的让售

(1)无追索权的应收账款让售

企业将其按照销售商品、提供劳务的销售合同所产生的应收债权出售给银行等金融机构,根据企业、债务人及银行等金融机构之间的协议,在所售应收债权到期无法收回时,银行等金融机构不能向出售应收债权的企业进行追偿的,企业应将所售应收债权予以转销,结转计提的相关坏账准备,确认按协议约定预计将发生的销售退回、销售折让、现金折扣等,确认出售损益。

【例3-18】 天宇公司某年3月15日销售一批商品给乙公司,开出的增值税专用发票上注明的销售价款为300 000元,增值税销项税额为39 000元,款项尚未收到。双方约定,乙公司应于该年10月31日付款。该年6月4日,经与中国银行协商后约定:天宇公司将应收乙公司的货款出售给中国银行,价款为261 000元;在应收乙公司货款到期无法收回时,中国银行不能向天宇公司追偿。天宇公司根据以往经验,预计该批商品将发生的销售退回金额为22 600元,其中增值税销项税额为2 600元,成本为13 000元,实际发生的销售退回由天宇公司承担。该年8月3日,天宇公司收到乙公司退回的商品,价款为22 600元,假定不考虑其他因素,天宇公司与应收债权出售有关的账务处理如下。

① 3月15日销售成立时:

借:应收账款　　　　　　　　　　　　　　　　　　　339 000
　　贷:主营业务收入　　　　　　　　　　　　　　　　　　300 000
　　　　应交税费——应交增值税(销项税额)　　　　　　　39 000

② 6月4日出售应收债权:

借:银行存款　　　　　　　　　　　　　　　　　　　261 000
　　营业外支出　　　　　　　　　　　　　　　　　　　638 000
　　其他应收款　　　　　　　　　　　　　　　　　　　23 200
　　贷:应收账款　　　　　　　　　　　　　　　　　　　339 000

③ 该年8月3日收到退回的商品:

借:主营业务收入　　　　　　　　　　　　　　　　　　20 000
　　应交税费——应交增值税(销项税额)　　　　　　　　　2 600
　　贷:其他应收款　　　　　　　　　　　　　　　　　　　22 600
借:库存商品　　　　　　　　　　　　　　　　　　　　13 000
　　贷:主营业务成本　　　　　　　　　　　　　　　　　　13 000

(2) 有追索权的应收账款让售

企业在出售应收债权的过程中如附有追索权,即在有关应收债权到期无法从债务人处收回时,银行等金融机构有权向出售应收债权的企业追偿,或按照协议约定,企业有义务按照约定金额自银行等金融机构回购部分应收债权,应收债权的坏账风险由售出应收债权的企业负担,则企业应按照以应收债权为质押取得借款的核算原则进行会计处理。

3.4　预付账款及其他应收款项

1. 预付账款

(1) "预付账款"账户的设置

预付账款（pay in advance），是指企业按照购货合同规定，预付给供应单位的货款。预付账款是商业信用的一种形式，它所代表的是企业在将来从供应单位取得材料、物品等的债权。

为了反映和监督预付账款的支出和结算情况，需要设置"预付账款"账户。该账户总括地反映了企业按照购货合同规定预付给供应单位的款项，属于资产类账户，借方登记企业向供应单位预付、补付的款项，贷方登记企业收到所购物资的应付金额及退回多付款项，期末借方余额反映企业实际预付的款项，期末如为贷方余额，反映企业尚未补付的款项。企业应按供应单位设置明细账，进行明细核算。

预付款项不多的企业，也可将预付的款项并入"应付账款"科目核算，不设"预付账款"科目。

（2）预付账款的账务处理

预付账款的账务处理包括预付款项、收回货物及无法收到货物等方面。

【例 3-19】 天宇公司订购甲材料，根据购货合同规定预付给 B 公司货款 75 000 元。待天宇公司收到货物时，所列物品的发票价款为 70 000 元，增值税税款为 9 100 元，天宇公司按发票金额又补付了 4 100 元。

① 预付 B 公司货款时：

借：预付账款——B 公司　　　　　　　　　　　　　　　　　　　　　　75 000
　　贷：银行存款　　　　　　　　　　　　　　　　　　　　　　　　　　　75 000

② 收到 B 公司发来的物品，并按发票金额补付款项时：

借：材料采购——甲材料　　　　　　　　　　　　　　　　　　　　　　70 000
　　应交税费——应交增值税（进项税额）　　　　　　　　　　　　　　　 9 100
　　贷：预付账款——B 公司　　　　　　　　　　　　　　　　　　　　　75 000
　　　　银行存款　　　　　　　　　　　　　　　　　　　　　　　　　　 4 100

2. 应收股利与应收利息

（1）应收股利

为了记录企业应收股利的收取情况，需要设置"应收股利"账户。该账户用于核算企业因股权投资（或向其他单位投资）而应收取的现金股利（或利润），属于资产类账户，借方登记应领取的现金股利（或分得的利润），贷方登记收到的现金股利（或利润），期末借方余额反映尚未收回的现金股利（或利润）。该账户应按被投资单位设置明细账，进行明细核算。

（2）应收利息

应收利息核算企业交易性金融资产、债权投资、其他权益工具投资、其他债权投资、发放贷款、存放中央银行款项、买入返售金融资产等应收取的利息。

企业购入的一次还本付息的债权投资的利息，在"债权投资"科目核算。

3. 其他应收款

其他应收款是指企业除应收票据及应收账款、预付账款、应收股利、应收利息等以外的其他各种应收、暂付款项，包括应收的各种赔款、罚款，应向职工收取的各种垫付款项，以及已不符合预付账款性质而按规定转入的预付账款等。

为了核算上述内容，需要设置"其他应收款"账户，它属于资产类账户，借方登记发生的其他各种应收款项，贷方登记收回的各种款项，期末借方余额反映企业尚未收回的其他应收款。该账户应按其他应收款的项目分类，并按不同的债务人设置明细账，进行明细核算。

【例3-20】 天宇公司某行政管理人员王东出差，预借款8 000元，以现金付讫。

借：其他应收款——王东　　　　　　　　　　　　　　　　　8 000
　贷：库存现金　　　　　　　　　　　　　　　　　　　　　　8 000

王东出差归来，报销7 500元，退回现金500元：

借：管理费用　　　　　　　　　　　　　　　　　　　　　　　7 500
　　库存现金　　　　　　　　　　　　　　　　　　　　　　　　500
　贷：其他应收款——王东　　　　　　　　　　　　　　　　　8 000

本章重点

应收票据的确认与计量；应收票据贴现；存在商业折扣与现金折扣因素条件下应收账款的核算；坏账损失的计提及其核算；预付账款与其他应收款的核算。

本章难点

带息应收票据贴现；存在商业折扣与现金折扣因素条件下应收账款的核算；坏账损失的计提及其核算。

关键术语

应收票据　银行承兑商业汇票　商业承兑商业汇票　不带息商业汇票　带息商业汇票　应收票据贴现　应收账款　商业折扣　现金折扣　坏账　直接注销法　备抵法　余额百分比法　账龄分析法　预付账款　其他应收款　应收账款融资

思 考 题

1. 什么是应收票据？它是如何分类的？
2. 如何区分应收票据的票据期限、持有期限和贴现期限？
3. 为什么说贴现的带有追索权的应收票据是一种或有负债？
4. 什么是应收账项？它包括哪些内容？
5. 什么是商业折扣？它对确认应收账款的价值有何影响？
6. 什么是现金折扣？它对确认应收账款的价值有何影响？
7. 什么是坏账？如何确认坏账？
8. 处理坏账损失的直接注销法与备抵法有何不同？
9. 应收账款余额比例法、账龄分析法与赊销百分比法计提坏账准备各有何优缺点？你认为哪种方法更合理？

练 习 题

一、单项选择题

1. 应收账款应按照（   ）记账。
   A. 估计金额　　　　B. 实际发生金额　　　C. 双方协商金额　　　D. 计划金额
2. 确认应收账款的时间一般与（   ）时间一致。
   A. 确认销售收入　　B. 受到货款　　　　　C. 提供劳务　　　　　D. 按合同交付产品
3. 按照现行企业会计准则的规定，下列各项中，计提坏账准备的项目有（   ）。
   A. 应收票据　　　　B. 预付账款　　　　　C. 应收股利　　　　　D. 其他应收款
4. 企业按照规定提取的坏账准备，应借记（   ）。
   A. 资产减值损失　　B. 管理费用　　　　　C. 财务费用　　　　　D. 制造费用
5. 预付账款不多的企业，可以不设"预付账款"账户，直接将预付的账款记入（   ）。
   A. "应收账款"账户的借方　　　　　　　B. "应收账款"账户的贷方
   C. "应付账款"账户的借方　　　　　　　D. "应付账款"账户的贷方

二、多项选择题

1. 应收账款包括下列应收款项（   ）。
   A. 销售商品应收的货款　　　　　　　　B. 职工预借的差旅费
   C. 提供劳务应收的账款　　　　　　　　D. 让渡资产使用权应收的账款
   E. 应收对客户的罚款
2. 备抵法下，估计坏账损失的具体方法有（   ）。
   A. 直接转销法　　　　　　　　　　　　B. 账龄分析法
   C. 应收账款余额百分比法　　　　　　　D. 销货百分比法
   E. 净价法
3. 在我国会计实务中，作为应收票据核算的票据有（   ）。
   A. 支票　　　　　　B. 银行汇票　　　　　C. 银行承兑汇票　　　D. 商业承兑汇票
   E. 银行本票
4. 带息商业汇票到期值的计算与（   ）有关。
   A. 银行实际利率　　B. 贴现率　　　　　　C. 票据面值　　　　　D. 票面利率
   E. 票据期限
5. 在现金折扣条件下，对应收账款入账金额的确认方法有（   ）。
   A. 成本法　　　　　B. 净价法　　　　　　C. 总价法　　　　　　D. 权益法
   E. 成本与市价孰低法

三、计算题

1. 天宇公司销售一批商品给东风公司，货款为50 000元，增值税税率为13%，东风公司签发了一张56 500元、4个月期限的无息商业承兑汇票。

要求：

(1) 编制收到票据、到期收到货款、到期不能收到货款的会计处理。

(2) 假设天宇公司持票 1 个月后向银行申请贴现，贴现率为 6%，计算贴现息并编制相应会计分录。

(3) 如果到期东风公司无款支付给贴现银行，编制天宇公司负连带责任支付款项的会计处理。

(4) 如果该商业汇票为银行承兑商业汇票，贴现人在贴现时该如何编制会计分录？贴现票据到期、付款人无力付款时，贴现人该如何进行账务处理？

2. 天宇公司某年 4 月 1 日销售甲产品一批给丙公司，货已发出，货款及税款为 226 000 元。丙公司签发一张面值为 226 000 元、年利率为 4.8%、期限 6 个月的有息银行承兑汇票给天宇企业。

要求：

(1) 试编制票据签发日、6 月 30 日确认利息的会计处理。

(2) 编制票据到期日天宇公司从银行收到货款的会计处理。

3. 天宇公司销售一批产品给丁企业，货款为 250 000 元，增值税税率为 13%，付款条件为"2/10，n/30"，假设丁企业在第 5 天付款或第 15 天付款。客户很可能无法在第一个 10 天内付款。

要求：采用总价法编制天宇公司销售与收款时的会计分录。

4. 天宇公司 2019 年年末应收账款余额为 960 000 元，该公司规定，对于坏账损失的核算采用备抵法，对于坏账准备的计提采用余额百分比法，估计坏账提取率为 5%。2020 年，确认有 30 000 元的坏账损失，年末"应收账款"余额为 1 000 000 元。2021 年，上年确认的 30 000 元坏账损失中有 20 000 元又重新收回，本年度"应收账款"期末余额为 800 000 元。

要求：根据上述资料，编制 2019 年度、2020 年度、2021 年度计提坏账准备、确认坏账损失、收回前期已注销的坏账的会计分录。

第4章

存　　货

> 【学习目标】
> 通过本章的学习，要求学生：在了解存货概念和分类的基础上，掌握存货入账价值的确定，存货发出的计价方法，原材料购入、发出及其会计核算；重点掌握和熟练运用存货按实际成本和计划成本核算的方法；熟悉存货可变现净值的确定方法；掌握存货跌价准备的计提方法和存货清查的会计处理方法。

4.1　存货的性质与范围

1. 存货的概念与特征

(1) 存货的概念

存货，是指企业在日常活动中持有以备出售的产成品或商品、处在生产过程中的在产品、在生产过程中或提供劳务过程中耗用的材料、物料等。

存货区别于固定资产等非流动资产的最基本的特征是：企业持有存货的目的是出售。应注意：存货包括在途物资、委托加工物资，但不包括工程物资。

(2) 存货的特征

① 存货是具有实物形态的有形资产。

② 存货是企业的流动资产，它将在一年或者长于一年的一个营业周期内被出售或耗用，具有较大的流动性。因此，企业的存货经常处于不断销售（或者耗用）、重置之中，具有较快的变现能力。

③ 存货具有时效性和发生潜在损失的可能性。在正常生产情况下，存货被销售、生产或耗用而转换为现金和其他资产。但因各种原因长期不能销售、使用的商品、材料等，常常需要折价销售，或变成无用物资而给企业造成损失。

④ 企业持有存货的目的是出售（无论是直接出售，还是进一步加工后再出售），而不是为了自用或消耗，这是存货区别于其他资产的最基本特征。

2. 存货的确认条件

企业在确认某项资产是否是存货时，首先要视其是否符合存货的定义，在此前提下，应当同时满足存货确认的以下两个条件。

1) 该存货包含的经济利益很可能流入企业

在通常情况下，随着存货实物的交付和存货所有权的转移，存货所有权上的主要风险和报酬也一并转移，因此存货确认的一个重要标志就是企业是否拥有某项存货的所有权。一般来说，凡企业拥有所有权的货物，无论存放在何处，都应包括在本企业的存货之中；而尚未取得所有权或者已将所有权转移给其他企业的货物，即使存放在本企业，也不应包括在本企业的存货之中。

但需要注意的是，在有些交易方式下，存货实物的交付及所有权的转移与所有权上主要风险和报酬的转移可能并不同步。此时，存货的确认应当注重交易实质，而不能仅仅依据其所有权的归属。

在会计实务中，应当注意以下几种特殊情况下的存货确认。

(1) 在途存货

在途存货，是指销货方已将货物发运给购货方但购货方尚未验收入库的存货。对于在途存货，购货方通常应根据所有权是否转移来判定是否作为其存货入账。

存货的交货方式可分为目的地交货和起运地交货两种。在目的地交货的情况下，货物应运至购货方指定的地点并交货后，所有权才转移给购货方，此时购货方才将货物确认为本企业的存货；在起运地交货的情况下，销货方根据合同或协议的约定，在起运地办理完货物发运手续后，货物的所有权即转移给购货方，此时购货方就应将该货物包括在本企业的存货之中，并通过"在途物资"科目核算。

(2) 代销存货

代销商品，是指在委托代销方式下，由委托方交付受托方、受托方作为代理人代委托方销售的商品。

代销商品具体又可分为视同买断方式和收取手续费方式两种。在视同买断方式下，当委托方将商品交付受托方时，通常可以认为商品控制权已经转移给了受托方，因此委托方应作为商品销售处理，而受托方应作为商品购进处理，委托代销的商品应包括在受托方的存货之中。在收取手续费方式下，当委托方将商品交付受托方时，商品所有权上的主要风险和报酬实质上并未转移给受托方，委托方仍应将委托代销的商品包括在本企业的存货之中，并通过"发出商品"科目或单独设置"委托代销商品"科目核算。但需要注意的是，为了促使受托方加强对代销商品的管理，我国企业会计准则也要求受托方将受托代销的商品纳入其正式会计账簿之内，通过"受托代销商品"科目进行核算。

(3) 附有销售退回条件的商品销售

附有销售退回条件的商品销售，是指购买方依照有关协议有权退货的销售方式。

对于附有销售退回条款的销售，企业应当在客户取得相关商品控制权时，按照因向客户转让商品而预期有权收取的对价金额（即不包含预期因销售退回将退还的金额）确认收入，按照预期因销售退回将退还的金额确认负债；同时，按照预期将退回商品转让时的账面价值，扣除收回该商品预计发生的成本（包括退回商品的价值减损）后的余额，确认为一项资产，按照所转让商品转让时的账面价值，扣除上述资产成本的净额结转成本。

2) 该存货的成本能够可靠计量

成本能够可靠计量，是指成本的计量必须以取得的确凿、可靠的证据为依据，并且具有可验证性。

3. 存货的分类

存货分布于企业生产经营的各个环节，而且种类繁多、用途各异。为了满足存货管理与核算的需要，应当对存货进行适当的分类。

1) 存货按经济用途分类

（1）原材料

原材料是指企业在生产过程中经加工改变其形态或性质并构成产品主要实体的各种原料及主要材料、辅助材料、外购半成品（外购件）、修理用备件（备品备件）、包装材料、燃料等。但为建造固定资产等各项工程而储备的各种原材料除外（不符定义之持有目的）。

（2）在产品

在产品是指企业正在制造但尚未完工的产品，包括正在各个生产工序加工的产品和已加工完毕但尚未检验或已检验但尚未办理入库手续的产品。

（3）半成品

半成品是指经过一定生产过程并经检验合格交付半成品仓库保管，但尚未最终制造完工成为产成品，仍需进一步加工的中间产品。

（4）产成品

产成品是指工业企业已经完成全部生产过程并验收入库，可以按照合同规定的条件送交订货单位，或者可以作为商品对外销售的产品。企业接受外来原材料加工制造的代制品和为外单位加工修理的代修品，制造和修理完成验收入库后，应视同企业的产成品。

（5）商品

商品是指商品流通企业外购或委托加工完成验收入库用于销售的各种商品。

（6）周转材料

周转材料，是指企业能够多次使用、逐渐转移其价值但仍保持原有形态不确认为固定资产的材料，如包装物和低值易耗品。其中，包装物是指为了包装本企业商品而储备的各种包装容器，如桶、箱、瓶、坛、袋等，其主要作用是盛装、装潢产品或商品。低值易耗品，是指单位价值相对较低、使用期限相对较短，或在使用过程中容易损坏，因而不能确认为固定资产的各种用具物品，如工具、管理用具、玻璃器皿、劳动保护用品，以及在经营过程中周转使用的包装容器等。

2) 存货按存放地点分类

存货按存放地点，可以分为库存存货、在途存货、在制存货和发出存货。

3) 存货按取得方式分类

存货按取得方式，可以分为外购存货、自制存货、委托加工存货、投资者投入的存货、接受捐赠取得的存货、接受抵债取得的存货、非货币性交易换入的存货、盘盈的存货等。

4.2 取得存货的计价

企业取得存货应当按照成本进行计量，即存货的入账价值应以取得存货的实际成本为基础，实际成本包括采购成本、加工成本和其他成本。存货的实际成本应结合存货的具体取得方式分别确定，以作为存货入账的依据。

1. 外购存货

企业外购存货主要包括原材料和商品。

1) 外购存货的成本

（1）外购存货的成本构成

外购存货的成本即存货的采购成本，指企业物资从采购到入库前所发生的全部支出，一般包括购买价款、相关税费、运输费、装卸费、保险费，以及仓储费、包装费、运输途中的合理损耗、大宗物资的市内运杂费、入库前的挑选整理费等其他可直接归属于存货采购成本的费用。

存货的采购成本一般不包括：按规定可予抵扣的增值税、市内零星货物运杂费、采购人员的差旅费、采购机构的经费及供应部门经费等。

（2）商品流通企业进货费用的处理

① 商品流通企业在采购商品过程中发生的运输费、装卸费、保险费及其他可归属于存货采购成本的费用等，应当计入存货采购成本。

② 也可先进行归集，期末根据所购商品的存销情况进行分摊：对于已售商品的进货费用，计入当期损益（主营业务成本）；对于未售商品的进货费用，计入期末存货成本。

③ 企业采购商品的进货费用金额较小的，也可在发生时直接计入当期损益（销售费用）。

2) 外购存货的会计处理

（1）存货验收入库和货款结算同时进行

在这种情况下，企业应于支付货款或开出承兑商业汇票并且存货验收入库后，按发票账单等结算凭证确定的存货成本入账。

【例 4-1】 天宇公司为增值税一般纳税人，本月购入 A 材料一批，货款为 100 000 元，增值税税率为 13%，货款及税款已开出转账支票通过银行支付，材料已验收入库。运输费用 1 000 元以银行存款支付，运输费用按 9% 计算，可抵扣的增值税进项税额为 90 元。

$$进项税额 = 100\,000 \times 13\% + 1\,000 \times 9\% = 13\,090（元）$$

$$材料采购成本 = 100\,000 + (1\,000 - 90) = 100\,910（元）$$

借：原材料——A 材料	100 910
应交税费——应交增值税（进项税额）	13 090
贷：银行存款	114 000

（2）货款已结算但存货尚在运输途中

在这种情况下，企业应于支付货款或开出承兑商业汇票时，按发票账单等结算凭证确定的存货成本入账。先通过"在途物资"账户核算，待存货入库时再从"在途物资"账户转入"原材料"等账户。

【例 4-2】 天宇公司购入 B 材料一批 4 000 kg，单价为 25 元，共计 10 0000 元，增值税税率为 13%，货款及税款已由本企业开出的银行汇票结算，材料尚未到达。

借：在途物资——B 材料　　　　　　　　　　　　　　　　　　　100 000
　　应交税费——应交增值税（进项税额）　　　　　　　　　　　　13 000
　　贷：银行存款　　　　　　　　　　　　　　　　　　　　　　113 000

如果该批材料于若干天后收到，则应编制的会计分录为

借：原材料　　　　　　　　　　　　　　　　　　　　　　　　100 000
　　贷：在途物资　　　　　　　　　　　　　　　　　　　　　100 000

（3）存货验收入库货款尚未结算

在这种情况下，企业在收到存货时可先不进行会计处理。待结算凭证到达，企业支付货款或开出承兑商业汇票后，按发票账单等结算凭证确定的存货成本入账。如果到月末发票账单仍未收到，企业应按合同价等暂估入账。

【例 4-3】 天宇公司购入 C 材料一批，材料到达并已验收入库，发票账单未收到，平时不作会计处理，只需在备查账簿中登记。月末尚未收到发票账单，货款无法支付，需暂估入账。该批材料按合同价暂估为 250 000 元。

借：原材料——C 材料　　　　　　　　　　　　　　　　　　　250 000
　　贷：应付账款——暂估应付账款　　　　　　　　　　　　　250 000

下月初用红字作同样的记录，予以冲回：

借：原材料——C 材料　　　　　　　　　　　　　　　　　　　250 000（红字）
　　贷：应付账款——暂估应付账款　　　　　　　　　　　　　250 000（红字）

下月发票到达后，该批材料实际买价为 240 000 元，增值税税款为 31 200 元，货款及税款已由本企业开出商业汇票结算，则应作如下会计分录。

借：原材料——C 材料　　　　　　　　　　　　　　　　　　　240 000
　　应交税费——应交增值税（进项税额）　　　　　　　　　　　31 200
　　贷：应付票据　　　　　　　　　　　　　　　　　　　　　271 200

（4）采用预付货款方式购入存货

【例 4-4】 天宇公司根据合同向供货单位甲公司预付一笔货款 50 000 元，以银行存款支付。

借：预付账款　　　　　　　　　　　　　　　　　　　　　　　50 000
　　贷：银行存款　　　　　　　　　　　　　　　　　　　　　50 000

如果若干天后收到此批货物及增值税专用发票，货款为 40 000 元，增值税进项税额为 5 200 元。

借：原材料　　　　　　　　　　　　　　　　　　　　　　　　40 000
　　应交税费——应交增值税（进项税额）　　　　　　　　　　　5 200
　　贷：预付账款　　　　　　　　　　　　　　　　　　　　　45 200

"预付账款"科目还有借方余额 4 800 元，可以要求对方转回，也可以用于以后购货。如果此批货款及税款大于预付账款 50 000 元，企业应补付其差额。如果企业未及时补付其

差额,"预付账款"科目就出现了贷方余额。

(5) 外购存货发生短缺的会计处理

企业在材料采购过程中,可能出现短缺的现象。出现短缺的原因是多方面的,企业在收到货物时应按实际收到的货物数量入账,其短缺部分通过"待处理财产损溢"科目核算,查明原因后,记入相关的科目中。

【例 4-5】 收到例 4-2 中的在途材料发现短缺 100 kg,原因待查。

借:原材料——B 材料　　　　　　　　　　　　　　　　　　　97 500
　　待处理财产损溢——待处理流动资产损溢　　　　　　　　　　2 825
　　贷:在途物资——B 材料　　　　　　　　　　　　　　　　　100 000
　　　　应交税费——应交增值税(进项税额转出)　　　　　　　　325

如果查明原因是供应方少发货,应从"应付账款"科目抵扣 2 825 元,或要求退款,记入"其他应收款"科目 2 825 元;要求对方补发货物或定额内合理损耗,则应将 2 825 元分别转入"原材料"和"应交增值税(进项税额)"科目。如果属于非常事故应将其转入"营业外支出"科目 2 825 元。如果由运输部门赔偿,则应记入"其他应收款"科目 2 825 元。

2. 自制存货

企业自制存货主要包括产成品、在产品、半成品。

企业自制存货的成本由采购成本、加工成本和使存货达到目前场所和状态所发生的其他成本构成。通常

$$产成品成本＝原材料＋人工费用＋制造费用$$

存货制造过程中非正常消耗的直接材料、直接人工和制造费用,加工销售环节发生的仓储费用,不包括在存货成本之中,应于发生时直接计入当期损益。

【例 4-6】 天宇公司收到本单位辅助生产车间加工 E 材料 1 000 件,每件实际成本为 20 元。

借:原材料——E 材料　　　　　　　　　　　　　　　　　　　20 000
　　贷:生产成本——辅助生产成本　　　　　　　　　　　　　　20 000

3. 委托加工存货

1) 委托加工存货的成本

委托加工存货的成本,一般包括加工过程中实际耗用的原材料或半成品成本、加工费、运输费、装卸费等,以及按规定应计入成本的税金。

2) 委托加工存货的会计处理

(1) 发出材料委托加工

借:委托加工物资(按发出材料物资的实际成本)
　　贷:原材料或库存商品

(2) 支付加工费和往返运费
借：委托加工物资
　　贷：银行存款
(3) 支付应由受托方缴纳的增值税
借：应交税费——应交增值税（进项税额）
　　贷：银行存款
(4) 委托加工应税消费品时支付应由受托方代收代缴的消费税
借：委托加工物资（收回后直接用于销售，计入成本）
　　应交税费——应交消费税（用于连续生产应税消费品的，可抵扣）
　　贷：银行存款
(5) 存货加工完成验收入库并收回剩余物资
借：原材料或库存商品或周转材料
　　贷：委托加工物资

【例4-7】　天宇公司委托五星公司加工包装用木箱，天宇公司发出木材50 000元，同时支付加工费5 000元和增值税税款650元。加工完成后，木箱验收入库。

① 天宇公司发出木材时：
借：委托加工物资　　　　　　　　　　　　　　　　　　　　　50 000
　　贷：原材料　　　　　　　　　　　　　　　　　　　　　　　50 000
② 天宇公司支付加工费时：
借：委托加工物资　　　　　　　　　　　　　　　　　　　　　 5 000
　　应交税费——应交增值税（进项税额）　　　　　　　　　　　　650
　　贷：银行存款　　　　　　　　　　　　　　　　　　　　　　 5 650
③ 木箱验收入库时：
借：原材料　　　　　　　　　　　　　　　　　　　　　　　　55 000
　　贷：委托加工物资　　　　　　　　　　　　　　　　　　　　55 000

4. 投资者投入的存货

投资者投入存货的成本，应当按照投资合同或协议约定的价值确定，但合同或协议价值不公允的除外。

企业收到投资者投入存货的会计处理为
借：原材料或库存商品或周转材料
　　应交税费——应交增值税（进项税额）
　　贷：实收资本
　　　　资本公积

【例4-8】　天宇公司收到Y公司投入的一批F材料，该材料在Y公司的账面价值为800 000元，公允价值为1 000 000元，双方认可按其公允价值计价。天宇公司已收到材料并验收入库，取得了Y公司转来的增值税专用发票，Y公司因本项投资在天宇公司注册资本中占有1 000 000元的份额。

  借：原材料   1 000 000
    应交税费——应交增值税（进项税额）   130 000
   贷：实收资本   1 000 000
     资本公积   130 000

5. 接受捐赠取得的存货

接受捐赠取得的存货，捐赠方提供了有关凭据的，按凭据上标明的金额加上应支付的相关税费作为实际成本；捐赠方没有提供有关凭据的，应按同类或类似存货的市场价格估计的金额，加上应支付的相关税费，作为实际成本；否则就按该接受捐赠存货预计未来现金流量的现值，作为实际成本。

【例4-9】 天宇公司接受捐赠一批商品，捐赠方提供的发票上标明的价值为250 000元，天宇公司支付运杂费1 000元。假定不考虑增值税。

  借：库存商品   251 000
   贷：银行存款   1 000
     营业外收入——捐赠利得   250 000

4.3 发出存货的计价

1. 存货的成本流转假设

存货的流转包括实物流转和成本流转。在理论上，存货的实物流转和成本流转是一致的。但在实际工作中，由于存货的品种繁多、单位成本多变、进出量变化大等原因，各种存货的成本流转与实物流转通常是相分离的。企业应当根据各类存货实物流转情况、企业管理的要求、存货的性质等确定发出存货的成本计算方法。采用某种成本流转假设，将期初结存及一定时期所取得的存货成本在期末存货和发出存货之间进行分配，就产生了不同的存货计价方法。不同的存货计价方法得出的计价结果各不相同，这会对企业的财务状况和经营成果产生一定的影响。

2. 发出存货的计价方法

按照《企业会计准则第1号——存货》的规定，企业应当采用个别计价法、先进先出法、全月一次加权平均法和移动加权平均法等确定发出存货的实际成本。

（1）个别计价法

个别计价法又称"具体辨认法""分批实际法"，这种方法是假设存货的实物流转与成本流转相一致，以每一批次存货的实际成本（采购成本或生产成本）作为该批次存货发出成本计价依据的方法。

【例4-10】 天宇公司202×年3月1日结存A材料1 200 kg,单位成本为45元,本月收发资料如表4-1所示。

表4-1 本月收发资料

202×年		摘要	收入			发出			结存		
月	日		数量/kg	单价/元	金额/元	数量/kg	单价/元	金额/元	数量/kg	单价/元	金额/元
3	1	期初							1 200	45	54 000
	2	购入	800	48	38 400				2 000		
	3	发出				1 500			500		
	18	购入	1 000	50	50 000				1 500		
	23	发出				1 200			300		
	28	购入	1 400	51	71 400				1 700		
	31	期末	3 200		159 800	2 700			1 700		

假设经具体确认,确定发出材料的批次如下。

3日发出的1 500 kg材料中,有1 000 kg为期初存货,有500 kg为2日购入的存货。

发出存货成本=1 000×45+500×48=69 000(元)

23日发出的1 200 kg材料中,有200 kg为期初存货,有100 kg为2日购入的存货,有900 kg为18日购入的存货。

发出存货成本=200×45+100×48+900×50=58 800(元)

本月发出存货成本=69 000+58 800=127 800(元)

期末结存的存货1 700 kg中,有2日购入的200 kg、18日购入的100 kg、28日购入的1 400 kg。

期末存货成本=200×48+100×50+1 400×51=86 000(元)

个别计价法反映发出存货的实际成本最准确,且可以随时结转发出材料的成本,在理论上是最可取的。但其缺陷也显而易见:其应用的条件是必须正确认定存货的批次、单价,因而核算的工作量比较大,应用成本高,在一些材料种类多、存货量大、收发较频繁的企业很难适用。这种方法适用于品种数量不多、单位价值较高、容易识别的存货或一般不能互换使用及为特定的项目专门购入或制造并单独存放的存货。

(2)先进先出法

先进先出法是指依照"先入库的存货先发出"的假定确定成本流转顺序,并据以对发出存货和期末存货计价的方法。这种方法要求在收入存货时,必须按照收入存货的先后顺序,逐笔登记存货的数量、单价、金额;发出存货时,则必须按先后顺序,依次确定发出存货的实际成本。

【例4-11】 承例4-10,采用先进先出法计算该企业当月发出材料和期末结存材料的实际成本,A材料明细账如表4-2所示。

3日发出存货成本＝1 200×45＋300×48＝68 400（元）
23日发出存货成本＝500×48＋700×50＝59 000（元）
合计 127 400（元）
期末存货成本＝300×50＋1 400×51＝86 400（元）

表4－2　A材料明细账

202×年		摘要	收入			发出			结存		
月	日		数量/kg	单价/元	金额/元	数量/kg	单价/元	金额/元	数量/kg	单价/元	金额/元
3	1	期初							1 200	45	54 000
	2	购入	800	48	38 400				1 200	45	
									800	48	92 400
	3	发出				1 200	45	54 000			
						300	48	14 400	500	48	24 000
	18	购入	1 000	50	50 000				500	48	
									1 000	50	74 000
	23	发出				500	48	24 000			
						700	50	35 000	300	50	15 000
	28	购入	1 400	51	71 400				300	50	
									1 400	51	86 400
	31	合计	3 200		159 800	2 700		127 400	1 700		86 400

以上是在永续盘存制下运用先进先出法确定存货发出成本和期末存货成本。如果存货未出现盘盈盘亏的情况，在实地盘存制下运用先进先出法确定发出存货成本和期末存货成本与永续盘存制确定的结果一样。根据实地盘点制，先确定期末存货成本1 400×51＋300×50＝86 400元，发出存货成本＝54 000＋159 800－86 400＝127 400元。

先进先出法顺应存货流动规律，符合历史成本原则，期末存货金额也比较接近市价，能较准确地反映存货资金的占用情况，随时结转发出存货的实际成本。但这种方法的核算工作量较大，明细账记录较复杂；在通货膨胀率不断提高时，会高估期末存货价值、低估发出存货成本，从而高估企业当期利润，不符合稳健性原则。此方法一般适应于收发次数不多，且价格稳定的存货。

（3）全月一次加权平均法

全月一次加权平均法是指计算存货单位成本时，以期初存货数量和本期各批收入存货的数量作为权数于月末一次计算存货加权平均单价、确定本期发出存货成本及期末结存存货成本的计价方法。其计算公式为

$$\text{全月一次加权平均单价} = \frac{\text{期初结存存货实际成本} + \text{本期收入存货实际成本}}{\text{期初结存存货数量} + \text{本期收入存货数量}}$$

本期发出存货成本＝本期发出存货数量×全月一次加权平均单价
期末结存存货成本＝期末结存存货数量×全月一次加权平均单价

【例 4-12】 承例 4-10，采用全月一次加权平均法计算该企业当月发出材料和期末结存材料的实际成本。

$$全月一次加权平均单价 = \frac{54\,000 + 159\,800}{1\,200 + 3\,200} = 48.59（元）$$

本期发出材料成本 = 2 700 × 48.59 = 131 200（元）

期末结存材料成本 = 1 700 × 48.59 = 82 600（元）

采用全月一次加权平均法，存货发出的日常核算只登记发出数量，月末根据求得的加权平均单价计算出月份内发出存货的实际总成本，从而使得发出存货的成本较为均衡，会计核算工作量也相对较轻，且在物价波动时，对存货成本的分摊较为折中。但这种方法由于计算加权平均单价并确定存货的发出成本和结存成本的工作集中在期末，所以平时无法从有关存货账簿中提供发出存货成本和结存存货成本的有关资料，不利于对存货的日常管理。该方法一般适用于储存于同一地点，性能、形态相同，前后单价相差幅度较大的存货。

（4）移动加权平均法

移动加权平均法是指每次收入存货，即根据当前的存货数量及总成本计算出新的平均单位成本，再将随后发出存货数量按这种移动式的平均单位成本计算发出存货成本和结存存货成本的计价方法。按照这种方法，每次收入存货后，即以本次收入存货的实际成本加上以前结存存货的实际成本，除以本次收入存货数量和以前结存存货数量之和，计算出新的加权平均单位成本，作为下次发出存货的单位成本。其计算公式为

$$移动加权平均单价 = \frac{本次存货入库前结存存货的实际成本 + 本次入库存货实际成本}{本次存货入库前结存存货数量 + 本次入库存货数量}$$

【例 4-13】 承例 4-10，采用移动加权平均法计算该企业当月发出材料和期末结存材料的实际成本，A 材料明细账如表 4-3 所示。

$$第一次加权平均单位成本 = \frac{54\,000 + 38\,400}{1\,200 + 800} = 46.2（元）$$

$$第二次加权平均单位成本 = \frac{23\,100 + 50\,000}{500 + 1\,000} = 48.7（元）$$

$$第三次加权平均单位成本 = \frac{14\,620 + 71\,400}{300 + 1\,400} = 50.6（元）$$

表 4-3 A 材料明细账

202×年		摘要	收入			发出			结存		
月	日		数量/kg	单价/元	金额/元	数量/kg	单价/元	金额/元	数量/kg	单价/元	金额/元
3	1	期初							1 200	45	54 000
	2	购入	800	48	38 400				2 000	46.2	92 400
	3	发出				1 500	46.2	69 300	500	46.2	23 100
	18	购入	1 000	50	50 000				1 500	48.7	73 100

续表

202×年		摘要	收入			发出			结存		
月	日		数量/kg	单价/元	金额/元	数量/kg	单价/元	金额/元	数量/kg	单价/元	金额/元
	23	发出				1 200	48.7	58 480	300	48.7	14 620
	28	购入	1 400	51	71 400				1 700	50.6	86 020
	31	合计	3 200		159 800	2 700		127 780	1 700	50.6	86 020

移动加权平均法可以将不同批次不同单价的存货成本差异均衡化，由于平均的范围较小，有利于存货成本的客观计算，能随时结出发出存货的成本，便于对存货的日常管理。但每次存货入库后几乎都要重新计算平均单价，会计核算工作量较大，一般适用于前后单价相差幅度较大的存货。

上述几种存货成本的计价方法，各有优缺点及适用范围，企业可根据实际情况，合理地选择发出存货成本的计算方法，以便合理确定当期发出存货的实际成本。对性质、用途相似的存货应采用相同的计价方法。存货计价方法一旦选定，前后各期应当保持一致，并在会计报表附注中予以披露。

3. 发出存货的会计处理

生产经营领用材料时，按其用途借记相关科目，贷记"原材料"科目；非生产经营耗用和非货币性交易转出、用材料抵债、盘亏时借记相关科目，贷记"原材料"，同时贷记"应交税费——应交增值税（销项税额）"或"应交税费——应交增值税（进项税额转出）"科目。

【例 4-14】 4月份，天宇公司的"发料凭证汇总表"中列明基本生产车间生产产品领用材料 50 000 kg，辅助生产车间领用材料 10 000 kg，车间管理部门一般耗用材料 800 kg，行政管理部门领用材料 2 000 kg，加权平均单位成本为 50 元。

借：生产成本——基本生产成本　　　　　　　　　　　　　　　2 500 000
　　　　　　——辅助生产成本　　　　　　　　　　　　　　　　　500 000
　　制造费用　　　　　　　　　　　　　　　　　　　　　　　　　40 000
　　管理费用　　　　　　　　　　　　　　　　　　　　　　　　　100 000
　　贷：原材料　　　　　　　　　　　　　　　　　　　　　　　3 140 000

【例 4-15】 天宇公司出售一批材料，获货款 60 000 元，增值税销项税额为 7 800 元。其账面成本为 50 000 元。

借：银行存款　　　　　　　　　　　　　　　　　　　　　　　　67 800
　　贷：其他业务收入　　　　　　　　　　　　　　　　　　　　60 000
　　　　应交税费——应交增值税（销项税额）　　　　　　　　　　7 800
同时结转材料销售成本：
借：其他业务成本　　　　　　　　　　　　　　　　　　　　　　50 000
　　贷：原材料　　　　　　　　　　　　　　　　　　　　　　　50 000

【例 4-16】 天宇公司将购入的原材料用于某基建工程,该批材料的购入成本为50 000元,增值税税率为13%。

借:在建工程　　　　　　　　　　　　　　　　　　　　　　　56 500
　　贷:原材料　　　　　　　　　　　　　　　　　　　　　　 50 000
　　　　应交税费——应交增值税(进项税额转出)　　　　　　　 6 500

4.4　计划成本法与存货估价法

存货采用实际成本进行日常核算,要求存货的收入和发出凭证、明细分类账、总分类账全部按实际成本计价,这对于存货品种、规格、数量繁多、收发频繁的企业来说,工作量大,核算成本较高,也会影响会计信息的及时性。

为了简化存货的核算,企业可以采用计划成本法对存货的收入、发出及结存进行日常核算。

1. 计划成本法

计划成本法,是指存货的日常收入、发出和结存均按预先制定的计划成本计价,并设置"材料成本差异"科目登记实际成本与计划成本之间的差异,月末,再通过对存货成本差异的分摊,将发出存货的计划成本和结存存货的计划成本调整为实际成本进行反映的一种核算方法。

(1) 计划成本法的特点

按计划成本计价进行原材料收发核算,即从原材料收发凭证的计价到原材料的明细账、二级账、总账的核算全部按计划成本进行。这种核算方法的主要特点如下。

① 材料采购采用实际成本计价,材料入库、发出采用计划成本计价,材料实际成本与计划成本的差异通过"材料成本差异"单独核算。

② 材料明细账可以只记录收入、发出和结存的数量,不记录材料金额。需要材料金额时,将材料数量乘以计划成本,随时求得材料收、发、存的金额,并通过"材料成本差异"科目计算、调整发出材料和结存材料的实际成本。该方法的材料核算比按实际成本计价简便易行,特别是材料明细核算相当简单。

③ 材料发出采用计划成本结转也很简便,避免使用先进先出、后进先出等繁杂的计算方法来确定发出材料的成本。

④ 有了合理的材料计划成本之后,将实际成本与计划成本对比,可以对材料采购部门进行考核,促使其降低材料采购成本。因此,材料核算的计划成本法是我国制造企业中广泛应用的一种存货计价方法。

(2) 计划成本法的账户设置

"材料采购"账户核算企业收入材料的实际成本及实际成本与计划成本的差额,属于资产类账户。该账户的借方登记采购材料的实际成本及月末结转的实际成本小于计划成本的节约差额;贷方登记验收入库材料的计划成本及月末结转的实际成本大于计划成本的超支差额;月末结转后借方余额表示已经付款但尚未验收入库的在途材料的实际成本。该账户应按照材料品种类别设置明细账户。

"原材料"科目的结构、用途与材料按实际成本计价情况下设置的"原材料"科目相同,不同的是该科目的借方、贷方和余额均按计划成本记账。原材料按计划成本进行核算时,材料的收入、发出和结存均按材料的计划成本计价。

"材料成本差异"科目核算企业各种材料的实际成本与计划成本的差异。该科目借方记录从"材料采购"贷方转入的购入材料成本的超支差异;贷方记录从"材料采购"借方转入的购入材料成本的节约差异,以及发出材料应负担的成本差异结转额(超支用蓝字,节约用红字)。月末余额反映库存材料的成本差异额,如为借方余额,表示超支额;如为贷方余额,表示节约额。该科目应分"原材料""包装物""低值易耗品"等,按照类别或品种进行明细核算。

(3) 计划成本法购进材料的会计处理

【例 4-17】 天宇公司的存货采用计划成本核算。某年 3 月份,发生下列材料采购业务。

① 3 月 5 日,购入一批原材料,增值税专用发票上注明的价款为 100 000 元,增值税进项税额为 13 000 元。货款已通过银行转账支付,材料也已验收入库。该批原材料的计划成本为 105 000 元。

  借:材料采购   100 000
    应交税费——应交增值税(进项税额)   13 000
    贷:银行存款   113 000
  借:原材料   105 000
    贷:材料采购   105 000
  借:材料采购   5 000
    贷:材料成本差异——原材料   5 000

② 3 月 10 日,购入一批原材料,增值税专用发票上注明的价款为 160 000 元,增值税进项税额为 20 800 元。货款已通过银行转账支付,材料尚在运输途中。

  借:材料采购   160 000
    应交税费——应交增值税(进项税额)   20 800
    贷:银行存款   180 800

③ 3 月 16 日,购入一批原材料,材料已经运达企业并已验收入库,但发票等结算凭证尚未收到,货款尚未支付。暂不作会计处理。

④ 3 月 18 日,收到 3 月 10 日购进的原材料并验收入库。该批原材料的计划成本为 150 000 元。

  借:原材料   150 000
    贷:材料采购   150 000
  借:材料成本差异——原材料   10 000
    贷:材料采购   10 000

⑤ 3 月 22 日,收到 3 月 16 日已入库原材料的发票等结算凭证,增值税专用发票上注明

的材料价款为 250 000 元，增值税进项税额为 32 500 元，开出一张商业汇票抵付。该批原材料的计划成本为 243 000 元。

借：材料采购 250 000
　　应交税费——应交增值税（进项税额） 32 500
　　贷：应付票据 282 500
借：原材料 243 000
　　贷：材料采购 243 000
借：材料成本差异——原材料 7 000
　　贷：材料采购 7 000

⑥ 3 月 25 日，购入一批原材料，增值税专用发票上注明的价款为 200 000 元，增值税进项税额为 26 000 元。货款已通过银行转账支付，材料尚在运输途中。

借：材料采购 200 000
　　应交税费——应交增值税（进项税额） 26 000
　　贷：银行存款 226 000

⑦ 3 月 27 日，购入一批原材料，材料已经运达企业并已验收入库，但发票等结算凭证尚未收到，货款尚未支付。3 月 30 日，该批材料的结算凭证仍未到达，企业按该批材料的计划成本 80 000 元估价入账。

借：原材料 80 000
　　贷：应付账款——暂估应付账款 80 000

⑧ 4 月 1 日，用红字将上述分录予以冲回。

借：原材料 80 000（红字）
　　贷：应付账款——暂估应付账款 80 000（红字）

⑨ 4 月 3 日，收到 3 月 27 日已入库原材料的发票等结算凭证，增值税专用发票上注明的材料价款为 78 000 元，增值税进项税额为 10 140 元，货款通过银行转账支付。

借：材料采购 78 000
　　应交税费——应交增值税（进项税额） 10 140
　　贷：银行存款 88 140
借：原材料 80 000
　　贷：材料采购 80 000
借：材料采购 2 000
　　贷：材料成本差异 2 000

⑩ 4 月 5 日，收到 3 月 25 日购进的原材料并验收入库。该批原材料的计划成本为 197 000 元。

借：原材料 197 000
　　贷：材料采购 197 000
借：材料成本差异 3 000
　　贷：材料采购 3 000

在会计实务中，为了简化收入存货和结转存货成本差异的核算手续，企业平时收到存货时，也可以先不记录存货的增加，也不结转形成的存货成本差异；月末时，再将本月已付款或已开出承兑商业汇票并已验收入库的存货，按实际成本和计划成本分别汇总，一次登记本月存货的增加，并计算和结转本月存货成本差异。

（4）计划成本法发出材料和分摊材料成本差异的会计处理

采用计划成本法对存货进行日常核算，发出存货时先按计划成本计价。月末，再将月初结存存货的成本差异和本月取得存货形成的成本差异，在本月发出存货和期末结存存货之间进行分摊，将本月发出存货和期末结存存货的计划成本调整为实际成本。

计划成本、成本差异与实际成本之间的关系如下。

$$实际成本=计划成本+超支差异$$
$$或\quad=计划成本-节约差异$$

为了便于存货成本差异的分摊，企业应当计算材料成本差异率，以此作为分摊存货成本差异的依据。材料成本差异率包括本月材料成本差异率和月初材料成本差异率两种，其计算公式如下。

$$本月材料成本差异率=\frac{（月初结存材料的成本的差异+本月收入材料的成本的差异）}{（月初结存材料的计划成本+本月收入材料的计划成本）}\times 100\%$$

$$月初材料成本差异率=\frac{月初结存材料的成本的差异}{月初结存材料的计划成本}\times 100\%$$

企业应当分原材料、包装物、低值易耗品等，按照类别或品种对存货成本差异进行明细核算，并计算相应的材料成本差异率，不能使用一个综合差异率。在计算发出存货应负担的成本差异时，除委托外部加工发出存货可按期初成本差异率计算外，一般应使用当月的实际差异率计算。如果月初成本差异率与本月成本差异率相差不大，也可按上月成本差异率计算。该计算方法一经确定，不得随意变更。如果确需变更，应在会计报表附注中予以说明。

本月发出存货应负担的成本差异及实际成本和月末结存存货应负担的成本差异及实际成本，可按如下公式计算。

本月发出存货应负担的成本差异=发出存货的计划成本×材料成本差异率
本月发出存货的实际成本=发出存货的计划成本±发出存货应负担的成本差异
月末结存存货应负担的成本差异=结存存货的计划成本×材料成本差异率
月末结存存货的实际成本=结存存货的计划成本±结存存货应负担的成本差异

发出存货应负担的成本差异，必须按月分摊，不得在季末或年末一次分摊。

【例4-18】 天宇公司某年3月1日结存原材料的计划成本为52 000元，"材料成本差异——原材料"科目的贷方余额为1 000元。3月份的材料采购业务经汇总，已经付款或已开出承兑商业汇票并已验收入库的原材料计划成本为498 000元，实际成本为510 000元，材料成本差异为超支的12 000元。3月份领用原材料的计划成本为504 000元，其中基本生产领用350 000元，辅助生产领用110 000元，车间一般耗用16 000元，管理部门领用8 000元，对外销售20 000元。

① 按计划成本发出原材料。
借：生产成本——基本生产成本　　　　　　　　　　　　　　350 000
　　　　　　——辅助生产成本　　　　　　　　　　　　　　110 000
　　制造费用　　　　　　　　　　　　　　　　　　　　　　 16 000
　　管理费用　　　　　　　　　　　　　　　　　　　　　　　8 000
　　其他业务成本　　　　　　　　　　　　　　　　　　　　 20 000
　　贷：原材料　　　　　　　　　　　　　　　　　　　　　504 000

② 计算本月材料成本差异率。

$$本月材料成本差异率=\frac{-1\,000+12\,000}{52\,000+498\,000}\times 100\%=2\%$$

在计算本月材料成本差异率时，本月收入存货的计划成本金额不包括已验收入库但发票等结算凭证月末尚未到达，企业按计划成本估价入账的原材料金额。

③ 分摊材料成本差异。

生产成本（基本生产成本）＝350 000×2%＝7 000（元）
生产成本（辅助生产成本）＝110 000×2%＝2 200（元）
制造费用＝16 000×2%＝320（元）
管理费用＝8 000×2%＝160（元）
其他业务成本＝20 000×2%＝400（元）

借：生产成本——基本生产成本　　　　　　　　　　　　　　　7 000
　　　　　　——辅助生产成本　　　　　　　　　　　　　　　2 200
　　制造费用　　　　　　　　　　　　　　　　　　　　　　　　320
　　管理费用　　　　　　　　　　　　　　　　　　　　　　　　160
　　其他业务成本　　　　　　　　　　　　　　　　　　　　　　400
　　贷：材料成本差异——原材料　　　　　　　　　　　　　 10 080

④ 月末，计算结存原材料实际成本，据以编制资产负债表。

"原材料"科目期末余额＝（52 000+498 000）－504 000＝46 000（元）
"材料成本差异"科目期末余额＝（－1 000+12 000）－10 080＝920（元）
结存原材料实际成本＝46 000+920＝46 920（元）

月末编制资产负债表时，存货项目中的原材料存货，应当按结存原材料实际成本126 920元列示。

2. 存货估价法

按实际成本进行存货的日常核算，需要采用发出存货的计价方法计算本期发出存货的实际成本和期末结存存货的实际成本。如果企业的存货种类繁多，按月进行存货计价十分烦琐。为了简化存货的计价，存货种类繁多的企业，可以采用存货估价法对月末存货的成本进行估价，待季末、半年末或年末时再采用发出存货的计价方法，计算发出存货和结存存货的成本，并对估算的存货成本做出调整。经常使用的存货估价法有毛利率法和零售价法两种。

(1) 毛利率法

毛利率法，是指用前期实际（或本期计划、本期估计）毛利率乘以本期销售净额，估算本期销售毛利，进而估算本期发出存货成本和期末结存存货成本的一种方法。

采用毛利率法估算存货成本的基本程序如下。

① 确定前期实际（或本期计划、本期估计）毛利率，作为估价的依据。

$$毛利率 = \frac{销售毛利}{销售净额} \times 100\%$$

② 从本期销售净额中减去估计销售毛利，估算本期销售成本。

销售净额＝销售收入－销售退回与折让
估计销售毛利＝销售净额×毛利率
本期销售成本＝本期销售净额－销售毛利
或　　　　　＝本期销售净额×（1－毛利率）

③ 从本期可供销售商品成本总额中减去本期估计销售成本，估算期末结存存货成本。

期末结存存货成本＝（期初存货成本＋本期购货成本）－本期销售成本

【例4-19】 天宇公司某年4月1日的家用电器商场结存A类商品的成本为648 000元。本月购进A类商品的成本为4 120 000元，本月销售A类商品取得的收入为5 650 000元，发生的销售退回与折让为10 000元。A类商品一季度的实际毛利率为25%。

本月销售净额＝5 650 000－10 000＝5 640 000（元）
本月销售毛利＝5 640 000×25%＝1 410 000（元）
本月销售成本＝5 640 000－1 410 000＝4 230 000（元）
或　　　　　＝5 640 000×（1－25%）＝4 230 000（元）
月末结存存货成本＝（648 000＋4 120 000）－4 230 000＝538 000（元）

采用毛利率法估算存货成本的关键在于确定一个合理的毛利率，企业应按存货的类别分别确定各类存货的毛利率，据以估算存货成本，不能采用综合毛利率。

毛利率法提供的只是存货成本的近似值，不是对存货的准确计价。为了合理确定期末存货的实际价值，企业一般应当在每季季末采用先进先出法、加权平均法等存货计价方法，对结存存货的成本进行一次准确的计量，然后根据本季度期初结存存货的成本和本期购进存货的成本，倒减出本季度发出存货的实际成本，据以调整采用毛利率法估算的存货成本。

毛利率法是商品批发企业普遍采用的一种存货估价方法。商品批发企业同类商品的毛利率大致相同，采用毛利率法估算的存货成本也比较接近实际。

(2) 零售价法

零售价法，是指用成本占零售价的比率（即成本率）乘以期末存货的售价总额，估算期末存货成本，并据以计算本期发出存货成本的一种方法。

采用零售价法估算存货成本的基本程序如下。

① 计算本期可供销售的存货成本占零售价的比率。本期可供销售的存货成本占零售价

的比率，是根据期初结存存货的成本及零售价和本期购入存货的成本及零售价计算确定的，公式为

$$成本占零售价的比率 = \frac{期初存货成本 + 本期购货成本}{期初存货售价 + 本期购货售价} \times 100\%$$

为了便于取得本期可供销售的存货成本和售价资料，在日常核算中必须同时按成本和零售价记录期初存货和本期购货。

② 计算期末存货的售价总额。

$$期末存货售价总额 = 本期可供销售存货的售价总额 - 本期已销售存货的售价总额$$

③ 计算期末存货成本。根据计算的成本占零售价的比率和期末存货的售价总额，可以计算期末存货的估计成本，公式为

$$期末存货成本 = 期末存货售价总额 \times 成本占零售价的比率$$

④ 计算本期销售成本。

$$本期销售成本 = 期初存货成本 + 本期购货成本 - 期末存货成本$$

在我国的商品零售企业中广泛采用的售价金额核算法，可以认为是零售价法的一种具体会计处理方式。

采用售价金额核算法，需要设置"商品进销差价"科目，单独核算商品售价与进价的差额。商品日常的进、销、存记录均按售价进行，期末，通过计算商品进销差价率，将商品进销差价在本期已销商品和结存商品之间进行分摊，据以确定本期已销商品的成本和结存商品的成本。

【例 4-20】 天宇公司的一家零售商店，某月初存货成本为 250 000 元，包含增值税的售价金额为 395 500 元，进销差价为 201 974 元；本月购货成本为 1 400 000 元，进项税额为 182 000 元，包含增值税的售价金额为 2 090 500 元，进销差价为 690 500 元；本月销售商品取得的包含增值税的售价总额为 2 011 400 元。该零售商店购销业务采用售价金额核算法，其账务处理如下。

① 月购进商品：

借：库存商品 2 090 500
　　应交税费——应交增值税（进项税额） 182 000
　贷：银行存款 1 582 000
　　商品进销差价 690 500

② 本月销售商品。

按包含增值税的售价确认收入：

借：银行存款 2 011 400
　贷：主营业务收入 2 011 400

按包含增值税的售价结转成本：

借：主营业务成本 2 011 400
　贷：库存商品 2 011 400

③ 月末，调整包含增值税的收入：

$$不含增值税的收入 = 2\ 011\ 400 \div (1+13\%) = 1\ 780\ 000（元）$$

$$销项税额 = 1\ 780\ 000 \times 13\% = 231\ 400（元）$$

借：主营业务收入　　　　　　　　　　　　　　　　　　　　231 400
　　贷：应交税费——应交增值税（销项税额）　　　　　　　　231 400

$$调整后收入 = 2\ 011\ 400 - 231\ 400 = 1\ 780\ 000（元）$$

④ 月末，调整包含增值税的售价成本：

$$商品进销差价率 =（201\ 974 + 690\ 500）\div（395\ 500 + 2\ 090\ 500）\times 100\% = 35.9\%$$

$$月末结存商品包含增值税的售价 = 395\ 500 + 2\ 090\ 500 - 2\ 011\ 400 = 474\ 600（元）$$

$$月末结存商品进销差价 = 474\ 600 \times 35.9\% = 170\ 381.4（元）$$

$$本月已销商品进销差价 =（201\ 974 + 690\ 500）- 170\ 381.4 = 722\ 092.6（元）$$

借：商品进销差价　　　　　　　　　　　　　　　　　　　　722 092.6
　　贷：主营业务成本　　　　　　　　　　　　　　　　　　722 092.6

经上述会计处理，本月已销商品和月末结存商品的实际成本如下。

$$已销商品实际成本 = 2\ 011\ 400 - 722\ 092.6 = 1\ 289\ 307.4（元）$$

$$结存商品实际成本 = 474\ 600 - 170\ 381.4 = 304\ 218.6（元）$$

月末，该零售商店在编制资产负债表时，存货项目中的商品存货部分，应按结存商品的实际成本304 218.6元列示。

4.5　周转材料

包装物及低值易耗品主要包括包装物、低值易耗品及建筑安装企业的钢模板、木模板和脚手架等。周转材料的核算可以设立"周转材料"总分类账户，下设"包装物""低值易耗品"等明细分类账户进行核算，也可以分设"包装物""低值易耗品"等总分类账户核算。

1. 包装物

1）包装物的概念和内容

包装物是指为销售企业产品而耗用和储备的各种包装容器，如桶、瓶、坛、袋等。各种包装材料，如纸、绳、铁皮、铁丝等，不属于包装物，属于原材料。

包装物按其用途，可以分为四类：生产过程中用于包装产品作为产品组成部分的包装物；随同产品出售而不单独计价的包装物；随同产品出售而单独计价的包装物；出租或出借给购买单位使用的包装物。

包装物从总的方面来说，属于材料的一个组成部分，但其性质和用途与材料中的原材料并不相同。为了单独进行包装物的收发和结存的核算，一般应该设立"包装物"总账科目，进行包装物的总分类核算,并应按照包装物的种类进行包装物的明细核算。

各种包装材料,如纸、绳、铁皮、铁丝等,属于原材料,应在"原材料"科目中核算;用于储存和保管产品、材料而不对外出售、出租或出借的包装物,按其价值大小和使用年限长短,属于固定资产或低值易耗品,应分别在"固定资产"科目或"低值易耗品"科目中核算;计划中单独列作商品产品的自制包装物,属于产成品,应在"产成品"科目中核算。

包装物的采购、自制和验收入库的核算,与原材料的采购、自制和验收入库的核算相同。包装物日常核算的计价也与原材料日常核算的计价一样,既可以按计划成本进行,也可以按实际成本进行。下面主要介绍包装物发出和摊销的核算。

2) 发出包装物的核算

生产过程中用于包装产品作为产品组成部分的包装物成本,记入"生产成本"科目;随同产品出售而不单独计价的包装物成本,记入"销售费用"科目;随同产品出售而单独计价的包装物成本,记入"其他业务支出"科目。

【例 4-21】 天宇公司在生产过程中,用于包装产品领用包装物的计划成本为 5 000 元,领用随同产品出售而不单独计价的包装物的计划成本为 10 000 元,领用随同产品出售而单独计价的包装物的计划成本为 3 000 元。该月包装物的成本差异率为-2%。

借:生产成本——基本生产成本	5 000
销售费用	10 000
其他业务成本	3 000
贷:包装物	18 000
借:生产成本——基本生产成本	100(红字)
销售费用	200(红字)
其他业务成本	60(红字)
贷:材料成本差异——包装物成本差异	360(红字)

3) 出租出借包装物的核算

出租出借包装物发出以后至报废以前,其实物并未从企业消失,因而不仅应该进行其发出的核算,而且还要进行其价值摊销的核算。

出借包装物给购买单位使用,是为产品销售提供的必要条件,因此出借包装物的价值摊销和修理费等,应作为产品销售费用处理。出租包装物给购买单位,有租金收入,属于工业企业经营业务中的一种非主营业务或其他业务,其租金收入属于其他业务收入,因此与之相配比的出租包装物的价值摊销和修理费等,属于其他业务成本,应从其他业务收入中扣除以计算其他业务的利润。

对于逾期未退包装物,按规定没收的押金,借记"其他应付款"科目,按应交的增值税,贷记"应交税费——应交增值税(销项税额)"科目,按其差额,贷记"其他业务收入"科目。这部分没收的押金收入应交的消费税等税费,计入其他业务成本,借记"其他业务成本"科目,贷记"应交税费——应交消费税"等科目。

出借、出租包装物价值的摊销,应视出借、出租包装物的业务是否频繁,出借、出租包装物的数量多少和金额大小,采用不同的核算方法,主要有一次转销法和五五摊销法等。

(1) 一次转销法

采用这种方法，在第一次发出新的包装物出借、出租时，就将其价值全部转销，计入当月有关的费用。发出出借包装物时，应借记"销售费用"科目，贷记"包装物"科目；发出出租包装物时，应借记"其他业务成本"科目，贷记"包装物"科目。

出借、出租的包装物报废时的残料价值应冲减相应费用和支出。在按计划成本进行核算的企业，还要核算发出新包装物所应负担的成本差异。

(2) 五五摊销法

出租、出借包装物频繁、数量多、金额大的企业，出租、出借包装物的成本也可以采用五五摊销法计算出租、出借包装物的摊销价值，在这种情况下，"包装物"科目应设置"库存未用包装物""库存已用包装物""出租包装物""出借包装物""包装物摊销"五个明细科目，"包装物"科目的期末余额为期末库存未用包装物的摊余价值。"包装物"科目期末借方余额，反映企业库存未用包装物的实际成本或计划成本。

【例 4-22】 天宇公司出借包装物 30 个给甲公司，其计划单位成本为 100 元，收到押金 4 000 元；同时收回出租给乙公司的包装物 38 个，其中 30 个入库可继续使用，8 个转入报废，还有 2 个无法收回，其计划单位成本为 150 元，押金为 8 000 元（每个押金 200 元），扣除应收租金 600 元，没收 2 个无法收回包装物的押金 400 元，其余的退回。报废包装物收回残值 100 元材料已入库。本月包装物差异率为-1%。

① 出借给甲公司：

借：包装物——出借包装物　　　　　　　　　　　　　　　　　　　　　　　3 000
　　贷：包装物——库存未用包装物　　　　　　　　　　　　　　　　　　　　　　3 000

② 摊销其价值的一半 1 500 元：

借：销售费用　　　　　　　　　　　　　　　　　　　　　　　　　　　　　1 500
　　贷：包装物——包装物摊销　　　　　　　　　　　　　　　　　　　　　　　　1 500

③ 收取押金：

借：库存现金　　　　　　　　　　　　　　　　　　　　　　　　　　　　　4 000
　　贷：其他应付款——甲公司　　　　　　　　　　　　　　　　　　　　　　　　4 000

④ 摊销报废和无法收回出租包装物（10 个）的价值 1 500 元的另一半：

借：其他业务成本　　　　　　　　　　　　　　　　　　　　　　　　　　　750
　　贷：包装物——包装物摊销　　　　　　　　　　　　　　　　　　　　　　　　750

⑤ 收回残值：

借：原材料　　　　　　　　　　　　　　　　　　　　　　　　　　　　　　100
　　贷：其他业务成本　　　　　　　　　　　　　　　　　　　　　　　　　　　　100

借：其他业务成本　　　　　　　　　　　　　　　　　　　　　　　　　　　15（红字）
　　贷：材料成本差异——包装物成本差异　　　　　　　　　　　　　　　　　　　15（红字）

⑥ 抵扣租金收入和没收部分押金，其余押金退回：

$$应退押金 = 38 \times 200 - 600 = 7\ 000（元）$$

借：其他应付款　　　　　　　　　　　　　　　　　　　　　　　　　　　　8 000

贷：其他业务收入　　　　　　　　　　　　　　　　　　　　　　855
　　　　应交税费——应交增值税（销项税额）　　　　　　　　　　145
　　　　银行存款　　　　　　　　　　　　　　　　　　　　　　7 000
⑦ 收回可用包装物30个入库：
借：包装物——库存已用包装物　　　　　　　　　　　　　　　4 500
　　贷：包装物——出租包装物　　　　　　　　　　　　　　　　4 500

2. 低值易耗品

低值易耗品是指不能作为固定资产的各种用具物品，如工具、管理用具、玻璃器皿，以及在经营过程中周转使用的包装容器等。

为了进行低值易耗品的收入、发出、摊销和结存的总分类核算，应设立"低值易耗品"总账科目进行核算。

低值易耗品的日常核算也与原材料核算一样，既可以按照实际成本进行，又可以按照计划成本进行。在按计划成本核算的情况下，为了核算低值易耗品的成本差异，还应在"材料成本差异"总账科目下增设"低值易耗品成本差异"二级科目。

低值易耗品采购、在库阶段的核算与原材料核算相同；低值易耗品在用、发出的核算与原材料不同。下面主要介绍低值易耗品在用摊销的核算。

低值易耗品在领用以后，其价值应该摊销计入有关的成本、费用中。低值易耗品摊销在产品成本中所占比重较小，没有专设成本项目，因此用于生产、应计入产品成本的低值易耗品摊销应先计入制造费用；用于组织和管理生产经营活动的低值易耗品摊销，应计入管理费用等。

低值易耗品的摊销，应该根据具体情况采用一次摊销法、分次摊销法和五五摊销法。

（1）一次摊销法

一次摊销法是在领用低值易耗品时，就将其全部价值一次计入当月成本、费用的方法。企业领用低值易耗品时，借记"制造费用""管理费用"等科目，贷记"低值易耗品"科目。在低值易耗品报废时，应将报废的残料价值作为当月低值易耗品摊销的减少，冲减有关的成本、费用，借记"原材料"等科目，贷记"制造费用""管理费用"等科目。

在按计划成本进行低值易耗品日常核算的情况下，领用低值易耗品的会计分录应按计划成本编制，同时分配低值易耗品成本差异。

【例4-23】　某生产车间领用低值易耗品一批，其计划成本为500元，差异分配率为-2%，采用一次摊销法。
借：制造费用　　　　　　　　　　　　　　　　　　　　　　　　500
　　贷：低值易耗品　　　　　　　　　　　　　　　　　　　　　　500
借：制造费用　　　　　　　　　　　　　　　　　　　　　　10（红字）
　　贷：材料成本差异——低值易耗品差异　　　　　　　　　10（红字）

一次摊销法适用于单位价值较低或使用期限较短，而且一次领用数量不多，以及玻璃器皿等容易破损的低值易耗品。

(2) 五五摊销法

五五摊销法是指低值易耗品在领用时摊销其价值的一半，报废时再摊销其价值的另一半的方法。为了核算在库、在用低值易耗品的价值和低值易耗品的摊余价值，应在"低值易耗品"总账科目下分设"在库低值易耗品""在用低值易耗品""低值易耗品摊销"三个二级科目。在按计划成本进行低值易耗品日常核算的情况下，前两个二级科目应按计划成本登记。

【例 4-24】 天宇公司管理部门本月领用低值易耗品，其计划成本为 3 000 元；同时报废某生产车间以前月份领用的低值易耗品一批，其计划成本为 2 000 元，收回残料价值 100 元。月末材料成本差异分配率为 -1%。

① 领用：

借：低值易耗品——在用低值易耗品　　　　　　　　　　　　　　3 000
　　贷：低值易耗品——在库低值易耗品　　　　　　　　　　　　　　3 000

② 领用时摊销一半：

借：管理费用　　　　　　　　　　　　　　　　　　　　　　　　1 500
　　贷：低值易耗品——低值易耗品摊销　　　　　　　　　　　　　　1 500

③ 生产部门报废低值易耗品时摊销其价值的另一半：

借：制造费用　　　　　　　　　　　　　　　　　　　　　　　　1 000
　　贷：低值易耗品——低值易耗品摊销　　　　　　　　　　　　　　1 000

④ 收到残料入库：

借：原材料　　　　　　　　　　　　　　　　　　　　　　　　　　100
　　贷：制造费用　　　　　　　　　　　　　　　　　　　　　　　　100

⑤ 报废低值易耗品分配材料成本差异 [2 000×(-1%)]：

借：制造费用　　　　　　　　　　　　　　　　　　　　　　20（红字）
　　贷：材料成本差异——低值易耗品差异　　　　　　　　　　20（红字）

⑥ 注销报废低值易耗品的计划成本：

借：低值易耗品——低值易耗品摊销　　　　　　　　　　　　　　2 000
　　贷：低值易耗品——在用低值易耗品　　　　　　　　　　　　　　2 000

前两笔分录是管理部门领用低值易耗品的会计分录；后四笔分录是生产部门报废低值易耗品的会计分录，二者没有联系。

采用五五摊销法摊销低值易耗品的价值，能够对在用低值易耗品实行价值监督；在各月成本、费用负担的合理程度和核算工作量方面，都介于一次摊销法与分次摊销法之间。这种方法一般适用于每月领用和报废的数量比较均衡，各月摊销额相差不多的低值易耗品。由于这种方法要核算在用低值易耗品的价值，因此需要按照车间、部门进行在用低值易耗品数量和金额明细核算的企业，应该采用这种方法。

(3) 分次摊销法

分次摊销法是指根据周转材料可供使用的估计次数，将其成本分期计入有关成本费用的一种摊销方法。各期周转材料摊销额的计算公式如下。

$$某期摊销额 = \frac{周转材料账面价值}{预计可使用次数} \times 该期实际使用次数$$

分次摊销法的核算原理与五五摊销法相同,只是周转材料的价值是分期计算摊销的,而不是在领用和报废时各摊销一半。

4.6 存货的期末计价

为了在资产负债表中更合理地反映期末存货的价值,企业应当选择适当的计价方法对期末存货进行再计量。我国企业会计准则规定,资产负债表日,存货应当按照成本与可变现净值孰低法计量。

1. 成本与可变现净值孰低法的含义

成本与可变现净值孰低法,是指按照存货的成本与可变现净值两者之中的较低者对期末存货进行计量的一种方法。采用这种方法,当期末存货的成本低于可变现净值时,存货仍按成本计量;当期末存货的可变现净值低于成本时,存货则按可变现净值计量。

所谓成本,是指期末存货的实际成本,即采用先进先出法、加权平均法等存货计价方法,对发出存货(或期末存货)进行计价所确定的期末存货账面成本。

所谓可变现净值,是指在日常活动中,存货的估计售价减去至完工时估计将要发生的成本、估计的销售费用及相关税额后的金额。

采用成本与可变现净值孰低法对期末存货进行计量,当某项存货的可变现净值跌至成本以下时,表明该项存货为企业带来的未来经济利益将低于账面成本,企业应按可变现净值低于成本的差额确认存货跌价损失,并将其从存货价值中扣除,否则就会虚计当期利润和存货价值;而当可变现净值高于成本时,企业则不能按可变现净值高于成本的金额确认这种尚未实现的存货增值收益,否则也会虚计当期利润和存货价值。因此,成本与可变现净值孰低法体现了谨慎性会计原则的要求。

2. 存货可变现净值的确定

根据存货的账面记录,可以很容易地获得存货的成本资料,因此运用成本与可变现净值孰低法对期末存货进行计量的关键是合理确定存货的可变现净值。

1) 确定存货可变现净值应考虑的主要因素

(1) 确定存货的可变现净值应以确凿的证据为基础

这里所讲的"确凿证据"是指对确定存货的可变现净值有直接影响的确凿证明,如产品的市场销售价格、与企业产品相同或类似商品的市场销售价格、供货方提供的有关资料、销售方提供的有关资料、生产成本资料等。

(2) 确定存货的可变现净值应考虑持有存货的目的

① 产成品、商品和用于销售的材料等直接用于出售的商品存货,在正常生产经营过程中,应当以该存货的估计售价减去估计的销售费用和相关税费后的金额,确定可变现净值;其中又分为有合同约定的存货和没有合同约定的存货。

② 需要经过加工的材料存货,在正常生产过程中,应当以所生产的产成品的估计售价减

去至完工时估计将要发生的成本、估计的销售费用和相关税费后的金额,确定可变现净值。

(3) 确定存货的可变现净值还应考虑资产负债表日后事项的影响

即在确定资产负债表日存货的可变现净值时,不仅要考虑资产负债表日与该存货相关的价格与成本波动,而且还应考虑未来的相关事项。也就是说,不仅限于财务会计报告批准报出日之前发生的相关价格与成本波动,还应考虑以后期间发生的相关事项。

2) 存货估计售价的确定

在确定存货的可变现净值时,应合理确定估计售价、至完工将要发生的成本、估计的销售费用和相关税费。其中,存货估计售价的确定对于计算存货可变现净值至关重要。

企业在确定存货的估计售价时,应当以资产负债表日为基准。但是,如果当月存货价格变动较大,则应当以当月该存货平均销售价格或资产负债表日最近几次销售价格的平均数,作为确定估计售价的基础。此外,企业还应当根据存货是否有约定销售的合同,按照以下原则确定存货的估计售价。

① 为执行销售合同或者劳务合同而持有的存货,通常应当以产成品或商品的合同价格作为其可变现净值的计量基础。

② 如果企业持有存货的数量多于销售合同订购数量,超出部分的存货可变现净值应当以产成品或商品的一般销售价格作为计量基础。

③ 没有销售合同或者劳务合同约定的存货,其可变现净值应当以产成品或商品一般销售价格或原材料的市场价格作为计量基础。

3. 材料存货的期末计量

企业持有的材料主要用于生产产品,但也会直接对外出售。会计期末,在运用成本与可变现净值孰低法对材料存货进行计量时,需要考虑持有材料的不同目的和用途。

① 对于出售而持有的材料,应直接比较材料的成本和根据材料估计售价确定的可变现净值。

【例 4-25】 2018 年 11 月 1 日,天宇公司根据市场需求的变化,决定停止生产 Y1 型机器。为减少不必要的损失,决定将库存原材料中专门用于生产 Y1 型机器的外购原材料 A 材料全部出售,2018 年 12 月 31 日其账面成本为 500 万元,数量为 10 吨。据市场调查,A 材料的市场销售价格为 30 万元/吨,同时可能发生销售费用及相关税费共计 5 万元。

在本例中,由于企业已决定不再生产 Y1 型机器,因此该批 A 材料的可变现净值不能以 Y1 型机器的销售价格作为其计算基础,而应按其本身的市场销售价格作为计算基础,即

$$该批 A 材料的可变现净值 = 30 \times 10 - 5 = 295 (万元)$$

② 对用于生产而持有的材料(包括原材料、在产品、委托加工材料等),应当将材料的期末计量与所生产的产成品期末价值减损情况联系起来,按以下原则处理。

如果用该材料生产的产成品的可变现净值预计高于生产成本,则该材料应当按成本计量。

【例 4-26】 天宇公司 2018 年 12 月 31 日库存 B 材料的账面成本为 3 000 万元,市场销售价格总额为 2 800 万元,假定不发生其他销售费用。用 B 材料生产的产成品(Y2 型机

器)的可变现净值高于成本。

根据上述资料,2018年12月31日,B材料的账面成本高于其市场价格,但是由于用其生产的产成品(Y2型机器)的可变现净值高于成本,也就是用该原材料生产的最终产品此时并没有发生价值减损,因此B材料即使其账面成本已高于市场价格,也不应计提存货跌价准备,仍应按3 000万元列示在2018年12月31日的资产负债表的存货项目之中。

如果材料价格的下降表明产成品的可变现净值低于生产成本,则该材料应当按可变现净值计量。

【例4-27】 天宇公司2018年12月31日库存C材料的账面成本为600万元,单位成本为6万元/件,数量为100件,可用于生产100台Y3型机器。C材料的市场销售价格为5万元/件。

C材料市场销售价格下跌,导致用C材料生产的Y3型机器的市场销售价格也下跌,由此造成Y3型机器的市场销售价格由15万元/台降为13.5万元/台,但生产成本仍为14万元/台。将每件C材料加工成Y3型机器尚需投入8万元,估计发生运杂费等销售费用为0.5万元/台。

根据上述资料,可按照以下步骤确定C材料的可变现净值。

首先,计算用该原材料所生产的产成品的可变现净值。

Y3型机器的可变现净值＝Y3型机器估计售价－估计销售费用－估计相关税费
$$=13.5\times100-0.5\times100=1\,300（万元）$$

其次,将用该原材料所生产的产成品的可变现净值与其成本进行比较。Y3型机器的可变现净值为1 300万元,小于其成本1 400万元,即C材料价格的下降表明Y3型机器的可变现净值低于成本,因此C材料应当按可变现净值计量。

最后,计算该原材料的可变现净值。

C材料的可变现净值＝Y3型机器的售价总额－将C材料加工成Y3型机器尚需投入的成本－估计销售费用－估计相关税费
$$=13.5\times100-8\times100-0.5\times100=500（万元）$$

C材料的可变现净值500万元小于其成本600万元,因此C材料的期末价值应为其可变现净值500万元,即C材料应按500万元列示在2018年12月31日的资产负债表的存货项目之中。

4. 存货跌价准备的计提方法

企业应当定期对存货进行全面检查,如果由于存货毁损、全部或部分陈旧过时或销售价格低于成本等原因,使存货可变现净值低于其成本,应按可变现净值低于成本的部分,计提存货跌价准备。

(1)存货减值的判断依据

企业在对存货进行定期检查时,如果存在下列情况之一,**应当考虑计提存货跌价准备。**

① 该存货的市场价格持续下跌,并且在可预见的未来无回升的希望。

② 企业生产的产品的成本高于产品的销售价格。

③ 企业因产品更新换代，原有库存原材料已不适应新产品的需要，而该原材料的市场价格又低于其账面成本。

④ 因企业所提供的商品或劳务过时或消费者偏好改变而使市场的需求发生变化，导致市场价格逐渐下跌。

⑤ 其他足以证明该项存货实质上已经发生减值的情形。

（2）存货跌价准备的计提和转回

企业通常应当按照单个存货项目计提存货跌价准备，即应当将每一存货项目的成本与可变现净值分别进行比较，按每一存货项目可变现净值低于成本的差额作为计提该存货项目跌价准备的依据。但在某些特殊情况下，也可以合并计提存货跌价准备。此外，对于数量繁多、单价较低的存货，也可以按存货类别计提存货跌价准备。

资产负债表日，企业计提存货跌价准备时，首先应确定本期存货的减值金额，即本期存货可变现净值低于成本的差额；然后将本期存货的减值金额与"存货跌价准备"科目原有的余额进行比较（同坏账准备），按下列公式计算确定本期应计提的存货跌价准备金额：

某期应计提的存货跌价准备＝当期可变现净值低于成本的差额－
"存货跌价准备"科目原有余额

根据上述公式，如果计提存货跌价准备前，"存货跌价准备"科目无余额，则应按本期可变现净值低于成本的差额计提存货跌价准备；如果本期存货可变现净值低于成本的差额大于"存货跌价准备"科目原有的贷方余额，则应按二者之差补提存货跌价准备；如果本期存货可变现净值低于成本的差额与"存货跌价准备"科目原有的贷方余额相等，则不需要计提存货跌价准备；如果本期存货可变现净值低于成本的差额小于"存货跌价准备"科目原有的贷方余额，表明以前引起存货减值的影响因素已经部分消失，存货的价值又得以部分恢复，则企业应当相应地恢复存货的账面价值，即按二者之差冲减已计提的存货跌价准备；如果本期存货可变现净值高于成本，表明以前引起存货减值的影响因素已经完全消失，存货的价值全部得以恢复，企业应将存货的账面价值恢复至账面成本，即应将已计提的存货跌价准备全部转回。

【例 4－28】 天宇公司 2019 年 12 月 31 日 Y4 型机器的账面成本为 500 万元，但由于 Y4 型机器的市场价格下跌，预计可变现净值为 400 万元，由此计提存货跌价准备 100 万元。

假定：

① 2020 年 6 月 30 日，Y4 型机器的账面成本仍为 500 万元，但由于 Y4 型机器市场价格有所上升，使得 Y4 型机器的预计可变现净值变为 475 万元。

② 2020 年 12 月 31 日，Y4 型机器的账面成本仍为 500 万元，由于 Y4 型机器的市场价格进一步上升，预计 Y4 型机器的可变现净值为 555 万元。

本例中：

① 2020 年 6 月 30 日，由于 Y4 型机器市场价格上升，Y4 型机器的可变现净值有所恢复，应计提的存货跌价准备为 25 万元（500－475），则当期应冲减已计提的存货跌价准备为 75 万元（100－25）且小于已计提的存货跌价准备（100 万元），因此应转回的存货跌价准备为 75 万元。会计分录为

借：存货跌价准备　　　　　　　　　　　　　　　　　　　　　　　　750 000
　　贷：资产减值损失——存货减值损失　　　　　　　　　　　　　　　　750 000

② 2020年12月31日，Y4型机器的可变现净值又有所恢复，应冲减存货跌价准备55万元（500－555），但是对Y4型机器已计提的存货跌价准备的余额为25万元，因此当期应转回的存货跌价准备为25万元而不是55万元（即以对Y4型机器已计提的"存货跌价准备"余额冲减至零为限）。会计分录为

借：存货跌价准备　　　　　　　　　　　　　　　　　　　　　　　　250 000
　　贷：资产减值损失——存货减值损失　　　　　　　　　　　　　　　　250 000

（3）存货跌价准备的结转

已经计提了跌价准备的存货，在生产经营领用、销售或其他原因转出时，应当根据不同情况，对已计提的存货跌价准备进行适当的会计处理。

① 生产经营领用的存货，领用时一般可不结转相应的存货跌价准备，待期末计提存货跌价准备时一并调整。如需要同时结转已计提的存货跌价准备，应

借：存货跌价准备
　　贷：生产成本

② 因销售等原因转出的存货，在结转销售成本的同时应结转相应的存货跌价准备。

借：存货跌价准备
　　贷：主营业务成本/其他业务成本

③ 可变现净值为零的存货，应当将其账面余额全部转销，同时转销相应的存货跌价准备。当存货存在以下情况之一时，表明存货的可变现净值为零：已霉烂变质的存货；已过期且无转让价值的存货；生产中已不再需要，并且已无使用价值和转让价值的存货；其他足以证明已无使用价值和转让价值的存货。

借：管理费用
　　　存货跌价准备
　　贷：库存商品/原材料

如果存货是按类别计提跌价准备的，在销售及债务重组等转出存货时，应按比例同时结转相应的存货跌价准备。

本章重点

存货及其分类；存货的初始计价；存货成本流转假设、发出存货的计价方法、发出存货的会计处理；计划成本法和存货估价法；存货的期末计价；存货清查。

本章难点

存货初始成本的确定；存货按实际成本、计划成本的核算；发出存货的计价方法；存货的期末计价。

关键术语

存货　原材料　库存商品　在途物资　委托加工物资　先进先出法　加权平均法　个别计价法　材料成本差异　包装物　低值易耗品　可变现净值　存货跌价准备

思 考 题

1. 什么是存货？存货有何特征？存货如何分类？
2. 存货的确认应具备哪些条件？
3. 如何确定外购存货的采购成本？
4. 发出存货计价方法对企业的财务状况和经营成果有何影响？
5. 发出存货的计价方法有哪些？适用性如何？各有何优缺点？
6. 生产经营领用原材料与在建工程领用原材料的会计处理有何区别？
7. 领用原材料与领用周转材料的会计处理有何区别？
8. 什么是计划成本法？它有哪些主要优点？
9. 材料成本差异率是怎样计算的？如何计算发出存货成本应分配的差异？
10. 什么是存货的可变现净值？确定可变现净值应考虑哪些主要因素？材料存货的期末计量有何特点？
11. 何为存货的成本与可变现净值孰低法？怎样进行会计处理？

练 习 题

一、单项选择题

1. 企业在材料清查盘点中盘盈的原材料，在报经批准后应该（　　）。
   A. 作为其他业务收入处理　　　B. 作为营业外收入处理
   C. 冲减管理费用　　　　　　　D. 冲减其他业务支出
2. 工业企业出租包装物的租金应当（　　）。
   A. 计入主营业务收入　　　　　B. 计入其他业务收入
   C. 计入营业外收入　　　　　　D. 冲减管理费用
3. 存货期末计价采用成本与可变现净值孰低法，体现财务会计信息的（　　）质量要求。
   A. 谨慎性　　　B. 重要性　　　C. 可靠性　　　D. 相关性
4. 确定企业存货范围的基本原则是（　　）。
   A. 存放地点　　　B. 交货时间　　　C. 交货地点　　　D. 存货上的产权
5. 在物价持续上涨的情况下，用先进先出法对存货计价，将使（　　）。
   A. 期末存货高于加权平均法下的存货金额，当期利润增加
   B. 期末存货低于加权平均法下的存货金额，当期利润减少
   C. 期末存货高于加权平均法下的存货金额，当期利润减少
   D. 期末存货低于加权平均法下的存货金额，当期利润增加

二、多项选择题

1. 下列物资中属于存货的有（　　）。
   A. 原材料　　　　　B. 工程物资　　　　C. 在产品　　　　D. 产成品
   E. 约定购入的商品

2. 下列各个项目中，应计入存货采购成本的有（　　）。
   A. 购入存货运输过程中的费用　　　　B. 采购存货的买价
   C. 购入存货的增值税（一般纳税人）　　D. 存货入库前的整理挑选费用
   E. 存货入库后的仓储费用

3. "材料成本差异"账户贷方可以用来登记（　　）。
   A. 购进材料实际成本小于计划成本的差额　B. 发出材料应负担的超支差额
   C. 发出材料应负担的节约差额　　　　　D. 购进材料实际成本大于计划成本的差额
   E. 库存材料实际成本高于计划成本的差额

4. 委托加工收回后用于连续生产的材料，其实际成本包括（　　）。
   A. 加工过程中耗用的材料（半成品）成本　B. 加工费
   C. 往返运杂费　　　　　　　　　　　D. 支付给受托方的增值税
   E. 支付给受托方的消费税

5. 企业出租、出借包装物时，采用的摊销方法有（　　）。
   A. 一次摊销法　　　B. 分次摊销法　　　C. 五五摊销法　　　D. 直线摊销法
   E. 净值摊销法

三、计算题

1. 天宇公司某年7月份发生下列经济业务。

   ① 1日，赊购A材料一批，共计200件，价值20 000元，增值税税款为2 600元，发票已到，材料尚未运到。

   ② 5日，仓库转来收料单，本月1日赊购的A材料已验收入库。该批材料的计划成本为每件110元。

   ③ 11日，生产车间领用A材料230件，用于直接生产。

   ④ 15日，与甲公司签订购货合同，购买A材料400件，每件125元，根据合同规定，先预付货款50 000元的40%，其余货款在材料验收入库后支付。

   ⑤ 16日，购入B材料一批，材料已运到并验收入库，月末尚未收到发票等结算凭证。该材料的同期市场价格为12 000元。

   ⑥ 25日，收到15日购买的A材料并验收入库，以银行存款支付其余货款。

   ⑦ 月初，A材料账面结存50件，"材料成本差异"科目贷方余额1 855元。

   要求：根据上述材料编制相关会计分录。

2. 天宇公司为增值税一般纳税人，适用税率为13%。有关存货资料如下。

   ① A材料账面成本为80 000元，2019年12月31日由于市场价格下跌，预计可变现净值为70 000元；2020年6月30日，由于市场价格上升，预计可变现净值为95 000元。2020年6月购入B材料，账面成本为100 000元。6月30日，由于市场价格下跌，预计可变现净值为95 000元。天宇公司按单项计提存货跌价准备。

   ② 2020年6月30日对存货进行盘点，发现甲商品盘亏10件，每件账面成本为150元；

盘盈乙商品 2 件，每件账面成本为 50 元。均无法查明原因，经批准对盘盈及盘亏商品进行了处理。

③ 2020 年 7 月 24 日，委托 N 企业加工原材料一批，发出材料成本为 7 000 元。

④ 2020 年 8 月 6 日，收回由 N 企业加工的原材料，支付加工费 1 100 元（不含增值税），并由 N 企业代扣代缴消费税，税率为 10%。天宇公司收回的原材料用于继续生产应税消费品，双方增值税税率均为 13%。

要求：根据上述资料编制相关会计分录。

第5章

金融资产与长期股权投资

> 【学习目标】
> 通过本章的学习，要求学生：了解并掌握交易性金融资产的会计处理、债权投资的会计处理、其他权益工具投资与其他债权投资的会计处理、长期股权投资的初始计量、长期股权投资的后续计量原则、长期股权投资的成本法与权益法、长期股权投资的减值和处理。

5.1 交易性金融资产

1. 交易性金融资产的含义

交易性金融资产是指企业为近期内出售而持有、在活跃市场上有公开报价、公允价值能够可靠计量的金融资产。

金融资产满足下列条件之一的，应当划分为交易性金融资产。

① 取得该金融资产的目的是近期内出售或回购，比如企业以赚取差价为目的从二级市场购入的股票、债券、基金等。

② 属于进行集中管理的可辨认金融工具组合的一部分，且有客观证据表明企业近期采用短期获利方式对该组合进行管理，比如企业基于其投资策略和风险管理的需要，将某些金融资产进行组合从事短期获利活动。

③ 属于衍生工具，比如国债期货、远期合同、股指期货等。但是，被指定且为有效套期工具的衍生工具、属于财务担保合同的衍生工具、与在活跃市场中没有报价且其公允价值不能可靠计量的权益工具投资挂钩并须通过交付该权益工具结算的衍生工具除外。

2. 交易性金融资产的初始计量

企业应设置"交易性金融资产"科目核算企业为交易性目的所持有的债券投资、股票投资、基金投资等交易性金融资产的公允价值。该科目应当按照交易性金融资产的类别和品种，分"成本""公允价值变动"科目进行明细核算。

企业持有的直接指定为以公允价值计量且其变动计入当期损益的金融资产，也在该科目核算。

交易性金融资产应以取得时的公允价值进行初始计量,取得时发生的相关交易费用直接计入当期损益,取得交易性金融资产所支付的价款中所包含的已宣告未发放的现金股利或已到期未支付的债券利息应确认为应收项目,不计入交易性金融资产的初始入账金额。企业取得交易性金融资产时,按其公允价值,借记"交易性金融资产——成本",按发生的交易费用,借记"投资收益"科目,按已到付息期但尚未领取的利息或已宣告但尚未发放的现金股利,借记"应收利息"或"应收股利"科目,按实际支付的金额,贷记"银行存款"等科目。

3. 交易性金融资产持有期间收益的确认

交易性金融资产持有期间被投资单位宣告发放的现金股利,或在资产负债表日按分期付息、一次还本债券投资的票面利率计算的利息,借记"应收股利"或"应收利息"科目,贷记"投资收益"科目。

4. 交易性金融资产的期末计量

资产负债表日,交易性金融资产应按公允价值计价,公允价值与账面价值的差额计入当期损益。交易性金融资产的公允价值高于其账面价值的差额,借记"交易性金融资产——公允价值变动",贷记"公允价值变动损益"科目;公允价值低于其账面余额的差额作相反的会计分录。

5. 交易性金融资产的处置

处置交易性金融资产时,应将处置收入与所处置资产账面价值的差额计入投资收益,同时还应将该交易性金融资产在持有期间已确认的累计公允价值变动净损益转入到处置当期的投资收益。即按实际收到的金额,借记"银行存款"等科目,贷记"交易性金融资产——成本",贷记或借记"交易性金融资产——公允价值变动",按其差额,贷记或借记"投资收益"科目。同时,将原计入该金融资产的公允价值变动转出,借记或贷记"公允价值变动损益"科目,贷记或借记"投资收益"科目。

【例 5-1】 天宇公司某年 4 月 1 日从证券市场以银行存款购入 B 上市公司(以下简称 B 公司)的股票 80 000 股,每股买入价为 18 元,其中 0.5 元为已宣告但尚未分派的现金股利。另支付相关税费 7 200 元。天宇公司取得该项金融资产近期内如有收益准备出售,将其划分为交易性金融资产。该年 4 月 18 日,天宇公司收到 B 公司分派的现金股利。该年 6 月 30 日,B 公司股票的每股市价下跌至 16 元。该年 8 月 3 日,天宇公司出售持有的 B 公司股票 60 000 股,实得价款 1 040 000 元。该年 10 月 15 日,B 公司宣告分派现金股利,每股派发 0.1 元。该年 10 月 30 日,天宇公司收到派发的现金股利。该年 12 月 31 日,B 公司的股票市价为 17 元。假定天宇公司每年 6 月 30 日和 12 月 31 日对外提供财务报告。要求:编制天宇公司上述业务的会计分录。

天宇公司有关上述业务的会计处理如下。

① 购入 B 公司股票:

借:交易性金融资产——成本	1 400 000
应收股利	40 000
投资收益	7 200
贷:其他货币资金——存出投资款	1 447 200

② 收到现金股利：
　　借：银行存款　　　　　　　　　　　　　　　　　　　40 000
　　　　贷：应收股利　　　　　　　　　　　　　　　　　　　40 000
③ B 公司股票跌价：
　　借：公允价值变动损益　　　　　　　　　　　　　　　120 000
　　　　贷：交易性金融资产——公允价值变动　　　　　　　120 000
④ 出售 60 000 股 B 公司股票：
　　借：银行存款　　　　　　　　　　　　　　　　　　1 040 000
　　　　交易性金融资产——公允价值变动　　　　　　　　90 000
　　　　投资收益　　　　　　　　　　　　　　　　　　　10 000
　　　　贷：交易性金融资产——成本　　　　　　　　　1 050 000
　　　　　　公允价值变动损益　　　　　　　　　　　　　90 000
⑤ B 公司宣告现金股利：
　　借：应收股利　　　　　　　　　　　　　　　　　　　 2 000
　　　　贷：投资收益　　　　　　　　　　　　　　　　　　 2 000
⑥ 收回股利：
　　借：银行存款　　　　　　　　　　　　　　　　　　　 2 000
　　　　贷：应收股利　　　　　　　　　　　　　　　　　　 2 000
⑦ B 公司股票公允价值变动：
　　借：交易性金融资产——公允价值变动　　　　　　　　20 000
　　　　贷：公允价值变动损益　　　　　　　　　　　　　　20 000
至年底

　　交易性金融资产（成本）＝1 400 000－1 050 000＝350 000（元）
　　交易性金融资产（公允价值变动）＝－120 000＋90 000＋20 000＝－10 000（元）
合计，账面价值 20 000 股 340 000 元。

5.2　债权投资

1. 债权投资的含义

债权投资，是指到期日固定、回收金额固定或可确定，且企业有明确意图和能力持有至到期的非衍生金融资产。通常情况下，能够划分为债权投资的金融资产，主要是债权性投资，比如从二级市场上购入的固定利率国债、浮动利率金融债券等。股权投资因其没有固定的到期日，因而不能划分为持有至到期投资。债权投资通常具有长期性质，但期限较短（1年以内）的债券投资，符合债权投资条件的，也可将其划分为债权投资。

企业不能将下列非衍生金融资产划分为债权投资：在初始确认时即被指定为以公允价值计量且其变动计入当期损益的非衍生金融资产；在初始确认时被指定为可供出售的非衍生金

融资产;符合贷款和应收款项定义的非衍生金融资产。

企业在将金融资产划分为债权投资时,应当注意把握其特征。

(1) 该金融资产到期日固定、回收金额固定或可确定

"到期日固定、回收金额固定或可确定"是指相关合同明确了投资者在确定的期间内获得或应收现金流量(如投资利息和本金等)的金额和时间。因此,从投资者角度看,如果不考虑其他条件,在将某项投资划分为债权投资时可以不考虑可能存在的发行方重大支付风险。

(2) 企业有明确意图将该金融资产持有至到期

"有明确意图持有至到期"是指投资者在取得投资时意图就是明确的。除非遇到一些企业所不能控制、预期不会重复发生且难以合理预计的独立事项,否则将持有至到期。

存在下列情况之一的,表明企业没有明确意图将金融资产投资持有至到期。

① 持有该金融资产的期限不确定。

② 发生市场利率变化、流动性需要变化、替代投资机会及投资收益率变化、融资来源和条件变化、外汇风险变化等情况时,将出售该金融资产。但是,无法控制、预期不会重复发生且难以合理预计的独立事项引起的金融资产出售除外。

③ 该金融资产的发行方可以按照明显低于其摊余成本的金额清偿。

④ 其他表明企业没有明确意图将该金融资产持有至到期的情况。

(3) 企业有能力将该金融资产持有至到期

"有能力持有至到期"是指企业有足够的财务资源,并不受外部因素影响将投资持有至到期。

存在下列情况之一的,表明企业没有能力将具有固定期限的金融资产投资持有至到期。

① 没有可利用的财务资源持续地为该金融资产投资提供资金支持,以使该金融资产投资持有至到期。

② 受法律、行政法规的限制,使企业难以将该金融资产投资持有至到期。

③ 其他表明企业没有能力将具有固定期限的金融资产投资持有至到期的情况。

企业应当于每个资产负债表日对债权投资的意图和能力进行评价。发生变化的,应当将其重分类为其他权益工具投资和其他债权投资进行处理。

企业将某金融资产划分为债权投资后,可能会发生到期前将该金融资产予以处置或重分类的情况。这种情况的发生,通常表明企业违背了将投资持有至到期的最初意图。

企业将尚未到期的某项债权投资在本会计年度内出售或重分类为其他权益工具投资和其他债权投资的金额,相对于该类投资(即企业全部债权投资)在出售或重分类前的总额较大时,则企业在处置或重分类后应立即将剩余的债权投资(即全部债权投资扣除已处置或重分类的部分)重分类为其他权益工具投资和其他债权投资,且在本会计年度及以后两个完整的会计年度内不得再将该金融资产划分为债权投资。但是,下列情况除外。

① 出售日或重分类日距离该项投资到期日或赎回日较近(如到期前三个月内),市场利率变化对该项投资的公允价值没有显著影响。

② 根据合同约定的定期偿付或提前还款方式收回该投资的几乎所有初始本金后,将剩余部分予以出售或重分类。

③ 出售或重分类是由于企业无法控制、预期不会重复发生且难以合理预计的独立事项

所引起。此种情况主要包括：
- 因被投资单位信用状况严重恶化，将债权投资予以出售；
- 因相关税收法规取消了债权投资的利息税前可抵扣政策或显著减少了税前可抵扣金额，将债权投资予以出售；
- 因发生重大企业合并或重大处置，为保持现行利率风险头寸或维持现行信用风险政策，将债权投资予以出售；
- 因法律、行政法规对允许投资的范围或特定投资品种的投资限额做出重大调整，将债权投资予以出售；
- 因监管部门要求大幅度提高资产流动性或大幅度提高债权投资在计算资本充足率时的风险权重，将债权投资予以出售。

2. 债权投资的初始计量

债权投资初始确认时，应当按照公允价值和相关交易费用之和作为初始入账金额。实际支付的价款中包括的已到付息期但尚未领取的债券利息，应单独确认为应收项目。

债权投资初始确认时，应当计算确定其实际利率，并在该债权投资预期存续期间或适用的更短期间内保持不变。

实际利率，是指将金融资产或金融负债在预期存续期间或适用的更短期间内的未来现金流量，折现为该金融资产或金融负债当前账面价值所使用的利率。企业在确定实际利率时，应当在考虑金融资产或金融负债所有合同条款（包括提前还款权、看涨期权、类似期权等）的基础上预计未来现金流量，但不应考虑未来信用损失。

金融资产合同各方之间支付或收取的、属于实际利率组成部分的各项收费、交易费用及溢价或折价等，应当在确定实际利率时予以考虑。金融资产的未来现金流量或存续期间无法可靠预计时，应当采用该金融资产在整个合同期内的合同现金流量。

3. 债权投资的后续计量

企业应当采用实际利率法，按摊余成本对债权投资进行后续计量。其中，实际利率法，是指按照金融资产或金融负债（含一组金融资产或金融负债）的实际利率计算其摊余成本及各期利息收入或利息费用的方法。摊余成本，是指该金融资产的初始确认金额经下列调整后的结果：扣除已偿还的本金；加上或减去采用实际利率法将该初始确认金额与到期日金额之间的差额进行摊销形成的累计摊销额；扣除已发生的减值损失。

企业应在债权投资持有期间，采用实际利率法，按照摊余成本和实际利率计算确认利息收入，计入投资收益。实际利率应当在取得债权投资时确定，实际利率与票面利率差别较小的，也可按票面利率计算利息收入，计入投资收益。

处置债权投资时，应将所取得价款与债权投资账面价值之间的差额，计入当期损益。

4. 债权投资的会计处理

企业应设置"债权投资"账户，核算企业债权投资的摊余成本。该账户可按债权投资的类别和品种，按"成本""利息调整""应计利息"等进行明细核算。

① 企业取得的债权投资，应按该投资的面值，借记"债权投资——成本"账户，按支付的价款中包含的已到付息期但尚未领取的利息，借记"应收利息"账户，按实际支付的金额，贷记"银行存款"等账户，按其差额借记或贷记"债权投资——利息调整"账户。

② 资产负债表日，计算确认债权投资的收益并分摊利息调整。按票面利率计算确认的

应收未收利息,借记"应收利息"账户(分期付息、到期还本债券投资)或者"债权投资——应计利息"账户(到期一次还本付息债券投资),按债权投资摊余成本和实际利率计算确定的利息收入,贷记"投资收益"账户,按其差额借记或贷记"债权投资——利息调整"账户。

③ 将债权投资重分类为其他债权投资的,应在重分类日按其公允价值,借记"其他债权投资"账户,按其账面余额,贷记"债权投资——成本、利息调整、应计利息"账户,按其差额,贷记或借记"资本公积——其他资本公积"账户。已计提减值准备的,还应同时结转减值准备。

④ 出售债权投资时,应按实际收到的金额,借记"银行存款"等账户,按其账面余额,贷记"债权投资——成本、利息调整、应计利息"账户,按其差额,贷记或借记"投资收益"账户。已计提减值准备的,还应同时结转减值准备。

【例 5-2】 天宇公司 2016 年 1 月 1 日从活跃市场上购入乙公司当日发行的面值为 500 000元、期限 5 年、票面利率为 6%、每年 12 月 31 日付息、到期还本的债券作为债权投资,实际支付的购买价款(包括交易费用)为 528 000 元。

购买债券时的账务处理为

借:债权投资——乙公司债券(成本)   500 000

      ——乙公司债券(利息调整)   28 000

  贷:银行存款   528 000

该债券在持有期间采用实际利率法确认利息收入并确定摊余成本的会计处理如下。

① 计算实际利率。由于乙公司债券的初始确认金额高于其面值,因此该项债权投资的实际利率一定低于票面利率,先按 5% 作为折现率进行测算。查年金现值系数表和复利现值系数表可知,5 期、5% 的年金现值系数和复利现值系数分别为 4.329 476 67 和 0.783 526 17。乙公司债券的利息和本金按 5% 作为折现率计算的现值如下。

债券年利息额=500 000×6%=30 000(元)

利息和本金的现值=30 000×4.329 476 67+500 000×0.783 526 17=521 647(元)

上式计算结果小于乙公司债券的初始确认金额,说明实际利率小于 5%,再按 4% 作为折现率进行测算。查年金现值系数表和复利现值系数表可知,5 期、4% 的年金现值系数和复利现值系数分别为 4.451 822 33 和 0.821 927 11。乙公司债券的利息和本金按 4% 作为折现率计算的现值如下。

利息和本金的现值=30 000×4.451 822 33+500 000×0.821 927 11=544 518(元)

上式计算结果大于乙公司债券的初始确认金额,说明实际利率大于 4%。因此,实际利率介于 4% 和 5% 之间,使用插值法估算实际利率如下。

实际利率=4%+(5%-4%)×(544 518-528 000)/(544 518-521 647)=4.72%

② 采用实际利率法编制利息收入与摊余成本计算表。

天宇公司采用实际利率法编制的利息收入与摊余成本计算如表 5-1 所示。

表 5-1 利息收入与摊余成本计算表
(实际利率法)

日期	应收利息/元	实际利率/%	利息收入/元	利息调整摊销/元	摊余成本/元
2016 年 1 月 1 日					528 000
2016 年 12 月 31 日	30 000	4.72	24 922	5 078	522 922
2017 年 12 月 31 日	30 000	4.72	24 682	5 318	517 604
2018 年 12 月 31 日	30 000	4.72	24 431	5 569	512 035
2019 年 12 月 31 日	30 000	4.72	24 168	5 832	506 203
2020 年 12 月 31 日	30 000	4.72	23 797	6 203	500 000
合　计	150 000	—	122 000	28 000	

③ 编制各年确认利息收入和摊销利息调整的会计分录。

2016 年 12 月 31 日：

借：应收利息　　　　　　　　　　　　　　　　　　　　　　30 000
　　贷：投资收益　　　　　　　　　　　　　　　　　　　　24 922
　　　　债权投资——乙公司债券（利息调整）　　　　　　　 5 078

2017 年 12 月 31 日：

借：应收利息　　　　　　　　　　　　　　　　　　　　　　30 000
　　贷：投资收益　　　　　　　　　　　　　　　　　　　　24 682
　　　　债权投资——乙公司债券（利息调整）　　　　　　　 5 318

2018 年 12 月 31 日：

借：应收利息　　　　　　　　　　　　　　　　　　　　　　30 000
　　贷：投资收益　　　　　　　　　　　　　　　　　　　　24 431
　　　　债权投资——乙公司债券（利息调整）　　　　　　　 5 569

2019 年 12 月 31 日：

借：应收利息　　　　　　　　　　　　　　　　　　　　　　30 000
　　贷：投资收益　　　　　　　　　　　　　　　　　　　　24 168
　　　　债权投资——乙公司债券（利息调整）　　　　　　　 5 832

2020 年 12 月 31 日：

借：应收利息　　　　　　　　　　　　　　　　　　　　　　30 000
　　贷：投资收益　　　　　　　　　　　　　　　　　　　　23 797
　　　　债权投资——乙公司债券（利息调整）　　　　　　　 6 203

债券到期，收回债券本金和最后一期利息。

借：银行存款　　　　　　　　　　　　　　　　　　　　　　530 000
　　贷：债权投资——乙公司债券（成本）　　　　　　　　 500 000
　　　　应收利息　　　　　　　　　　　　　　　　　　　　30 000

【例 5-3】　天宇公司某年 3 月，由于贷款基准利率的变动和其他市场因素的影响，持有的、原划分为债权投资的某公司债券价格持续下跌。为此，天宇公司于 4 月 1 日对外出售该持有至到期债券投资的 10%，收取价款 1 200 000 元（所出售债券的公允价值）。假定 4

月 1 日该债券出售前的账面余额（成本）为 10 000 000 元，不考虑债券出售等其他相关因素的影响，则天宇公司相关的账务处理如下。

  借：银行存款   1 200 000
    贷：债权投资——成本   1 000 000
      投资收益   200 000
  借：其他债权投资——成本（12 000 000×90％＝10 800 000） 10 800 000
    贷：债权投资——成本   9 000 000
      资本公积——其他资本公积   1 800 000

假定 4 月 23 日，天宇公司将该债券全部出售，收取价款 11 800 000 元，则天宇公司相关账务处理如下。

  借：银行存款   11 800 000
    贷：其他债权投资——成本   10 800 000
      投资收益   1 000 000
  借：资本公积——其他资本公积   1 800 000
    贷：投资收益   1 800 000

5. 债权投资的减值

  企业应当在资产负债表日对债权投资的账面价值进行检查，有客观证据表明该金融资产发生减值的，应当计提减值准备。

  债权投资发生减值时，应当将该债权投资的账面价值减记至预计未来现金流量的现值，减记的金额确认为资产减值损失，计入当期损益，借记"资产减值损失"科目，贷记"债权投资减值准备"科目。

  预计未来现金流量现值，应按照该债权投资初始确定的实际利率折现计算。

  债权投资确认减值损失后，如有客观证据表明该金融资产价值得以恢复，且客观上与确认该损失后发生的事项有关，原确认的减值损失应当予以转回，计入当期损益。但是，该转回后的账面价值不应超过假定不计提减值准备情况下该债权投资在转回日的摊余成本。

5.3 其他权益工具投资与其他债权投资

1. 其他权益工具投资与其他债权投资的含义

  其他权益工具投资与其他债权投资，是指初始确认时即被指定为可供出售的非衍生金融资产，以及除下列各类资产以外的金融资产：以摊余成本计量的金融资产；以公允价值计量且其变动计入当期损益的金融资产。对于活跃市场上有报价的金融资产，既可能划分为以公允价值计量且变动计入当期损益的金融资产，也可能划分为其他权益工具投资与其他债权投资；如果该金融资产属于有固定到期日、回收金额固定或可确定的金融资产，则该金融资产还可能划分为债权投资。某项金融资产具体应分为哪一类，主要取决于企业管理层的风险管理、投资决策等因素。金融资产的分类应是管理层意图的真实表达。

2. 其他权益工具投资与其他债权投资的会计处理

其他权益工具投资与其他债权投资的会计处理，与以公允价值计量且其变动计入当期损益的金融资产的会计处理有类似之处，但也有不同。具体而言，初始确认时，都应该按公允价值计量，但对于其他权益工具投资与其他债权投资，相关交易费用应计入初始入账金额；资产负债表日，都应按公允价值计量，但对其他权益工具投资与其他债权投资，公允价值变动不计入当期损益，而通常计入所有者权益。

企业在对其他权益工具投资与其他债权投资进行会计处理时应当注意以下问题。

① 企业取得其他权益工具投资与其他债权投资支付的价款中包含的已到付息期但尚未领取的债券利息或已宣告但尚未发放的现金股利，应单独确认为应收项目。

② 其他权益工具投资与其他债权投资持有期间取得的利息或现金股利，应当记入"投资收益"账户。资产负债表日，其他权益工具投资与其他债权投资应当以公允价值计量，且公允价值变动记入"其他综合收益——公允价值变动"账户。

③ 处置其他权益工具投资与其他债权投资时，应将取得的价款与该金融资产账面价值之间的差额，计入投资损益；同时，将原记入"其他综合收益——公允价值变动"账户的公允价值变动累计额对应处置部分的金额转出，记入投资损益。

【例 5-4】 天宇公司于某年 7 月 13 日从二级市场购入股票 1 000 000 股，每股市价 5 元，手续费 30 000 元；初始确认时，该股票划分为其他权益工具投资。至当年 12 月 31 日公司仍持有该股票，该股票当时的市价为 6 元。下年 2 月 1 日，天宇公司将该股票售出，售价为每股 13 元，另支付交易费用 30 000 元。假定不考虑其他因素，天宇公司的账务处理如下。

① 该年 7 月 13 日，购入股票：

借：其他权益工具投资——成本　　　　　　　　　　　　　　5 030 000
　　贷：银行存款　　　　　　　　　　　　　　　　　　　　　　5 030 000

② 该年 12 月 31 日，确认股票价格变动：

借：其他权益工具投资——公允价值变动　　　　　　　　　　　970 000
　　贷：其他综合收益——公允价值变动　　　　　　　　　　　　970 000

③ 下年 2 月 1 日，出售股票：

借：银行存款　　　　　　　　　　　　　　　　　　　　　　12 970 000
　　其他综合收益——公允价值变动　　　　　　　　　　　　　970 000
　　贷：其他权益工具投资——成本　　　　　　　　　　　　　5 030 000
　　　　　　　　　　　　——公允价值变动　　　　　　　　　　970 000
　　　　投资收益　　　　　　　　　　　　　　　　　　　　　7 940 000

【例 5-5】 天宇 2018 年 1 月 1 日支付价款 1 028.244 万元购入某公司发行的 3 年期公司债券，该公司债券的票面总金额为 1 000 万元，票面利率为 4%，实际利率为 3%，利息每年末支付，本金到期支付。天宇公司将该公司债券划分为其他债权投资。2018 年 12 月 31 日，该债券的市场价格为 1 000.094 万元。假定无交易费用和其他因素的影响，天宇公司的账务处理如下。

① 2018年1月1日，购入债券：
借：其他债权投资——成本　　　　　　　　　　　　　　　　　　　10 000 000
　　　　　　　　——利息调整　　　　　　　　　　　　　　　　　　　282 440
　　贷：银行存款　　　　　　　　　　　　　　　　　　　　　　　　10 282 440
② 2018年12月31日，收到债券利息、确认公允价值变动：
$$实际利息 = 1\,028.244 \times 3\% = 30.84732 \approx 30.85（万元）$$
$$年末摊余成本 = 1\,028.244 + 30.85 - 40 = 1\,019.094（万元）$$
借：应收利息　　　　　　　　　　　　　　　　　　　　　　　　　　400 000
　　贷：投资收益　　　　　　　　　　　　　　　　　　　　　　　　308 500
　　　　其他债权投资——利息调整　　　　　　　　　　　　　　　　　91 500
借：银行存款　　　　　　　　　　　　　　　　　　　　　　　　　　400 000
　　贷：应收利息　　　　　　　　　　　　　　　　　　　　　　　　400 000
借：其他综合收益——公允价值变动　　　　　　　　　　　　　　　　190 000
　　贷：其他债权投资——公允价值变动　　　　　　　　　　　　　　190 000

3. 其他权益工具投资与其他债权投资减值

其他权益工具投资与其他债权投资应采用公允价值进行后续计量，因公允价值的变动所形成的利得或损失，除减值损失和外币货币性金融资产形成的汇兑损益外，应直接计入所有者权益。其他权益工具投资与其他债权投资发生减值时，即使该金融资产没有终止确认，原直接计入所有者权益的因公允价值下降所形成的累计损失，应当予以转出，计入当期损益。该转出的累计损失，为其他权益工具投资与其他债权投资的初始取得成本扣除已收回本金和已摊销金额、当前公允价值和原已计入损益的减值损失后的余额。

对于已确认减值损失的可供出售债务工具，在后续会计期间公允价值上升且客观上与原减值损失确认后发生的事项有关的，原确认的减值损失应当予以转回，借记"其他权益工具投资——减值准备或其他债权投资——减值准备"科目，贷记"资产减值损失"。但是，可供出售的权益工具投资发生的减值损失，借记"其他权益工具投资——减值准备"科目，贷记"其他综合收益"科目。

5.4　长期股权投资

1. 长期股权投资按对被投资企业影响程度的分类

企业的长期股权投资根据对被投资企业产生的影响程度划分为三种类型。
① 企业持有的能够对被投资单位实施控制的权益性投资，即对子公司投资。
② 企业持有的能够与其他合营方一同对被投资单位实施共同控制的权益性投资，即对合营企业投资。
③ 企业持有的能够对被投资单位施加重大影响的权益性投资，即对联营企业投资。

2. 长期股权投资的取得

企业长期股权投资的取得，可以分为两大类：一类是企业合并取得的；另一类是非企业合并取得的。企业合并取得的长期股权投资，又分为：同一控制下企业合并取得的长期股权投资和非同一控制下企业合并取得的长期股权投资。不同方式取得的长期股权投资，会计处理方法有所不同。

1）企业合并取得的长期股权投资

（1）同一控制下企业合并取得的长期股权投资

同一控制下的企业合并，是指参与合并的企业在合并前后均受同一方或相同的多方最终控制，且该控制并非暂时性的。例如，A 公司为 B 公司和 C 公司的母公司，A 公司将其持有 C 公司 60% 的股权转让给 B 公司。转让股权后，B 公司持有 C 公司 60% 的股权，但 B 公司和 C 公司仍由 A 公司所控制。

同一控制下的企业合并，在合并日取得对其他参与合并企业控制权的一方为合并方，参与合并的其他企业为被合并方。合并方实际取得对被合并方控制权的日期称为合并日。

同一控制下的企业合并，合并双方的合并行为不完全是自愿进行和完成的，这种企业合并一般不属于交易行为，而是参与合并各方资产和负债的重新组合，因此合并方可以按照被合并方的账面价值进行初始计量。

① 合并方以支付货币资金、转让非现金资产或承担债务等方式取得被合并方的股权，应在合并日按照享有被合并方所有者权益账面价值的份额作为长期股权投资的初始投资成本，借记"长期股权投资——投资成本"账户；按照支付现金或转让非现金资产、承担债务的账面价值，贷记"银行存款"及相应的资产或负债账户；按照长期股权投资初始投资成本与支付的现金、转让的非现金资产及所承担债务账面价值之间的差额，调整资本公积，资本公积不足冲减的，调整留存收益，即贷记"资本公积"或借记"资本公积""盈余公积""利润分配——未分配利润"账户。

② 合并方以发行股票方式取得被合并方股权，应在合并日按照取得被合并方所有者权益账面价值的份额作为长期股权投资的初始投资成本，借记"长期股权投资——投资成本"账户；按照发行股份的面值总额作为股本，贷记"股本"账户；按照长期股权投资初始投资成本与所发行股份面值总额之间的差额，调整资本公积，资本公积不足冲减的，调整留存收益，贷记"资本公积"或借记"资本公积""盈余公积""利润分配——未分配利润"账户。

③ 合并方为进行企业合并发生的各项直接相关费用，包括为进行企业合并而支付的审计费用、评估费用、法律服务费用等，应当于发生时计入当期损益，借记"管理费用"账户，贷记"银行存款"等账户。

④ 合并方发行债券或承担其他债务支付的手续费、佣金等，应当计入所发行债券及其他债务的初始成本。企业合并中发行权益性证券发生的手续费、佣金等费用，应当抵减权益性证券溢价收入，溢价收入不足冲减的，冲减留存收益。

需要说明的是，投资企业支付的价款中如果含有已宣告发放但尚未支取的现金股利，应作为债权处理，借记"应收股利"，不计入长期股权投资成本。

【例5-6】 天宇公司和C公司同为B公司的子公司。2018年1月1日，B公司将其持有C公司60%的股权转让给天宇公司，双方协商确定的价格为8 000 000元，以货币资金支付；此外，天宇公司还以货币资金支付审计、评估费10 000元。合并日，C公司所有者权益的账面价值为12 000 000元；B公司资本公积余额为2 000 000元。

$$天宇公司初始投资成本 = 12\,000\,000 \times 60\% = 7\,200\,000（元）$$

天宇公司合并C公司的会计分录如下。

借：长期股权投资——投资成本　　　　　　　　　　　　　　　　　7 200 000
　　资本公积　　　　　　　　　　　　　　　　　　　　　　　　　　 800 000
　　管理费用　　　　　　　　　　　　　　　　　　　　　　　　　　　10 000
　贷：银行存款　　　　　　　　　　　　　　　　　　　　　　　　　8 010 000

【例5-7】 天宇公司和C公司同为B公司的子公司，B公司持有天宇公司70%的股权，持有C公司60%的股权。2018年1月1日，天宇公司发行每股面值为1元的股票2 000 000股，换取B公司持有的C公司60%的股权，并以银行存款支付发行股票手续费20 000元。合并日，C公司所有者权益的账面价值为12 000 000元。

天宇公司取得长期股权投资的会计分录如下。

$$B公司初始投资成本 = 12\,000\,000 \times 60\% = 7\,200\,000（元）$$

借：长期股权投资——投资成本　　　　　　　　　　　　　　　　　7 200 000
　贷：股本　　　　　　　　　　　　　　　　　　　　　　　　　　 2 000 000
　　　银行存款　　　　　　　　　　　　　　　　　　　　　　　　　　20 000
　　　资本公积　　　　　　　　　　　　　　　　　　　　　　　　 5 180 000

(2) 非同一控制下企业合并取得的长期股权投资

非同一控制下的企业合并，是指参与合并的各方在合并前后不受同一方或相同的多方最终控制。

相对于同一控制下的企业合并而言，非同一控制下的企业合并是合并各方自愿进行的交易行为，作为一种公平的交易，应当以公允价值为基础进行计量。

非同一控制下的企业合并，在购买日取得对其他参与合并企业控制权的一方为购买方，参与合并的其他企业为被购买方。购买日是指购买方实际取得对被购买方控制权的日期。

非同一控制下的企业合并，购买方在购买日以支付现金的方式取得被购买方的股权，应以支付的现金作为初始投资成本，借记"长期股权投资——投资成本"账户，贷记"银行存款"等账户。

投资企业支付的价款中如果含有已宣告发放但尚未支付的现金股利，应作为债权处理，不计入长期股权投资成本。

购买方在购买日以付出非货币性资产的方式取得被购买方的股权，应按照付出资产的公允价值作为初始投资成本，借记"长期股权投资——投资成本"账户；贷记"主营业务收入""其他业务收入""固定资产清理""应交税费——应交增值税（销项税额）"等账户，同时结转资产成本,确认资产转让损益。

购买方在购买日以承担负债的方式取得被购买方的股权,应按照负债的公允价值作为初始投资成本,借记"长期股权投资——投资成本"账户;贷记"应付债券""其他应付款"等负债账户。

购买方在购买日以发行股票的方式取得被购买方的股权,应按照股票的公允价值作为初始投资成本,借记"长期股权投资——投资成本"账户;按照发行股票的面值,贷记"股本"账户;按照其差额,贷记"资本公积——股本溢价"账户。

购买方为进行长期股权投资发生的各项直接相关费用计入管理费用。

【例5-8】 天宇公司于2019年1月1日以货币资金10 000 000元及一批库存商品、机器设备购入M公司70%的股权。库存商品的账面价值为900 000元,未计提存货跌价准备,不含增值税的公允价值为1 000 000元,增值税销项税额为130 000元;机器设备的原始价值为8 000 000元(不含增值税),累计折旧为3 000 000元,不含增值税的公允价值为6 000 000元,增值税销项税额为780 000元。此外,天宇公司还以货币资金支付审计、评估费20 000元。购买日,M公司所有者权益的账面价值为25 000 000元,天宇公司与M公司不属于关联方。

根据以上资料,编制天宇公司取得长期股权投资的会计分录如下。

$$天宇公司初始投资成本 = 10\ 000\ 000 + 1\ 000\ 000 + 6\ 000\ 000 + 910\ 000$$
$$= 17\ 910\ 000(元)$$

借:长期股权投资——投资成本	17 910 000
管理费用	20 000
贷:银行存款	10 020 000
主营业务收入	1 000 000
固定资产清理	6 000 000
应交税费——应交增值税(销项税额)	910 000
借:主营业务成本	900 000
贷:库存商品	900 000
借:固定资产清理	5 000 000
累计折旧	3 000 000
贷:固定资产	8 000 000
借:固定资产清理	1 000 000
贷:资产处理损益	1 000 000

2)非企业合并取得的长期股权投资

非企业合并取得的长期股权投资,其初始投资成本的确定与非同一控制下企业合并取得的长期股权投资成本的确定方法基本相同,区别在于投资企业为进行长期股权投资发生的各项直接相关费用也应计入长期股权投资成本。

【例5-9】 天宇公司于某年1月1日购入B公司40%的股权作为长期股权投资，以银行存款支付价款4 000 000元，另以银行存款支付相关税费100 000元；购买日，B公司所有者权益的账面价值为9 000 000元，公允价值为10 500 000元。购买日相关会计分录如下。

借：长期股权投资——投资成本　　　　　　　　　　　　　　　　　4 100 000
　　贷：银行存款　　　　　　　　　　　　　　　　　　　　　　　　　　4 100 000

3. 长期股权投资的成本法

(1) 成本法的概念和适用范围

成本法，是指长期股权投资通常按投资成本计价，除追加或收回投资外，一般不对股权投资的账面价值进行调整的一种会计处理方法。

投资方持有的对子公司投资，后续计量与会计处理应当采用成本法。

(2) 成本法的基本核算程序

采用成本法核算的长期股权投资应当按照初始投资成本计价，除追加或收回投资应当调整长期股权投资的成本外，无论被投资方经营情况如何，净资产是否增减，投资企业都不调整长期股权投资的账面价值。被投资单位宣告分派现金股利或利润时，投资企业按照持股比例计算享有的部分应当确认为当期投资收益。被投资单位宣告分派股票股利时，投资企业应于除权日在备查簿中登记增加的股数，从而降低每股成本。

【例5-10】 天宇公司2018年1月1日以银行存款购买诚远股份有限公司的股票100 000股，持股比例51%，该投资作为长期投资，每股买入价为10元，每股价格中包含有0.2元的已宣告分派的现金股利，另支付相关税费7 000元。天宇公司2018年6月20日收到诚远股份有限公司已宣告分派的股利20 000元。该企业应作如下会计处理。

编制购入股票的会计分录：

借：长期股权投资　　　　　　　　　　　　　　　　　　　　　　　　987 000
　　应收股利　　　　　　　　　　　　　　　　　　　　　　　　　　　　20 000
　　贷：银行存款　　　　　　　　　　　　　　　　　　　　　　　　　1 007 000
借：银行存款　　　　　　　　　　　　　　　　　　　　　　　　　　　　20 000
　　贷：应收股利　　　　　　　　　　　　　　　　　　　　　　　　　　　20 000

在这种情况下，取得长期股权投资时，如果实际支付的价款中包含已宣告但尚未发放的现金股利或利润，应借记"应收股利"科目，不记入"长期股权投资"科目。

【例5-11】 长信股份公司2018年度实现净利润200万元，2019年4月15日宣告发放2018年度净利润的20%给股东。天宇公司在2019年5月15日收到长信股份公司分派的2018年度的利润200×20%×51%=20.4万元。

天宇公司2019年4月15日应作如下会计处理。

借：应收股利　　　　　　　　　　　　　　　　　　　　　　　　　　　204 000
　　贷：投资收益　　　　　　　　　　　　　　　　　　　　　　　　　　204 000

天宇公司 2019 年 5 月 15 日实际收到现金股利时

借：银行存款　　　　　　　　　　　　　　　　　　　　　　　204 000
　　贷：应收股利　　　　　　　　　　　　　　　　　　　　　　　204 000

4. 长期股权投资的权益法

1) 权益法的概念与适用范围

权益法，是指长期股权投资最初以投资成本计价，以后则要根据投资企业享有被投资企业所有者权益份额的变动，对长期股权投资的账面价值进行相应的调整，使长期股权投资的账面价值始终能够反映投资企业在被投资企业所有者权益中应享有份额的一种会计处理方法。

投资企业对被投资企业具有共同控制或重大影响的长期股权投资，即对合营企业投资或对联营企业投资应采用权益法进行核算。

2) 权益法核算的账户设置

采用权益法进行长期股权投资的核算，可以在"长期股权投资"账户下设置"投资成本""损益调整""其他权益变动"等明细账户。

"长期股权投资"的账户余额，反映全部投资成本。其中："投资成本"明细账户反映购入股权时在被投资企业可辨认净资产公允价值中占有的份额；"损益调整"明细账户反映购入股权以后随着被投资企业留存收益的增减变动而享有份额的调整数；"其他权益变动"明细账户反映购入股权以后随着被投资企业资本公积的增减变动而享有份额的调整数。

3) 权益法下初始投资成本的调整

采用权益法进行长期股权投资的核算，为了更为客观地反映在被投资企业所有者权益中享有的份额，应将初始投资成本按照被投资企业可辨认净资产的公允价值和持股比例进行调整。可辨认净资产的公允价值，是指被投资企业可辨认资产的公允价值减去负债及或有负债公允价值后的余额。

长期股权投资的初始投资成本大于投资时应享有被投资企业可辨认净资产公允价值份额的差额，性质与商誉相同，不调整长期股权投资的初始投资成本。

长期股权投资的初始投资成本小于投资时应享有被投资企业可辨认净资产公允价值份额的差额，应计入当期损益，同时调整长期股权投资的成本，借记"长期股权投资——投资成本"账户，贷记"营业外收入"账户。

【例 5-12】 天宇公司于 2018 年 1 月 1 日购入 B 公司 40% 的股权作为长期股权投资，以银行存款支付价款 4 000 000 元；购买日，B 公司所有者权益的账面价值为 9 000 000 元，公允价值为 10 500 000 元。

① 天宇取得投资时：

借：长期股权投资——投资成本　　　　　　　　　　　　　　4 000 000
　　贷：银行存款　　　　　　　　　　　　　　　　　　　　　　　4 000 000

② 天宇公司调整初始投资成本与享有 M 公司可辨认净资产公允价值份额的差额

天宇公司享有 M 公司可辨认净资产公允价值的份额＝10 500 000×40%＝4 200 000（元）

天宇公司应调整投资成本＝4 200 000－4 000 000＝200 000（元）

借：长期股权投资——投资成本 200 000
　　贷：营业外收入 200 000

4）权益法下投资损益的确认

(1) 投资收益的确认

企业持有的对联营企业或合营企业的投资，一方面应按照享有被投资企业净利润的份额确认为投资收益，另一方面作为追加投资，借记"长期股权投资——损益调整"账户，贷记"投资收益"账户。

权益法下，由于长期股权投资的初始投资成本已经按照被投资企业可辨认净资产的公允价值进行了调整，因此被投资企业的净利润应以其各项可辨认资产的公允价值为基础进行调整后加以确定，不应仅按照被投资企业的账面净利润与持股比例计算的结果简单确定。

基于重要性原则，通常应考虑的调整因素为：以取得投资时被投资企业固定资产、无形资产的公允价值为基础计提的折旧额或摊销额及减值准备的金额对被投资企业净利润的影响。其他项目如为重要的，也应进行调整。

【例 5-13】承例 5-12，天宇公司 2018 年 1 月 1 日取得投资时 B 公司的固定资产账面价值为 3 000 000 元，公允价值为 4 500 000 元，其他可辨认资产的公允价值与账面价值一致。按照固定资产账面价值计提的年折旧额为 200 000 元，按照公允价值应计提的年折旧额为 300 000 元。B 公司 2018 年度实现的账面净利润为 1 500 000 元。

不考虑所得税影响，按照被投资企业的账面净利润计算确定的投资收益应为 600 000 元（1 500 000×40%）。基于投资时固定资产的公允价值调整的净利润为 1 400 000 元 [1 500 000-（300 000-200 000）]，天宇公司按照持股比例计算确认的当期投资收益应为 560 000 元（1 400 000×40%＝560 000）。相关会计分录如下：

借：长期股权投资——损益调整 560 000
　　贷：投资收益 560 000

如果无法合理确定取得投资时被投资企业各项可辨认资产的公允价值，或者投资时被投资企业可辨认资产的公允价值与其账面价值相比，两者之间的差额不具有重要性，也可以按照被投资企业的账面净利润与持股比例计算的结果确认投资收益，但应在附注中说明这一事实，以及无法合理确定被投资企业各项可辨认资产公允价值的原因。

如果投资企业与合营企业或联营企业之间发生内部交易，不论是顺流交易还是逆流交易，未实现的内部利润均应在确认投资收益时进行调整。

(2) 投资损失的确认

如果被投资企业发生亏损，投资企业也应按持股比例确认应分担的损失，借记"投资收益"账户，贷记"长期股权投资——损益调整"账户。

被投资企业的净亏损也应以其各项可辨认资产等的公允价值为基础进行调整后加以确定。

由于投资企业承担有限责任，因此投资企业在确认投资损失时，应以长期股权投资的账面价值及其他实质上构成对被投资企业净投资的长期权益减记至零为限，负有承担额外损失义务的除外。

其他实质上构成对被投资企业净投资的长期权益，通常是指长期性的应收项目，如企业对被投资企业的长期应收款，该款项的清偿没有明确的计划且在可预见的未来期间难以收回的，实质上构成长期权益。

企业确认应分担被投资企业发生的亏损时，应当按照以下顺序进行处理。

① 减记长期股权投资的账面价值。

② 长期股权投资的账面价值减记至零时，如果存在实质上构成对被投资企业净投资的长期权益，应以该长期权益的账面价值为限减记长期权益的账面价值，同时确认投资损失。

③ 长期权益的价值减记至零时，如果按照投资合同或协议约定需要企业承担额外义务的，应按预计承担的金额确认为投资损失，同时确认预计负债。

按照以上顺序处理后，如果仍有尚未确认的投资损失，投资企业应在备查簿上登记，在被投资企业以后期间实现盈利时，在其收益分享额弥补未确认的亏损分担额后，恢复确认收益分享额。

【例 5-14】 天宇公司持有乙公司 30% 的股权作为长期股权投资进行管理，并采用权益法进行会计处理。2017 年 12 月 31 日，该项股权投资的账面价值为 1 200 000 元（"投资成本"为 1 000 000 元，"损益调整"为 200 000 元）；天宇公司另有一项对乙公司的长期应收款，账面价值为 300 000 元，属于实质上构成乙公司净投资的长期权益。2017 年度，乙公司发生巨额亏损，以可辨认净资产公允价值为基础调整后的净亏损为 5 300 000 元。2018 年度，乙公司以可辨认净资产公允价值为基础调整后实现的净利润为 700 000 元。

根据以上资料，编制天宇公司调整投资损益的会计分录如下。

① 2017 年年末相关会计处理。

应分担的投资损失 = 5 300 000 × 30% = 1 590 000（元）

以长期股权投资和长期权益账面价值为限实际确认的投资损失 = 1 200 000 + 300 000 = 1 500 000（元）

未确认的投资损失 = 1 590 000 − 1 500 000 = 90 000（元）

借：投资收益——损益调整　　　　　　　　　　　　　　　1 500 000
　贷：长期股权投资　　　　　　　　　　　　　　　　　　　1 200 000
　　　长期应收款减值准备　　　　　　　　　　　　　　　　　300 000

2017 年年末：

长期股权投资账面价值 = 0 元

长期应收款账面价值 = 0 元

② 2018 年度相关会计处理。

应享有的投资收益 = 700 000 × 30% = 210 000（元）

实际确认的投资收益 = 210 000 − 90 000 = 120 000（元）

借：长期应收款减值准备　　　　　　　　　　　　　　　　　120 000

贷：投资收益　　　　　　　　　　　　　　　　　　　　　　　　120 000
2018年年末：

$$长期股权投资账面价值=0元$$
$$长期应收款账面价值=120\,000元$$

　5）权益法下被投资单位分派股利的调整
　　采用权益法进行长期股权投资的核算，被投资企业分派的现金股利应视为投资的收回。投资企业应按照被投资企业宣告分派的现金股利持股比例计算的应分得现金股利，相应减少长期股权投资的账面价值，借记"应收股利"科目，贷记"长期股权投资——损益调整"科目。
　　被投资单位分派股票股利时，投资企业不作账务处理，但应于除权日登记所增加的股数，以反映股份的变化情况。
　6）权益法下被投资企业所有者权益其他变动的调整
　　采用权益法进行长期股权投资的核算，被投资企业除净损益外所有者权益的增加，投资企业应调整长期股权投资的账面价值，并计入资本公积，借记"长期股权投资——其他权益变动"科目，贷记"资本公积——其他资本公积"科目。如果被投资企业除净损益外所有者权益减少，投资企业应作相反的处理。

【例5-15】　天宇公司持有乙公司30%的股份，能够对乙公司施加重大影响。当期天宇公司持有的可供出售的金融资产公允价值变动计入资本公积的金额为800万元。
　　天宇公司应作如下会计分录。
　　借：长期股权投资——其他权益变动　　　　　　　　　　　　　2 400 000
　　　贷：资本公积——其他资本公积　　　　　　　　　　　　　　　　2 400 000

5. 长期股权投资减值
（1）长期股权投资减值金额的确定
　①企业对子公司、合营企业及联营企业的长期股权投资。企业对子公司、合营企业及联营企业的长期股权投资在资产负债表日存在可能发生减值的迹象时，其可收回金额低于账面价值的，应当将该长期股权投资的账面价值减记至可收回金额，减记的金额确认为减值损失，计入当期损益，同时计提相应的资产减值准备。
　②企业对投资单位不具有控制、共同控制或重大影响，且在活跃市场中没有报价、公允价值不能可靠计量的长期股权投资，应当将该长期股权投资在资产负债表日的账面价值，与按照类似金融资产当时市场收益率对未来现金流量折现确定的现值之间的差额，确认为减值损失，计入当期损益。
（2）长期股权投资减值的会计处理
　　企业计提长期股权投资减值准备，应当设置"长期股权投资减值准备"科目核算。企业按应减记的金额，借记"资产减值损失"科目，贷记"长期股权投资减值准备"科目。
　　长期股权投资减值损失一经确认，在以后会计期间不得转回。

6. 长期股权投资的处置

处置长期股权投资时，按实际取得的价款与长期股权投资账面价值的差额确认为投资损益，并应同时结转已计提的长期股权投资减值准备。其会计处理是：企业处置长期股权投资时，应按实际收到的金额，借记"银行存款"等科目，按原已计提的减值准备，借记"长期股权投资减值准备"科目，按该长期股权投资的账面余额，贷记"长期股权投资"科目，按尚未领取的现金股利或利润，贷记"应收股利"科目，按其差额，贷记或借记"投资收益"科目。同时，还应结转原记入资本公积的相关金额，借记或贷记"资本公积——其他资本公积"科目，贷记或借记"投资收益"科目。部分处置某项长期股权投资时，应按该项投资的总平均成本确定其处置部分的成本，并按相应比例结转已计提的减值准备和资本公积项目。

【例5-16】 天宇公司2017年1月3日购买东方股份有限公司股票5 000 000股准备长期持有，占东方股份有限公司股份的30%。每股买入价为6元。另外，购买该股票时发生有关税费500 000元，款项已由银行存款支付。2016年12月31日，东方股份有限公司的所有者权益的账面价值（与其公允价值不存在差异）为100 000 000元。2017年东方股份有限公司实现净利润10 000 000元，天宇公司按照持股比例确认投资收益3 000 000元。2018年5月15日，东方股份有限公司宣告发放现金股利，每10股派3元，天宇公司可分派到1 500 000元。2018年6月15日，天宇公司收到东方股份有限公司分派的现金股利。2018年东方股份有限公司可供出售金融资产的公允价值增加了4 000 000元，天宇公司按照持股比例确认相应的资本公积1 200 000元。2019年1月20日，天宇公司出售所持东方股份有限公司的股票5 000 000股，每股售价为10元，款项已收回。

天宇公司应作如下会计处理。

$$初始投资成本 = 30\ 500\ 000（元）$$

① 编制购入股票的会计分录。

借：长期股权投资——成本　　　　　　　　　　　　　　　30 500 000
　　贷：银行存款　　　　　　　　　　　　　　　　　　　　　　30 500 000

② 确认东方股份有限公司实现的投资收益时：

借：长期股权投资——损益调整　　　　　　　　　　　　　3 000 000
　　贷：投资收益　　　　　　　　　　　　　　　　　　　　　　3 000 000

③ 东方股份有限公司宣告发放现金股利时：

借：应收股利　　　　　　　　　　　　　　　　　　　　　1 500 000
　　贷：长期股权投资——损益调整　　　　　　　　　　　　　　1 500 000

④ 收到东方股份有限公司宣告发放的现金股利时：

借：银行存款　　　　　　　　　　　　　　　　　　　　　1 500 000
　　贷：应收股利　　　　　　　　　　　　　　　　　　　　　　1 500 000

⑤ 资本公积增加：

借：长期股权投资——其他权益变动　　　　　　　　　　　1 200 000
　　贷：资本公积——其他资本公积　　　　　　　　　　　　　　1 200 000

⑥ 出售：

借：银行存款	50 000 000	
贷：长期股权投资——成本		30 500 000
——损益调整		1 500 000
——其他权益变动		1 200 000
投资收益		16 800 000

⑦ 同时：

借：资本公积——其他资本公积	1 200 000	
贷：投资收益		1 200 000

7. 长期股权投资成本法与权益法的转换

(1) 成本法转换为权益法

投资企业因减少投资等原因对被投资企业不再具有控制权，但仍存在共同控制或重大影响的，应当改按权益法进行核算。

剩余长期股权投资账面价值大于原投资时按照剩余持股比例计算应享有被投资企业可辨认净资产公允价值份额的差额，视为商誉，不需要对剩余长期股权投资账面价值进行调整。

剩余长期股权投资账面价值小于原投资时按照剩余持股比例计算应享有被投资企业可辨认净资产公允价值份额的差额，应在调整投资长期股权投资账面价值的同时，调整期初盈余公积及未分配利润。

对于原投资日至处置日之间被投资企业实现的以公允价值为基础计量的净利润、分配现金股利和所有者权益的其他变动，投资企业应采用权益法进行调整，在调整长期股权投资账面价值的同时，调整期初盈余公积、未分配利润、当期投资收益和资本公积。

【例 5-17】 天宇公司 2016 年 1 月 1 日以银行存款 2 100 000 元购入 B 公司 60%的股权，属于非同一控制下的企业合并。2016 年 1 月 1 日 B 公司可辨认净资产公允价值为 3 000 000 元（假定与账面价值相同）。2018 年 12 月 31 日，天宇公司将持有的 B 公司 20%股权出售，收取价款 630 000 元。B 公司 2016 年实现净利润 300 000 元，未分配现金股利；2017 实现净利润 400 000 元，分配现金股利 200 000 元，资本公积增加 150 000 元；2018 年实现净利润 200 000 元，分配现金股利 300 000 元。2018 年 12 月 31 日 B 公司可辨认净资产公允价值为 3 550 000 元（假定与账面价值相同）。

根据以上资料，编制天宇公司 2018 年 12 月 31 日与处置长期股权投资相关的会计分录如下。

① 处置投资：

借：银行存款	630 000	
投资收益	70 000	
贷：长期股权投资——投资成本		700 000

处置投资后，剩余长期股权投资的账面价值为 1 400 000 元，投资时按照剩余投资比例计算享有 B 公司可辨认净资产公允价值的份额为 1 200 000 元（3 000 000×40%），长期股权投资账面价值大于享有 B 公司可辨认净资产公允价值的份额 200 000 元，属于投资商誉，不需要对剩余长期股权投资账面价值进行调整。

② 采用权益法对享有B公司2016年1月1日至2018年12月31日净资产变动份额的调整：

调整盈余公积＝（300 000＋400 000－200 000）×40％×10％＝20 000（元）
调整年初未分配利润＝（300 000＋400 000－200 000）×40％×90％＝180 000（元）
调整当年投资收益＝（200 000－300 000）×40％＝－40 000（元）
调整资本公积＝150 000×40％＝60 000（元）

借：长期股权投资——损益调整　　　　　　　　　　　　　　　160 000
　　　　　　　　——其他权益变动　　　　　　　　　　　　　　60 000
　　投资收益　　　　　　　　　　　　　　　　　　　　　　　　40 000
　贷：盈余公积　　　　　　　　　　　　　　　　　　　　　　　20 000
　　　利润分配——未分配利润　　　　　　　　　　　　　　　　180 000
　　　资本公积——其他资本公积　　　　　　　　　　　　　　　60 000

经过上述调整后，天宇公司长期股权投资账面价值为1 620 000元（2 100 000－700 000＋160 000＋60 000），其中享有B公司可辨认净资产公允价值40％的份额为1 420 000元（3 550 000×40％），投资商誉为200 000元。

(2) 权益法转换为成本法

投资企业因追加投资等原因能够对被投资企业实施控制，也应当改按成本法进行核算。

投资企业在追加投资日，应对原长期股权投资采用权益法确认的账面价值进行调整，还原为原购买日的初始投资成本；追加投资日的投资成本按照支付投资对价的公允价值确认；两者之和即为追加投资后长期股权投资的账面价值。

【例5-18】 天宇公司2018年1月1日以银行存款330 000元购入乙公司30％的股权，对乙公司有重大影响，采用权益法进行核算。2018年1月1日乙公司可辨认净资产公允价值为1 000 000元（假定可辨认净资产公允价值与账面价值相同）。2019年1月1日，天宇公司以银行存款340 000元再次购入乙公司30％的股权，对乙公司形成控制。乙公司2019年实现净利润70 000元，当年未分配现金股利；2019年1月1日乙公司可辨认净资产公允价值为1 070 000元（假定可辨认净资产公允价值与账面价值相同）。

根据以上资料，编制天宇公司有关长期股权投资的会计分录如下：

① 2018年1月1日取得长期股权投资：

借：长期股权投资——投资成本　　　　　　　　　　　　　　　330 000
　贷：银行存款　　　　　　　　　　　　　　　　　　　　　　330 000

天宇公司长期股权投资成本330 000元大于享有乙公司可辨认净资产公允价值份额300 000元（1 000 000×30％），形成投资商誉30 000元。

② 2018年12月31日采用权益法确认投资收益。

投资收益＝70 000×30％＝21 000（元）

借：长期股权投资——损益调整　　　　　　　　　　　　　　　21 000
　贷：投资收益　　　　　　　　　　　　　　　　　　　　　　21 000

③ 2019年1月1日追加投资时对原长期股权投资账面价值进行调整。

冲减盈余公积＝21 000×10％＝2 100（元）

冲减年初未分配利润＝21 000×90％＝18 900（元）

借：盈余公积　　　　　　　　　　　　　　　　　　　　　　2 100
　　利润分配——未分配利润　　　　　　　　　　　　　　　18 900
　　贷：长期股权投资——损益调整　　　　　　　　　　　　　　　　21 000

经过上述调整后，长期股权投资的账面价值为330 000元（330 000＋21 000－21 000），即初次投资的初始投资成本。

④ 2019年1月1日追加投资：

借：长期股权投资——投资成本　　　　　　　　　　　　　340 000
　　贷：银行存款　　　　　　　　　　　　　　　　　　　　　　340 000

天宇公司追加投资成本340 000元大于享有乙公司可辨认净资产公允价值份额321 000元（1 070 000×30％），形成追加投资商誉19 000元。天宇公司追加投资后，全部投资的账面价值为670 000元，其中投资商誉为29 000元。

本章重点

投资的初始计量与后续计量；投资持有收益与处置损益的确认；实际利率法的应用；其他权益工具投资与其他债权投资公允价值变动与减值的会计处理；企业合并形成长期股权投资的会计处理；非企业合并形成长期股权投资的会计处理；长期股权投资的成本法；长期股权投资的权益法。

本章难点

以公允价值计量且变动计入当期损益的金融资产的会计处理；债权投资的会计处理；其他权益工具投资与其他债权投资的会计处理；长期股权投资的成本法、长期股权投资的权益法。

关键术语

交易性金融资产　债权投资　其他权益工具投资　其他债权投资　长期股权投资　初始投资成本　投资收益　公允价值变动损益　实际利率法　成本法　权益法　处置损益

思 考 题

1. 什么是金融资产？如何进行分类？
2. 交易性金融资产应满足什么条件？
3. 交易性金融资产与其他权益工具投资、其他债权投资的区别是什么？

4. 什么是债权投资？该类资产具有什么特征？
5. 什么是其他权益工具投资？什么是其他债权投资？分别包括哪些？
6. 什么是长期股权投资的成本法？其核算要点有哪些？
7. 什么是长期股权投资的权益法？其核算要点有哪些？
8. 成本法与权益法会计处理的主要区别是什么？
9. 长期股权投资的成本法与权益法如何相互转换？
10. 如何计提长期股权投资减值准备？

练 习 题

一、单项选择题

1. 企业购入作为交易性金融资产的股票，支付的手续费应借记（　　）账户。
   A. 交易性金融资产　　B. 财务费用　　C. 投资收益　　D. 管理费用
2. 企业购入作为其他权益工具投资的股票，支付的手续费应借记（　　）账户。
   A. 可供出售金融资产　B. 财务费用　　C. 投资收益　　D. 管理费用
3. 企业年末持有作为交易性金融资产的股票，其公允价值高于账面价值之间的差额应贷记（　　）账户。
   A. 投资收益　　　　　　　　　　B. 公允价值变动损益
   C. 资本公积　　　　　　　　　　D. 交易性金融资产
4. 企业年末持有作为其他权益工具投资的股票，其公允价值高于账面价值之间的差额应贷记（　　）账户。
   A. 投资收益　　　　　　　　　　B. 公允价值变动损益
   C. 资本公积　　　　　　　　　　D. 可供出售金融资产
5. 企业购买股票，不论作为何种金融资产入账，实际支付价款或对价中包含的已宣告发放但尚未领取的现金股利，应作为（　　）入账处理。
   A. 交易性金融资产　　　　　　　B. 债权投资
   C. 其他权益工具投资　　　　　　D. 应收股利

二、多项选择题

1. "债权投资"一级账户包括以下（　　）明细账户。
   A. 债权投资——面值　　　　　　B. 债权投资——利息调整
   C. 债权投资——应计利息　　　　D. 债权投资——成本
   E. 债权投资——应收利息
2. 企业应结合金融资产的持有目的、业务特点、投资策略和风险管理要求，将取得的金融资产划分为（　　）。
   A. 交易性金融资产　　　　　　　B. 其他权益工具投资与其他债权投资
   C. 债权投资　　　　　　　　　　D. 长期股权投资
   E. 贷款和应收款

3. 权益法下企业"长期股权投资"一级账户下应开设（　　）明细账户。
   A. 长期股权投资——成本
   B. 长期股权投资——损益调整
   C. 长期股权投资——资本公积
   D. 长期股权投资——其他权益变动
   E. 长期股权投资——应计股利
4. 债权投资的确认条件包括（　　）。
   A. 到期日固定，回收金额固定或可确定
   B. 企业有明确的意图将该资产持有至到期时为止
   C. 企业有能力将该资产持有至到期时为止
   D. 该金融资产必须在活跃市场有报价
   E. 该金融资产缺乏公开活跃市场上的报价
5. 债券投资分为交易性债券、可供出售债券、持有至到期债券，以下表述正确的有（　　）。
   A. 交易性债券按公允价值计价
   B. 可供出售债券按公允价值计价
   C. 持有至到期债券按公允价值计价
   D. 持有至到期债券按摊余价值计价
   E. 交易性债券与可供出售债券均按摊余价值计价

三、计算题

1. 天宇公司某年有关交易性金融资产的资料如下。

① 3月1日，以银行存款购入A公司股票50 000股，并准备随时变现，每股买价16元，同时支付相关税费4 000元。

② 4月20日，A公司宣告发放现金股利每股0.4元。

③ 4月21日，又购入A公司股票50 000股，并准备随时变现，每股买价18.4元（其中包含已宣告发放尚未支取的股利每股0.4元），同时支付相关税费6 000元。

④ 4月25日，收到A公司发放的现金股利20 000元。

⑤ 6月30日，A公司股票市价为每股16.4元。

⑥ 7月18日，该公司以每股17.5元的价格转让A公司股票60 000股，扣除相关税费6 000元，实得金额为1 040 000元。

⑦ 12月31日，A公司股票市价为每股18元。

要求：根据上述经济业务编制有关会计分录。

2. 天宇公司2018年1月1日购入乙公司当日发行的5年期债券，准备持有至到期。债券的票面利率为12%，债券面值1 000元，企业按1 050元的价格购入80张。该债券每年年末付息一次，最后一年还本并付最后一次利息。假设天宇公司按年计算利息，不考虑相关税费。该债券的实际利率为10.66%。

要求：编制天宇公司有关上述债券投资的会计分录（计算结果保留整数）。

3. 天宇公司2017年1月1日以银行存款500万元取得乙公司80%的股份。该项投资属于非同一控制下的企业合并。乙公司所有者权益的账面价值为700万元。2017年5月2日，乙公司宣告分配2016年度现金股利100万元。2017年度乙公司实现利润200万元。2018年5月2日，乙公司宣告分配现金股利300万元。2018年度乙公司实现利润300万元。2019年5月2日，乙公司宣告分配现金股利200万元。

要求：编制天宇公司上述股权投资的会计分录。

4. 天宇公司2016年至2018年与投资业务有关的资料如下。

① 2016年1月1日，天宇公司以银行存款1 000万元购入乙公司股票，占乙公司有表决权股份的30%，对乙公司的财务和经营政策具有重大影响。不考虑相关费用。2016年1月1日，乙公司所有者权益总额为3 000万元。

② 2016年5月2日，乙公司宣告发放2015年度的现金股利200万元，并于2016年5月26日实际发放。

③ 2016年度，乙公司实现净利润1 200万元。

④ 2017年5月2日，乙公司宣告发放20×6年度的现金股利300万元，并于2017年5月20日实际发放。

⑤ 2017年度，乙公司发生净亏损600万元。

⑥ 2017年12月31日，天宇公司预计对乙公司长期股权投资的可收回金额为900万元。

⑦ 2018年6月，乙公司获得债权人豁免其债务并进行会计处理后，增加利润总额200万元。

⑧ 2018年9月3日，天宇公司与丙公司签订协议，将其所持有乙公司的30%的股权全部转让给丙公司。股权转让协议如下：股权转让协议在经天宇公司和丙公司的临时股东大会批准后生效；股权转让价款总额为1 100万元，协议生效日丙公司支付股权转让价款总额的80%，股权过户手续办理完成时支付股权转让价款总额的20%。2018年10月31日，天宇公司和丙公司分别召开临时股东大会批准了上述股权转让协议。当日，天宇公司收到丙公司支付的股权转让价款总额的80%。截至2018年12月31日，上述股权转让的过户手续尚未办理完毕。

⑨ 2018年度，乙公司实现净利润400万元，其中1至10月份实现净利润300万元。

假定除上述交易或事项外，乙公司未发生导致其所有者权益发生变动的其他交易或事项。

要求：编制天宇公司2016年至2018年与投资业务相关的会计分录。（"长期股权投资"科目要求写出明细科目；答案中的金额单位用万元表示。）

第6章

固定资产与递耗资产

> 【学习目标】
> 通过本章的学习，要求学生：明确固定资产与递耗资产的基本概念、特征与分类，掌握固定资产与递耗资产的确认标准、计价及固定资产折旧的范围、折旧方法，递耗资产的折耗方法；熟练掌握企业通过不同来源取得的固定资产业务及后续支出业务、减值业务、固定资产的处置业务的账务处理方法。

6.1 固定资产的性质与分类

1. 固定资产的性质

固定资产是企业生产经营过程中的重要劳动资料。它能够在若干个生产经营周期中发挥作用，并保持原有的实物形态，但其价值则由于损耗而逐渐减少。这部分减少的价值以折旧的形式，分期转移到产品成本或费用中去，并在销售收入中得到补偿。

企业在生产经营过程中，并不是将所有的劳动资料全部列为固定资产。一般来说，生产经营用的劳动资料，使用年限在1年以上，单位价值较高，就应列为固定资产；否则，应列为低值易耗品。

固定资产的各组成部分如果具有不同使用寿命或者以不同方式为企业提供经济利益，并以不同的折旧率或折旧方法计提折旧，则应当分别将各组成部分确认为单项固定资产。

2. 固定资产的概念与特征

固定资产是指同时具有以下特征的有形资产：为生产商品、提供劳务、出租或经营管理而持有的；使用寿命超过一个会计年度。

作为企业进行生产经营活动必须拥有的劳动资料，固定资产与其他资产相比具有如下特点：第一，企业持有固定资产的目的是满足生产经营活动的需要，而不是出售；第二，使用期限较长，固定资产的使用寿命一般超过一个会计年度，能在一年以上的时间里连续多次为企业生产经营活动服务而不改变其实物形态，并为企业创造经济利益。

3. 固定资产的确认

确认固定资产必须同时满足以下两个条件。

(1) 与该固定资产有关的经济利益很可能流入企业

企业的资产是企业获取经济利益的物质基础，因此资产应能给企业带来经济利益。如果某一项资产预期不能给企业带来经济利益，就不能确认为企业的资产。

企业在确认某项固定资产时，要判断该项固定资产所包含的经济利益能否流入企业，主要判断与该项固定资产所有权相关的风险和报酬是否转移到了企业。其中，与固定资产所有权相关的风险，是指由于经营情况变化造成相关收益的变动，以及由于资产闲置、技术陈旧等原因造成的损失；与固定资产所有权相关的报酬，是指在固定资产使用寿命内直接使用资产获得的收入及处置该资产实现的利得等。在这里，固定资产所有权的取得是衡量与资产所有权相关的风险和报酬转移到企业的重要标志，凡是所有权已归属于企业，无论企业是否收到或拥有该项固定资产，均应作为企业固定资产予以确认；反之，如果企业没有取得所有权，即使存放在企业，也不能确认为企业固定资产。不过，这种所有权的归属，也不是判断与固定资产所有权相关的风险和报酬是否转到企业的唯一标准，有时某项固定资产的所有权并不属于企业，但是企业能够控制该项固定资产并能使它所创造的未来经济利益流入企业，这就意味着与该项固定资产所有权相关的风险和报酬实质上已转移到企业，按照实质重于形式的原则，应该作为企业固定资产予以确认。例如，融资租入的固定资产，虽然企业并不拥有其所有权，但企业能够控制该项固定资产并能使其经济利益流入企业，作为承租人，企业已承担了与该项固定资产所有权相关的风险和报酬，因此应视为企业自有固定资产确认入账。

(2) 该固定资产的成本能够可靠计量

企业取得某项固定资产而发生的支出必须能够可靠计量，这是确认固定资产必须满足的另一个条件。如果固定资产的成本能够可靠计量，并同时满足其他条件，即可确认为固定资产，否则不能予以确认。

固定资产成本有时虽然不能可靠计量，但可以根据最新资料对其成本进行合理的估计。例如，已经达到预定可使用状态，尚未办理竣工决算的固定资产，企业可以根据工程预算或工程实际发生的成本等资料，暂估其成本入账，待办理了竣工决算手续后再作调整。如果企业能够合理地估计出固定资产成本，应视同固定资产成本能够可靠计量。

4. 固定资产的分类

企业的固定资产种类繁多，用途各异，为加强管理和核算，必须对固定资产进行科学合理的分类。根据不同的需要，可以按下列不同标准进行分类。

(1) 按固定资产的经济用途分类

按固定资产的经济用途分类，可以分为房屋及建筑物、机器设备、运输设备、动力传导设备、工具器具、管理用具等。

(2) 按固定资产的使用情况分类

按固定资产的使用情况分类，可以分为使用中的固定资产、暂时闲置的固定资产和持有待售的固定资产。

使用中的固定资产，是指正在使用的固定资产。暂时闲置的固定资产，是指因更新改造或季节性停用、大修理停用而暂停使用的固定资产。持有待售的固定资产，是指不适合本企业需要、准备出售处理的固定资产。

(3) 按所有权分类

按固定资产的所有权分类，可以分为自有固定资产和融资租入固定资产。

5. 固定资产的计价标准

为了正确反映固定资产价值的增减变动，应按一定的标准对固定资产进行计价。固定资产的计价标准一般有以下 4 种。

(1) 原始价值

原始价值也称为原价或原值，是指购建的固定资产在达到使用状态之前所发生的全部耗费的货币表现。企业采用不同方式购建的固定资产，其原值的构成有所不同。一般来说，企业从外部取得的固定资产，其原值中包括固定资产的买价、运输途中发生的各种包装运杂费及在使用前发生的各种安装调试费；企业自行建造的固定资产，其原值中包括建造过程中发生的全部耗费。关于固定资产原值的具体构成，本书将在后续章节结合取得固定资产的具体方式讲述。

(2) 重置价值

重置价值是指企业在当前的条件下，重新购置同样的固定资产所需的全部耗费的货币表现。

重置价值的构成内容与原值的构成内容相同。

(3) 折余价值

折余价值也称为净值，是指固定资产原值减去已提折旧后的余额。

(4) 现值

现值是指固定资产在使用期间及处置时产生的未来净现金流量的折现值。

6.2 固定资产的取得与初始计量

固定资产的初始计量，是指确定固定资产的取得成本。固定资产应该按照成本进行初始计量。成本包括企业为购建某项固定资产达到预定可使用状态所发生的一切合理的、必要的支出。

在实务中，企业取得固定资产的方式是多种多样的，包括外购、自行建造、投资者投入等，取得的方式不同，其成本的具体构成内容及确定方法也不尽相同。

1. 固定资产的购置

企业购入的固定资产，有些不需要安装即可投入使用，有些则需要安装后才能使用；可能采用现购结算方式，也可能采用赊购结算方式。企业应根据不同情况，分别采用不同的核算方法。

1) 购入不需安装的固定资产

(1) 现购方式

企业购入不需安装的固定资产，原始价值和净值均应根据实际支付的买价和包装运杂费计算，借记"固定资产""应交税费"科目，贷记"银行存款"等科目。

用于增值税应税项目的固定资产，增值税进项税额可以抵扣；用于非增值税应税项目的固定资产，进项税额不得抵扣，计入固定资产成本。

(2) 赊购方式

企业采用赊购方式购入的固定资产，一般来说，其价格要高于现购价格，这部分差额属于购买日至付款日之间企业应付的利息。这部分利息原则上不应计入固定资产成本，而应作为购买日至付款日之间的利息费用处理。

如果赊购的时间不长（不超过三年），利息费用不多，按照重要性原则，赊购固定资产的入账价值一般以其发票价格（应付价款总额）为基础计算。

企业采用赊购方式购入的固定资产如果含有现金折扣，其价格也应按照发票价格计算（即采用总价法），当实际取得现金折扣时，将其视为提前付款而收取的利息，冲减财务费用。

企业如果一揽子购入若干项可独立使用的固定资产，支付的全部价款应按所购买的各项固定资产公允价值的比例分配计入各项资产的入账价值。

【例6-1】 天宇公司购入不需安装的机器设备一台，用银行存款支付买价10 000元，增值税税款为1 300元，运输费200元，增值税18元，机器设备投入使用。

根据以上资料，编制会计分录如下。

$$固定资产原始价值 = 10\,000 + 200 = 10\,200（元）$$
$$增值税进项税额 = 1\,300 + 18 = 1\,318（元）$$

借：固定资产　　　　　　　　　　　　　　　　　　　　　　　10 200
　　应交税费——应交增值税（进项税额）　　　　　　　　　　 1 318
　　贷：银行存款　　　　　　　　　　　　　　　　　　　　　 11 518

2）购入需要安装的固定资产

企业购入需要安装的固定资产，在安装过程中发生的实际安装费，应计入固定资产原值。固定资产安装工程可以采用自营安装方式，也可以采用出包安装方式。采用自营安装方式，安装费包括安装工程耗用的材料、人工及其他支出；采用出包安装方式，安装费为向承租单位支付的安装价款。不论采用何种安装方式，固定资产的全部安装工程成本（包括固定资产买价及包装运杂费和安装费）均应通过"在建工程"科目进行核算。

企业购入需要安装的固定资产，应根据实际支付的买价、包装运杂费、安装费和增值税，借记"在建工程""应交税费"科目，贷记"银行存款"等科目。安装工程完工后，根据全部安装工程成本，借记"固定资产"科目，贷记"在建工程"科目。

【例6-2】 天宇公司购入需要安装的机器设备一台，用银行存款支付买价10 000元，增值税税款为1 300元，运输费100元，增值税18元；机器设备出包安装，用银行存款支付安装费500元，增值税30元。该机器设备安装完工后交付使用。

根据以上资料，编制会计分录如下。

① 购入固定资产。

$$计入固定资产原始价值的金额 = 10\,000 + 100 = 10\,100（元）$$
$$增值税进项税额 = 1\,300 + 18 = 1\,318（元）$$

借：在建工程	10 100
应交税费——应交增值税（进项税额）	1 318
贷：银行存款	11 418

② 支付安装费，计入固定资产原始价值：

借：在建工程	500
应交税额——应交增值税（进项税额）	30
贷：银行存款	530

③ 工程完工：

| 借：固定资产 | 10 600 |
| 贷：在建工程 | 10 600 |

2. 固定资产的自行建造

自行建造的固定资产是指企业利用自己的力量自营建造及出包给他人建造的固定资产。企业自行建造的固定资产有自营建造和出包建造两种形式，无论哪种形式，均应按建造该项资产达到预定可使用状态前所发生的全部支出，作为固定资产的成本。企业自行建造的固定资产如为房屋及建筑物等非增值税应税项目，则购进货物或接受劳务支付的增值税进项税额不得抵扣，应计入房屋及建筑物的成本；企业自行建造机器设备等增值税应税项目，则购进货物或接受劳务支付的增值税进项税额可以抵扣。

（1）自营建造固定资产

自营建造固定资产是企业自行采购工程物资、自行组织施工而建造的固定资产。

企业自营工程耗用的材料物资，一般应单独进行核算。企业购入自营工程所需材料物资时，应根据实际支付的全部价款，借记"工程物资""应交税费"等科目，贷记"银行存款"等科目。

企业自营工程领用工程物资时，应根据实际成本，借记"在建工程"科目，贷记"工程物资"科目。

企业非增值税应税项目自营工程领用本企业商品产品，视同销售，借记"在建工程"科目，贷记"库存商品""应交税费（销项税额）"科目。

企业增值税应税项目自营工程领用本企业商品产品，应借记"在建工程"科目，贷记"库存商品"科目。

企业自营工程应负担的职工薪酬，应借记"在建工程"科目，贷记"应付职工薪酬"科目。

企业的辅助生产经营部为自营工程提供的水、电、设备安装、运输等产品或劳务，应根据实际成本和应负担的税金，借记"在建工程"科目，贷记"生产成本""应交税费"科目。

企业自营工程发生的其他支出，应借记"在建工程"科目，贷记"银行存款"等科目。

企业自营建造的固定资产在交付使用前应负担的借款费用，应计入自营工程成本，借记"在建工程"科目，贷记"应付利息"等科目。

企业自营工程中发生的报废损失，应计入工程成本；发生的残料，应冲减工程成本，借记"原材料"科目，贷记"在建工程"科目。

工程物资盘点时，如发现盘亏，应将盘亏物资的实际成本计入工程成本，借记"在建工程"科目，贷记"工程物资"科目。盘盈的工程物资，作相反的处理。

企业自营建造的固定资产在交付使用时，应根据自营工程的实际成本，借记"固定资产"科目，贷记"在建工程"科目。

已交付使用的固定资产办理竣工结算时，如该项固定资产的实际原值与原入账价值有差额，应对原入账价值进行调整，借记"固定资产"科目，贷记"在建工程"科目（实际原值小于原入账价值的差额作相反处理）。

【例6-3】 天宇公司根据自营方式建造生产流水线发生的经济业务，编制会计分录如下：

① 购入工程用材料一批，价款200 000元，增值税税款为26 000元，共计226 000元，用银行存款支付，材料入库。

借：工程物资　　　　　　　　　　　　　　　　　　　　　　200 000
　　应交税费——应交增值税（进项税额）　　　　　　　　　 26 000
　　贷：银行存款　　　　　　　　　　　　　　　　　　　　　226 000

② 自营工程领用材料200 000元。

借：在建工程　　　　　　　　　　　　　　　　　　　　　　200 000
　　贷：工程物资　　　　　　　　　　　　　　　　　　　　　200 000

③ 自营工程应负担的职工薪酬11 400元。

借：在建工程　　　　　　　　　　　　　　　　　　　　　　 11 400
　　贷：应付职工薪酬　　　　　　　　　　　　　　　　　　　 11 400

④ 用银行存款支付自营工程应负担的其他支出30 000元。

借：在建工程　　　　　　　　　　　　　　　　　　　　　　 30 000
　　贷：银行存款　　　　　　　　　　　　　　　　　　　　　 30 000

⑤ 自营工程应负担的长期借款利息9 000元。

借：在建工程　　　　　　　　　　　　　　　　　　　　　　 9 000
　　贷：长期借款　　　　　　　　　　　　　　　　　　　　　 9 000

⑥ 自营工程某一部件报废，残料计价200元作为生产废料入库，应收有关责任者赔款1 000元。

借：原材料　　　　　　　　　　　　　　　　　　　　　　　　 200
　　其他应收款　　　　　　　　　　　　　　　　　　　　　　1 000
　　贷：在建工程　　　　　　　　　　　　　　　　　　　　　 1 200

⑦ 该项工程完工交付使用，按实际工程成本249 200元（200 000＋11 400＋30 000＋9 000－1 200）结转该项固定资产原值。

借：固定资产　　　　　　　　　　　　　　　　　　　　　　249 200
　　贷：在建工程　　　　　　　　　　　　　　　　　　　　　249 200

（2）出包建造固定资产

出包建造固定资产，是指企业通过招标等方式将工程发包给建筑承包商，由承包商组织施工而建造的固定资产。在这种方式下，企业只需根据建筑承包合同中规定，按工程进度拨付工程款。企业拨付的工程款，通过"在建工程"科目核算，待工程达到预定可使用状态经验收合格时，再转入"固定资产"科目。

【例6-4】 天宇公司将一房屋的建造工程出包给某建筑公司承建，工程总造价为27 750 000元。合同中规定工程开工时拨付工程款16 650 000元，其余11 100 000元待工程完工并验收合格后再结付。2019年11月2日，该房屋建造工程完工20%，该建筑公司开具的增值税专用发票上注明的工程价款为5 000 000元，增值税税额为550 000元。按照现行增值税制度规定，全部增值税进项税额一次性抵扣。

天宇公司工程开工预付工程款时：

借：预付账款——某建筑公司　　　　　　　　　　　　　　　　16 650 000
　　贷：银行存款　　　　　　　　　　　　　　　　　　　　　　　16 650 000

按照工程进度结算工程价款，本期完工20%：

借：在建工程——房屋建造工程　　　　　　　　　　　　　　　　5 000 000
　　应交税费——应交增值税　　　　　　　　　　　　　　　　　　　550 000
　　贷：预付账款——某建筑公司　　　　　　　　　　　　　　　　5 550 000

工程完工时预付账款应全部转入在建工程，工程验收合格时补付剩余工程款：

借：在建工程——房屋建造工程　　　　　　　　　　　　　　　　11 100 000
　　贷：银行存款　　　　　　　　　　　　　　　　　　　　　　　11 100 000

同时：

借：固定资产　　　　　　　　　　　　　　　　　　　　　　　　27 750 000
　　贷：在建工程——房屋建造工程　　　　　　　　　　　　　　　27 750 000

3. 接受投资的固定资产

企业接受投资者投入的固定资产，应当按照投资合同或协议中约定的公允价值作为入账价值。接受投资的固定资产，应借记"固定资产"科目，贷记"实收资本""资本公积"等科目。

【例6-5】 天宇公司接受某投资者投入的机器一台，投资协议中约定该机器的公允价值为150 000元，按协议可折换成100 000股每股面值为1元的天宇公司股票。天宇公司应编制会计分录如下。

借：固定资产　　　　　　　　　　　　　　　　　　　　　　　　　　150 000
　　贷：股本　　　　　　　　　　　　　　　　　　　　　　　　　　100 000
　　　　资本公积　　　　　　　　　　　　　　　　　　　　　　　　　50 000

4. 接受捐赠的固定资产

企业接受捐赠的固定资产，应当根据捐赠者提供的有关凭据金额，或按同类或类似资产的市场价格，或该资产预计未来现金流量现值作为入账价值。接受捐赠时发生的相关税费，也应计入固定资产价值。

企业接受捐赠的固定资产属于利得,按现行会计准则规定,捐赠利得应作为营业外收入处理。因此,企业受赠时,直接按资产的入账价值借记"固定资产"科目,按其受赠价值贷记"营业外收入"科目。

【例6-6】 天宇公司接受一台全新专用设备的捐赠,捐赠者提供的有关价值凭证上标明的价格为117 000元,应交增值税税款为15 210元,办理产权过户手续时支付相关税费2 900元。

借:固定资产　　　　　　　　　　　　　　　　　　　　　　　　119 900
　　应交税费——应交增值税(进项税额)　　　　　　　　　　　　15 210
　贷:营业外收入——捐赠利得　　　　　　　　　　　　　　　　　132 210
　　　银行存款　　　　　　　　　　　　　　　　　　　　　　　　　2 900

5. 其他方式取得的固定资产

企业通过其他方式取得的固定资产主要包括盘盈的固定资产、融资租入固定资产、以非货币性资产交换和债务重组等方式取得的固定资产等。

盘盈的固定资产,或按同类或类似资产的市场价格减去估计价值损耗后的余额,或按该资产的预计未来现金流量现值作为入账价值。

【例6-7】 天宇公司年末在固定资产清查中发现一台账外设备,该类设备尚存在活动市场,按类似设备的市场价格减去按新旧程度估计的价值损耗后的余额为40 000元,当即填写了"固定资产盘点盈亏报告表",并上报有关机构审批。该公司所得税税率为25%,法定盈余公积提取比例为10%。公司管理机构批复按会计准则的有关规定处理。编制会计分录如下。

盘盈的固定资产应作为前期差错记入"以前年度损益调整"账户进行追溯调整,不得计入当期损益。

① 报批前将盘盈固定资产登记入账:

借:固定资产　　　　　　　　　　　　　　　　　　　　　　　　 40 000
　贷:以前年度损益调整　　　　　　　　　　　　　　　　　　　　40 000

② 批准后计算应交纳的所得税:

应交所得税=40 000×25%=10 000(元)

借:以前年度损益调整　　　　　　　　　　　　　　　　　　　　　10 000
　贷:应交税费——应交所得税　　　　　　　　　　　　　　　　　10 000

③ 结转留存收益:

借:以前年度损益调整　　　　　　　　　　　　　　　　　　　　　30 000
　贷:盈余公积——法定盈余公积　　　　　　　　　　　　　　　　 3 000
　　　利润分配——未分配利润　　　　　　　　　　　　　　　　　27 000

有关融资租入固定资产、以非货币性资产交换和债务重组等方式取得固定资产的业务一般只发生在少数企业中,故本书不作介绍。

6.3 固定资产折旧

1. 固定资产折旧的性质及影响因素

（1）固定资产折旧的性质

固定资产折旧是指在固定资产的使用寿命内，按一定方法将其损耗价值逐渐转移到成本费用中所进行的系统分摊。

固定资产能够长期服务于企业的生产经营过程而保持原有的实物形态，但随着固定资产的使用，其实物在逐渐磨损，价值在不断减少，固定资产折旧就是把逐渐损耗而消失的那部分价值转移到成本费用中的价值分摊过程。

固定资产损耗分为有形损耗和无形损耗两种。有形损耗是固定资产由于使用和自然力作用而造成的使用价值及价值的损失，如机器发生磨损、房屋建筑物受到自然侵蚀等；无形损耗是由于科学技术的进步和劳动生产率的提高而引起的固定资产价值损失，如因新技术的出现而使使用中的固定资产技术水平相对陈旧等。在计提固定资产折旧时，应充分考虑这两种损耗的影响，选择合理的折旧方法，确保固定资产折旧科学合理。

（2）影响固定资产折旧的因素

影响固定资产折旧的因素主要有以下几点。

① 固定资产原价。固定资产原价是固定资产折旧的基数，它与折旧额成正比。

② 预计净残值。固定资产的预计净残值是指预计在固定资产使用寿命期满时，企业从该项资产的处置收益中扣除预计处置费用后的金额。因为这部分残值是预计可以收回的价值，所以应该从固定资产原价中扣除后再计算折旧额。它与折旧额成反比。预计净残值应合理确定，一经确定不得随意变更。

③ 固定资产减值准备。按现行会计准则规定，当企业有迹象表明，固定资产的预计可收回金额低于账面价值的，可预先计提减值准备。这部分准备金可以弥补固定资产的价值损失，应从应计折旧额中扣除。它与折旧额成反比。

④ 固定资产的使用寿命。固定资产使用寿命的长短直接影响各期应提取的折旧额，它与每期计提的折旧额成反比。在确定使用寿命时，除应充分考虑该项资产的有形损耗和无形损耗外，还应考虑该项资产的预计生产能力及法律对该项资产的使用限制。同样，使用寿命确定后不得随意变更。

2. 固定资产折旧的范围

按现行会计准则规定，除下列情况外，企业应对所有固定资产计提折旧：已提足折旧仍继续使用的固定资产；按规定单独估价作为固定资产入账的土地。

在确定固定资产折旧范围时，还应注意以下几点。

① 固定资产应当按月计提折旧，当月增加的固定资产，当月不计提折旧，从下月起计提折旧；当月减少的固定资产，当月仍计提折旧，从下月起停止计提折旧。

② 固定资产提足折旧后，不论能否继续使用，均不再计提折旧；提前报废的固定资产，也不再补提折旧。

③ 已达到预定可使用状态但尚未办理竣工决算手续的固定资产,应当按照估计价值确定其成本入账,并计提折旧,待办理竣工决算手续后,再按实际成本调整原暂估成本,但不需要调整原已计提的折旧额。

④ 融资租入的固定资产,能确定租赁期届满时将会取得资产所有权的,应当在租赁资产尚可使用年限内计提折旧;不能确定租赁期届满时能否取得资产所有权的,应当在租赁期与租赁资产尚可使用年限两者中较短的期间内计提折旧。

⑤ 因更新改造而停止使用的固定资产,应将其账面价值转入在建工程,不再计提折旧,待改造达到预定可使用状态转为固定资产后,再按重新确定的使用寿命和折旧方法计提折旧。

⑥ 因进行大修理而停用的固定资产,应当照提折旧,计提的折旧计入相关资产成本或当期损益。

3. 固定资产折旧方法

固定资产折旧方法有年限平均法、工作量法、双倍余额递减法和年数总和法等。企业可以根据固定资产价值损耗的特性确定合理的折旧方法。折旧方法一经确定,不得随意变更。

(1) 年限平均法

年限平均法,是指按固定资产使用年限平均计算折旧额的一种方法。由于采用这种方法计提的折旧额在各个会计期都是相等的,折旧累计金额呈直线上升趋势,故又称直线法。计算公式如下。

$$年折旧额 = \frac{固定资产原价 - 预计净残值}{预计使用寿命(年)}$$

$$月折旧额 = 年折旧额/12$$

为了计算简便,可以合理确定预计净残值率,再计算年折旧率和月折旧率,每月用固定资产原价乘以月折旧率即可求得月折旧额。预计净残值率,是指预计净残值占固定资产原价的比率。

$$年折旧率 = \frac{1 - 预计净残值率}{预计使用寿命(年)} \times 100\%$$

$$月折旧率 = 年折旧率/12$$

$$月折旧额 = 固定资产原价 \times 月折旧率$$

【例 6-8】 天宇公司一台大型设备原价 1 000 000 元,预计使用 8 年,预计净残值率为 4%,则

$$年折旧率 = \frac{1-4\%}{8} \times 100\% = 12\%$$

$$月折旧率 = 12\%/12 = 1\%$$

$$月折旧额 = 1\,000\,000 \times 1\% = 10\,000(元)$$

由于采用年限平均法计算各期的折旧额是相等的,因此它能将固定资产的应计折旧额均衡地分摊到固定资产的预计使用寿命内,有利于折旧费用的均衡负担。

（2）工作量法

工作量法，是指按照固定资产所能完成的工作总量计算每个工作量折旧额，然后按每期实际完成的工作量计提折旧的一种方法。计算公式如下。

$$单位工作量折旧额 = \frac{固定资产原价 \times (1-预计净残值率)}{预计总工作量}$$

$$某项固定资产月折旧额 = 该项固定资产当月实际工作量 \times 单位工作量折旧额$$

【例6-9】 天宇公司一辆载重汽车原价为400 000元，预计净残值率为4%，预计总行驶里程为600 000公里，本月实际行驶8 000公里。则

$$每公里折旧额 = \frac{400\,000 \times (1-4\%)}{600\,000} = 0.64 （元）$$

$$本月折旧额 = 8\,000 \times 0.64 = 5\,120 （元）$$

采用工作量法计算折旧额能较准确地反映固定资产的使用状况和实物磨损程度。

（3）双倍余额递减法

双倍余额递减法，是指以固定资产的年初账面余额为折旧基数，以双倍的直线法折旧率（不考虑净残值）计算各期折旧额的一种方法。

由于采用双倍余额递减法计算折旧率时，并不考虑固定资产的预计净残值，这样会导致使用寿命结束时已折旧总额不等于应计折旧总额。为解决这一问题，采用该方法计提折旧时，应当在固定资产使用到期的前两年内，将固定资产账面净值减去预计净残值后的金额平均摊销。计算公式如下。

$$年折旧率 = \frac{2}{预计使用寿命（年）} \times 100\%$$

$$月折旧率 = 年折旧率/12$$

$$月折旧额 = 固定资产年初账面净额 \times 月折旧率$$

或者在计算出年折旧率之后，先计算年折旧额，然后再计算月折旧额，则有

$$某年折旧额 = 该年年初账面净值 \times 年折旧率$$

$$月折旧额 = 年折旧额/12$$

【例6-10】 天宇公司一台机器原价为100 000元，预计使用寿命为5年，预计净残值为4 000元，则各年折旧额为

$$年折旧率 = (2/5) \times 100\% = 40\%$$

第一年的年折旧额 = 100 000 × 40% = 40 000（元）

第二年的年折旧额 = 60 000 × 40% = 24 000（元）

第三年的年折旧额 = 36 000 × 40% = 14 400（元）

从第四年起改为年限平均法计提折旧：

$$第四、五年的年折旧额 = \frac{21\,600 - 4\,000}{2} = 8\,800 （元）$$

各年内的月折旧额用各年的年折旧额除以12即可求得。

（4）年数总和法

年数总和法，是指以固定资产的应计折旧总额（固定资产原价减去预计净残值）作为折旧基数，各年分别以一个逐年递减的分数作为折旧率来计提各期折旧额的一种方法。其中逐年递减的分数中分母是使用寿命的逐年数字之总和，如使用寿命为4年，则分母的年数总和为1＋2＋3＋4＝10；分子则为固定资产尚可使用的年数。计算公式为

$$年折旧率 = \frac{预计使用寿命 － 已使用年数}{预计使用寿命 \times (预计使用寿命＋1)/2} \times 100\%$$

或

$$= \frac{尚可使用的年限}{预计使用寿命的年数总和} \times 100\%$$

年折旧额＝（固定资产原价－预计净残值）×年折旧率

月折旧额＝年折旧额/12

【例6-11】 仍以例6-10的资料为例，采用年数总和法计算年折旧额如表6-1所示。

表6-1 固定资产折旧计算表

单位：元

年份	固定资产原价－预计净残值	年折旧率	年折旧额	资产折余价值
1	96 000	5/15	32 000	68 000
2	96 000	4/15	25 600	42 400
3	96 000	3/15	19 200	23 200
4	96 000	2/15	12 800	10 400
5	96 000	1/15	6 400	4 000

表6-1中，最后4 000元的资产折余价值为预计净残值，可通过资产的报废处置而收回。

双倍余额递减法和年数总和法属于加速折旧法。很明显，采用这两种方法计提折旧，在固定资产使用前期能创造较高经济效益的情况下，计提的折旧额大，转移的折旧费用多；而在固定资产使用后期经济效益可能会逐渐降低的情况下，计提的折旧额小，转移的折旧费用少。这既能反映收支配比要求，体现会计核算的谨慎性原则，又能尽快收回投资，实现固定资产快速更新。

值得指出的是，在科学技术日新月异的情况下，固定资产无形损耗是折旧必须考虑的重要因素，采用以上两种方法实行加速折旧是尽可能地避免固定资产因技术陈旧而遭淘汰的一项重要措施。

4. 固定资产折旧的核算

企业按月计提的折旧，应当通过"累计折旧"科目核算，该科目核算企业固定资产的累计折旧额，计提的折旧额记入贷方，因固定资产减少而应转销的折旧额记入借方，期末余额在贷方，反映企业实有固定资产的累计折旧额。同时，计提的折旧还应根据用

途计入相关资产的成本或当期损益。企业自行建造固定资产过程使用的固定资产，其折旧记入"在建工程"科目；基本生产车间使用的固定资产，其折旧记入"制造费用"科目；行政管理部门使用的固定资产，其折旧记入"管理费用"科目；销售部门使用的固定资产，其折旧记入"销售费用"科目；经营租出的固定资产，其折旧记入"其他业务成本"科目。

【例6-12】 天宇公司编制"固定资产折旧计算表"，计算出各部门所使用的固定资产折旧额如下：基本生产车间用固定资产折旧 50 000 元，行政管理部门用固定资产折旧 30 000 元，销售部门用固定资产折旧 10 000 元，经营租出固定资产折旧 10 000 元。编制会计分录如下。

借：制造费用	50 000
管理费用	30 000
销售费用	10 000
其他业务成本	10 000
贷：累计折旧	100 000

6.4　固定资产的后续支出

固定资产的后续支出，是指固定资产在使用过程中发生的更新改造支出、修理费用等支出。固定资产的不断使用，往往会使实物发生局部损坏，或者由于科学技术的进步而使使用中的固定资产逐渐处于落后状态。为了保持固定资产的正常运转和使用，充分发挥它们在使用寿命期内的产出效能，就必须对其进行必要的改造或修理。

固定资产发生的后续支出，若满足固定资产确认条件的应资本化，计入固定资产成本；若不能满足固定资产确认条件的应费用化，计入当期损益。

1. 资本化的后续支出

企业对固定资产进行更新改造或改良，通常可以满足固定资产确认条件，因此其支出应予以资本化。在固定资产投入更新改造时，应先将该资产的原价、累计折旧和已计提的减值准备转销，将其账面净值转入在建工程，并停止折旧。固定资产发生的可资本化的后续支出，通过"在建工程"科目核算，待改造工程达到预定可使用状态时，在资本化的资产价值不超过预计可收回的金额内转入"固定资产"科目，并重新确定固定资产的使用寿命、预计净残值等进行折旧。

【例6-13】 天宇公司对一幢厂房进行改造，该厂房账面原价为 1 500 000 元，已计提折旧 800 000 元；改造中用银行存款购入材料 250 000 元，增值税为 32 500 元，直接用于工程改造；计提工程人员工资 50 000 元；该资产达到预定可使用状态并重新投入使用，该厂房可使用 10 年，预计净残值率为 4%，预计使用期内和处置时可收回的金额为 1 200 000

元，符合固定资产条件。编制会计分录如下。

① 转销固定资产的账面记录：

借：在建工程——厂房改造工程　　　　　　　　　　　　　　　700 000
　　累计折旧　　　　　　　　　　　　　　　　　　　　　　　800 000
　　贷：固定资产——厂房　　　　　　　　　　　　　　　　　1 500 000

② 购入工程材料并投入使用：

借：在建工程——厂房改造工程　　　　　　　　　　　　　　　250 000
　　应交税费——应交增值税　　　　　　　　　　　　　　　　 32 500
　　贷：银行存款　　　　　　　　　　　　　　　　　　　　　 282 500

③ 计提工程人员工资：

借：在建工程——厂房改造工程　　　　　　　　　　　　　　　 50 000
　　贷：应付职工薪酬　　　　　　　　　　　　　　　　　　　 50 000

④ 工程达到预定可使用状态：

借：固定资产——厂房　　　　　　　　　　　　　　　　　　 1 000 000
　　贷：在建工程——厂房改造工程　　　　　　　　　　　　　1 000 000

⑤ 从下月起每月计提折旧：

$$年折旧额 = \frac{1\,000\,000 \times (1-4\%)}{10} = 96\,000（元）$$

$$月折旧额 = 96\,000/12 = 8\,000（元）$$

借：制造费用　　　　　　　　　　　　　　　　　　　　　　　　8 000
　　贷：累计折旧　　　　　　　　　　　　　　　　　　　　　　 8 000

对固定资产进行装修，如果满足固定资产确认条件的，装修费用应当计入固定资产账面价值，在"固定资产"科目下设"固定资产装修"明细科目核算。在两次装修间隔期间与固定资产尚可使用年限两者中较短的期间内，采用合理的方法单独计提折旧。如果在下次装修时，"固定资产装修"明细科目仍有账面价值，应将账面价值一次全部计入当期营业外支出。

【例6-14】 天宇公司2017年8月30日决定对一幢旧办公楼进行装修。购入装修材料150 000元（含税），发生其他费用90 000元，均以银行存款支付；2018年12月装修工程达到预定可使用状态。预计该办公楼尚可使用15年，预计下次装修时间为2026年12月。采用年限平均法计提折旧。编制会计分录如下。

① 发生装修费用：

借：在建工程——办公楼装修工程　　　　　　　　　　　　　　240 000
　　贷：银行存款　　　　　　　　　　　　　　　　　　　　　 240 000

② 2018年12月达到预定可使用状态：

借：固定资产——固定资产装修　　　　　　　　　　　　　　　240 000
　　贷：在建工程——办公楼装修工程　　　　　　　　　　　　 240 000

③ 从2019年1月起按月计提折旧时：由于预计该办公楼的两次装修间隔时间仅为8

年，而预计使用年限为15年，因此应按8年对固定资产装修成本计提折旧。从2019年1月起至2026年12月止共8年，每月计提折旧额为2 500元 [(240 000/8)/12]：

借：管理费用　　　　　　　　　　　　　　　　　　　　　　　　2 500
　　贷：累计折旧　　　　　　　　　　　　　　　　　　　　　　　　　2 500

④ 2026年12月重新进行装修时，先转销账面价值：

借：累计折旧　　　　　　　　　　　　　　　　　　　　　　　　237 500
　　营业外支出　　　　　　　　　　　　　　　　　　　　　　　　2 500
　　贷：固定资产——固定资产装修　　　　　　　　　　　　　　　　240 000

融资租入固定资产发生的后续支出，按上述装修费用的处理办法处理，在两次装修间隔时间、剩余租赁时间和资产尚可使用时间三者中选择较短的期间进行折旧；经营租入固定资产发生的改良支出，通过"长期待摊费用"科目核算，并在剩余租赁期和资产尚可使用年限中选择较短的期间进行摊销。

2. 费用化的后续支出

企业日常对固定资产进行维护和局部修理，只是确保固定资产保持正常的工作状态，一般不能满足固定资产确认条件，因此其修理费用应予以费用化。费用化的后续支出，应当计入支出发生的当期损益，不得采用预提或待摊方式处理。

【例6-15】　天宇公司某年5月15日对办公大楼的中央空调进行维修，修理中领用库存备用材料5 000元，原购进该批材料支付增值税进项税额800元，另用银行存款外购修理材料15 500元，应付修理人员工资3 650元。编制会计分录如下。

借：管理费用　　　　　　　　　　　　　　　　　　　　　　　　24 950
　　贷：原材料　　　　　　　　　　　　　　　　　　　　　　　　　5 000
　　　　应交税费——应交增值税（进项税转出）　　　　　　　　　　800
　　　　银行存款　　　　　　　　　　　　　　　　　　　　　　　15 500
　　　　应付职工薪酬　　　　　　　　　　　　　　　　　　　　　　3 650

6.5　固定资产的处置

1. 固定资产处置的含义及业务内容

固定资产处置是指由于各种原因使企业固定资产退出生产经营过程所做的处理活动，如固定资产的出售、报废、毁损等。

多数情况下，出售的固定资产是企业多余闲置的固定资产，或者是不适合企业产品生产需要的固定资产，如果不出售，会造成企业资源的浪费，增加额外的管理成本。报废、毁损的固定资产产生的原因一般有这样几类：第一，固定资产的预计使用年限已满，其物质磨损程度已达到极限，不宜继续使用，应按期报废；第二，由于科学技术水平的提高，致使企业拥有的某项固定资产继续使用时在经济上已不合算,必须将其淘汰提前报废;第三,由于自然灾害(如火灾、水灾)事故的发生或管理不善等原因而造成的固定资产毁损。

固定资产在处置过程中会发生收益或损失,称为处置损益。它以处置固定资产所取得的各项收入与固定资产账面价值、发生的清理费用之间的差额来确定。其中,处置固定资产的收入包括出售价款、残料变价收入、保险及过失人赔款等项收入;清理费用包括处置固定资产时发生的拆卸、搬运、整理等项费用。

2. 固定资产处置的核算

企业出售、转让、报废固定资产或发生固定资产毁损,应当将处置收入扣除账面价值和相关税费后的金额计入当期损益(营业外收支)。

企业应设置"固定资产清理"科目核算固定资产的处置损益。需要处置的固定资产账面价值、发生的清理费用等,记入该科目借方;取得的固定资产出售价款、残料变价收入、保险及过失人赔款等项收入,记入该科目的贷方;借方与贷方的差额即为固定资产处置净损益,因已经丧失使用功能或因自然灾害发生毁损等原因而报废清理产生的利得或损失计入营业外收入或营业外支出;因出售、转让等原因产生的利得或损失计入"资产处置损益"。

【例6-16】 天宇公司2020年6月出售一座2017年1月自建的仓库,原价为1 000 000元,已计提折旧400 000元,计提减值准备100 000元;经双方协商售价为600 000元,增值税为54 000元,款已划入公司存款账户;移交前公司对仓库进行了全面清理,发生清理费用10 000元,用银行存款支付。按现行税法规定,销售不动产应缴纳9%的增值税。编制会计分录如下。

① 将出售仓库转入清理时:

借:固定资产清理 500 000
　　累计折旧 400 000
　　固定资产减值准备 100 000
　　贷:固定资产 1 000 000

② 收到出售仓库的价款时:

借:银行存款 654 000
　　贷:固定资产清理 600 000
　　　　应交税费——应交增值税 54 000

③ 支付清理费用时:

借:固定资产清理 10 000
　　贷:银行存款 10 000

④ 结转出售仓库的利得:

借:固定资产清理 90 000
　　贷:资产处置损益 90 000

【例6-17】 天宇公司因遭受自然灾害造成一个仓库毁损,该仓库原价为500 000元,已计提折旧100 000元;清理中发生费用80 000元,以银行存款支付;清理出残料作价40 000元出售,款已存入银行;经保险公司核定,公司可获赔偿款350 000元,款尚未转入公司账户。编制会计分录如下。

① 转入清理时：

借：固定资产清理　　　　　　　　　　　　　　　　　　　　　400 000
　　累计折旧　　　　　　　　　　　　　　　　　　　　　　　　100 000
　　贷：固定资产　　　　　　　　　　　　　　　　　　　　　　　　　　500 000

② 支付清理费用时：

借：固定资产清理　　　　　　　　　　　　　　　　　　　　　　80 000
　　贷：银行存款　　　　　　　　　　　　　　　　　　　　　　　　　　80 000

③ 出售残料时：

借：银行存款　　　　　　　　　　　　　　　　　　　　　　　　40 000
　　贷：固定资产清理　　　　　　　　　　　　　　　　　　　　　　　　40 000

④ 确认应收保险公司赔偿款时：

借：其他应收款——某保险公司　　　　　　　　　　　　　　　350 000
　　贷：固定资产清理　　　　　　　　　　　　　　　　　　　　　　　350 000

⑤ 结转毁损仓库的净损失：

借：营业外支出——非常损失　　　　　　　　　　　　　　　　90 000
　　贷：固定资产清理　　　　　　　　　　　　　　　　　　　　　　　　90 000

6.6　固定资产减值准备

1. 固定资产的减值迹象

每年年末，企业应对固定资产的账面价值进行检查。在固定资产已出现减值迹象的情况下，应对固定资产的可收回金额进行估计。如果可收回金额低于账面价值，则应计提减值准备，也就是将固定资产的账面价值减记至可收回金额。

减值迹象包括以下几种。

① 固定资产的市价当期大幅度下跌，其跌幅明显高于因时间的推移或者正常使用而预计的下跌。

② 企业经营所处的经济、技术或者法律等环境，以及固定资产所处的市场在当期或者将在近期发生重大变化，从而对企业产生不利影响。

③ 市场利率或者其他市场投资报酬率在当期已经提高，从而影响企业计算固定资产预计未来现金流量现值的折现率，导致固定资产可收回金额大幅度降低。

④ 有证据表明固定资产已经陈旧过时。

⑤ 固定资产已经或者将被闲置、终止使用或者计划提前处置。

⑥ 企业内部报告的证据表明固定资产的经济绩效已经低于或者将低于预期，如固定资产所创造的净现金流量或者实现的营业利润（或者亏损）远远低于（或者高于）预计金额等。

⑦ 其他表明固定资产可能已经发生减值的迹象。

2. 固定资产可收回金额的计量

固定资产可收回金额应当根据固定资产的公允价值减去处置费用后的净额与固定资产预计未来现金流量的现值两者之间较高者确定。

固定资产的公允价值，应当根据公平交易中销售协议的价格确定。不存在销售协议但存在资产活跃市场的，应当按照该固定资产的市场价格确定。固定资产的市场价格通常应当根据资产的买方出价确定。在不存在销售协议和固定资产活跃市场的情况下，应当以可获取的最佳信息为基础，估计固定资产的公允价值。

企业按照上述规定仍然无法可靠估计固定资产的公允价值减去处置费用后的净额的，应当以该固定资产预计未来现金流量的现值作为其可收回金额。

3. 固定资产减值损失的核算

固定资产可收回金额的计量结果表明，固定资产可收回金额低于其账面价值的，应当将固定资产的账面价值减记至可收回金额，借记"资产减值损失"科目，贷记"固定资产减值准备"科目。

固定资产减值损失确认后，减值固定资产的折旧费用应当在未来期间作相应调整，以使该固定资产在剩余使用寿命内，系统地分摊调整后的固定资产账面价值。

固定资产减值损失一经确认，在以后会计期间不得转回。

【例6-18】 天宇公司2019年1月31日购入一台机器设备，原值为200 000元，预计净残值为8 000元，预计使用年限为5年，采用平均年限法计提折旧。2020年12月31日，该机器设备发生减值，公允价值减去处置费用后的金额为100 000元，未来现金流量的现值为110 000元。计提减值准备后，该机器设备的剩余使用年限预计为2年，预计净残值为2 000元。

① 计算该机器设备2019年1月至20×8年12月的累计折旧。

$$月折旧额 = (200\,000 - 8\,000) / (12 \times 5) = 3\,200 (元)$$
$$累计折旧 = 3\,200 \times (11 + 12) = 73\,600 (元)$$

② 计算该机器设备2020年12月31日的净值。

$$200\,000 - 73\,600 = 126\,400 (元)$$

③ 计提减值准备。可收回金额为公允价值减去处置费用后的金额与未来现金流量的现值两者中较高者，即110 000元。

$$126\,400 - 110\,000 = 16\,400 (元)$$

借：资产减值损失　　　　　　　　　　　　　　　　　　　　　　　　16 400
　　贷：固定资产减值准备　　　　　　　　　　　　　　　　　　　　　　16 400

④ 2021年1月起的月折旧额。

$$(110\,000 - 2\,000) / (12 \times 2) = 4\,500 (元)$$

6.7* 递耗资产与折耗

1. 递耗资产及其取得成本

递耗资产是指通过开掘、采伐、提取,以致逐渐耗竭而无法或难以恢复、更新或按原样重置的自然资源,如矿藏、油田、气田、森林等。递耗资产与固定资产不同,递耗资产因生产而蕴藏量日渐减少,终至耗竭,而固定资产的价值因使用等而减少,但其实物形态不变;递耗资产生产出来的产品基本上直接成为企业可供销售的商品,如矿砂、原油、原煤、原木等,而固定资产则是为生产活动创造必要的条件,其本身并不直接成为产品;递耗资产一般不能重置,而固定资产大多可以重置。

递耗资产取得时应按原始成本计价入账。其取得成本包括土地或矿山的购买成本、开采权成本、勘探成本及开发成本等。

2. 折耗

1) 折耗的性质

企业拥有的自然资源也属于有形固定资产的一种,它们的成本价值也将随着资源储存量的逐渐消耗而减少。把这类递耗资产的取得成本随着资源的逐渐消耗而应予转销的部分称为折耗。

折耗与折旧一样,都是将有形固定资产的成本在资产发生效益的期间内进行分摊。但是两者也存在几点明显不同:一是递耗资产的折耗过程,也是其实体逐渐耗竭并转化为企业可供销售的商品的过程,而固定资产折旧则只反映其使用价值的减少,固定资产的实体并不发生变化;二是折耗只发生于递耗资产被采掘、采伐等工作的进行过程,而折旧的发生则限于资产的使用,它还可以由自然力的作用及技术的进步等多种因素所造成。

2) 折耗的计算方法

折耗的计算方法主要有两种:成本折耗法和百分比折耗法。在财务会计核算中一般都使用成本折耗法,而百分比折耗法则用于计算应缴税款的折耗。

(1) 成本折耗法

成本折耗法的基本算法是将递耗资产的折耗基数(即递耗资产的取得成本减估计净残值)除以该递耗资产估计可开采的数量,算出单位分摊额,再以各期实际开采数量相乘即得出各期的应计折耗费用。用公式表示为

$$月折耗额 = 该月实际开采量 \times 单位折耗额$$

【例 6-19】 天宇公司拥有油田一座,取得成本为 600 万元,该油田估计储量为 200 万桶,估计残值为 10 万元。如果某年的实际采油量为 5 万桶,则当年应摊销的折耗额计算如下。

$$每桶折耗额 = \frac{(6\,000\,000 - 100\,000)}{2\,000\,000} = 2.95 \, (元)$$

$$当年折耗额 = 50\,000 \times 2.95 = 147\,500 \, (元)$$

计提折耗时应作的分录为:

借：折耗费用	147 500	
贷：累计折耗		147 500

折耗费用是产品的生产成本，它应在已售出和未售出的产品间进行分配，分配于已售产品的折耗费用构成销售成本的一部分，而分配于未售出的产品部分，则构成存货成本的一部分。

如果企业该年在采油过程中发生的生产费用总额为135 000元，采出的5万桶油只售出4万桶，则已售产品成本和存货成本分别为

销售成本＝40 000×2.95＋（40 000/50 000）×135 000＝226 000（元）

存货成本＝10 000×2.95＋（10 000/50 000）×135 000＝56 500（元）

应作的会计分录为

借：销售成本	226 000	
存货	56 500	
贷：折耗费用		147 500
生产费用		135 000

(2) 百分比折耗法

在这种方法下，折耗费用按照销售收入的一定百分比计算。由于百分比折耗法的计算实际上和递耗资产的成本没有关系，因而从财务会计的角度看，这种方法是不合理的，它只是西方某些国家为计算折耗时应缴纳的所得税而采用的方法。

3) 递耗资产上的固定资产折旧

递耗资产上的固定资产成本，不能计入递耗资产的成本，而应按照一般固定资产进行折旧处理。考虑到固定资产与递耗资产之间的附着性，一般对递耗资产上的固定资产折旧年限按以下方式进行确定。

① 固定资产的预期寿命小于递耗资产的预期寿命，应根据固定资产折旧年限计提折旧。

② 固定资产的预期寿命大于递耗资产的预期寿命，应根据以下两种情况分别处理：如果递耗资产开采完毕而该项固定资产不可拆卸，则应按照递耗资产预期寿命计提折旧；如果递耗资产开采完毕而该项资产可以移至别处另行使用，则应根据固定资产预期使用寿命计提折旧。

本章重点

固定资产的计价与确认；固定资产折旧的范围、折旧方法及其账务处理；固定资产取得、处置的账务处理；固定资产期末计价的账务处理。

本章难点

固定资产取得的计价、固定资产的折旧；固定资产的改扩建和维修（后续支出）；固定资产处置、固定资产的清查。

关键术语

固定资产　原始价值　重置完全价值　净值　固定资产折旧　预计净残值　固定资产后续支出　固定资产处置　平均年限法　工作量法　双倍余额递减法　年数总和法　递耗资产　折耗

思 考 题

1. 什么是固定资产？确认固定资产必须满足哪些条件？
2. 企业固定资产实行综合分类，可以分为哪几类？
3. 企业购置和自行建造固定资产，其入账价值分别如何确定？
4. 什么是固定资产折旧？影响固定资产折旧的因素有哪些？
5. 现行会计准则中关于固定资产折旧的范围是如何规定的？
6. 固定资产折旧方法有哪些？这些方法是如何计算折旧额的？
7. 什么是固定资产的后续支出？会计上对后续支出是如何划分和进行账务处理的？
8. 如何判定固定资产发生减值损失？判定减值损失的应如何计提减值准备？
9. 固定资产盘盈、盘亏如何分别进行账面调整？

练 习 题

一、单项选择题

1. 下列固定资产折旧方法中，年折旧率不一致且递减的是（　　）。
   A. 平均年限法　　　B. 工作量法　　　C. 双倍余额递减法　　　D. 年数总和法
2. 与直线法相比，采用加速折旧法对固定资产计提折旧将使得（　　）。
   A. 计提折旧的初期，企业利润减少，固定资产净值减少
   B. 计提折旧的初期，企业利润减少，固定资产原值减少
   C. 计提折旧的后期，企业利润减少，固定资产净值减少
   D. 计提折旧的后期，企业利润减少，固定资产原值减少
3. 下列固定资产中，应计折旧的固定资产是（　　）。
   A. 当月交付使用的固定资产　　　　　　B. 未提足折旧提前报废的固定资产
   C. 已经提足折旧仍继续使用的固定资产　D. 季节性停用的固定资产
4. 融资租入的固定资产应作为自有固定资产核算，是财务会计信息（　　）的质量要求。
   A. 相关性　　　　B. 可靠性　　　　C. 实质重于形式　　　　D. 谨慎性
5. 下列项目中，不应计入固定资产入账价值的是（　　）。
   A. 固定资产采购过程中发生的运杂费支出
   B. 固定资产达到预定可使用状态前发生的借款费用（符合资本化条件）
   C. 固定资产达到预定可使用状态后至竣工前发生的借款费用
   D. 固定资产的买价

二、多项选择题

1. 影响折旧计提的因素有（　　）。
   A. 固定资产原值 B. 预计使用年限
   C. 预计净残值   D. 有形损耗
   E. 无形损耗

2. 下列各个项目中，应计入固定资产原始价值的有（　　）。
   A. 购入固定资产运输过程中的费用
   B. 固定资产的买价
   C. 购入固定资产（设备）的增值税（一般纳税人）
   D. 购入固定资产（设备）的消费税
   E. 购入固定资产的安装成本

3. 固定资产具有以下（　　）特征。
   A. 固定资产为有形资产
   B. 固定资产使用寿命超过一个会计年度
   C. 固定资产是为生产商品、提供劳务、出租或经营管理而持有的
   D. 固定资产是为了出售而持有的
   E. 固定资产是企业生产资料中的劳动对象

4. 使用中的固定资产包括（　　）。
   A. 处于使用过程中的非经营用的固定资产 B. 季节性生产停用的固定资产
   C. 修理停用的固定资产   D. 经营租赁方式下出租的固定资产
   E. 改建、扩建而暂时停止使用的固定资产

5. 非生产经营用的固定资产包括（　　）。
   A. 职工宿舍   B. 食堂   C. 管理用具
   D. 运输工具   E. 企业构建的尚待安装的固定资产

三、计算题

1. 天宇公司2019年12月份购入一台需要安装的设备，增值税专用发票上注明的设备价款为80 000元，增值税税额为10 400元，发生运杂费1 400元，安装费5 000元（假定运杂费、安装费均不考虑增值税），全部款项已用银行存款支付。该设备当月安装完毕并达到预定可使用状态。该设备预计残值为4 000元，预计使用年限5年。

   要求：（1）计算该设备的入账价值，并编制相关会计分录；
   （2）分别采用平均年限法、双倍余额递减法和年数总和法计算该设备2018年至2023年各年的折旧额。

2. 天宇公司某年与固定资产有关的业务资料如下。

   ① 3月1日，对现有的一台生产机器设备进行日常修理，修理过程中发生的材料费为50 000元，应支付的维修人员工资为20 000元。

   ② 3月15日，出售一座建筑物，原价为8 000 000元，已计提累计折旧5 000 000元，未计提减值准备，实际出售价格为6 000 000元。销售该固定资产应交纳的增值税税率为9%，已通过银行收回价款。

   ③ 6月25日，在财产清查过程中发现一台未入账的设备，按同类或类似商品市场价格，

减去按该项资产的新旧程度估计的价值损耗后的余额为 50 000 元（假定与其计税基础不存在差异）。根据会计政策、会计估计变更和差错更正准则规定，该盘盈固定资产作为前期差错进行处理。假定天宇公司适用的所得税税率为25%。

④12月31日，A产品生产线存在可能发生减值的迹象。经计算，该机器的可收回金额合计为 2 500 000 元，账面价值为 3 400 000 元，以前年度未对该生产线计提过减值准备。

要求：编制上述业务的会计分录。

3. 天宇公司某年3月1日对其以经营租赁方式新租入的办公楼进行装修，发生以下有关支出：领用生产用材料 600 000 元，购进该批原材料时支付的增值税进项税额为 78 000 元；辅助生产车间为该装修工程提供的劳务支出为 200 000 元；有关人员工资等职工薪酬 255 000 元。该年12月1日，该办公楼装修完工，达到预定可使用状态并交付使用，并按租赁期10年开始进行摊销。

要求：假定不考虑其他因素，编制上述业务的会计分录。

第7章 无形资产及投资性房地产

【学习目标】
通过本章的学习，应明确无形资产及投资性房地产的基本概念、特征、分类及确认标准、计量方面的有关规定，熟练掌握无形资产及投资性房地产的会计处理方法，包括企业从各种不同渠道取得的各种无形资产的摊销、出售、出租、减值及各种投资性房地产出租收入的核算，投资性房地产后续计量的核算、投资性房地产转换的核算。

7.1 无形资产

1. 无形资产的概念和特征

无形资产是指企业拥有或者控制的没有实物形态的可辨认非货币性资产。无形资产通常代表的是企业拥有的一些法定权利，企业可以凭借这些权利获得更多的经济利益，与其他资产相比它具有如下显著特征。

（1）无形资产不具有实物形态

不具有实物形态是无形资产区别于固定资产和其他有形资产的主要标志。它们通常表现为某种权利、技术或获取超额利润的综合能力，如专利权、土地使用权、非专利技术等。无形资产以非实物形态存在，为企业创造经济利益，或使企业获得超额收益。不过无形资产的存在并产生效益必须依赖于实物载体，如企业的专利权只有借助于劳动资料和劳动对象等实物资产才能为企业带来经济效益。但这并不改变无形资产本身不具有实物形态的特征。

（2）无形资产具有可辨认性

无形资产能够从企业中分离出来，单独或者与资产、负债和相关合同一起用于出售、租赁或交换；同时，无形资产所表现的权利源自于合同或法定权利，都是可辨认的。

（3）无形资产属于非货币性长期资产

属于非货币性资产且为非流动资产，是无形资产的又一特征。货币性资产，如应收款项、银行存款等也没有实物形态，因此仅以有无实物形态与其他资产加以区分是不够的。无形资产属于长期资产，主要是因为它们能在超过一个营业周期的长时间内为企业创造经济利益。

(4) 无形资产是为企业使用而非出售的资产

企业持有无形资产的目的不是出售而是生产经营,即利用无形资产来生产商品、提供劳务、出租给他人或为企业经营管理服务。

(5) 无形资产在创造经济利益方面存在较大的不确定性

作为资产必须能给企业带来经济利益,无形资产也不例外。但在某种程度上无形资产创造的经济利益具有不确定性,因为它必须与其他资产结合,而且其成果还要接受市场的考验,如企业利用某种专利权生产的产品市场接受程度高,企业利益就大,反之就小。无形资产的这一特征,要求企业对无形资产的取得和管理持更为谨慎的态度。

2. 无形资产的分类

无形资产按照不同的标准,可以分为不同的类别。

(1) 按经济内容分类

无形资产按其反映的经济内容,可以分为专利权、非专利技术、商标权、著作权、土地使用权、特许权等。

① 专利权。专利权是指国家专利主管机关依法授予发明创造专利申请人对其发明创造在法定期限所享有的特有权利,包括发明专利权、实用新型专利权和外观设计专利权。

② 非专利技术。非专利技术也称为专有技术,它是指不为外人所知、在生产经营活动中已采用了的、不享有法律保护的各种技术和经验。非专利技术一般包括工业专有技术、商业贸易专有技术、管理专有技术等。非专有技术可以用蓝图、配方、技术记录、操作方法的说明等具体资料表现出来,也可以通过买方派出技术人员进行指导,或接受买方人员进行技术实习等手段来实现。非专有技术具有经济性、机密性和动态性等特点。

③ 商标权。商标是用来辨认特定商品和劳务的标记。商标是专门在某类指定的商品或产品上使用特定名称或图案的权利。商标权包括独占使用权和禁止权两个方面。

④ 著作权。著作权又称版权,是指作者对其创作的文学、科学和艺术作品依法享有的某些特殊权利。著作权包括两方面的权利,即精神权利(人身权利)和经济权利(财产权利)。前者是指作品署名、发表作品、确认作者身份、保护作品完整性、修改已经发表的作品等权利,包括发表权、署名权、修改权和保护作品完整权;后者是指以出版、表演、展览、录制唱片、摄影影片等方式使用作品及因授权他人使用作品而获得经济利益的权利。

⑤ 土地使用权。土地使用权,是指国家准许某企业在一定期间内对国有土地享有开发、利用、经营的权利。我国企业取得土地使用权的方式大致有行政划拨取得、外购取得、投资者投入取得等。

⑥ 特许权。特许权,又称经营特许权、专营权,是指企业在某一地区经营或销售某种特定商品的权利或是一家企业接受另一家企业使用其商标、商号、技术机密等的权利。

(2) 按来源途径分类

无形资产按其来源途径,可以分为外来无形资产和自创无形资产。

① 外来无形资产。是指企业用货币资金或可以变现的资产从国内外科研单位及其他企业购进的无形资产及接受投资或接受捐赠形成的无形资产。

② 自创无形资产。是指企业自行开发、研制的无形资产。

(3) 按经济寿命期限分类

无形资产按是否具备确定的经济寿命期限,可以分为期限确定的无形资产和期限不确定的无形资产。

① 期限确定的无形资产。是指在有关法律中规定有最长有效期限的无形资产，如专利权、商标权、著作权、土地使用权和特许权等。这些无形资产，在法律规定的有效期限内受法律保护；有效期满时，如果企业未继续办理有关手续，将不再受法律保护。

② 期限不确定的无形资产。是指没有相应法律规定其有效期限，其经济寿命难以预先准确估计的无形资产，如非专利技术。这些无形资产的经济寿命取决于技术进步的快慢及技术保密工作的好坏等因素。当新的可替代技术成果出现时，旧的非专利技术自然贬值；当技术不再是秘密时，也就无价值可言。

3. 无形资产的确认与计量

(1) 无形资产的确认

无形资产在符合其定义的基础上，还必须同时满足以下两个条件才能予以确认。

① 与该无形资产有关的经济利益很可能流入企业。作为企业无形资产予以确认的项目，必须具备产生的经济利益很可能流入企业这个基本条件。实务中，要确定无形资产创造的经济利益是否很可能流入企业，需要实施职业判断。在实施这种判断时，应当对无形资产在预计使用寿命内可能存在的各种经济因素做出合理估计，并且应当有明确证据支持。如果有证据表明某一无形资产产生的经济利益很可能流入企业，就应将其确认为无形资产；反之，就不能确认为无形资产。

② 该无形资产的成本能够可靠计量。成本能够可靠计量是资产确认的一个基本条件。对于无形资产来说，这个条件显得十分重要。比如，一些高新科技企业的科技人才，假定其与企业签订了服务合同，且合同规定其在一定期限内不能为其他企业提供服务。在这种情况下，虽然这些科技人才的知识在规定的期限内预期能够为企业创造经济利益，但由于这些技术人才的知识难以辨认，加之为形成这些知识所发生的支出难以计量，从而不能作为企业的无形资产加以确认。

(2) 无形资产的计量

根据无形资产取得方式的不同，有不同的计量方法。

① 外购的无形资产。企业外购的无形资产应当按成本进行初始计量。外购无形资产的成本包括购买价款、相关税费及直接归属于该项资产达到预定用途所发生的其他支出。

购买无形资产的价款超过正常信用条件延期支付，实质上具有融资性质的，无形资产的初始成本以购买价款的现值为基础确定。实际支付的价款与购买价款的现值之间的差额，除按照"借款费用"的有关规定应予以资本化以外，应当在信用期间内采用实际利率法进行摊销，计入当期损益。

② 投资者投入的无形资产。投资者投入的无形资产，应以投资各方确认的价值作为入账价值。但合同或协议约定价值不公允的除外。

③ 自行开发的无形资产。企业会计准则将内部研究开发分为研究阶段和开发阶段。所谓研究阶段，是指为获取新的技术和知识等进行的有计划的调查，其特点在于研究阶段是探索性的，为进一步的开发活动进行资料及相关方面的准备，从已经进行的研究活动看，将来是否会转入开发、开发后是否会形成无形资产等具有较大的不确定性。开发阶段相对研究阶段而言，应当是完成了研究阶段的工作，在很大程度上形成了一项新产品或新技术的基本条件已经具备。根据准则的规定，企业研究阶段的支出全部费用化，计入当期损益。开发阶段

的支出符合资本化条件的，才能确认为无形资产；不符合资本化条件的，计入当期损益。无法区分研究阶段支出和开发阶段支出，应当将其所发生的研发支出全部费用化，计入当期损益。

企业内部发生的开发阶段支出，应同时满足下列条件，才能予以资本化，确认为无形资产。

① 完成该项无形资产以使其能够使用或出售在技术上具有可能性。判断无形资产的开发在技术上是否具有可行性，应当以目前阶段的成果为基础，并提供相关证据和材料，证明企业进行开发所需的技术条件等已经具备，不存在技术上的障碍或其他不确定性。比如，企业已经完成了全部计划、设计和测试活动，这些活动是使资产能够达到设计规划书中的功能、特征和技术所必需的活动，或经过专家鉴定等。

② 具有完成该无形资产并使用或出售的意图。企业能够说明其持有开发无形资产的目的。

③ 无形资产能够为企业带来未来经济利益。

④ 有足够的技术、财务资源和其他资源支持，以完成该无形资产的开发，并有能力使用或出售该无形资产。

⑤ 归属于该无形资产开发阶段的支出能够可靠计量。企业对于研究开发的支出应当能够单独核算。比如，直接发生的研发人员工资、材料费及相关设备折旧费等能够对象化；同时从事多项研究开发活动的，所发生的支出能够按照合理的标准在各项研究开发活动之间进行分配。研发支出无法明确分配的，应当计入当期损益，不计入开发活动的成本。

4. 无形资产的摊销

无形资产属于企业的长期资产，能在较长的时间内给企业带来经济效益。但无形资产也有一定的有效期限，其价值将随着时间的推移而消失。因此，无形资产的成本应在其有效的经济寿命内加以摊销。会计准则对使用寿命有限的无形资产和使用寿命不确定的无形资产的摊销规定了不同的方法。对于使用寿命有限的无形资产，其应摊销金额应当在使用寿命内系统合理摊销；使用寿命不确定的无形资产不应摊销。在估计无形资产使用寿命时应该注意：企业持有的无形资产，通常来源于合同性权利或是其他法定权利，而且合同规定或法律规定有明确的使用年限。来源于合同性权利和其他法定权利的无形资产，其使用寿命不应超过合同性权利或其他法定权利的期限；如果合同性权利或其他法定权利能够在到期时因续约等延续，且有证据表明企业续约不需要付出大额成本，续约期应当计入使用寿命。合同或法律没有规定使用寿命的，企业应综合各方面情况，聘请相关专家进行论证，或与同行业的情况进行比较及参考历史经验等，确定无形资产为企业带来未来经济效益的期限。经过上述努力仍然无法合理确定无形资产为企业带来经济利益期限的，才能将其作为使用寿命不确定的无形资产。

企业在确定无形资产使用寿命时，应当考虑以下因素。

① 该资产通常的产品寿命周期、可获得的类似资产使用寿命的信息。

② 技术、工艺等方面的现实情况对未来发展的估计。

③ 以该资产生产的产品或服务的市场需求情况。

④ 现在或潜在的竞争者预期采取的行动。

⑤ 为维持该资产产生未来经济利益的能力预期的维护支出，以及企业预计支付有关支出的能力。

⑥ 对该资产的控制期限，使用的法律或类似限制，如特许使用期间、租赁期间等。

⑦ 与企业持有其他资产使用寿命的关联性等。

会计准则规定,企业摊销无形资产,应当自无形资产可供使用时起,至不再作为无形资产确认时止。在确定摊销期限后还应选择合理的摊销方法,企业选择的方法应当反映与该项无形资产有关的经济利益的预期实现方式。一般可以采用年限平均法、工作量法、双倍余额递减法和年数总和法等进行摊销,无法可靠确定预期实现方式的,应当采用年限平均法摊销。

无形资产的应摊销金额为其成本扣除预计残值后的金额。已计提减值准备的无形资产,还应扣除已计提的无形资产减值准备累计金额。

使用寿命有限的无形资产,如果有第三方承诺在无形资产使用寿命结束时购买该无形资产,或可以根据活跃市场得到预计残值信息,并且该市场在无形资产使用寿命结束时很可能存在,则可以预计其净残值;否则,其残值应当视为零。

无形资产的摊销金额一般应计入当期损益。但如果某项无形资产包含的经济利益是通过所生产的产品或其他资产实现的,其摊销金额应当计入相关资产的成本。

企业至少应当于每年年度终了,对使用寿命有限的无形资产的使用寿命及摊销方法进行复核。无形资产的使用寿命及摊销方法与以前估计不同的,应当改变摊销期限和摊销方法。

企业应当在每个会计期间对使用寿命不确定的无形资产的使用寿命进行复核。如果有证据表明无形资产的使用寿命是有限的,应当估计其使用寿命,并按准则规定处理。

5. 无形资产的核算

为了核算无形资产的取得、摊销和转让,应设置"无形资产"科目,该科目借方登记企业购入或自行创造并按法律程序申请取得的,以及投资者投入的各种无形资产的价值,贷方登记企业向外单位投资转出、转让出售的无形资产价值及分期摊销的无形资产的价值,期末借方余额反映企业已入账尚未摊销的无形资产价值。"无形资产"科目应按其类别设置明细分类账。

(1) 无形资产取得的核算

无形资产取得的方式主要有购入、自创、投资者投入等方式。由于取得的方式不同,会计处理方式也不同。

① 购入的无形资产。企业购入的无形资产按实际支付的价款借记"无形资产"科目,贷记"银行存款"等科目。若企业购入专利权、商标权等无形资产,购进的不是所有权而是使用权时,也应把使用权作为无形资产入账。

【例 7-1】 天宇公司购入一项非专利技术,一次性支付价款 50 000 元,支付咨询费、手续费等 1 500 元,以上款项均以银行存款支付。编制会计分录如下。

借:无形资产　　　　　　　　　　　　　　　　　　　　　　　　　51 500
　　贷:银行存款　　　　　　　　　　　　　　　　　　　　　　　　51 500

② 企业自创的无形资产。企业自行开发无形资产,应设置"研发支出"科目核算研究开发过程中的相关支出。该科目应当按照研究开发项目,分别设置"费用化支出"与"资本化支出"科目进行明细核算。其研发支出,不满足资本化条件的,借记"研发支出——费用化支出"科目;满足资本化条件的,借记"研发支出——资本化支出"科目,贷记"原材料""银行存款""应付职工薪酬"等科目。企业以其他方式取得的正在进行中的研究开发项目,应按确定的金额,借记"研发支出——资本化支出"科目,贷记"银行存款"等科目。研究开发项

目达到预定用途形成无形资产的,应按"研发支出——资本化支出"的余额,借记"无形资产"科目,贷记"研发支出——资本化支出"科目。期末,企业应将"研发支出——费用化支出"金额转入"研发费用"科目,借记"研发费用"科目,贷记"研发支出——费用化支出"科目。本科目期末借方余额反映企业正在进行的研究开发项目中满足资本化条件的支出。

【例 7-2】 天宇公司某年 3 月董事会批准自行研发某项新型技术,在开发过程中发生材料费用 700 000 元,人工费用 300 000 元,以及其他费用 100 000 元,总计 1 100 000 元。其中,符合资本化条件的支出为 800 000 元。10 月该项新型技术已达到预定用途。编制会计分录如下。

该年 3 月开发投入时:

借:研发支出——费用化支出　　　　　　　　　　　　　　　　300 000
　　　　　　——资本化支出　　　　　　　　　　　　　　　　　800 000
　贷:原材料　　　　　　　　　　　　　　　　　　　　　　　　700 000
　　　应付职工薪酬　　　　　　　　　　　　　　　　　　　　　300 000
　　　银行存款　　　　　　　　　　　　　　　　　　　　　　　100 000

该年 10 月开发项目达到预定用途时:

借:研发费用　　　　　　　　　　　　　　　　　　　　　　　300 000
　　无形资产　　　　　　　　　　　　　　　　　　　　　　　800 000
　贷:研发支出——费用化支出　　　　　　　　　　　　　　　　300 000
　　　　　　——资本化支出　　　　　　　　　　　　　　　　　800 000

③ 投资者投入的无形资产。投资者投入的无形资产,应以投资各方确认的公允价值作为入账价值,借记"无形资产"科目,贷记"实收资本"科目。如果无形资产的价值大于投资方在企业注册资本中占有的份额,其差额应贷记"资本公积"科目。

【例 7-3】 天宇公司接受某研究所投资的一项生产新型产品的专利权,双方确认的价值为 180 000 元。编制会计分录如下。

借:无形资产——专利权　　　　　　　　　　　　　　　　　　180 000
　贷:实收资本　　　　　　　　　　　　　　　　　　　　　　　180 000

(2) 无形资产摊销的核算

无形资产的价值应自受益之日起,在有效期内按月平均摊入期间费用。摊销时,并不直接冲减无形资产,而是在增加期间费用的同时增加累计摊销,即借记"管理费用"科目,贷记"累计摊销"科目。

【例 7-4】 天宇公司于某年 12 月购得一项专利权,该专利权的成本为 90 000 元,有效期为 3 年,本月应该摊销无形资产 2 500 元[(90 000/3)/12]。编制会计分录如下。

借:管理费用——无形资产摊销　　　　　　　　　　　　　　　2 500
　贷:累计摊销　　　　　　　　　　　　　　　　　　　　　　　2 500

（3）无形资产转让的核算

无形资产转让的方式有两种：一种是转让所有权，另一种是转让使用权。

① 转让无形资产所有权。无形资产所有权转让即为出售无形资产，企业应按实际取得的转让收入借记"银行存款"等科目，按该资产已计摊销额借记"累计摊销"科目，按无形资产的账面价值贷记"无形资产"科目，按支付相关税费，贷记"银行存款""应交税费"等科目；按其差额，贷记"营业外收入——出售无形资产收益"科目或借记"营业外支出——出售无形资产损失"科目。

【例7-5】 天宇公司于某年12月20日将拥有的一项专利权出售，价款为200 000元，款项存入银行，该专利权原价为250 000元，累计摊销为90 000元。编制会计分录如下。

借：银行存款　　　　　　　　　　　　　　　　　　　　　200 000
　　累计摊销　　　　　　　　　　　　　　　　　　　　　　90 000
　　贷：无形资产　　　　　　　　　　　　　　　　　　　　250 000
　　　　应交税费——应交增值税　　　　　　　　　　　　　 12 000
　　　　资产处置损益　　　　　　　　　　　　　　　　　　 38 000

② 转让无形资产使用权。企业转让无形资产使用权就是将无形资产出租，将使用权让渡给他人并收取租金，属于企业让渡资产的使用权。转让取得的收入计入其他业务收入，摊销无形资产成本并发生与转让有关的各种费用支出，计入其他业务成本。

企业出租无形资产所得的租金收入，借记"银行存款"等科目，贷记"其他业务收入"科目；摊销无形资产成本并发生与转让有关的各种费用支出，借记"其他业务成本"科目，贷记"累计摊销""银行存款"等科目。

【例7-6】 天宇公司某年12月10日将一项非专利技术使用权出租给B企业，租期一年，估计该非专利技术受益年限为5年，租金12 000元已经存入银行。该非专利技术的成本为30 000元，在转让过程中发生的服务费3 000元，以银行存款支付。不考虑其他相关税费。编制会计分录如下。

① 确认转让收入时：
借：银行存款　　　　　　　　　　　　　　　　　　　　　 12 720
　　贷：其他业务收入　　　　　　　　　　　　　　　　　　12 000
　　　　应交税费——应交增值税　　　　　　　　　　　　　　 720
② 支付转让费用时：
借：其他业务成本　　　　　　　　　　　　　　　　　　　　3 000
　　贷：银行存款　　　　　　　　　　　　　　　　　　　　 3 000
③ 摊销无形资产价值时：

本月摊销额＝30 000/（12×5）＝500（元）

借：其他业务成本　　　　　　　　　　　　　　　　　　　　　500
　　贷：累计摊销　　　　　　　　　　　　　　　　　　　　　 500

(4) 无形资产转销

如果无形资产预期不能为企业带来经济利益,从而不再符合无形资产的定义,则应将其转销。企业在判断无形资产是否预期不能为企业带来经济利益时,应根据以下迹象加以判断:该无形资产是否已被其他新技术替代,且已不能为企业带来经济利益;该无形资产是否不再受法律保护,且不能给企业带来经济利益。比如,某企业的一项无形资产的法定有效年限已过,且借以生产的产品没有市场,出现这种情况时,企业应转销这项无形资产。

转销时,应按已计提的累计摊销,借记"累计摊销"科目;按其账面余额,贷记"无形资产"科目;按其差额,借记"营业外支出"科目。已计提减值准备的,还应同时结转减值准备。出售无形资产的利得或损失应记入"资产处置损益"科目,其余同无形资产转销。

【例 7-7】 天宇公司拥有的某项专利权已被其他新技术替代,预期不能为企业带来经济效益,决定予以转销。该专利权的账面余额为 600 000 元,摊销期限为 5 年。采用直线法进行摊销,已摊销 3 年。已计提减值准备 160 000 元。编制会计分录如下。

借:累计摊销　　　　　　　　　　　　　　　　　　　　　　　　360 000
　　无形资产减值准备　　　　　　　　　　　　　　　　　　　　160 000
　　营业外支出——处置非流动资产损失　　　　　　　　　　　　 80 000
　贷:无形资产——专利权　　　　　　　　　　　　　　　　　　600 000

(5) 无形资产减值

资产减值,是指资产的可回收金额低于其账面价值。如果无形资产经过减值测试发生减值,则需要计提相应的减值准备。其相关账务处理为:借记"资产减值损失"科目,贷记"无形资产减值准备"科目。无形资产减值准备计提后不能转回,只能在无形资产处置时转销。无形资产减值损失确认后,减值无形资产的摊销费用应当在未来期间作相应调整,以使该无形资产在剩余使用寿命内系统地分摊调整后的无形资产账面价值。

【例 7-8】 天宇公司 2015 年 1 月 5 日购入一项专利权,实际支付价款 300 000 元,预计使用年限为 10 年。2018 年 12 月 31 日,该项专利权发生减值,预计未来现金流量的现值为 120 000 元,无公允价值。该项专利权发生减值以后,预计剩余使用年限为 5 年。

根据以上资料,编制会计分录如下。

① 计算该项专利权在计提减值准备前的账面价值。

$$账面价值 = 300\ 000 - (300\ 000/10) \times 4 = 180\ 000\ (元)$$

② 计提减值准备。

$$应计提的减值准备 = 180\ 000 - 120\ 000 = 60\ 000\ (元)$$

借:资产减值损失　　　　　　　　　　　　　　　　　　　　　　60 000
　贷:无形资产减值准备　　　　　　　　　　　　　　　　　　　60 000

③ 计算剩余使用年限内年摊销额。

$$剩余使用年限内年摊销额 = 120\ 000/5 = 24\ 000\ (元)$$

7.2* 投资性房地产

1. 投资性房地产概述

(1) 投资性房地产的定义

房地产是土地与房屋及其权属的总称。《企业会计准则第3号——投资性房地产》规定：投资性房地产是指为了赚取租金或资本增值，或两者兼有而持有的房地产，主要包括用于出租的建筑物、用于出租的土地使用权、持有并准备增值后转让的土地使用权。企业持有投资性房地产，无论是用于出租还是用于增值，都是企业为完成经营目标所从事的经常性活动及与之相关的其他活动形成的经济利益总流入，因此相关的经济利益总流入构成企业的收入。

需要特别注意的是，企业持有自用房地产是企业为了生产商品、提供劳务或者经营管理而持有，应确认为固定资产或无形资产；房地产开发企业在正常经营过程中销售的或为销售而正在开发的商品房和土地，应作为房地产开发企业的存货核算；企业持有的用于赚取租金或资本增值的房屋建筑物和土地使用权，则应确认为投资性房地产。

(2) 投资性房地产的确认条件

投资性房地产只有在符合定义的前提下，同时满足下列条件，才能予以确认：

① 与投资性房地产有关的经济利益很可能流入企业；

② 该投资性房地产的成本能够可靠计量。

投资性房地产的确认时点按以下原则处理。

① 已出租的土地使用权、已出租的建筑物，其作为投资性房地产的确认时点一般为租赁开始日，即土地使用权、建筑物进入出租状态开始赚取租金的日期。

② 企业持有以备经营出租的空置建筑物，董事会或类似机构做出书面决议，明确表明将其用于经营出租且持有意图短期内不再发生变化的，即使尚未签订租赁协议，也应视为投资性房地产。"空置建筑物"是指企业新购入、自行建造或开发完工但尚未使用的建筑物，以及不再用于日常生产经营活动且整理后达到可经营出租状态的建筑物。

③ 持有并准备增值后转让的土地使用权，其作为投资性房地产的确认时点为企业将自用土地使用权停止使用、准备增值后转让的日期。

2. 投资性房地产的初始计量

投资性房地产应当按照成本进行初始计量，借记"投资性房地产——成本"科目，贷记"银行存款"等科目。投资性房地产的成本一般应当包括取得投资性房地产时和使得该项投资性房地产达到预定可使用状态前所实际发生的各项必要的、合理的支出，如购买价款、建筑安装成本、应予以资本化的借款费用等。其取得成本的确认与计量方法与取得固定资产或无形资产的方法相同。

3. 投资性房地产后续计量与后续支出

投资性房地产的后续计量模式有成本模式和公允价值模式两种。通常情况下，企业采用成本模式对投资性房地产进行后续计量，但有确凿证据表明投资性房地产的公允价值能够持续可靠取得的，也可以采用公允价值模式对投资性房地产进行后续计量。一个企业的投资性房地产只能选用一种计量模式，不得对一部分投资性房地产采用成本模式进行后续计量，而对另一部分投资性房地产采用公允价值模式进行后续计量。计量模式一经确定，不得随意变更。

(1) 采用成本模式进行后续计量的投资性房地产

采用成本模式计量的投资性房地产，应按照固定资产或无形资产的会计处理要求，按期（月）计提折旧或摊销，借记"其他业务成本"科目，贷记"投资性房地产累计折旧（摊销）"科目。取得的租金收入，借记"银行存款"科目，贷记"其他业务收入"等科目。

投资性房地产存在减值迹象的，根据《企业会计准则第8号——资产减值》的有关规定，经减值测试后确定发生减值的，应当计提减值准备，借记"资产减值损失"科目，贷记"投资性房地产减值准备"科目。投资性房地产的减值准备一经计提，在以后会计期间不得转回。

【例7-9】 2018年1月1日，天宇公司与越秀公司之间签订经营租赁合同，天宇公司将其持有的一栋大楼出租给越秀公司使用，并确认为投资性房地产，采用成本模式进行后续计量。该大楼的成本为24 000 000元，按照直线法计提折旧，预计使用寿命为20年，无残值。按合同规定，越秀公司每月支付天宇公司租金110 000元。2019年年底，该大楼发生了减值迹象，经减值测试，其可收回金额为18 000 000元。

天宇公司的相关账务处理如下：

① 2018年1月1日起，每月计提折旧：

月折旧额＝（24 000 000/20）×（1/12）＝100 000（元）

借：其他业务成本　　　　　　　　　　　　　　　　　　　　　100 000
　　贷：投资性房地产累计折旧　　　　　　　　　　　　　　　　　　100 000

② 2018年1月1日起，每月核算相关租金收入：

借：银行存款　　　　　　　　　　　　　　　　　　　　　　　110 000
　　贷：其他业务收入　　　　　　　　　　　　　　　　　　　　　　110 000

③ 截至2019年12月31日：

减值测试前该房产的账面价值＝24 000 000－100 000×24＝21 600 000（元）

应计提减值准备＝21 600 000－18 000 000＝3 600 000（元）

借：资产减值损失　　　　　　　　　　　　　　　　　　　　　3 600 000
　　贷：投资性房地产减值准备　　　　　　　　　　　　　　　　　　3 600 000

(2) 采用公允价值模式进行后续计量的投资性房地产

投资性房地产采用公允价值模式进行后续计量，应当同时满足以下条件：投资性房地产所在地有活跃的房地产交易市场；企业能够从活跃的房地产交易市场上取得同类或类似房地产的市场价格及其他相关信息，从而对投资性房地产的公允价值做出合理估计。

《企业会计准则第39号——公允价值计量》中规定，所谓"公允价值"，是指市场参与者在计量日发生的有序交易中，出售一项资产所能收到或者转移一项负债所需支付的价格。有序交易，是指在计量日前一段时期内相关资产或负债具有惯常市场活动的交易。清算等被迫交易不属于有序交易。确定投资性房地产的公允价值时，可以参照活跃市场上同类或类似房地产的现行市场价格（市场公开报价）；无法取得同类或类似房地产现行市场价格的，可以参照活跃市场上同类或类似房地产的最近交易价格，并考虑交易情况、交易日期、所在区域等因素，对投资性房地产的公允价值做出合理估计；也可以基于预计未来获得的租金收益和相关现金流量的现值计量。

投资性房地产采用公允价值进行后续计量的，不计提折旧或摊销，应以资产负债表日的公允价值计量。资产负债表日，按投资性房地产的公允价值与账面价值之间的差额，调增或调减投资性房地产的账面余额，同时确认公允价值变化带来的收益或损失。相关账务处理为：资产公允价值高于账面余额时，借记"投资性房地产——公允价值变动"科目，贷记"公允价值变动损益"科目；资产公允价值低于账面余额时，借记"公允价值变动损益"科目，贷记"投资性房地产——公允价值变动"科目。

【例 7-10】 2018 年 1 月 1 日，天宇公司与越秀公司之间签订经营租赁合同，天宇公司将其持有的一栋大楼出租给越秀公司使用，并确认为投资性房地产，采用公允价值模式进行后续计量。该大楼的成本为 24 000 000 元，按照直线法计提折旧，预计使用寿命为 20 年，无残值。按合同规定，越秀公司每月支付天宇公司租金 110 000 元。2019 年年底，该大楼的公允价值为 18 000 000 元。

天宇公司因对其投资性房地产采用公允价值模式进行后续计量，因此该大楼无须计提折旧。相关账务处理如下。

① 2018 年 1 月 1 日起，每月核算相关租金收入：

借：银行存款　　　　　　　　　　　　　　　　　　　　　　　110 000
　　贷：其他业务收入　　　　　　　　　　　　　　　　　　　　　110 000

② 截至 2019 年 12 月 31 日，账面价值（24 000 000 元）大于公允价值（18 000 000 元），因此调减资产价值至公允价值。

借：资产减值损失　　　　　　　　　　　　　　　　　　　　　6 000 000
　　贷：投资性房地产减值准备　　　　　　　　　　　　　　　　　6 000 000

（3）投资性房地产后续计量模式的变更

为保证会计信息的可比性，企业投资性房地产的后续计量模式一经确定，不得随意变更。只有在房地产市场比较成熟、有确凿证据表明投资性房地产的公允价值能持续可靠取得、可以满足采用公允价值模式条件的情况下，企业才能将投资性房地产的计量从成本模式转为公允价值模式，并作为会计政策变更处理，按计量模式变更时投资性房地产的公允价值与账面价值的差额，调整期初留存收益。

已采用公允价值模式计量的投资性房地产，不得从公允价值模式转为成本模式。

【例 7-11】 天宇公司持有一栋大楼用于出租赚取租金，作为投资性房地产核算，采用成本计量模式。由于该大楼所在地的房地产市场已比较成熟，大楼的公允价值可以持续可靠地取得，满足采用公允价值模式计量的条件，天宇公司决定从 2019 年 1 月 1 日起，对该大楼采用公允价值计量模式进行后续计量。该大楼的成本 24 000 000 元，已计提累计折旧 1 200 000 元。2019 年 1 月 1 日，该大楼的公允价值为 30 000 000 元。天宇公司按净利润的

10%提取盈余公积。天宇公司的相关账务处理如下。

借：投资性房地产——成本	30 000 000
投资性房地产累计折旧	1 200 000
贷：投资性房地产——成本	24 000 000
盈余公积	720 000
利润分配——未分配利润	6 480 000

4. 投资性房地产的转换

由于企业经营目的、经营策略的变化，企业所拥有的房地产用途可能会发生变化。房地产的转换，是因房地产用途发生改变而对房地产进行的重分类。企业必须有确凿证据表明房地产用途发生了改变，才能使投资性房地产转化为非投资性房地产，或相反。确凿证据包括两个方面：董事会或类似机构应当就改变房地产用途形成正式的书面决议；房地产因用途改变而发生实际状态上的改变，如从自用房产变为出租等。

房地产的转换形式包括由非投资性房地产（自用房地产或存货）转换为投资性房地产，以及由投资性房地产转换为非投资性房地产（自用房地产或存货），如图7-1所示。

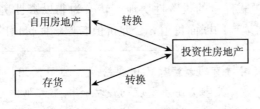

图7-1　投资性房地产的转换

1）非投资性房地产转换为投资性房地产

（1）非投资性房地产转换为采用成本模式计量的投资性房地产

在成本模式下，企业应将非投资性房地产转换前的账面价值作为转换后的投资性房地产的入账价值。其中，资产的原始价值转入投资性房地产的原值，借记"投资性房地产——成本"，贷记"固定资产""无形资产""库存商品"等科目；资产的累计折旧或累计摊销，转入投资性房地产的累计折旧或累计摊销，借记"累计折旧"（或"累计摊销"），贷记"投资性房地产——累计折旧"（或"投资性房地产——累计摊销"）等科目。如果非投资性房地产发生减值，计提的减值准备也应一并结转。

（2）非投资性房地产转换为采用公允价值计量模式的投资性房地产

自用房地产或存货转换为采用公允价值计量模式的投资性房地产时，应将转换当日的公允价值作为投资性房地产的入账价值。

① 转换当日的公允价值若小于原资产账面原值，其差额计入当期损益，借记"投资性房地产——成本""累计折旧"（或"累计摊销"）、"公允价值变动损益"等科目，贷记"固定资产""无形资产""库存商品"等科目。

② 转换当日的公允价值若大于原资产账面价值，其差额计入其他综合收益，借记"投资性房地产——成本""累计折旧"（或"累计摊销"）等科目，贷记"固定资产""无形资产""库存商品""资本公积——其他资本公积"等科目。如果非投资性房地产发生减值，计

提的减值准备也应一并结转。

2）投资性房地产转换为非投资性房地产

投资性房地产转换为非投资性房地产时，应根据转换前投资性房地产的后续计量模式进行相应的会计处理。

① 原采用成本模式进行后续计量的投资性房地产，应将转换前的账面价值作为转换后的账面价值。

- 投资性房地产转换为自用房地产。企业将投资性房地产转换为自用房地产时，应将转换前投资性房地产的成本转换为固定资产的原值，转换前投资性房地产的累计折旧转换为对应固定资产的累计折旧。按资产成本借记"固定资产"科目，贷记"投资性房地产——成本"科目；按已计提的累计折旧，借记"投资性房地产累计折旧"科目，贷记"累计折旧"科目。

- 投资性房地产转换为存货。这种情况通常是指房地产企业将用于经营出租的房地产收回，重新开发利用对外销售。企业应将转换前投资性房地产的账面价值作为存货的入账价值，借记"投资性房地产累计折旧"（已计提减值准备的，还应借记"投资性房地产减值准备"科目），贷记"投资性房地产——成本"科目，按差额借记"开发产品"科目。

② 原采用公允价值模式计量的投资性房地产转换为非投资性房地产，应当以转换前的公允价值作为非投资性房地产的账面价值，公允价值与原账面价值的差额计入当期损益。

【例7-12】 天宇公司持有的大楼原已出租给越秀公司使用，2019年12月31日租赁期结束。因业务发展的需要，天宇公司决定收回该栋大楼且立即作为公司办公大楼使用。出租期间，天宇公司将该大楼作为投资性房地产核算，并采用成本模式进行后续计量。大楼的成本为24 000 000元，已计提累计折旧额为6 000 000元。

转换日，天宇公司的相关会计处理如下。

借：固定资产　　　　　　　　　　　　　　　　　　　24 000 000
　　投资性房地产累计折旧　　　　　　　　　　　　　　6 000 000
　　贷：投资性房地产——成本　　　　　　　　　　　　24 000 000
　　　　累计折旧　　　　　　　　　　　　　　　　　　6 000 000

【例7-13】 天宇公司持有的大楼原已出租给越秀公司使用，2019年12月31日租赁期结束。因业务发展的需要，天宇公司决定收回该栋大楼且立即作为公司办公大楼使用。出租期间，天宇公司将该大楼作为投资性房地产核算。大楼原账面价值为25 000 000元，其中成本为24 000 000元，公允价值变动（截至2018年12月31日）为1 000 000元。2019年12月31日该大楼的公允价值为27 500 000元。

转换日，天宇公司的相关会计处理如下。

借：固定资产　　　　　　　　　　　　　　　　　　　27 500 000
　　贷：投资性房地产——成本　　　　　　　　　　　　25 000 000
　　　　投资性房地产——公允价值变动　　　　　　　　1 000 000
　　　　公允价值变动损益　　　　　　　　　　　　　　1 500 000

5. 投资性房地产处置

与其他资产一样,投资性房地也会面临处理的问题。投资性房地产的处置主要是指投资性房地产的出售、报废和毁损,也包括对外投资、非货币性资产交换、债务重组等原因转出投资性房地产的情形。

(1) 采用成本模式计量的投资性房地产的处置

处置采用成本模式进行后续计量的投资性房地产,其账务处理按如下步骤进行。

① 确认处置投资性房地产的收入。按实际收到的金额,借记"银行存款"等科目,贷记"其他业务收入"科目。

② 结转投资性房地产的成本。按已计提的累计折旧或摊销,借记"投资性房地产累计折旧(摊销)"科目(原已计提减值准备的,还应借记"投资性房地产减值准备"科目);按该投资性房地产的账面余额,贷记"投资性房地产"科目;根据其差额,借记"其他业务成本"科目。

③ 结转应交税费。根据应缴纳的税费,借记"税金及附加"科目,贷记"应交税费"科目。

【例7-14】 天宇公司将其出租的一栋写字楼确认为投资性房地产,采用成本模式计量。租赁期届满后,天宇公司将该写字楼出售给白云公司,合同价款为 50 000 000 元,白云公司已用银行存款付清。出售时,该写字楼的成本为 38 000 000 元,已计提折旧 8 000 000 元。假设不考虑相关税金。

天宇公司相关会计处理如下。

① 确认处置投资性房地产的收入。

借:银行存款 50 000 000
　　贷:其他业务收入 50 000 000

② 结转投资性房地产的成本。

借:其他业务成本 30 000 000
　　投资性房地产累计折旧 8 000 000
　　贷:投资性房地产 38 000 000

(2) 采用公允价值模式计量的投资性房地产的处置

处置采用公允价值模式进行后续计量的投资性房地产,其账务处理按如下步骤进行。

① 确认处置投资性房地产的收入。按实际收到的金额,借记"银行存款"等科目,贷记"其他业务收入"科目。

② 结转投资性房地产的成本。按投资性房地产的初始成本,贷记"投资性房地产"科目;根据公允价值变动,借记或贷记"投资性房地产——公允价值变动"科目。根据投资性房地产的账面价值,借记"其他业务成本"科目。同时,还要按投资性房地产公允价值变动额,借记或贷记"公允价值变动损益"科目,贷记或借记"其他业务成本"科目。如果其他资产转换为投资性房地产时有计入资本公积的金额,也应一并结转,借记"资本公积——其他资本公积"科目,贷记"其他业务成本"科目。

【例7-15】 天宇公司持有一栋大楼用于出租赚取租金，作为投资性房地产核算，采用成本计量模式。该大楼于20×2年12月1日购入，成本为25 000 000元，预计使用年限为50年，无残值，采用直线法计提折旧。天宇公司自20×3年1月1日起将大楼出租给白云公司，每月取得租金收入100 000元。由于该大楼所在地的房地产市场已比较成熟，大楼的公允价值可以持续可靠地取得，满足采用公允价值模式计量的条件，天宇公司决定从20×6年1月1日起，对该大楼采用公允价值计量模式进行后续计量。20×6年1月1日，该大楼的公允价值为30 000 000元，20×6年12月31日该大楼公允价值为35 000 000元；20×7年12月31日该大楼公允价值为33 000 000元；20×8年12月31日该大楼公允价值为37 000 000元。20×8年12月31日天宇公司以40 000 000元的价格将该大楼出售给白云公司，价款全部以银行存款收讫。假设天宇公司按净利润的10%提取盈余公积，不考虑相关税金。

天宇公司的相关账务处理如下。

① 20×2年12月1日购入大楼。

借：投资性房地产　　　　　　　　　　　　　　　　　　　25 000 000
　　贷：银行存款　　　　　　　　　　　　　　　　　　　　　　25 000 000

② 20×3年1月开始至20×5年12月（共36个月），每月核算租金收入，并计提折旧。

借：银行存款　　　　　　　　　　　　　　　　　　　　　100 000
　　贷：其他业务收入　　　　　　　　　　　　　　　　　　　　100 000

月折旧额=（25 000 000/50）×（1/12）≈41 666.67（元），36个月累计折旧额为1 500 000元。每月计提折旧分录如下。

借：其他业务收入　　　　　　　　　　　　　　　　　　　41 666.67
　　贷：投资性房地产累计折旧　　　　　　　　　　　　　　　　41 666.67

③ 20×6年1月1日将该投资性房地产的后续计量模式由成本模式改为公允价值计量模式。

借：投资性房地产　　　　　　　　　　　　　　　　　　　30 000 000
　　投资性房地产累计折旧　　　　　　　　　　　　　　　　1 500 000
　　贷：投资性房地产　　　　　　　　　　　　　　　　　　　　25 000 000
　　　　盈余公积　　　　　　　　　　　　　　　　　　　　　　650 000
　　　　利润分配——未分配利润　　　　　　　　　　　　　　　5 850 000

④ 20×6年1月至20×8年12月每月核算租金收入。

借：银行存款　　　　　　　　　　　　　　　　　　　　　100 000
　　贷：其他业务收入　　　　　　　　　　　　　　　　　　　　100 000

⑤ 20×6年12月31日调整大楼的公允价值。

借：投资性房地产——公允价值变动　　　　　　　　　　　5 000 000
　　贷：公允价值变动损益　　　　　　　　　　　　　　　　　　5 000 000

⑥ 20×7年12月31日调整大楼的公允价值。

借：公允价值变动损益　　　　　　　　　　　　　　　　　2 000 000
　　贷：投资性房地产——公允价值变动　　　　　　　　　　　　2 000 000

⑦ 20×8年12月31日调整大楼的公允价值。

借：投资性房地产——公允价值变动　　　　　　　　　　4 000 000
　　贷：公允价值变动损益　　　　　　　　　　　　　　　　4 000 000

⑧ 20×8年12月31日出售大楼。

确认收入，

借：银行存款　　　　　　　　　　　　　　　　　　　　40 000 000
　　贷：其他业务收入　　　　　　　　　　　　　　　　　 40 000 000

结转成本，

借：其他业务成本　　　　　　　　　　　　　　　　　　 37 000 000
　　贷：投资性房地产　　　　　　　　　　　　　　　　　 30 000 000
　　　　　投资性房地产——公允价值变动　　　　　　　　　7 000 000

结转公允价值变动损益，

借：公允价值变动损益　　　　　　　　　　　　　　　　　7 000 000
　　贷：其他业务收入　　　　　　　　　　　　　　　　　　7 000 000

7.3　其他长期资产

其他长期资产是指除流动资产、长期投资、固定资产、无形资产等以外的资产，如长期待摊费用等。

1. 长期待摊费用

(1) 长期待摊费用的内容

长期待摊费用，是指企业已经支出但摊销期限在1年以上（不含1年）的各项费用，包括固定资产的大修理支出、租入固定资产改良支出、开办费等。

企业在筹建期间发生的费用为开办费，包括筹建期间人员工资、办公费、培训费、印刷费、注册登记费，以及不计入固定资产和无形资产购建成本的借款费用等。开办费的核算，应先在"长期待摊费用"中归集，从企业开始经营当月起一次计入当月的损益。

租入固定资产的改良支出，是指以经营租赁方式租入的固定资产不适应企业生产技术要求而在租入固定资产上进行的改良工程所发生的工程支出。

(2) 长期待摊费用的核算

为了核算和监督长期待摊费用的发生、摊销、结存情况，企业应该设置"长期待摊费用"科目，借方登记发生的各种长期待摊费用，贷方登记长期待摊费用的摊销数，期末借方余额反映尚未摊销的长期待摊费用。

【例7-16】　天宇公司筹建期间，用现金支付差旅费、办公费共计8 000元，用银行存款支付工人培训费10 000元。编制会计分录如下。

借：长期待摊费用——开办费　　　　　　　　　　　　　　　18 000

    贷：库存现金 8 000
        银行存款 10 000

【例 7-17】 天宇公司已经正式投产，将开办费一次性计入本期损益。编制会计分录如下。
    借：管理费用 18 000
        贷：长期待摊费用——开办费 18 000

【例 7-18】 天宇公司采用经营租赁方式临时租入一栋办公用房，预计可使用 5 年，租期暂定为 4 年，租入后对房屋进行了局部改造，发生改良支出 120 000 元，以银行存款支付，改良工程完工投入使用。编制会计分录如下。
    借：长期待摊费用——租入固定资产改良支出 120 000
        贷：银行存款 120 000

租入固定资产的改良支出要在使用寿命和租期两者中选择较短的期限摊销，摊销时，借记"制造费用""管理费用"等科目，贷记"长期待摊费用——租入固定资产改良支出"科目。

【例 7-19】 例 7-18 中，租入固定资产改良支出应按 4 年的期限摊销，则每月摊销 2 500 元[(120 000/4)/12]。编制会计分录如下。
    借：管理费用 2 500
        贷：长期待摊费用——租入固定资产改良支出 2 500

2. 其他长期资产

除了长期待摊费用外企业还拥有一些特殊资产，如国家特种储备物资、银行冻结存款及临时设施和诉讼中的财产，这些资产一般不参加企业正常的生产经营活动，其价值也不需要摊销，且并非所有的企业都拥有这样的资产，在生产经营中处于次要地位，所以都统称为其他长期资产。企业可根据资产的性质及特点单独设置相关会计科目核算。

关键术语

无形资产　无形资产计量　无形资产研究阶段　无形资产开发阶段　研发支出　无形资产报废　无形资产摊销　投资性房地产　成本模式　公允价值模式　长期待摊费用

本章重点

无形资产的概念及分类；无形资产的确认和计量；无形资产的账务处理；投资性房地产后续计量。

本章难点

无形资产的主要特征；无形资产确认应满足的条件；我国无形资产摊销的期限与摊销方法；无形资产的减值；投资性房地产后续计量。

思 考 题

1. 什么是无形资产？无形资产包括哪些内容？
2. 无形资产不同的取得方式的入账价值是怎样确定的？
3. 无形资产转让的两种方式在会计处理上有什么不同？
4. 简述无形资产摊销与固定资产折旧的区别。
5. 投资性房地产采用公允价值模式进行后续计量应满足什么条件？
6. 简述其他资产转换为采用公允价值模式计量的投资性房地产的会计处理。
7. 长期待摊费用包括哪些内容？分别怎样核算？

练 习 题

一、单项选择题

1. 企业外购一项专利技术，成交前双方协商价为 35 000 元，实际成交价为 32 000 元，另支付 880 元交易费用，则该专利技术的入账价值为（　　）元。
   A. 32 880　　　　B. 35 880　　　　C. 35 000　　　　D. 32 000
2. 企业有偿转让未入账的土地使用权，按规定补交的土地出让金应作为（　　）入账。
   A. 当期费用　　　B. 无形资产　　　C. 固定资产　　　D. 递延资产
3. 企业出售无形资产取得的净收益，应当贷记（　　）账户。
   A. 其他业务收入　B. 投资收益　　　C. 营业外收入　　D. 其他应收款
4. 下列各项资产中，不可辨认、不属于无形资产的是（　　）。
   A. 商誉　　　　　B. 专利权　　　　C. 商标权　　　　D. 土地使用权
5. 递延资产本质上是企业的一项（　　）。
   A. 资产　　　　　B. 负债　　　　　C. 资本　　　　　D. 费用

二、多项选择题

1. 出租无形资产的转让成本包括（　　）。
   A. 无形资产的取得成本　　　　　B. 出租无形资产取得的收入
   C. 无形资产的摊余价值　　　　　D. 履行出租合同所发生的费用
   E. 出租无形资产时应缴纳的税金
2. 下列各项中，企业不应确认无形资产的有（　　）。
   A. 吸收投资取得的土地使用权　　B. 因转让土地使用权而补交的土地出让金
   C. 企业长期诚信经营而获得的商誉　D. 投资者投入的商标
   E. 无偿划拨取得的土地使用权
3. 专利技术与非专利技术的主要区别有（　　）。
   A. 效益方面，专利技术更有效益
   B. 法律保护方面，专利技术更受法律保护

C. 机密性方面，专利技术有更好的保密性
D. 入账价值方面，非专利技术的入账价值更低
E. 权利的期限方面，专利技术的拥有有期限限制

4. 其他资产的核算范围包括（　　）。
A. 国家批准储备的特种物资　　B. 银行冻结存款　　C. 积压的存货
D. 诉讼中的财产　　E. 临时设施

5. 无形资产的确认条件有（　　）。
A. 没有具体实物形态
B. 具有可辨认性
C. 属于非货币性资产
D. 与该无形资产有关的经济利益很可能流入企业
E. 该无形资产的成本能够可靠计量

三、计算题

1. 天宇公司2016年至2019年与无形资产业务有关的资料如下。

① 2016年12月1日，以银行存款300万元购入一项无形资产（不考虑相关税费），该无形资产的预计使用年限为10年。

② 2017年12月31日，预计该无形资产的可收回金额为142万元。该无形资产发生减值后，原预计使用年限不变。

③ 2018年12月31日，预计该无形资产的可收回金额为129.8万元，调整该无形资产减值准备后，原预计使用年限不变。

④ 2019年4月1日，将该无形资产对外出售，取得价款130万元并收存银行（不考虑相关税费）。

要求：
(1) 编制购入该无形资产的会计分录；
(2) 计算2017年12月31日该无形资产的账面净值；
(3) 编制2017年12月31日该无形资产计提减值准备的会计分录；
(4) 计算2018年12月31日该无形资产的账面净值；
(5) 编制2018年12月31日该无形资产计提减值准备的会计分录；
(6) 计算2019年3月31日该无形资产的账面净值；
(7) 计算该无形资产出售形成的净损益；
(8) 编制该无形资产出售的会计分录。

（答案中的金额单位用万元表示）

2. 天宇公司2015年2月1日以5 400 000元的价格从市场购入一项土地使用权，用于自行建造一栋办公楼。2015年3月1日，天宇公司预付给办公楼承包商工程价款30 000 000元；2016年5月20日，工程完工，验收合格，天宇公司补付工程款15 000 000元。根据董事会做出的书面决议，办公楼的其中一层对外出租，其余楼层均作为本企业的办公场所。2016年5月25日，天宇公司与一家大型超市签订了经营租赁合同，租期5年，每年租金为1 050 000元，于每年6月1日按年预收租金。租赁开始日为2016年6月1日。办公大楼一层能够单独计量和出售，建造成本为12 000 000元，土地使用权成本按照建造成本的比例分配。

假定天宇公司对投资性房地产采用成本模式进行后续计量。该写字楼预计使用寿命为20年，预计净产值为零，采用直线法计提折旧；土地使用权的使用年限为40年，采用直线法进行摊销。2018年12月31日，办公楼出现减值迹象，经减值测试，确定其可收回金额为9 000 000元。为了方便核算，假定每年的12月31日天宇公司计提办公楼折旧、摊销土地使用权成本、确认租金收入。

要求：编制天宇公司下列经济业务的相关会计分录。
(1) 2015年2月1日，购入土地使用权。
(2) 2015年3月1日，预付工程款。
(3) 2016年5月20日，补付工程款。
(4) 2016年5月20日，结转工程成本。
(5) 2016年6月1日，预收租金。
(6) 2016年12月31日，计提折旧、摊销并确认租金收入。
(7) 2017年6月1日，预收租金。
(8) 2017年12月31日，计提折旧、摊销并确认租金收入。
(9) 2018年6月1日，预收租金。
(10) 2018年12月31日，计提折旧、摊销并确认租金收入。
(11) 2018年12月31日，计提资产减值准备。

第8章

流动负债

> 【学习目标】
>
> 通过本章的学习，要求学生：了解流动负债的定义、分类与特征；熟悉流动负债的初始确认与计量；区分不同种类流动负债的会计计量的规定及其异同；掌握不同种类流动负债的会计计量方法；了解或有事项与预计负债的概念及会计处理。

8.1 流动负债的性质与分类

1. 负债的定义与性质

作为企业资金来源的一个重要组成部分，负债也是资产负债表的一个重要组成部分。负债本质上是一种负资产，它是与资产相对应的一种会计要素。因此，各个国家对负债的定义，和它们对资产的定义存在一定的关联。国际会计准则理事会（IASB）将负债定义为"负债是由于过去的事项而发生的企业的现有义务，该义务的履行将会引起含有未来经济利益的企业的资源的流出"。而FASB认为，负债是特定个体由于已经发生的交易或事项将要向其他个体转交的资产或提供劳务的现有义务。

从这里可以看出，FASB对负债的定义和资产一样，都是从未来经济利益的角度阐述；而IASB虽然也是从经济利益的角度定义负债，但是它的表述显得更为科学，指出是"含有未来经济利益的资源"。同资产一样，FASB的定义过于抽象，容易导致和计量属性的脱节。

在我国，学术界一般关注的是资产的定义，对负债的定义关注比较少。官方目前采用的负债定义有两个比较重要。我国的《企业财务会计报告条例》及《企业会计制度》都是将负债定义为"负债是指过去的交易或事项形成的现实义务，履行该义务会导致经济利益流出企业。"《企业会计准则——基本准则》指出："负债是指企业过去的交易或者事项形成的、预期会导致经济利益流出企业的现时义务。"后面一个定义由于具有判断性词语"预期"而更加科学。

因此，从本质上看，各个国家或者组织对负债的定义是比较一致的。从这些负债定义可以看出，负债具有以下几个重要的特点。

(1) 负债必须是过去的交易或事项形成的一种现时义务

也就是说，引起负债发生的交易或事项已经发生，债务人已经承担了偿付的责任，债权人相应地也取得了求偿的权利。义务是以某种方式采取行动或执行的职责或责任，义务可能是因为具有合同的约束力或者法定要求而具有法律意义上的强制性，比如应付职工薪酬、应付票据等；义务也可能是来自正常的商业活动过程中的信用、必须承担的某些道义或推定的义务，企业有必要遵守以保持良好的业务关系，比如应付账款、产品担保义务等。但是，有待未来交易或事项决定的义务不应该包括在负债中，除非该交易或事项发生的可能性相当大。也就是说，必须明确区分现时义务和未来承诺之间的差别。比如，企业管理层签订了一个采购意向书，它本身是一种意愿，并没有构成实际的交易，因此不能形成一项负债。

(2) 负债的履行通常会导致经济利益的流出

这种经济利益的流出，可以是支付现金或其他资产的形式，也可以是提供劳务作为清偿手段，还可以是承担一项新的义务以替换现有义务，这些方式都必将最终导致经济利益的流出。有些负债，还可能通过转换为所有者权益的方式注销。在某些特殊情况下，企业的债权人可能会豁免或者减免企业的债务，这时负债并没有导致经济利益的流出，这并不能说企业在初始阶段将它们确认为负债是错误的。因为，一方面，企业并没有"履行"负债；另一方面，企业在发生这项负债的时候，并不能预见将来可能会出现因为豁免或者减免而不用偿还或者减少偿还负债，所以这并没有影响企业将它们确认为一项负债的合理性。

(3) 负债所代表的债务责任必须能够以货币进行可靠的计量或者合理的估计

FASB强调，要素的确认需要满足可定义性、相关性、可靠性及可计量性。确认为负债，同样需要满足这几个条件。大多数情况下，债务责任来源于合同或者法定义务或者正常的商业信用，这些债务的金额和支付时间一般比较确定，而有些债务，如推定的义务等，待付的金额存在一定的不确定性，企业往往需要根据历史经验或者行业经验，结合实际情况进行合理的估计。如同财务会计本身必然伴随着大量的估计和判断，企业不能因为计量上存在一定的困难就不确认负债，企业只要能够进行合理的判断，就应该确认负债。

通常情况下，负债的受款人是确定的，受款时间也是确定的，但是像产品保修引起的推定义务，债务人一般只能推定受款人属于顾客群体，企业无法准确预先判断具体的受款人和受款时间。

2. 负债及流动负债的分类

(1) 负债的分类

如同资产一样，负债的主流分类方法也可以采用流动性或者采用金额是否固定的方式进行划分。以流动性为标准的划分方法，也就是根据负债偿还期限的长短进行划分。从会计年度来看，一般采用一年作为单位，因此负债的划分曾经采用年为标准，偿还期限长于一年的为长期负债，短于一年的为流动负债；从经营特点来看，负债的划分可以采用经营周期为标准，超过一个经营周期的为长期负债，短于一个经营周期的为流动负债。目前公认的做法是采用"一年或者一个营业周期"相结合。《国际会计准则第1号——财务报表的列报》明确指出，当某项负债符合以下标准之一时，应划分为流动负债：预期能在主体正常经营周期中清偿；主要为交易目的而持有；在资产负债表日后12个月到期清偿；主体不能无条件将负债的清偿延期到资产负债表日后至少12个月。

负债也可以根据金额是否固定区分为货币性负债和非货币性负债，这种划分方法在物价变动会计中尤其有用。

（2）流动负债的分类

如上所述，流动负债和长期负债的划分，采用一年、营业周期、是否用流动资产或其他流动负债偿还这几个条件共同界定的方法为佳。因此，我国《企业会计准则第30号——财务报表列报》结合了这几个标准，认为负债满足下列条件之一的，应当归类为流动负债：

① 预计在一个正常营业周期中清偿；
② 主要为交易目的而持有；
③ 从资产负债表日起一年内到期应予以清偿；
④ 企业无权自主地将清偿推迟至资产负债表日后一年以上。

流动负债以外的负债应当归类为非流动负债，并应按其性质分类列示。

对于③④两个标准，准则进而指出：企业不能自主地将清偿义务展期的，即使在资产负债表日后、财务报表批准报出日前签订了重新安排清偿计划协议，该项负债仍应归类为流动负债；企业在资产负债表日或之前违反了长期借款协议，导致贷款人可随时要求清偿的负债，应当归类为流动负债，但是如果贷款人在资产负债表日或之前同意提供从资产负债表日起一年以上的宽限期，并且企业能够在此期限内改正违约行为，且贷款人不能要求随时清偿，该项负债应当归类为非流动负债。

因此，流动负债一般具有这样的特点：期限短，偿还必须使用流动资产或提供新的流动负债的方式。

按照在资产负债表的排列顺序，流动负债一般包括短期借款、交易性金融负债、应付票据及应付账款、预收账款、应付职工薪酬（主要是应付工资、应付福利费、工会经费、医疗保险、养老保险、失业保险等属于职工薪酬范围的项目）、应付股利、应交税费、其他应付款、预计负债、一年内到期的长期负债及其他流动负债等。这些项目还可以借鉴货币性项目和非货币性项目的划分方法，区分为金额确定的流动负债和金额不能确定的流动负债。前者包括短期借款、应付票据及应付账款、预收账款、应付职工薪酬、应付股利等。后者还可以进一步划分为：金额视经营情况而定的流动负债，这类负债的金额往往要到会计期末年度经营情况已经确定时才能够合理确定，如税金类负债；金额不确定需要估计的流动负债，这类负债即使在会计期末仍然难以确定，企业往往难以完全控制发生的金额，比如产品质量担保负债，但是这类项目的金额能够根据企业的历史经验进行合理的估计；最后一种负债是最具不确定性的，即未决诉讼等引起的预计负债。

同其他会计要素或报表项目的确认一样，流动负债的确认也需要符合确认的四个基本条件。特别需要指出的是，流动负债的确认主要采用的是历史成本原则，而且由于它的偿还期限比较短，如果影响不重要，一般不考虑货币时间价值。

8.2 流动负债的会计处理

由于或有事项与预计负债比较特殊，也有专门的会计准则，所以另安排一节专门说明。

本书在介绍流动负债的会计处理时，一般根据它们在资产负债表的排列顺序进行说明，比较简单或者可以合并的项目则进行合并阐述。

1. 短期借款

短期借款是企业向银行或者其他金融机构等借入的、期限在一年以内（含一年）的各种借款。这类借款往往需要按照月份或者季度支付一定的利息，即使利息是在借款到期一次性偿还，企业也应该按月预提一定的利息。因此，短期借款的会计处理一般会涉及银行存款、短期借款、财务费用等。

短期借款由于期限比较短，企业一般直接根据借款收到的现金直接计入短期借款，不考虑溢折价问题。但是，资产负债表日，企业应该按照实际利率计算确定短期借款利息的金额，借记"财务费用"等科目，贷记"应付利息""银行存款"等科目。如果实际利率与合同约定的名义利率差异很小，也可以采用合同约定的名义利率计算、确定利息费用。

【例 8-1】 天宇公司某年 1 月 1 日向某银行借入 2 940 000 元 8 个月期的短期借款，年利率为 8%（利息的计算不保留小数）。假定采用名义利率与采用实际利率计算利息差异不大。按月支付利息。

每个月的利息费用 = 2 940 000 × 8% × 1/12 = 19 600（元）

相关会计分录如下。

① 1 月 1 日：

借：银行存款	2 940 000
贷：短期借款	2 940 000

② 按月支付利息，每个月月底：

借：财务费用	19 600
贷：银行存款	19 600

③ 到期日：

借：短期借款	2 940 000
贷：银行存款	2 940 000

2. 交易性金融负债

理解交易性金融负债，可以和前面章节交易性金融资产相结合。《企业会计准第 22 号——金融工具确认和计量》指出，金融资产或金融负债满足下列条件之一的，应当划分为交易性金融资产或金融负债：

① 取得该项金融资产或承担该金融负债的目的主要是近期内出售或购回；

② 属于进行集中管理的可辨认金融工具组合的一部分，且有客观证据表明企业近期采用短期获利方式对该组合进行管理；

③ 属于衍生工具。但是，被指定且为有效套期工具的衍生工具、属于财务担保合同的衍生工具、与在活跃市场中没有报价且其公允价值不能可靠计量的权益工具投资挂钩并须通过支付该权益工具结算的衍生工具除外。

企业应该设置"交易性金融负债"一级科目，主要核算企业承担的交易性金融负债的公允价值。企业持有的直接指定为以公允价值计量且其变动计入当期损益的金融负债,也在本科目核算。交易性金融负债按照公允价值计量,因此资产负债表日,应该将公允价值变动加以确认,计入公允价值变动损益,作为未实现损益。企业将交易性金融负债清偿时,再将原先计入公允价值变动损益的未实现利得或损失转入已经实现的损益。交易性金融负债发生的相关费用,直接计入当期损益,借记"投资收益"账户。

会计账户设置方面,交易性金融负债,应该按照其类别,分别设置"成本""公允价值变动"等科目进行明细核算。

账务处理方面:①企业承担交易性金融负债时,应该按照实际收到的金额,借记"银行存款"等科目,按照发生的交易费用,通过"投资收益"计入当期损益,按照交易性金融负债的公允价值,贷记"交易性金融负债——成本"科目;②资产负债表日,交易性金融负债的公允价值高于其账面余额的差额,借记"公允价值变动损益"科目,贷记"交易性金融负债——公允价值变动"科目,如果公允价值低于账面余额,则作相反的会计分录;③出售交易性金融负债时,应该按照账面余额,借记"交易性金融负债——成本、公允价值变动"科目,贷记"银行存款"科目,将其差额,贷记或借记"投资收益";同时,将金融负债的公允价值变动,借记或贷记"公允价值变动损益"科目,贷记或借记"投资收益"科目。

【例8-2】 天宇公司经批准某年1月1日在全国银行间债券市场以1 200万元的价格发行6个月期短期融资券,同时支付中介机构手续费及佣金合计6万元。短期融资券在5月31日的市场价格为1 260万元。6月30日,公司购回这项短期融资券,购回价格是1 350万元,购回时公允价值是1 320万元。

账务处理如下。

① 某年1月1日:

借:银行存款	11 940 000
投资收益	60 000
贷:交易性金融负债——成本	12 000 000

② 某年5月31日:

借:公允价值变动损益	600 000
贷:交易性金融负债——公允价值变动	600 000

③ 某年6月30日:

借:公允价值变动损益	600 000
贷:交易性金融负债——公允价值变动	600 000
借:交易性金融负债——成本	12 000 000
——公允价值变动	1 200 000
投资收益	300 000
贷:银行存款	13 500 000
借:投资收益	1 200 000
贷:公允价值变动损益	1 200 000

3. 应付票据与应付账款

应付票据和应付账款都是企业在赊购过程中因为商业信用的存在而形成的流动负债，但是两者存在一定的区别。应付票据是由出票人出票，委托付款人在指定日期无条件支付确定的金额给收款人或者持票人的票据，它也是委托付款人允诺在一定时期内支付一定款额的书面证明。应付票据是购销业务形成的重要标志，是购销双方互相承认债权债务关系的证明，可以作为记账的正式凭证。根据承兑人的不同，应付票据区分为商业承兑汇票和银行承兑汇票，前者承兑人就是付款人本身，后者承兑人是银行。银行作为承兑人只是进一步增强了票据的可靠性，并不会因此取消企业作为付款人应该承担的这项负债。根据票据到期时间长短，应付票据可以分为短期应付票据和长期应付票据，时间标准为 1 年。我国只有短期应付票据，而且期限不能超过 6 个月，本章也仅介绍短期应付票据的账务处理。按照带息与否，应付票据也可以区分为带息票据和不带息票据（也称为光票）。带息票据是明确标明利息率的票据，票据的面值相当于债务的现值；而不带息票据并不是真正意义上的不需要承担利息，因为借款人偿清票据时支付的金额往往超过票据签发日收到的现金或者收到的其他货物所代表的金额，票据的面值就是债务的到期值。

在会计处理上，对于带息票据，在债权债务关系成立、签发票据时，根据票据面值直接贷记"应付票据"科目，借记"原材料"等相关科目；在月末，按照当月承担的利息借记"财务费用"科目，贷记"银行存款"或"应付票据"科目。需要注意的是，到期尚未支付的利息是直接计入应付票据；在票据到期日，则借记"应付票据"科目，贷记"银行存款"科目。对于不带息票据，在票据签发日，企业同样是根据票据面值直接贷记"应付票据"科目，借记"原材料""库存现金"等科目，并将差额记入"应付票据——贴现"账户，作为企业为获得贷款而预付的利息费用，然后按月分摊计入财务费用。

【例 8-3】 天宇公司是一家增值税一般纳税人企业，某年 3 月 1 日，公司采用签发商业汇票的方式赊购了一批原材料，材料的实际成本为 60 万元，增值税税率为 13%，材料已经验收入库。该汇票 4 个月到期，利息率为 3%，到期一次付息。企业按照实际成本法及永续盘存制进行相应的会计处理（如未特别声明，以下的例题都是采用这种方法入账）。票据到期后，企业足额偿还了票据。

① 某年 3 月 1 日：
借：原材料 600 000
　　应交税费——应交增值税（进项税额） 78 000
　　贷：应付票据 678 000
② 持有票据期间计息：
借：财务费用 6 780
　　贷：应付票据 6 780
③ 到期日，6 月 30 日：
借：应付票据 684 780
　　贷：银行存款 684 780

【例8-4】 承例8-3，天宇公司当月赊购了同样金额的原材料，销售方允许企业按照"2/15，n/30"的方式付款。销售当日，天宇公司估计在购买后15天内无法付款，按照最佳估计数678 000元计量流动负债。

① 某年3月1日：

借：原材料 600 000
　　应交税费——应交增值税（进项税额） 78 000
　　贷：应付账款 678 000

② 15天内付款：

借：应付账款 678 000
　　贷：财务费用 12 000
　　　　银行存款 666 000

③ 超过15天后，第30天天宇公司付款。

借：应付账款 678 000
　　贷：银行存款 678 000

正因为应付票据和应付账款具有不同的法律效力，因此如果应付票据到期时无法正常偿付，那么它所具有的强烈的按期偿债的保障就受到损害。在购销双方重新协商之前，需要进行一定的会计处理。债务人在应付票据到期时，如果该票据属于商业承兑汇票，则应该将应付票据的账面余额转入应付账款，月底不再计算利息；如果该票据属于银行承兑汇票，则应该转入短期借款，对逾期支付造成的罚息，应该按照短期借款的利息处理方法进行会计处理。

不管是从应付票据转入的应付账款，还是企业本来购销形成的应付账款，如果由于债权人单位撤销或者其他原因无法支付的，或者转而由关联方等其他方承担的，企业应该将这部分无法支付或者不需要支付的应付账款转入"营业外收入"科目。

4. 预收账款

预收账款和应付账款相反，它是购销双方在购销行为发生之前，由购买方预先支付一定的货款给销货方，销货方由此承担了一项负债。购货方需要预先支付款项，往往是因为销售方处于更为强势的有利地位，购货方对其有一定的依赖性。该负债待企业实际上向购买方提供商品或者劳务之后，再转化为收入。如果预期提供商品或者劳务是在一年之内，则将预收账款作为流动负债处理，否则按照长期负债处理。根据重要性原则及账户合并处理规定，如果预收款项金额比较小，企业也可以直接在应付账款的贷方进行反映。

【例8-5】 某年1月，天宇公司签订一份商品销售意向书，并预先收取定金1 200 000元。8月，天宇公司实际销售产品，价格为2 400 000元，增值税税率为13%。

（1）某年1月，天宇公司收到预收定金时：

借：银行存款 1 200 000
　　贷：预收账款 1 200 000

（2）某年8月，天宇公司销售产品时：

借：预收账款 1 200 000
　　银行存款 1 512 000

贷：主营业务收入 2 400 000
　　　应交税费——应交增值税（销项税额） 312 000

5. 应付职工薪酬

（1）职工薪酬的内容

根据《企业会计准则第9号——职工薪酬》，职工薪酬是指企业为获得职工提供的服务或解除劳动关系而给予各种形式的报酬或补偿。也就是说，从性质上讲凡是企业为获取职工提供的服务而给予或付出的各种形式的对价，都构成职工薪酬。职工薪酬准则所称的"职工"与《中华人民共和国劳动法》中所指的"职工"相比，既有重合，又有拓展，具体包括以下三类人员：一是与企业订立劳动合同的所有人员，含全职、兼职和临时工，即与企业订立了固定期限、无固定期限和以完成一定的工作量作为期限的劳动合同的所有人员；二是未与企业订立劳动合同，但由企业正式任命的人员，如董事会成员、监事会成员等；三是在企业的计划和控制中，虽未与企业订立劳动合同或未由企业正式任命，但为企业提供与职工类似服务的人员，如企业与有关中介机构签订劳务用工合同所涉及的相关务工人员。企业提供给职工配偶、子女、受赡养人、已故员工遗属及其他受益人等的福利，也属于职工薪酬。职工薪酬主要包括以下几项内容：短期薪酬、离职后福利、辞退福利、其他长期职工福利。

短期薪酬，是指企业在职工提供相关服务的年度报告期间结束后十二个月内需要全部予以支付的职工薪酬，因解除与职工的劳动关系给予的补偿除外。短期薪酬具体包括：职工工资、奖金、津贴和补贴，职工福利费，医疗保险费、工伤保险费和生育保险费等社会保险费，住房公积金，工会经费和职工教育经费，短期带薪缺勤，短期利润分享计划，非货币性福利及其他短期薪酬。带薪缺勤，是指企业支付工资或提供补偿的职工缺勤，包括年休假、病假、短期伤残、婚假、产假、丧假、探亲假等。利润分享计划，是指因职工提供服务而与职工达成的基于利润或其他经营成果提供薪酬的协议。

离职后福利，是指企业为获得职工提供的服务而在职工退休或与企业解除劳动关系后，提供的各种形式的报酬和福利，短期薪酬和辞退福利除外。

辞退福利，是指企业在职工劳动合同到期之前解除与职工的劳动关系，或者为鼓励职工自愿接受裁减而给予职工的补偿。

其他长期职工福利，是指除短期薪酬、离职后福利、辞退福利之外所有的职工薪酬，包括长期带薪缺勤、长期残疾福利、长期利润分享计划等。

企业提供给职工配偶、子女、受赡养人、已故员工遗属及其他受益人等的福利，也属于职工薪酬。这里所称的职工，是指与企业订立劳动合同的所有人员，含全职、兼职和临时职工，也包括虽未与企业订立劳动合同但由企业正式任命的人员。未与企业订立劳动合同或未由其正式任命，但向企业所提供服务与职工所提供服务类似的人员，也属于职工的范畴，包括通过企业与劳务中介公司签订用工合同而向企业提供服务的人员。

（2）短期薪酬

企业应当在职工为其提供服务的会计期间，将实际发生的短期薪酬确认为负债，并计入当期损益，其他会计准则要求或允许计入资产成本的除外。

企业发生的职工福利费，应当在实际发生时根据实际发生额计入当期损益或相关资产成本。职工福利费为非货币性福利的,应当按照公允价值计量。

企业为职工缴纳的医疗保险费、工伤保险费、生育保险费等社会保险费和住房公积金,以及按规定提取的工会经费和职工教育经费,应当在职工为其提供服务的会计期间,根据规定的计提基础和计提比例计算确定相应的职工薪酬金额,并确认相应负债,计入当期损益或相关资产成本。

带薪缺勤分为累积带薪缺勤和非累积带薪缺勤。企业应当在职工提供服务从而增加了其未来享有的带薪缺勤权利时,确认与累积带薪缺勤相关的职工薪酬,并以累积未行使权利而增加的预期支付金额计量。企业应当在职工实际发生缺勤的会计期间确认与非累积带薪缺勤相关的职工薪酬。累积带薪缺勤,是指带薪缺勤权利可以结转下期的带薪缺勤,本期尚未用完的带薪缺勤权利可以在未来期间使用。非累积带薪缺勤,是指带薪缺勤权利不能结转下期的带薪缺勤,本期尚未用完的带薪缺勤权利将予以取消,并且职工离开企业时也无权获得现金支付。

利润分享计划同时满足下列条件的,企业应当确认相关的应付职工薪酬:企业因过去事项导致现在具有支付职工薪酬的法定义务或推定义务;因利润分享计划所产生的应付职工薪酬义务金额能够可靠估计。属于下列三种情形之一的,视为义务金额能够可靠估计:在财务报告批准报出之前企业已确定应支付的薪酬金额;该短期利润分享计划的正式条款中包括确定薪酬金额的方式;过去的惯例为企业确定推定义务金额提供了明显证据。

职工只有在企业工作一段特定期间才能分享利润的,企业在计量利润分享计划产生的应付职工薪酬时,应当反映职工因离职而无法享受利润分享计划福利的可能性。如果企业在职工为其提供相关服务的年度报告期间结束后十二个月内,不需要全部支付利润分享计划产生的应付职工薪酬,该利润分享计划应当适用职工薪酬准则其他长期职工福利的有关规定。

(3) 离职后福利

企业应当将离职后福利计划分为设定提存计划和设定受益计划。离职后福利计划,是指企业与职工就离职后福利达成的协议,或者企业为向职工提供离职后福利制定的规章或办法等。其中,设定提存计划,是指向独立的基金缴存固定费用后,企业不再承担进一步支付义务的离职后福利计划;设定受益计划,是指除设定提存计划以外的离职后福利计划。

企业应当在职工为其提供服务的会计期间,将根据设定提存计划计算的应缴存金额确认为负债,并计入当期损益或相关资产成本。根据设定提存计划,预期不会在职工提供相关服务的年度报告期结束后十二个月内支付全部应缴存金额的,企业应当参照职工薪酬准则规定的折现率,将全部应缴存金额以折现后的金额计量应付职工薪酬。

企业对设定受益计划的会计处理通常包括下列四个步骤。

① 根据预期累计福利单位法,采用无偏且相互一致的精算假设对有关人口统计变量和财务变量等做出估计,计量设定受益计划所产生的义务,并确定相关义务的归属期间。企业应当按照规定的折现率将设定受益计划所产生的义务予以折现,以确定设定受益计划义务的现值和当期服务成本。

② 设定受益计划存在资产的,企业应当将设定受益计划义务现值减去设定受益计划资产公允价值所形成的赤字或盈余确认为一项设定受益计划净负债或净资产。设定受益计划存在盈余的,企业应当以设定受益计划的盈余和资产上限两项的孰低者计量设定受益计划净资产。其中,资产上限,是指企业可从设定受益计划退款或减少未来对设定受益计划缴存资金

而获得的经济利益的现值。

③ 根据设定收益计划产生的职工薪酬成本，确定应当计入当期损益的金额。

④ 根据设定收益计划产生的职工薪酬成本、重新计量设定收益计划净负债或净资产所产生的变动，确定应当计入其他综合收益的金额。

在预期累计福利单位法下，每一服务期间会增加一个单位的福利权利，并且需对每一个单位单独计量，以形成最终义务。企业应当将福利归属于提供设定受益计划的义务发生的期间。这一期间是指从职工提供服务以获取企业在未来报告期间预计支付的设定受益计划福利开始，至职工的继续服务不会导致这一福利金额显著增加之日为止。

企业应当根据预期累计福利单位法确定的公式将设定受益计划产生的福利义务归属于职工提供服务的期间，并计入当期损益或相关资产成本。当职工后续年度的服务将导致其享有的设定受益计划福利水平显著高于以前年度时，企业应当按照直线法将累计设定受益计划义务分摊确认于职工提供服务而导致企业第一次产生设定受益计划福利义务至职工提供服务不再导致该福利义务显著增加的期间。在确定该归属期间时，不应考虑仅因未来工资水平提高而导致设定受益计划义务显著增加的情况。

企业应当对所有设定受益计划义务予以折现，包括预期在职工提供服务的年度报告期间结束后的十二个月内支付的义务。折现时所采用的折现率应当根据资产负债表日与设定受益计划义务期限和币种相匹配的国债或活跃市场上的高质量公司债券的市场收益率确定。

报告期末，企业应当将设定受益计划产生的职工薪酬成本确认为下列组成部分。

① 服务成本，包括当期服务成本、过去服务成本和结算利得或损失。其中，当期服务成本，是指职工当期提供服务所导致的设定受益计划义务现值的增加额；过去服务成本，是指设定受益计划修改所导致的与以前期间职工服务相关的设定受益计划义务现值的增加或减少。

② 设定受益计划净负债或净资产的利息净额，包括计划资产的利息收益、设定受益计划义务的利息费用及资产上限影响的利息。

③ 重新计量设定受益计划净负债或净资产所产生的变动。除非其他会计准则要求或允许职工福利成本计入资产成本，上述第①项和第②项应计入当期损益，第③项应计入其他综合收益，并且在后续会计期间不允许转回至损益，但企业可以在权益范围内转移这些在其他综合收益中确认的金额。

重新计量设定受益计划净负债或净资产所产生的变动包括下列部分：精算利得或损失，即由于精算假设和经验调整导致之前所计量的设定受益计划义务现值的增加或减少；计划资产回报，扣除包括在设定受益计划净负债或净资产的利息净额中的金额；资产上限影响的变动，扣除包括在设定受益计划净负债或净资产的利息净额中的金额。

在设定受益计划下，企业应当在下列日期孰早日将过去服务成本确认为当期费用：修改设定受益计划时；企业确认相关重组费用或辞退福利时。

企业应当在设定受益计划结算时，确认一项结算利得或损失。设定受益计划结算，是指企业为了消除设定受益计划所产生的部分或所有未来义务进行的交易，而不是根据计划条款和所包含的精算假设向职工支付福利。设定受益计划结算利得或损失是下列两项的差额：在结算日确定的设定受益计划义务现值；结算价格，包括转移的计划资产的公允价值和企业直接发生的与结算相关的支付。

（4）辞退福利

企业向职工提供辞退福利的，应当在下列两者孰早日确认辞退福利产生的职工薪酬负债，并计入当期损益：企业不能单方面撤回因解除劳动关系计划或裁减建议所提供的辞退福利时；企业确认与涉及支付辞退福利的重组相关的成本或费用时。

企业应当按照辞退计划条款的规定，合理预计并确认辞退福利产生的应付职工薪酬。辞退福利预期在其确认的年度报告期结束后12个月内完全支付的，应当适用短期薪酬的相关规定；辞退福利预期在年度报告期结束后12个月内不能完全支付的，应当适用职工薪酬准则关于其他长期职工福利的有关规定。

（5）其他长期职工福利

企业向职工提供的其他长期职工福利，符合设定提存计划条件的，应当按设定提存计划的有关规定进行处理。企业应当适用关于设定受益计划的有关规定，确认和计量其他长期职工福利净负债或净资产。在报告期末，企业应当将其他长期职工福利产生的职工薪酬成本确认为下列组成部分：服务成本；其他长期职工福利净负债或净资产的利息净额；重新计量其他长期职工福利净负债或净资产所产生的变动。

为简化相关会计处理，上述项目的总净额应计入当期损益或相关资产成本。

长期残疾福利水平取决于职工提供服务期间长短的，企业应当在职工提供服务的期间确认应付长期残疾福利义务，计量时应当考虑长期残疾福利支付的可能性和预期支付的期限；长期残疾福利与职工提供服务期间长短无关的，企业应当在导致职工长期残疾的事件发生的当期确认应付长期残疾福利义务。

企业应该设置一级科目"应付职工薪酬"，同时可以将"工资""职工福利""社会保险费""住房公积金""工会经费""职工教育经费""解除职工劳动劳动关系补偿"等设置明细科目进行核算。同时，根据职工薪酬受益对象，分别记入"生产成本""制造费用""劳务成本""管理费用""销售费用""在建工程""研发支出"等科目。此外，有时，企业根据法律规定或者接受有关方面的委托，从当月应付给职工的工资总额中代扣一些款项，如代扣个人所得税、代扣水电费、代扣养老保险费、失业保险费、医疗保险费、住房公积金等。这些代扣款项交付之前形成企业的流动负债。因此，企业通常应该设置"其他应付款"科目对这类代扣款项进行核算。

【例8-6】 天宇公司某年12月15日发放职工工资，12月份应付工资总额为1 000万元，其中应由企业代扣代缴的个人所得税为50万元，由职工个人负担的企业代扣代缴的各种社会保险费150万元，实发工资已通过银行转账支付。企业相应的会计处理如下。

借：应付职工薪酬　　　　　　　　　　　　　　　　　　　　　　10 000 000
　　贷：银行存款　　　　　　　　　　　　　　　　　　　　　　　8 000 000
　　　　应交税费——应交个人所得税　　　　　　　　　　　　　　　500 000
　　　　其他应付款　　　　　　　　　　　　　　　　　　　　　　1 500 000

【例8-7】 天宇公司某年12月30日发放给生产职工（155人）和行政部门职工（45人）每人一台自产笔记本电脑，该笔记本电脑单位成本为8 000元，售价为12 000元，采用的增值税税率是13%。企业相应的会计处理如下。

借：生产成本	2 101 800
管理费用	610 200
贷：应付职工薪酬——非货币性福利	2 712 000
借：应付职工薪酬——非货币性福利	2 712 000
贷：主营业务收入	2 400 000
应交税费——应交增值税（销项税额）	312 000
借：主营业务成本	1 600 000
贷：库存商品	1 600 000

【例8-8】 天宇公司某年12月的工资总额为1 000万元，其中，产品生产工人工资500万元，生产车间管理人员工资100万元，公司管理人员工资180万元，厂房在建工程人员工资110万元，专设销售机构人员工资50万元，内部开发存货管理系统人员工资60万元。企业所在地规定，企业应按工资总额的10%、12%、2%、10.5%计提医疗保险费、养老保险费、失业保险费和住房公积金。根据上一年实际发生的职工福利费情况，公司预计本年度的职工福利费金额为职工工资总额的2%，职工福利的受益对象为上述所有人员。公司还要按照职工工资总额的2%、1.5%计提工会经费和职工教育经费。假定公司存货管理系统已经处于开发阶段，符合资本化为无形资产的条件。

应计入生产成本的职工薪酬金额=500+500×（10%+12%+2%+10.5%+2%+2%+1.5%）=700（万元）

应计入制造费用的职工薪酬金额=100+100×（10%+12%+2%+10.5%+2%+2%+1.5%）=140（万元）

应计入管理费用的职工薪酬金额=180+180×（10%+12%+2%+10.5%+2%+2%+1.5%）=252（万元）

应计入销售费用的职工薪酬金额=50+50×（10%+12%+2%+10.5%+2%+2%+1.5%）=70（万元）

应计入在建工程的职工薪酬金额=110+110×（10%+12%+2%+10.5%+2%+2%+1.5%）=154（万元）

应计入无形资产成本的职工薪酬金额=60+60×（10%+12%+2%+10.5%+2%+2%+1.5%）=84（万元）

有关会计分录如下。

借：生产成本	7 000 000
制造费用	1 400 000
管理费用	2 520 000
销售费用	700 000
在建工程	1 540 000
研发支出——资本化支出	840 000
贷：应付职工薪酬——工资	10 000 000
——职工福利	200 000
——社会保险费	2 400 000

——住房公积金	1 050 000
——工会经费	200 000
——职工教育经费	150 000

6. 应交税费

根据国家有关税法的规定，企业生产经营过程中经常会发生一些税费，比如增值税、消费税、所得税、资源税、土地增值税、城市维护建设税、房产税、土地使用税、车船税、教育费附加、矿产资源补偿费等税金。一般来说，税务当局对企业征收的这些税费，都会规定一个缴纳期限，超过了规定的缴纳期限，企业还要缴纳滞纳金，甚至会被税务局处以其他惩罚。税法规定的这些缴纳期限，通常都短于一年，因此企业应该将承担的尚未缴纳的这些税金作为流动负债处理。

由于所得税的会计处理相对比较复杂，影响也比较大，财政部专门出台了《企业会计准则第18号——所得税》，本书也将另辟章节对所得税会计进行详细说明，这里只对其他一些相对重要税项的会计处理进行说明。另外，本书涉及的这些税项，可以结合相关的税法教材进行学习。

1）增值税

增值税是指对我国境内销售货物，提供加工、修理修配劳务，销售服务、无形资产或者不动产，进口货物的单位和个人，以其销售货物、劳务、服务、无形资产或者不动产的增值额及进口货物的金额为计税依据征收的一种流转税。增值税的纳税人是在我国境内销售货物、进口货物或提供加工、修理修配劳务、销售服务、无形资产或者不动产的单位和个人。按照纳税人的经营规模及会计核算的健全程度，增值税纳税人分为一般纳税人和小规模纳税人。一般纳税人资格自2015年4月1日以后实行登记制，登记事项由增值税纳税人向其主管税务机关办理。一般纳税人应纳增值税额，根据当期销项税额减去当期进项税额计算确定；小规模纳税人应纳增值税额，按照销售额和规定的征收率计算确定。

一般纳税人适用的增值税税率，按照业务内容分为以下几档。

① 基本税率13%。销售或者进口货物，提供加工、修理修配劳务，租赁有形动产，适用的税率为13%。

② 低税率9%。纳税人销售或者进口货物为农产品、暖气、石油液化气、天然气、食用植物油、冷气、热水、煤气、居民用煤炭制品、食用盐、农机、饲料、农药、农膜、化肥、沼气、二甲醚、图书、报纸、杂志、音像制品、电子出版物的，适用的税率为9%。

纳税人销售交通运输服务、邮政、基础电信、建筑、不动产租赁服务，销售不动产、转让土地使用权，适用的税率为9%。

③ 低税率6%。纳税人销售增值电信服务、金融服务、现代服务和生活服务，销售土地使用权以外的无形资产，适用的税率为6%。

④ 零税率。零税率适用于纳税人出口某些货物或者劳务。

一般纳税人销售或者采购物资时，通常会采用增值税专用发票，增值税额的计算采用专用发票的价格乘以适用的税率即可。企业购入货物或接受劳务时支付的增值税（进项税额），可以从销售货物或者提供劳务按照规定收取的增值税（销项税额）中抵扣。

增值税的纳税人分为一般纳税人和小规模纳税人。小规模纳税人的账务处理相对比较简单，这里主要阐述一般纳税人的会计处理。

在账户设置方面，一般纳税人企业应设置"应交税费——应交增值税"与"应交税费——未交增值税"明细科目，"应交税费——应交增值税"明细科目下还应设置"进项税额""已交税金""转出未交增值税""销项税额""出口退税""进项税额转出""转出多交增值税"等三级明细科目。而小规模纳税人企业则只需要设置"应交税费——应交增值税"科目进行核算，比较简单。一般纳税人"应交税费——应交增值税"科目下设的三级明细科目较多，使用也较为复杂。其中，"进项税额"科目和"销项税额"科目最为常用，分别核算企业采购物资、接受劳务缴纳的可抵扣增值税额和企业销售产品、提供劳务应收取的增值税额。其会计处理的一般模式如下。

采购物资、接受劳务时：

借：原材料（或在途物资、库存商品等）
　　应交税费——应交增值税（进项税额）
　贷：应付账款等

销售产品、提供劳务时：

借：应收账款等
　贷：主营业务收入等
　　　应交税费——应交增值税（销项税额）

①"视同销售"。按照我国增值税法的有关规定，企业将货物或商品交付他人代销、销售代销货物或商品、将自己生产或委托加工的货物用于非应税项目；将自己生产、委托加工或购买的原材料、商品等作为对外投资，提供给其他单位或个人；将自己生产、委托加工或购买的原材料、商品等用于集体福利或个人消费；将自己生产、委托加工或购买的原材料、商品等无偿赠送他人；将自己生产、委托加工或购买的原材料、商品等作为股利或利润分配的替代分配给投资者或股东，应视同销售，计算应缴纳的税金。视同销售商品缴纳的增值税，应该区分情况，分别计入相应项目的成本。例如，用于对外投资的，应计入投资成本；投入在建工程的，应计入在建工程成本；用于集体福利的，应计入应付职工薪酬。

②"出口退税"。用于核算企业收到的出口退税额。具体而言，实行"免、抵、退"的企业，按照规定计算的当期出口货物不予免征、抵扣和退税的税额，计入出口的成本，借记"主营业务成本"科目，贷记"应交税费——应交增值税（进项税额转出）"科目。

③"已交税金"。用于核算企业当月实际缴纳的应交增值税。在会计处理上，借记"应交税费——应交增值税（已交税金）"科目，贷记"银行存款"等科目。

④"转出未交增值税"与"转出多交增值税"。用于核算从"应交税费——应交增值税"科目转入"应交税费——未交增值税"明细科目的当月未交或多交的增值税。月末，计算当月应交未交的增值税时，借记"应交税费——应交增值税（转出未交增值税）"科目，贷记"应交税费——未交增值税"科目；计算当月多交增值税时，则应借记"应交税费——未交增值税"科目，贷记"应交税费——应交增值税（转出多交增值税）"科目。以后月份缴纳以前月份欠缴增值税时，借记"应交税费——未交增值税"科目，贷记"银行存款"科目。

【例8-9】 天宇公司是一般纳税人企业，某年9月1日，企业购入生产用原材料一批，增值税专用发票上注明的原材料价款为 30 000 000 元，增值税税额为 3 900 000 元。公司已经将这批货物验收入库，但是货款尚未支付。同期，天宇公司销售产品一批，销售价格为

60 000 000元，增值税税额为7 800 000元，货款已经收到。

首先，采购原材料时。

借：原材料	30 000 000
应交税费——应交增值税（进项税额）	3 900 000
贷：应付账款	33 900 000

其次，销售产品时。

借：银行存款	67 800 000
贷：主营业务收入	60 000 000
应交税费——应交增值税（销项税额）	7 800 000

小规模纳税人及购入材料但是不能取得增值税专用发票的，发生的增值税税额由于不能用于抵扣销项税额，应该直接计入材料采购成本，借记"材料采购""在途物资"等科目，小规模纳税人销售货物或提供劳务时，按照不含税销售价格与规定的征收率计算应交增值税，贷记"应交税费——应交增值税"科目。

2）消费税

消费税属于价内税，它是国家为了调节消费结构，正确引导消费方向，在普遍征收增值税的基础上，选择部分消费品再行征收消费税。消费税的征收包括从价定率、从量定额和复合征收三种方法。实行从价定率计算的应纳税额的税基为销售额，包括向购买方收取的全部价款和价外费用，但是不包括应向购货方收取的增值税税款。

在账户设置和账务处理方面，企业一般需要设置"应交税费——应交消费税"科目。消费税的会计处理应该视具体情况而定。具体而言，企业销售商品缴纳消费税时，一般将缴纳的消费税记入"税金及附加"科目；企业将用于生产的商品对外投资、用于在建工程等方面的，缴纳的消费税应该计入相应的投资成本或在建工程成本。如果是委托加工应税消费品，企业应该在提取加工的应税消费品时，由其他企业代收消费税，委托加工的应税消费品收回后，应该区分两种情况处理：如果直接对外销售，则由受托方企业代收的消费税应该计入应税消费品的成本；如果用于连续生产，按照规定可以抵扣的，可以按照受托方代收的消费税，借记"应交税费——应交消费税"科目。必须注意，如果委托加工的是金银首饰，应该由受托方负责缴纳消费税，因此受托方企业应该在向委托方交还金银首饰时，将按规定缴纳的消费税，借记"税金及附加"科目，贷记"应交税费——应交消费税"科目。

【例8-10】 天宇公司为增值税一般纳税人，某年1月1日，公司销售价值600 000元（不含增值税）的应纳消费税产品，产品成本是450 000元，消费税税率是10%。产品已经发出，符合收入确认条件，款项尚未收到。

借：应收账款	678 000
贷：主营业务收入	600 000
应交税费——应交增值税（销项税额）	78 000
借：税金及附加	60 000
贷：应交税费——应交消费税	60 000
借：主营业务成本	450 000

贷：库存商品　　　　　　　　　　　　　　　　　　　　　　　　　450 000

【例 8-11】 天宇公司委托海源公司加工一批材料，原材料的成本是 300 000 元，加工费用是 90 000 元，受托方代收代缴的消费税是 9 000 元，材料已经验收入库，但是加工费用尚未支付。

① 如果委托加工后的材料用于连续生产，则委托方的会计处理如下。

　　借：委托加工物资　　　　　　　　　　　　　　　　　　　　　　　390 000
　　　　应交税费——应交消费税　　　　　　　　　　　　　　　　　　　9 000
　　　贷：原材料　　　　　　　　　　　　　　　　　　　　　　　　　300 000
　　　　　应付账款　　　　　　　　　　　　　　　　　　　　　　　　　99 000
　　借：原材料　　　　　　　　　　　　　　　　　　　　　　　　　　390 000
　　　贷：委托加工物资　　　　　　　　　　　　　　　　　　　　　　390 000

② 如果委托加工后的材料直接用于销售，则委托方的会计处理如下。

　　借：委托加工物资　　　　　　　　　　　　　　　　　　　　　　　399 000
　　　贷：原材料　　　　　　　　　　　　　　　　　　　　　　　　　300 000
　　　　　应付账款　　　　　　　　　　　　　　　　　　　　　　　　　99 000
　　借：原材料　　　　　　　　　　　　　　　　　　　　　　　　　　399 000
　　　贷：委托加工物资　　　　　　　　　　　　　　　　　　　　　　399 000

　　进出口商品时可能也会涉及消费税的征收问题。需要缴纳消费税的进口消费品，缴纳的消费税应该直接计入进口消费品的成本。免征消费税的出口应税消费品，如果属于生产企业直接出口应税消费品或者通过外贸企业出口应税消费品，按照规定直接予以免税的，可以不计算应交消费税；属于委托外贸企业代理出口应税消费品的生产企业，应在计算消费税时，按应交消费税额，借记"应收账款"科目，贷记"应交税费——应交消费税"科目。收到外贸企业的税金时，借记"银行存款"科目，贷记"应收账款"科目，发生退关、退货而补交已经退还的消费税，再作相反的分录。

　　3) 其他税项

　　(1) 资源税

　　资源税是国家对在我国境内开采矿产品或者生产盐的单位和个人征收的一种税。资源税一般按照应税产品的课税数量和规定的单位税额的乘积计算。开采或者生产应税产品，如果用于销售的，销售数量作为课税数量；如果自用的，自用数量作为课税数量。

　　在账户设置和账务处理方面，企业应该设置"应交税费——应交资源税"科目。如果是销售产品，应将缴纳的资源税记入"税金及附加"科目；如果是自产自用产品，应将缴纳的资源税计入产品成本，借记"生产成本""制造费用"等科目，贷记"应交税费——应交资源税"；如果是收购未税矿产品，企业应将实际支付的价款和代扣代缴的资源税，作如下会计处理。

　　借：材料采购
　　　贷：应交税费——应交资源税
　　　　　银行存款

(2) 土地增值税

税法规定，转让国有土地使用权、地上建筑物及其附着物并取得收入的单位和个人，均应缴纳土地增值税，按照转让房地产所得的增值额和规定税率计算征收。增值额是指转让所得扣减规定扣除项目金额后的余额。扣除项目主要包括：取得土地使用权所支付的金额；开发土地的成本费用；新建房屋及其配套设施的成本费用，或者旧房屋及建筑物的评估价格；与转让房地产相关的税金。

在账户设置和账务处理方面，企业应该设置"应交税费——应交土地增值税"科目。主营或兼营房地产业务的企业，应由当期收入负担的土地增值税应该记入"税金及附加"科目，同时贷记"应交税费——应交土地增值税"科目；转让按固定资产或在建工程核算的国有土地使用权及其地上建筑物和附着物的，应该将缴纳的土地增值税计入固定资产清理，借记"固定资产清理"科目，贷记"应交税费——应交土地增值税"科目。

(3) 房地产税、土地使用税、车船税

房地产税是国家对在城市、县城、建制镇和工矿区征收的由产权所有人缴纳的一种税。土地使用税是国家为了合理利用城镇土地，调节土地级差收入，提供土地使用效益，加强土地管理而开征的一种税，以纳税人实际占用的土地面积作为计税依据，依照规定税额计算征收。车船税由拥有并且使用车船的单位和个人按照适用税额计算缴纳。

企业应该分别设置"应交税费——应交房产税""应交税费——应交土地使用税""应交税费——应交车船税"三个科目，将缴纳的上述税金计入企业当期的管理费用。

(4) 城市维护建设税

城市维护建设税是国家为了加强城市维护建设，扩大和稳定城市资金来源而征收的一种税。城市维护建设税是一种附加税费，现行税法规定，企业应根据应缴的增值税、消费税之和的一定比例计算缴纳。在会计处理上，企业应设置"应交税费——应交城市维护建设税"科目核算应交城市维护建设税，计算出应交城市维护建设税时，借记"税金及附加""固定资产清理"等科目，贷记"应交税费——应交城市维护建设税"科目。

7. 应付股利

企业的股利一般包括现金股利、股票股利、负债股利和财产股利。其中，现金股利和股票股利是最为普遍的形式。根据我国《企业会计准则第29号——资产负债表日后事项》，资产负债表日后，企业董事会或类似机构通过的利润分配方案中拟分配的及经审议批准宣告发放的股利或利润，不确认为资产负债表日的负债，但应当在附注中单独披露。这是因为，宣告发放的股利，只能是一种潜在的义务，尚未构成一种现时义务，不符合负债的确认条件。但是，对于股东大会或类似机构通过的利润分配方案中，应支付而尚未支付的现金股利或利润，则应该通过"应付股利"科目核算，借记"利润分配"科目，贷记"应付股利"科目；实际支付现金股利或利润时，再借记"应付股利"科目，贷记"银行存款""库存现金"等科目。

8. 其他应付款

应付票据、应付账款、应付职工薪酬、应交税费等这些项目基本上都是企业在商品交易或劳务供应业务中形成的负债。除此之外，企业还会在商品交易或劳务供应业务之外形成诸如应付和暂收的款项，这些暂收款项或应付款项，企业通常会在一个会计年度之内返还或偿还，采用"其他应付款"科目核算，列入流动负债。其他应付款主要核算应付票据、应付账款、预收账款、应付职工薪酬、应付利息、应付股利、应交税费、长期应付款等以外的其他各项应付、暂收的款项，包括应付租入固定资产租金（指经营租赁）、应付包装物租金等。如果企业预期将在一个会计年度以上返还或偿还这部分暂收款项或应付款项，则应该通过"长期应付款"科目核算，计入长期负债。

9. 一年内到期的长期负债

企业的长期负债，从资产负债表日算起，有的将在一年内到期，并且预期将会使用流动资产或流动负债进行清偿。在这种情况下，企业通常无须进行专门的会计处理。但是，企业应该在资产负债表中将这部分长期负债转入流动负债，通过"一年内到期的长期负债"项目单独反映。必须注意的是，一年内到期的长期负债，如果预计到期时将不会使用流动资产或流动负债进行清偿，则不能将其转入流动负债反映。

8.3* 或有事项与预计负债

8.3.1 或有事项的概念、特征及主要类别

1. 或有事项及其特征

在企业的生产经营活动过程中，经常会面临一些不确定因素，这些不确定因素对企业的影响往往不能完全确定，由此形成或有事项。目前，国际会计准则理事会、美国财务会计准则委员会，以及我国颁布的《企业会计制度》和最新颁布的《企业会计准则第13号——或有事项》对或有事项定义的认识是基本一致的。或有事项是指过去的交易或事项形成的，其结果须由某些未来事项的发生或不发生才能决定的不确定事项。这类事项往往和不确定性联系在一起，比如未决诉讼、未决仲裁、产品质量保证、债务担保、亏损合同、重组义务、环境污染整治、应收票据贴现等。但是会计处理过程中存在的不确定性并不都能形成或有事项。或有事项一般具有以下四大特征。

（1）或有事项是过去的交易或事项形成的一种现存状况

比如，产品质量保证是针对企业已经销售出去的商品或已经提供的劳务，而不是针对尚未出售的商品或尚未提供的劳务。也就是说，或有事项是截止到资产负债表日已经存在的客观状况，未来可能发生的诸如自然灾害、交通事故等事项就不能包括在内。

（2）或有事项具有不确定性

这主要体现在或有事项的结果是否发生具有不确定性；即使结果预料会发生，但是具体发生的时间或者金额或者两者都具有不确定性。比如，产品质量保证是否会带来产品的维修具有不确定性，维修的时间和耗费的金额也具有不确定性。

（3）或有事项的结果只能由未来发生的事项确定

或有事项是一种现存状况，这种状况最终会带来有利还是不利影响或者带来的有利影响和不利影响的程度，只能由未来发生的交易或事项来确定。也就是说，或有事项会随着时间的推移而逐渐确定，最终消除不确定性，使其结果得以显现。比如，未决诉讼会随着诉讼的进程而逐渐明朗。

（4）影响或有事项结果的不确定性因素不能由企业控制

因为企业能够控制的事项，对于企业来说就是确定性事项，不能称其为不确定性。

根据以上四个标准，或有事项的类别主要有：未决诉讼和未决仲裁、产品质量保证、商业票据贴现、为其他单位提供的债务担保、亏损合同和重组义务、承诺、环境、污染整治等。

因此，诸如固定资产折旧，虽然在计提折旧过程中需要对使用年限和残值进行一定的估计，但是固定资产的原值是确定的，固定资产价值最终必将转移到有关产品中去也是确定的，企业也能够对固定资产如何使用进行控制，从而影响到折旧进度，因此它不属于或有事项。也就是说，最终事项已经基本确定的，就不是或有事项；同样，未来发生的经济业务也不是或有事项。

2. 或有负债

或有事项的可能结果会形成资产、负债、或有资产、或有负债等。

根据《企业会计准则第13号——或有事项》，或有负债是指过去的交易或者事项形成的潜在义务，其存在须通过未来不确定事项的发生或不发生予以证实；或过去的交易或事项形成的现时义务，履行该义务不是很可能导致经济利益流出企业或该义务的金额不能可靠计量。

因此，或有负债具有两个主要特征：或有负债是由过去的交易或事项形成的；或有负债的结果具有不确定性。它包括两类义务：一类是潜在义务，一类是现时义务。潜在义务最终是否要履行只能由未来不确定事项的发生或不发生予以证实。比如，2013年12月1日，天宇公司与海源公司发生了一项经济纠纷，海源公司向法院提起了诉讼，但是直到12月底，案件尚未进行审理。由于案情复杂，相关的法律法规也不是很完善，在12月底很难判断诉讼的结果如何，因此在2013年12月31日，天宇公司承担的就是一项潜在义务。另一类或有负债是现时义务，它不同于一般负债之处在于，履行该义务不是很可能（可能性不超过50%）导致经济利益的流出，或者该义务的金额不能可靠计量。例如，天宇公司和海源公司签订的是一项债务担保合同，天宇公司承诺为海源公司的5年期贷款提供担保，作为一种过去发生的事项，担保合同给天宇公司带来了一项现时义务，但是承担现时义务并不意味着很可能会导致经济利益的流出，如果海源公司的财务状况良好，则说明天宇公司承担连带责任的可能性不大。为此，应该将该现时义务视为一项或有负债。至于金额不能可靠计量，是指现时义务导致经济利益流出已经成为现实，但是具体的金额难以预计。例如，2013年12月12日，天宇公司在举办的员工旅游活动中发生了车祸事件，公司作为组织者已经在事件发生之后承诺给员工一定的赔偿，但是直到年底，事故尚在处理之中，在与第三方的责任划分上存在一定的争议，因此天宇公司需要向员工赔偿的费用难以预计，那么公司就应该将承担的现时义务作为一项或有负债。

总之，或有负债包括现时义务和潜在义务，或有负债的现时义务符合负债的定义，只是不完全符合负债确认的其他条件而没有确认而已。

3. 或有资产

或有事项，既可能形成或有负债，也可能产生或有资产。或有资产是指过去的交易或事项形成的潜在资产，其存在须通过未来不确定事项的发生或不发生予以证实。它与或有负债一样，必须具备两个特征：或有资产由过去的交易或事项产生；或有资产的结果具有不确定性。

8.3.2 或有事项与预计负债的会计处理

因为或有事项具有的四大特征,使得或有事项的会计处理不能一概而论,应该按照一定的标准进行划分,并进而确定是在表内确认还是在报表附注中披露。什么情况下应该在表内确认,什么情况下应该在报表附注中披露呢?下面将分别阐述。

1. 预计负债的确认

根据《企业会计准则第13号——或有事项》的规定,与或有事项相关的义务同时满足下列条件的,应当确认为预计负债:该义务是企业承担的现时义务;履行该义务很可能导致经济利益流出企业;该义务的金额能够可靠计量。

针对第一个条件,只有现时义务才能确认为预计负债,潜在义务不能确认为预计负债。对于目前形成潜在义务的或有事项,企业应该持续地给予关注。通常会出现两种情况:一种是义务的性质随着时间发展可能发生了变化,从潜在义务转变为现时义务,那么就应该再根据第二、三个条件确认是否应该在表内给予确认;另一种情况是潜在义务可能随着时间的推移逐渐消失,此时需要在披露方面做出及时调整。

针对第二个条件,最主要的是要正确理解什么是"很可能"。或有事项形成的现时义务导致经济利益流出的可能性是在表内确认预计负债(也有可能是预计资产)的主要考虑因素。国际上,美国、英国、加拿大和国际会计准则理事会等对可能性的划分存在一定的差别。就我国而言,可能性的划分有4个档次:

结果的可能性	概率区间
基本确定	大于95%但是小于100%
很可能	大于50%但是小于或等于95%
可能	大于5%但是小于或等于50%
极小可能	大于0但是小于或等于5%

也就是说,履行或有事项产生的现时义务导致经济利益流出企业的可能性超过50%但是尚未达到基本确定的程度时,就应该确认为预计负债。当然,如果是基本确定或完全确定,更应该确认为预计负债了。

针对最后一个条件,该义务的金额能够可靠计量。如果不能可靠计量,也就难以在财务报表内进行确认,即使满足前面两个条件,也只能在报表附注中进行披露说明。比如,华虹公司(被告)涉及一桩诉讼案。根据以往的审判案例推断,华虹公司很可能要败诉,相关的赔偿金额也可以估算出一个范围。这种情况下,可以认为华虹公司因未决诉讼承担的现时义务的金额能够可靠估计,从而应对未决诉讼确认一项负债。但是,如果没有以往的案例与华虹公司涉及的诉讼案作比照,而相关的法律条文又没有明确解释,那么即使华虹公司可能败诉,在判决以前通常也不能推断现时义务的金额能够可靠估计。为此,华虹公司不应对未决诉讼确认该项负债。

或有负债的会计处理如图8-1所示。

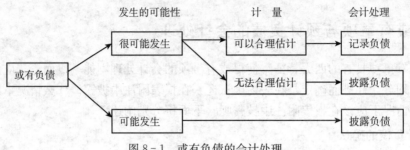

图 8-1 或有负债的会计处理

2. 预计负债的计量

预计负债的计量包括初始计量和后续计量。

（1）初始计量

预计负债应当按照履行相关现时义务所需支出的最佳估计数进行初始计量。初始计量时，具体区分以下几种情况。

① 如所需支出存在一个金额范围，而且该范围内各种结果发生的可能性相同时，最佳估计数按上下限的平均值确定。例如，某年12月27日，天宇公司因为违反合同而涉及一桩诉讼案件。根据企业的法律顾问判断，最终的判决很可能对天宇公司不利。某年12月31日，天宇公司尚未收到法院的判决，因诉讼承担的赔偿金额目前尚无法准确确定。根据专业人士估计，赔偿金额可能在30万～50万元，每一个金额都具有同等可能性。为此，天宇公司在某年12月31日的报表中应该确认一项金额为40万元的预计负债，同时计入营业外支出。

② 如所需支出不存在一个金额范围，则按如下方法确定：或有事项涉及单个项目时，最佳估计数按最可能发生金额确定。涉及单个项目，是指或有事项涉及的项目只有一个，比如是一项未决诉讼、一项未决仲裁或一项债务担保等。例如，延续上述天宇公司的情况，假设根据企业的法律顾问判断，天宇公司最终诉讼胜利的可能性为30%，败诉的可能性为70%。如果胜诉，将可以获得补偿50万元；如果败诉，将要赔偿80万元。在这种情况下，由于天宇公司涉及的是单个项目，而且所需支出不存在一个金额范围，这个时候就应该按照最可能发生的金额确定，也就是说，应该确认80万元的预计负债及相应的营业外支出。或有事项涉及多个项目时，最佳估计数按各种可能发生额及其发生概率计算确定。这种情况下，最为典型的是产品质量保证。例如，天宇公司2014年的销售额为25亿元，企业销售时承诺有3年的保修义务，如果出现质量问题，将给予免费维修。由于企业销售的客户众多，每一个客户发生质量问题的概率不同，属于涉及多个项目的情况。根据天宇公司历年经验，如果出现小的质量问题，则维修费用是销售额的1%；如果出现中度问题，则维修费是销售额的2%；如果出现较大质量问题，则维修费是销售额的10%。销售的产品中，有10%的产品会发生较小的质量问题，有2%的产品会出现中度质量问题，有1%的产品会出现较大质量问题。由此，公司应该在2014年底报表中确认预计负债，金额为

$$2\,500\,000\,000 \times (1\% \times 10\% + 2\% \times 2\% + 10\% \times 1\%) = 6\,000\,000 (元)$$

必须注意的是，由于预计负债是对未来支出的一种估计，初始计量的最佳估计的确定，应当综合考虑与或有事项相关的风险、不确定性和货币时间价值（如果货币时间价值影响重大，通常是指3年以上而且金额较大）等因素。折现率应该反映货币时间价值的当前市场价

格及该负债特有风险的税前折现率。风险和不确定性既可以在计量未来现金流出时作为调整因素，也可以在确定折现率时予以考虑，但是不能重复反映，也就是，分子和分母不能同时考虑风险和不确定性。随着时间的推移，即使在未来现金流出和折现率均不改变的情况下，预计负债的现值将逐渐增加，企业应当在资产负债表日对预计负债的现值进行重新计量。

(2) 后续计量

由于预计负债是对未来可能发生的支出的一种估计，那么对预计负债进行初始计量之后，在资产负债表日，由于事态的进一步发展，或者企业获得了新的证据，使得这个预计负债的最佳估计数可能已经发生变化。因此，为了如实反映企业的财务状况，企业应该在资产负债表日，对预计负债的账面价值进行复核，如果有客观证据表明，该账面价值不能反映当前的最佳估计数，则应当按照新的最佳估计数，对账面价值进行调整。这个资产负债表日，可以是预计负债初始计量年度的资产负债表日，也可以是未来几年的资产负债表日，也就是说，只要预计负债还在账面，企业就应该至少每一个资产负债表日进行复核。例如，A公司涉及一起跨年度诉讼案件，诉讼发生的当年A公司确认了预计负债50万元。随后，在第二年年底，企业根据新的信息估计，认为预计负债的金额应该是150万元。为此，企业应该在新的最佳估计数可以可靠计量的时候调整预计负债的金额。

3. 预计负债可获得的补偿金额的确认

在有些情况下，企业承担的一些赔偿支出，可以从第三方取得补偿，从而使企业承担的赔偿金额实际上有可能减少。《企业会计准则第13号——或有事项》规定，企业清偿预计负债所需支出全部或部分预期由第三方补偿的，补偿金额只有在基本确定能够收到时才能作为资产单独确认（一般通过"其他应收款"科目核算），确认的补偿金额不应当超过预计负债的账面价值。这里的"基本确定"，是指经济利益流入的概率达到了95%以上（不包括95%）。"单独确认"，是指确认的补偿金额应该计入资产，不应该作为预计负债的抵减金额，这样才能全面地反映经济事实的来龙去脉。能够从第三方获得补偿的例子有：因为事先投保而从保险公司获得补偿；诉讼案件进行反诉对索赔人或第三方提出另行赔偿要求；担保业务中向被担方提出额外追偿要求。

8.3.3 或有事项与预计负债举例

1. 诉讼问题

未决诉讼属于或有事项，可能形成预计负债，也可能由于不满足确认计负债的条件而只能在财务报表附注中进行披露。同时，未决诉讼过程中可能存在反诉行为，从而又可能需要对或有资产进行披露。

【例8-12】 天宇公司是一家财务软件开发商，开发了一种新的财务软件，准备近期正式投入市场。公司经过一段试销认为，这种财务软件的市场前景很好。海源公司也是一家财务软件开发商，从市场上购买了天宇公司的试销产品。经测试分析，海源公司认为天宇公司软件中的主要技术部分含有其研究并申请成功的专利技术，但是此前天宇公司并没有征得其同意。为此，某年8月5日，海源公司决定向法院起诉天宇公司，状告天宇公司侵犯了其专利权，要求天宇公司立即停止产品的试销并向海源公司一次性赔偿300万元。天宇公司认为其开发的新产品并没有侵犯海源公司的专利权，并于某年10月2日向法院反诉海源公司侵犯了名誉权，要求海源公司公开道歉，并赔偿360万元。直到某年年底，两个案件均尚在审理中。

根据以上信息，只能推断该或有事项属于过去交易或事项形成的，至于是否形成一项现时义务、导致经济利益流出或流入的可能性如何、能否可靠计量等问题都无法准确判断，因此也就无法判断应该如何进行会计处理。我们需要进一步的信息以做出相应的处理。

针对天宇公司，假设：

① 如果根据有关分析、测试情况及法律顾问的意见，认为新产品很可能侵犯了海源公司的专利权，则说明天宇公司很可能败诉，而且公司的反诉行为也将无效。

这意味着，该或有事项形成的现时义务很可能导致经济利益流出企业。如果企业能够可靠计量，认为败诉将需要赔偿海源公司240万元，同时需要承担两次诉讼发生的诉讼费用10万元，则企业应该在财务报表中确认或有事项形成的预计负债，同时记入相应的利润表项目。

借：管理费用——诉讼费　　　　　　　　　　　　　　100 000
　　营业外支出——赔偿支出　　　　　　　　　　　2 400 000
　贷：预计负债——未决诉讼　　　　　　　　　　　　2 500 000

同时，天宇公司应该在财务报表附注中进行如下披露：

> 预计负债：某年8月5日，海源公司状告本公司生产并销售的新产品（某软件）侵犯了其专利权，要求赔偿300万元。本公司对此提出了反诉，截至某年12月31日，两起诉讼尚处在审理中。

② 如果天宇公司很可能胜诉，则意味着公司因诉讼发生赔偿的可能性极小，同时很可能获得赔偿。在这种情况下，天宇公司应该在财务报表附注中披露或有事项形成的或有资产。

> 或有资产：某年8月5日，海源公司状告本公司生产并销售的新产品（某软件）侵犯了其专利权，要求赔偿300万元。但是，本公司认为，所生产并销售的软件并没有侵犯海源公司的专利权，为此本公司已经依法向法院提起诉讼，反诉海源公司侵害了本公司的名誉权，在社会上造成不良影响，要求海源公司公开道歉，并赔偿360万元。截至某年12月31日，两起诉讼尚处在审理中。

2. 或有损失合同

《企业会计准则第13号——或有事项》，将亏损合同纳入了或有事项的范畴。亏损合同，是指履行待执行合同的相关义务时将不可避免地会发生超过预期经济利益的成本，从而使企业承担损失的合同。所谓"待执行合同"，是指合同各方尚未履行的，或者履行没有完毕的合同，如企业与其他企业签订的销售合同、劳务提供合同、让渡资产使用权合同、租赁合同等。所谓"不可避免"，是指待执行合同是不可撤销的，或者撤销合同造成的损失将会比执行合同造成的损失更大。

当待执行合同变成亏损合同时，该亏损合同产生的义务满足企业会计准则确认预计负债的三个条件的，应当确认为预计负债。但是，如果合同存在标的资产（比如，待执行的产品销售合同，通常存在标的资产——存货），应当对标的资产进行减值测试并按规定确认减值损失，通常不确认预计负债。只有在合同不存在标的资产时，才应当确认预计负债。例如，企业采用经营租赁的方式租赁一栋办公大楼，租赁合约是不可撤销合约，期限3年，从2014年1月1日至2016年12月31日止。2014年年底，由于市政建设对办公大楼所在地区进行重新规划建设，致使企业不得不暂停在该办公大楼的工作。由于租赁合约是不可撤销的，在暂停使用办公大楼期间，企业仍然需要缴纳租金。而由于无法使用办公大楼，该租金并不能给企业带来任何未来经济利益，因此企业在2014年年底应将未来办公大楼暂停工作期间继续支付的租金确认为预计负债，同时确认一笔营业外支出。

【例8-13】 天宇公司2018年9月与海源公司签订合同，在2019年4月销售30 000件商品，单位成本估计为500元，合同价格为700元；如4月未交货，延迟交货的商品价格降为450元。2018年12月，天宇公司因生产线损坏，估计只能提供27 000件商品，其余3 000件尚未投入生产，估计在2019年5月交货。

2018年12月31日，由于无法按时交货，天宇公司合同中的3 000件商品成了亏损合同，且标的物不存在，所以应进行如下会计处理：

借：营业外支出 [3 000×（500－450）]   150 000
    贷：预计负债   150 000

【例8-14】 天宇公司与海源公司签订合同，销售300件商品，合同价格为每件3 000元，单位成本为3 300元。

若300件商品已经存在，合同为亏损合同，存在标的资产（商品），确认减值损失90 000元。

借：资产减值损失——存货跌价损失   90 000
    贷：存货跌价准备   90 000

如商品不存在，合同为亏损合同，确认预计负债90 000元。

借：营业外支出——待执行亏损合同   90 000
    贷：预计负债   90 000

可见，标的物是否存在，会计处理存在差异。标的物存在时，会计处理影响的是营业利润（因为资产减值损失在计算营业利润之前扣除）；而标的物不存在时，则会影响企业的非正常损益——营业外收支净额。

【例8-15】 天宇公司与甲公司签订合同，购买1 000件商品，合同价格每件300元。市场上同类商品每件为210元。天宇公司购买的商品卖给乙公司，单价为240元，如果天宇公司单方面撤销合同，应支付违约金30 000元。商品尚未购入。

① 倘若天宇公司购买商品的成本总额为300 000元，出售给乙公司价格总额为240 000元，亏损60 000元。合同为亏损合同。

② 如天宇公司单方面撤销合同，约定的违约金为30 000元，则应比较支付的违约金30 000元和面临的合同损失60 000元，按照较低的金额确认预计负债30 000元。

3. 重组义务

《企业会计准则第13号——或有事项》也将重组义务纳入或有事项的范畴，重组义务如果满足或有事项确认的三个条件,也应该将重组义务形成的直接损失确认为预计负债。

(1) 重组

所谓重组,是指企业制定和控制的,将显著改变企业组织形式、经营范围或经营方式的计划实施行为。重组的事项主要包括:出售或终止企业的部分业务;对企业的组织结构进行较大调整,例如取消一个层次的管理层;关闭或者迁移企业的部分营业场所;对企业经营性质和经营重点有重大影响的重要事项。

(2) 重组义务

重组在满足以下两个条件时,表明企业承担了重组义务。

① 有一项详细、正式的重组计划,该计划至少明确了以下事项:涉及的业务或业务的一部分;受影响的主要场所;因终止服务而将得到补偿的雇员的分布、职务和大概人数;将承担的支出及重组计划的实施时间。

② 重组计划已经对外公告,已经向受影响的各方通告该计划的主要内容,使他们对这项重组计划的实施形成了合理预期。

(3) 直接支出

直接支出是指与重组计划直接相关的支出。它包括重组所必需的直接支出,如重组过程中关闭营业场所发生的费用,企业对离退职工的遣散费等。但是不包括留用职工岗前培训、市场推广、新系统和营销网络投入等支出,这些支出是重组之后为了新的生产运营而发生的成本,应该计入重组之后的成本费用。

本章重点

流动负债的分类与特点;不同种类的流动负债和或有负债的会计处理方式。

本章难点

或有事项的定义、特点和种类;预计负债的确认和初始计量、后续计量等问题;流动负债与或有负债的列报与披露问题。

关键术语

流动负债　流动资产　或有事项　预计负债　短期借款　交易性金融负债　应付票据　应付账款　预收账款　应付职工薪酬　应付股利　应交税费　其他应付款　一年内到期的长期负债

思 考 题

1. 负债具有哪些特征?通常按照什么标准进行分类?为什么这样分类?其对报表使用者的意义何在?

2. 流动负债具有哪些特征?通常按照什么标准进行分类?这种分类对报表使用者的意义何在?

3. 长期负债和流动负债的主要划分标准是什么?长期负债在什么情况下应该划分为流

动负债?

4. 对于债权人减免或者豁免的负债,并没有带来未来经济利益的流出,因此企业将其确认为一项负债是错误的。你认为上述说法正确吗?为什么?

5. 什么是或有事项?它具有哪些特征?请举例说明。

6. 什么是或有负债、预计负债、或有资产、预计资产?它们的差别在哪里?

7. 预计负债确认的标准是什么?

8. 预计负债如何进行初始计量和后续计量?

9. 什么是待执行合同?什么是亏损合同?亏损合同的会计处理应该区分哪两种情况?

10. 什么是重组义务?重组义务如何进行会计处理?

11. 流动负债的列报与披露应注意什么?

12. 或有负债的列报与披露应注意什么?

练 习 题

一、单项选择题

1. 应付账款按总价法核算,如果在折扣期内支付的货款,折扣将被视为( )。
   A. 理财收益　　　B. 理财损失　　　C. 理财费用　　　D. 管理费用

2. 企业计提福利费时,按部门人员的工资总额提取的福利费,借记( )账户。
   A. 应付职工薪酬　B. 制造费用　　　C. 管理费用　　　D. 销售费用

3. 企业的自产产品作为福利发放给职工,成本价为55 000元,销售价为60 000元,增值税税率为16%,则企业因此需缴纳的增值税为( )元。
   A. 9 350　　　　B. 696 000　　　C. 8 718　　　　D. 9 775

4. 企业委托外单位加工一批应税消费品,回收后作为原材料用于加工新的应税消费品。企业提货时向受托方支付的消费税应借记( )账户。
   A. 委托加工材料　　　　　　　　　B. 应交税费——应交消费税
   C. 税金及附加　　　　　　　　　　D. 应付账款

5. 企业缴纳的下列税款中,需要通过"税金及附加"核算的是( )。
   A. 增值税　　　　B. 所得税　　　　C. 印花税　　　　D. 消费税

二、多项选择题

1. 流动负债按产生的原因分类,可以分为( )。
   A. 利润分配过程中的流动负债　　　B. 融资过程中的流动负债
   C. 结算过程中的流动负债　　　　　D. 经营过程中的流动负债
   E. 销售活动形成的流动负债

2. 或有负债主要包括( )。
   A. 已决诉讼　　　B. 财产担保　　　C. 产品质量保证
   D. 应收账款抵借　E. 追加税款

3. 购入货物时即能认定其进项税额不能抵扣的项目有( )。

A. 购入货物用于非应税项目　　　　B. 购入货物用于集体福利
C. 购入货物用于产品生产　　　　　D. 购进设备
E. 购入货物用于个人消费

4. 赊购商品时如果存在现金折扣，则应付账款入账价值的确定方法有（　　）。
A. 总价法　　　B. 市价法　　　C. 公允价值法
D. 账面价值法　　E. 净价法

5. 下列各种税中，企业不需要预交，在纳税义务产生的同时直接交款的有（　　）。
A. 增值税　　　B. 消费税　　　C. 所得税
D. 印花税　　　E. 耕地占用税

三、计算题

1. 天宇公司某年10月销售80辆摩托车，每辆销售价格为15 000元（不含增值税额），货款尚未收到。每辆摩托车成本为8 000元，摩托车的增值税税率为13%，消费税税率为10%。

要求：根据这项经济业务，请编制该公司所要缴纳税金的有关会计分录。

2. 天宇公司某年9月1日购入原材料一批，价款为50 000元，增值税款为6 500元，原材料已验收入库。天宇公司签发了一张面额58 000元、利率10%、6月期的带息商业票据。

要求：根据这项经济业务，请编制相应的会计分录。

3. 天宇公司被核定为小规模纳税人企业。本月购入原材料，增值税专用发票上记载的原材料成本为800 000元，支付的增值税额为104 000元，企业开出转账支票，材料尚未运到；该公司本期销售产品，含税价格为1 545 000元，货款尚未收到。假设该企业适用的征收率为3%。

要求：根据这项经济业务，请编制相应的会计分录。

4. 天宇公司出售一栋厂房，厂房原价为5 000 000元，已提折旧4 000 000元。出售价款为1 500 000元，已经存入银行。

要求：根据这项经济业务，请编制相应的会计分录。

5. 天宇公司2019年10月31日宣布，半年内顾客可凭某系列玩具包装物上的印花30个，换取价值15元的新型写字板一个。估计印花的回收兑换率为60%。2019年，公司销售了300 000件该系列玩具，每件售价为2.6元，同时购进写字板12 000个。2019年年底印花已收回102 000个，2020年4月30日前又有72 000个印花收回兑换。本例不考虑增值税。

要求：根据这项经济业务，请编制相应的会计分录。

第9章

长期负债

> 【学习目标】
> 通过本章的学习,要求学生:了解企业经营过程中的长期借款,为换取劳务、资金、商品而发行的应付票据,其他长期应付款的会计处理;熟悉公司债的一些相关问题,如偿债基金、可转换公司债、分期偿还债券的会计处理;掌握公司债券的发行方式、种类,以及债券折价、溢价发行的会计处理。

9.1 长期负债的性质与分类

1. 长期负债的概念和性质

长期负债是指偿还期限在1年或者超过1年的一个营业周期以上的债务。长期负债不需要动用企业的流动资产在短期内支付。

长期负债首先必须具备负债的特点,即由过去的交易或事项引起,是企业的现有义务,企业必须以提供劳务或转移资产的方式加以清偿。与流动负债相比,长期负债具有数额大、偿还期长、企业偿还时可以采用分期偿还等特点,是除投资者投资以外,为企业提供长期占用资金的另一个重要来源。企业举借长期负债,主要是为了弥补企业营运资金的不足和扩大企业经营规模,进行诸如购置大型设备、厂房、土地使用权等必要资产的投资。这些支出数额庞大,往往非企业所拥有的营运资金可以满足。通过举借长期债务,由债权人向企业提供所需资金,一方面满足了企业的需要,另一方面可以在一定条件下减少股权分散的风险,增加企业收益。长期债务的债权人只有按期取得收回本金及利息的权利,不能要求企业作其他支付,或参与企业的利润分配。当企业的投资利润率高于长期债务的利率时,投资者在企业支付了长期债务的本金和利息后,可以享受剩余的盈余。债务利息属于企业的正常经营费用,可以在企业计算所得税时扣除,在企业经营收益既定的前提下,举债经营可使企业少缴所得税。对于企业投资者来说,企业通过举借长期负债获取长期资金,不会影响企业的股权结构,因而不会影响投资者在企业享有的权益及对企业的控制权。

但是,如果企业的经济效益不佳,长期负债需要定期定额支付的利息就会成为企业巨大的经济负担。当企业的经营收益不足以支付债务利息时，负债额越大，企业的亏损也就越大。为此，企业在经济效益不佳时可以不分配或少分配利润。此外，长期负债的利息、本金的支付偿还均有明确的日期，企业必须及时做好财务安排，应付现金流出，其财务灵活性可能因此受到影响。最后，债权人对企业资产享有优先要求权，在企业经营状况不佳、不能按时支付利息、偿还本金的情况下，债权人的优先要求权使企业面临较大的财务风险。可见，举债经营是一把"双刃剑"，企业应根据具体的情况，认真分析是否应举债经营，并确定举债的规模大小。

2. 长期负债的分类

根据长期资金的筹集方式，长期负债可以分为长期应付票据、长期借款、应付公司债和其他长期应付款几种形式。

① 长期应付票据。指企业为筹借资金或购买资产而签发的长期票据。企业在向债权人筹措大额资金时，通常采用长期票据的形式。

② 长期借款。指企业向金融机构或其他单位借入的各种款项，偿还期在1年以上。

③ 应付公司债。公司债是企业出具的向债券持有人承诺定期支付既定利息并按期偿还本金的书面凭证。债券票面载明利率、偿还期限，表明债券发行企业向债权人（即债券持有人）允诺在一定期限内还本付息。发行公司债是最为普遍和常见的一种筹集长期资金的方式。公司债券面值可大可小，形式多样，可以在证券市场自由流通和转让，便于企业向分散的投资者筹集资金。

④ 其他长期应付款。如应付的引进设备款、融资租入的固定资产租赁费、住房周转金等应付款项。

根据不同偿还方式，长期负债可分为定期偿还的长期负债和分期偿还的长期负债两种类型。前者按照规定的债款到期日，一次还清长期债务；后者则在相关的举债期内，按规定的方式、比例、次数，分期分批偿还长期负债。

根据债务的抵押品种类，长期负债可分为不动产抵押长期债券和动产抵押长期债券等，无抵押品的是信用借款。

9.2 长期借款

长期借款是企业长期负债的一种类型，指企业向银行和其他金融机构借入的、偿还期在一年或一个营业周期以上的借款，如基建借款、技术改造借款、中短期设备借款等。

1. 长期借款的特点和种类

(1) 长期借款的特点

与流动负债相比，长期借款的数额较大，偿还的期限较长，通常是企业为扩大经营规模，进行长期性的理财活动而产生的。长期借款的利率是固定的，企业在贷款期内向债权人每年支付按利率计算的定额利息。企业利用借贷所得的款项扩大生产运营规模后获得的增加利润，债权人不能参与分配，企业的所有人则分配到了更多的红利。同时，企业的所有者对企业的控制权不会由于企业的长期借款而削弱，其应享有的经济利益也不会由于长期借款而减少。但是长期借款的利息支出，也成为企业在贷款期内固定的财务负担，企业只有确保其投资报酬率高于借款利率,才能使财务杠杆起到正面的作用。

(2) 长期借款的分类

根据不同的标准,长期借款可以划分为以下几类。

① 按照借款本金的偿还方式,长期借款可划分为定期偿还借款和分期偿还借款。

② 按照有无担保标准,长期借款可划分为担保借款和信用借款。担保借款是以企业提供的担保为基础取得的借款。根据担保提供的不同方式,担保借款可以划分为保证借款、抵押借款和质押借款。保证借款是指以借款人和贷款人以外的第三人承诺在企业不能偿还借款时承担一般保证责任或者连带责任而取得的借款;抵押借款是指以企业或者第三方的不动产作为抵押物而取得的借款;质押借款是指以企业或者第三方的动产或者权利作为质物而取得的借款。信用借款是指以企业的信用为基础取得的借款。

③ 按照借款币种,长期借款可划分为人民币借款和外汇借款。人民币借款是以人民币或者以人民币为基准计算的借款。外汇借款是以外币或者外币为基准计算的借款。

2. 长期借款的核算

为了总括地核算和反映企业长期借款的借入、应计利息及还本付息情况,企业应设置"长期借款"总账科目。该科目应按贷款单位和贷款种类,分别设"本金""利息调整"等进行明细核算。

"长期借款"科目与"短期借款"科目不同,"短期借款"科目只核算借款的本金,尚未支付的利息一般通过"应付利息"科目核算,不记入"短期借款"科目;而"长期借款"科目不仅核算本金的借入、偿还情况,还核算到期一次还本付息方式下的应计利息及实际利息和应付利息的差额。

长期借款的核算步骤如下。

① 借入长期借款时,应按实际收到的金额,借记"银行存款"科目,贷记"长期借款——本金"科目。

② 资产负债表日计息时,应计算确定的长期借款的利息费用,借记"在建工程""制造费用""财务费用""研发支出"等科目,贷记"应付利息"科目(每年付息),或贷记"长期借款——应计利息"科目(利息与本金到期时一并支付)。实际利率与合同利率差异较小的,也可以采用合同利率计算确定利息费用。

③ 归还长期借款本金时,借记"长期借款——本金"科目,贷记"银行存款"科目。长期借款名义利率与实际利率相差较大时,还需要类似应付债券按照实际利率法那样进行利息调整,贷记或借记"长期借款——利息调整"科目。

【例 9-1】 天宇公司 2019 年 1 月 1 日向银行借入一笔期限为 2 年、利率为 4.72% 的长期借款 1 250 000 元,借款方式为按年付息 59 000 元(1 250 000×4.72%),到期一次还本 1 250 000 元。该项长期借款为一般性借款,利息费用不必资本化。

天宇公司的相关会计分录如下。

① 2019 年 1 月 1 日借款:

借:银行存款   1 250 00

  贷:长期借款——本金   1 250 000

② 2019 年 1 月 1 日至 2019 年 12 月 31 日(假定按年处理):

借:财务费用 59 000
　　贷:应付利息(1 250 000×4.72%) 59 000
③ 2019年12月31日实际支付利息:
借:应付利息 59 000
　　贷:银行存款 59 000
④ 2020年12月31日归还本金:
借:长期借款——本金 1 250 000
　　贷:银行存款 1 250 000

9.3* 长期债券

1. 债券的特征与分类

公司债券是企业为筹集资金（一般是长期资金），按照法定程序报经核准，向社会公众发行的、约定在一定期限内还本付息的有价债券。与长期借款相比，债券融资筹集的资金期限较长、金额较大、资金使用较为自由；与签发长期票据相比，公司通过发行债券的方式把巨额债务进行等额细分，向社会公众公开募集，能吸引广泛的投资者，更容易取得自己所需资金。但是债券融资也存在不足之处，诸如发行费用较高、发行周期较长等。

债券发行所依据的合同被称作债券契约，债券契约上会明确规定核准发行的债券金额、利率、到期日、付息方式、收回债券的条件等。债券购买者所收到的书面债券凭证也会包括债券发行的各项条款，主要有：债券面值，即债券到期时，公司应偿还给债券持有人的本金，面值的大小不等，包括50元、100元、1 000元等；债券利率，也称作票面利率或者名义利率，即债券利息与债券面值的比率，债券利率一般用年利率或者半年利率表示，它可以高于、低于或者等于市场利率；付息日，即支付债券利息的时间，通常按半年或者一年付息；到期日，即偿还本金的日期。定期还本债券的本金在债券持有期的最后时间一次性支付；分期还本债券的本金在债券持有期内分次偿还，所以在债券凭证上要注明每次偿还本金的日期和金额。

企业应当设置债券备查簿，详细登记企业债券的票面金额、债券票面利率、还付息期限与方式、发行总额、发行日期和编号、委托代售单位、转换股份等资料。企业债券到期兑付，在备查簿中应予注销。

债券按照不同的标准，可以分为如下几类。

① 按照发行方式分类，债券可分为记名公司债券和不记名公司债券。记名公司债券是指公司债券发行时，债券凭证上记有债券持有人姓名的债券。债券本息的发放凭借债券凭证和债券持有人的身份证明，债券的转让可以通过背书等法律规定的方式。不记名公司债券是指公司债券发行时，债券凭证上不记载债券持有人姓名的债券，债券的转让无须背书这样的法律程序，只需交付债券即可实现转让行为。债券本息的发放仅凭债券凭证。实际上，不记名债券是"谁持有谁受益"，它便于流通，但不安全。

② 按照发行价格水平分类，债券可分为溢价发行债券、折价发行债券、平价发行债券。

当债券的票面利率高于银行利率时,债券的发行价格会高于票面价值,称为溢价发行债券。溢价发行表明企业以后多付利息而事先得到的补偿。当债券的票面利率低于银行利率时,债券的发行价格会低于票面价值,称为折价发行债券。折价发行表明企业以后少付利息而事先给予投资者的补偿。当债券的票面利率等于银行利率时,债券的发行价格会等于票面价值,称为平价发行债券。

③ 按照期限长短分类,债券可分为短期债券、中期债券和长期债券。短期债券是存续期限在1年以内的债券;中期债券是存续期限在1年以上5年以内的债券;长期债券是存续期限在5年以上的债券。

④ 按照付息方式分类,债券可分为普通债券、零息债券、浮动利率债券、收益债券和参与债券。普通债券是指按照票面记载的一定利率支付利息的债券。零息债券是指没有票面利息、到期只偿付本金的债券。零息债券本质上说并非无须支付利息,而是在债券发行时已经以较高折价的方式支付了,因此零息债券又被称作高折价债券。浮动利率债券是指票面利率会随市场利率变动的债券,它使得债券的持有人和发行人所承担的风险与市场水平相当。收益债券是指利息根据公司净收益的大小而确定的债券,公司没有净收益时可以不付利息。参与债券是指除了享受固定利息外还可以参与股东盈余分配的债券。

⑤ 按照还本方式分类,债券可分为定期还本公司债券和分期还本公司债券。前者指债券本金全部在到期日偿还;后者指债券本金在不同到期日分期偿还。

⑥ 按照特殊偿还方式分类,债券可分为可赎回债券、可转换债券和以商品偿付的债券。可赎回债券是指发行公司在债券到期以前可以按照债券契约的规定以既定的价格提前赎回的债券。可赎回债券增加了公司的财务弹性,在利率降低时可以通过赎回后再筹资降低公司的资金成本。可转换债券是指可以转换为发行公司普通股股票或者其他证券的债券。可转换债券为债券持有者提供了购买证券的选择权,但是其利率会较普通的公司债券利率低。以商品偿付的债券是指到期时以一定数量的某种商品来偿付的债券。

2. 债券的发行

企业发行债券,应设置"应付债券"总账科目进行核算。该科目下设"债券面值""利息调整""应计利息"三个明细科目,分别核算债券本金的收取和偿还、债券溢折价的发生和摊销及利息的计提和支付情况。当然,如果利息是通过"应付债券——应计利息"科目核算的,由于该科目属于非流动负债类科目,所以此时核算的利息应为债券到期一次性支付的类型;如果利息是分期支付的,属于流动负债,应通过"应付利息"科目进行核算。

企业发行债券,应按实际收到的金额,借记"银行存款"等科目,按债券票面金额,贷记"应付债券——面值"。存在差额的,还应借记或贷记"应付债券——利息调整"。

【例9-2】 天宇公司某年1月1日发行5年期、面值500万元的债券一批,票面年利率为8%,公司按照面值发行,全部收入已存入银行,不考虑发行费用。天宇公司发行债券的会计处理如下。

借:银行存款　　　　　　　　　　　　　　　　　　　　　　　　5 000 000
　　贷:应付债券——面值　　　　　　　　　　　　　　　　　　　　5 000 000

【例9-3】 天宇公司某年1月1日发行5年期、面值500万元的债券一批,票面年利率为8%，公司发行收入为542.65万元，已存入银行，不考虑发行费用。天宇公司发行债券的会计处理如下：

借：银行存款　　　　　　　　　　　　　　　　　　　　　　　5 426 500
　　贷：应付债券——面值　　　　　　　　　　　　　　　　　　5 000 000
　　　　应付债券——利息调整　　　　　　　　　　　　　　　　　426 500

【例9-4】　天宇公司某年1月1日发行5年期、面值500万元的债券一批，票面年利率为8%，公司发行收入为470万元，已存入银行，不考虑发行费用。天宇公司发行债券的会计处理如下：

借：银行存款　　　　　　　　　　　　　　　　　　　　　　　4 700 000
　　应付债券——利息调整　　　　　　　　　　　　　　　　　　　300 000
　　贷：应付债券——面值　　　　　　　　　　　　　　　　　　5 000 000

前面所举的例子都是债券发行日和起息日一致的情况，但有时发债公司为等待更好的发债市场环境而推迟债券的发行，或者投资者不在付息日向发债公司购买债券，这样就出现了在两个付息日之间发行债券的情况。这种情况下，投资者应享有的利息只能是从购买日到下一个付息日这段时间的利息，由于在下一个付息日发债公司会支付当期的全部利息，所以在发行时公司会要求投资者垫付从上个付息日至购买日期间的债券利息。

【例9-5】　天宇公司原定20×4年1月1日发行5年期、面值500万元的债券一批，票面年利率为8%，债券付息日为每年的6月30日和12月31日。但后来发行时间推迟到20×4年4月1日。公司发行收入为530万元，已存入银行，不考虑发行费用。天宇公司发行债券的会计处理如下：

借：银行存款　　　　　　　　　　　　　　　　　　　　　　　5 300 000
　　贷：应付债券——面值　　　　　　　　　　　　　　　　　　5 000 000
　　　　应付债券——利息调整　　　　　　　　　　　　　　　　　200 000
　　　　应付债券——应计利息（5 000 000×8%×3/12）　　　　　　100 000

3. 债券计息

债券的计息利率有两种：一是市场利率；二是名义利率，两者可能存在差异。利率的差异导致发行时会存在"利息调整"项目，该项目会在债券存续期对债券利息进行调整，使发债公司计提的利息与市场利率相符。

我国企业会计准则规定，利息调整的方法需采用实际利率法。实际利率法是先根据企业未偿还应付债券的余额和实际利率求得当期实际利息，再结合票面利息确定当期利息调整金额的方法。这种方法一般要编制利息调整表辅助计算并为账务处理提供参考。实际利率法较为复杂，但由于它计提利息费用是依据实际利率来计算的，所以结果更为准确。

对于分期付息、一次还本的债券，应于资产负债表日按债券摊余成本和实际利率计算确定的债券利息费用，借记"在建工程""制造费用""财务费用""研发支出"等科目，按票面利率计算确定的应付未付利息，贷记"应付利息"科目，按其差额，借记或贷记"应付债券——利息调整"科目。对于一次还本付息的债券，应于资产负债表日按摊余成本和实际利率计算确定的债券利息费用，借记"在建工程""制造费用""财务费用""研发支出"等科目，按票面利率计算确定的应付未付利息，贷记"应付债券——应计利息"科目，按其差额，借记或贷记"应付债券——利息调整"科目。实际利率与票面利率差异较小的，也可以采用票面利率计算确定利息费用。

【例9-6】 承例9-3，天宇公司溢价发行债券，用实际利率法计算债券的利息费用，实际利率为6%，每半年计息一次，债券付息日为每年的6月30日和12月31日。假设债券利息费用计入财务费用。编制利息调整表如表9-1所示。

表9-1 利息调整表

单位：元

期数	利息费用 (1) = 上期(5) × 6%×6/12	应付利息 (2) =面值×8%× 6/12	调整的利息金额 (3) = (2) - (1)	利息调整余额 (4) = 上期(4) - (3)	未偿余额 (5) = 上期(5) - (3)
发行时				426 500	5 426 500
1	162 795	200 000	37 205	389 295	5 389 295
2	161 679	200 000	38 321	350 974	5 350 974
3	160 529	200 000	39 471	311 503	5 311 503
4	159 345	200 000	40 655	70 848	5 270 848
5	158 125	200 000	41 875	228 974	5 228 974
6	156 869	200 000	43 131	185 843	5 185 843
7	155 575	200 000	44 425	141 418	5 141 418
8	154 243	200 000	45 757	95 661	5 095 661
9	152 870	200 000	47 130	48 530	5 048 530
10	151 470	200 000	48 530	0	5 000 000
合 计	1 573 500	2 000 000	426 500	—	—

第一次付息时
借：财务费用　　　　　　　　　　　　　　　　　　　　　162 795
　　应付债券——利息调整　　　　　　　　　　　　　　　　37 205
　　贷：应付利息　　　　　　　　　　　　　　　　　　　　　　　200 000
借：应付利息　　　　　　　　　　　　　　　　　　　　　200 000
　　贷：银行存款　　　　　　　　　　　　　　　　　　　　　　　200 000
由于计息日和付息日一致，上面的分录也可以合并为：
借：财务费用　　　　　　　　　　　　　　　　　　　　　162 795
　　应付债券——利息调整　　　　　　　　　　　　　　　　37 205
　　贷：银行存款　　　　　　　　　　　　　　　　　　　　　　　200 000
第二次付息时
借：财务费用　　　　　　　　　　　　　　　　　　　　　161 679
　　应付债券——利息调整　　　　　　　　　　　　　　　　38 321
　　贷：应付利息　　　　　　　　　　　　　　　　　　　　　　　200 000

借：应付利息	200 000	
贷：银行存款		200 000

由于计息日和付息日一致，上面的分录也可以合并为：

借：财务费用	161 679	
应付债券——利息调整	38 321	
贷：银行存款		200 000

第三次付息至第九次付息所作的分录科目相同，只是金额需要根据表中计算的数值作相应调整。

4. 债券的清偿

债券的清偿通常在到期日进行，但有时也可能提前或推后。其偿还方式包括到期直接偿还、提前偿还、举新债偿旧债等。

(1) 到期直接偿还

不论当初债券采取何种发行方式，到期偿还时，债券的最终账面价值总等于债券面值，不产生偿还损益。

【例9-7】 承例9-6，天宇公司于第五年年末债券到期时，用银行存款一次性偿还债券本金及最后一期利息。天宇公司到期偿债的会计分录如下。

最后一次付息同时还本。

借：财务费用	151 470	
应付债券——利息调整	48 530	
贷：应付利息		200 000
借：应付利息	200 000	
应付债券——本金	5 000 000	
贷：银行存款		5 200 000

(2) 提前偿还

提前偿还是指企业在债券尚未到期时清偿债券，它通常发生在市场利率下跌时且企业有充裕的资金或者再次举债的能力。市场利率下跌，固定的债券利率就会相对较高，导致企业的筹资成本增加。为了减轻企业的利息负担，公司往往会筹措足够的资金提前清偿债券。提前清偿的方式主要包括直接从证券市场上回购和行使赎回权。赎回权是指企业在债券发行时在债券契约中规定的一项条款，允许企业在某个期间以特定的价格提前回购债券。本质上说，行使赎回权和直接从证券市场上回购都属于债券回购方式，两者的会计处理也基本类似。回购价格与回购时债券账面价值（债券面值加上利息调整贷方余额或减去利息调整借方余额）往往不等，产生的差额作为提前偿债损益，记入"营业外收入"或"营业外支出"等科目。

【例9-8】 天宇公司2019年1月1日发行5年期、面值500万元的债券一批，票面年利率为8%，市场利率为6%，公司发行收入为542.65万元，已存入银行，不考虑发行费用。债券利息每半年支付一次。2019年7月1日，天宇公司从债券市场上公开回购这批债券，回购价格为520万元（含上一付息日至回购日的应计利息）。回购日天宇公司的会计处理如下。

利息调整的金额计算参见例9-6中的利息调整表9-1中第5期的金额。
确认提前偿债损益：

借：应付债券——债券面值	5 000 000
应付债券——利息调整	228 974
贷：银行存款	5 200 000
营业外收入	28 974

（3）举新债偿旧债

发债公司有时会发行新债券，将募集资金用于偿还旧债券，或直接以新债券交换旧债券，这两种偿债方式都称作举新债偿旧债。前一种偿债方式的会计处理包括新债券发行和旧债券清偿两个方面，可以参照一般债券的发行和清偿的处理；后一种偿债方式的会计处理不涉及现金流，直接比较新债券的发行价格和发行费用与旧债券的账面价值，差额即为债券清偿损益，计入营业外收支。

【例9-9】 承例9-8，假设2019年7月1日，天宇公司平价发行票面利率为10%的530万元5年期新债券，直接换回2019年1月1日发行的旧债券。天宇公司举新债偿旧债的会计处理如下。

借：应付债券——债券面值	5 000 000
应付债券——利息调整	228 974
营业外支出	71 026
贷：应付债券——债券面值	5 300 000

5. 可转换债券

可转换债券是指债券持有人可以在一定期间之后按照规定的转换比率或者转换价格将所持债券转换为发行公司股票的债券。对于投资者而言，购买这种类型的债券既有机会享有固定的债券利息收入，又有机会分享股利及股票增值的收益，所以这种债券的利率通常低于不可转换的普通债券。对于发债公司而言，发行可转换债券筹资成本较低，并且债券的可转换权较易吸引到投资者。

企业发行的可转换公司债券，应将负债成分和权益成分进行分拆，按实际收到的金额，借记"银行存款"等科目，按该项可转换公司债券包含的负债成分的面值，贷记"应付债券——可转换公司债券——面值"科目，按权益成分的公允价值，贷记"资本公积——其他资本公积"科目，按其差额，借记或贷记"应付债券——利息调整"科目。

可转换公司债券持有人行使转换权利，将其持有的债券转换为股票，按可转换公司债券的余额，借记"应付债券——可转换公司债券面值"科目、"应付债券——利息调整"科目，按其权益成分的金额，借记"资本公积——其他资本公积"科目，按股票面值和转换的股数计算的股票面值总额，贷记"股本"科目，按其差额，贷记"资本公积——股本溢价"科目。如用现金支付不可转换股票的部分，还应贷记"银行存款"等科目。

9.4 长期应付款

长期应付款是指除了长期借款和应付债券之外的其他各种长期应付款项，包括应付补偿贸易引进设备款、应付融资租入固定资产的租赁费、以分期付款方式购入固定资产等发生的应付款项等。为了核算各种长期应付款，企业应设置"长期应付款"科目，并按照长期应付款的种类下设"应付补偿贸易引进设备款"和"应付融资租赁款"明细科目。

1. 应付补偿贸易引进设备款

补偿贸易是指从国外引进设备，再用该设备生产的产品归还设备价款的贸易方式。引进设备时，企业应借记"固定资产"或"在建工程"等科目，贷记"长期应付款——应付补偿贸易引进设备款"科目；待用设备生产的产品归还设备价款时，视同产品销售处理，同时，按照产品的作价金额借记"长期应付款——应付补偿贸易引进设备款"科目，贷记"应收账款"科目。国家为了鼓励企业开展补偿贸易，规定开展补偿贸易的企业，补偿期内免交引进设备所生产的产品的流转税。

【例 9-10】 天宇公司按照补偿贸易合同引进国外设备，设备价款折合人民币 500 万元，安装费 50 万元。设备安装投产后，第一批产品 10 000 件，单位售价 200 元，单位成本 120 元，该批产品全部用于偿还设备款，不考虑有关税费。天宇公司会计处理如下。

① 引进设备时：

借：在建工程　　　　　　　　　　　　　　　　　　　　　5 000 000
　　贷：长期应付款——应付补偿贸易引进设备款　　　　　　　　5 000 000
借：在建工程　　　　　　　　　　　　　　　　　　　　　　500 000
　　贷：银行存款——应付职工薪酬等　　　　　　　　　　　　　500 000
借：固定资产　　　　　　　　　　　　　　　　　　　　　2 000 000
　　贷：在建工程　　　　　　　　　　　　　　　　　　　　　2 000 000

② 视同销售时：

借：应收账款　　　　　　　　　　　　　　　　　　　　　2 000 000
　　贷：主营业务收入（10 000×200）　　　　　　　　　　　2 000 000
借：主营业务成本（10 000×120）　　　　　　　　　　　　1 200 000
　　　库存商品　　　　　　　　　　　　　　　　　　　　　1 200 000

③ 用产品偿还设备款：

借：长期应付款——应付补偿贸易引进设备款　　　　　　　2 000 000
　　贷：应收账款　　　　　　　　　　　　　　　　　　　　2 000 000

2. 应付融资租赁款

应付融资租赁款一般出现在融资租入固定资产业务中。融资租入固定资产是企业为取得固定资产而融通资金的一种方式。承租方通常在约定的期限内分期支付租金，拥有固定资产的使用权，租赁期满，常常可以象征性地支付一小笔款项，取得原租入固定资产的所有权。虽然在融资租入的过程中，承租人并未取得租入固定资产的所有权，但从交易的实质来看，承租人一般租赁资产的期限较长，所付租金较多，或者有优先购买租入资产的权利，租赁资产的一切风险和报酬都已转给承租方。所以，根据实质重于形式的原则，承租方应将融资租入固定资产视同自有固定资产处理，即使用资产期间不仅要记录偿付租金的业务，还应按期计提折旧。

企业融资租入的固定资产，在租赁期开始日，按应计入固定资产成本的金额（租赁开始日租赁资产公允价值与最低租赁付款额现值两者中较低者，加上初始直接费用），借记"在建工程"或"固定资产"科目，按最低租赁付款额，贷记"长期应付款——应付融资租赁款"科目，按发生的初始直接费用，贷记"银行存款"等科目，按其差额，借记"未确认融资费用"科目。

租赁期内，支付租金时，应借记"长期应付款——应付融资租赁款"科目，贷记"银行存款"科目；按期计提折旧，借记"制造费用"或"管理费用"等科目，贷记"累计折旧"科目；此外，还要采用实际利率法分期摊销未确认融资费用，借记"财务费用""在建工程"等科目，贷记"未确认融资费用"科目。

租赁期满，如果固定资产的所有权转移给企业，那么应当从融资租入固定资产类别中转出。

【例 9-11】 天宇公司自 2018 年 1 月 1 日起以融资租赁方式租入一台新的生产设备，设备的最低租赁付款额为 578 万元，租赁期为 5 年，租赁费按年支付，不知道出租人的租赁内含利率，合同中规定的利率为 8%。租赁资产的公允价值为 458 万元，该设备的使用年限为 5 年，期末残值 8 万元。租赁期满，设备归天宇公司所有。不考虑初始直接费用。天宇公司相关会计分录如下。

$$最低租赁付款额的现值 = [(5\,780\,000/5) \times (P/A, 8\%, 5)]$$
$$= 4\,615\,573（元）> 4\,580\,000（元）$$

根据公允价值与最低租赁付款额现值孰低原则，固定资产的入账价值为公允价值 4 580 000 元。

① 融资租入设备时：
借：固定资产——融资租入固定资产　　　　　　　　　　　　　　　　　4 580 000
　　未确认融资费用　　　　　　　　　　　　　　　　　　　　　　　　1 200 000
　　贷：长期应付款——应付融资租赁款　　　　　　　　　　　　　　　　　　5 780 000

② 每年支付租赁费时：
借：长期应付款——应付融资租赁款（5 780 000/5）　　　　　　　　　　1 156 000
　　贷：银行存款　　　　　　　　　　　　　　　　　　　　　　　　　　　　1 156 000

③ 每月计提折旧时：
借：制造费用 {[(4 580 000 - 80 000)/5]/12}　　　　　　　　　　　　　　75 000
　　贷：累计折旧　　　　　　　　　　　　　　　　　　　　　　　　　　　　　75 000

④ 融资租赁费用分摊率为租赁开始日使得最低租赁付款额的现值等于租赁资产公允价

值的折现率。

$$4\,580\,000 = 1\,156\,000 \times (P/A, r, 5)$$

利用插值法计算融资费用分摊率。

当 $r=8\%$ 时，$1\,156\,000 \times 3.993 = 4\,615\,908 > 4\,580\,000$

当 $r=9\%$ 时，$1\,156\,000 \times 3.890 = 4\,496\,840 < 4\,580\,000$

$$r = 8\% + (9\% - 8\%) \times \frac{4\,615\,908 - 4\,580\,000}{4\,615\,908 - 4\,496\,840} = 8.3\%$$

解得 $r=8.30\%$。

采用实际利率法计算的未确认融资费用摊销如表 9-2 所示。

表 9-2 未确认融资费用摊销表（实际利率法）

2018 年 1 月 1 日

单位：元

日期	租金	确认的融资费用	应付本金减少额	应付本金余额
(1)	(2)	(3)＝期初(5)×8.3%	(4)＝(2)－(3)	期末(5)＝期初(5)－(4)
2018 年 1 月 1 日				4 580 000
2018 年 12 月 31 日	1 156 000	380 140	775 860	3 804 140
2019 年 12 月 31 日	1 156 000	315 743.62	840 256.38	2 963 883.62
2020 年 12 月 31 日	1 156 000	246 002.34	909 997.66	2 053 885.96
2021 年 12 月 31 日	1 156 000	170 472.53	985 527.47	1 068 358.50
2022 年 12 月 31 日	1 156 000	87 641.50	1 068 358.50	0
合计	5 780 000	1 200 000	4 580 000	—

2018 年 12 月 31 日摊销融资租赁费用时，

借：财务费用　　　　　　　　　　　　　　　　　　　　380 140

　　贷：未确认融资费用　　　　　　　　　　　　　　　　380 140

2019 年 12 月 31 日摊销融资租赁费用时，

借：财务费用　　　　　　　　　　　　　　　　　　　　315 743.62

　　贷：未确认融资费用　　　　　　　　　　　　　　　　315 743.62

2020 年 12 月 31 日摊销融资租赁费用时，

借：财务费用　　　　　　　　　　　　　　　　　　　　246 002.34

　　贷：未确认融资费用　　　　　　　　　　　　　　　　246 002.34

2021 年 12 月 31 日摊销融资租赁费用时，

借：财务费用　　　　　　　　　　　　　　　　　　　　170 472.53

　　贷：未确认融资费用　　　　　　　　　　　　　　　　170 472.53

2022 年 12 月 31 日摊销融资租赁费用时，

借：财务费用　　　　　　　　　　　　　　　　　　　　87 641.50

　　贷：未确认融资费用　　　　　　　　　　　　　　　　87 641.50

⑤ 租赁期满时：

借：固定资产——生产经营用固定资产	80 000
贷：固定资产——融资租入固定资产	80 000

9.5* 借款费用

1. 借款费用的内容

借款费用是企业因借款而发生的利息和其他相关成本，它包括借款利息、折价或者溢价的摊销、辅助费用及因外币借款而发生的汇兑差额等。由于借款费用本质上是企业因借入资金所付出的代价，因此利息和作为利息费用调整金额的借款折价或溢价的摊销等应是借款费用的主要组成部分。为安排借款所发生的辅助费用和外币借款汇兑差额，也是借款的代价，应包括在借款费用中。对于企业发生的权益性融资费用，不应包括在借款费用中。但是承租人根据企业会计准则所确认的融资租赁发生的融资费用属于借款费用。

2. 借款费用的确认

（1）确认原则

借款费用的确认主要解决的是将每期发生的借款费用资本化、计入相关资产的成本，还是将有关借款费用费用化、计入当期损益的问题。根据企业会计准则的规定，借款费用确认的基本原则是：企业发生的借款费用，可直接归属于符合资本化条件的资产的购建或者生产的，应当予以资本化，计入相关资产成本；其他借款费用，应当在发生时根据其发生额确认为费用，计入当期损益。

只有发生在资本化期间内的有关借款费用，才允许资本化。资本化期间的确定是借款费用确认和计量的重要前提。借款费用资本化期间，是指从借款费用开始资本化时点到停止资本化时点的期间，但不包括借款费用暂停资本化的期间。

（2）借款费用应予资本化的资产范围

符合资本化条件的资产是指需要经过相当长时间（指为资产的构建或者生产所必需的时间，通常为1年以上）的购建或者生产活动才能达到预定可使用或者可销售状态的固定资产、投资性房地产和存货等资产。建造合同成本、确认为无形资产的开发支出等在符合条件的情况下，也可以认定为符合资本化条件的资产。

（3）借款费用应予资本化的借款范围

借款费用应予资本化的借款范围既包括专门借款，也可包括一般借款。其中，对于一般借款，只有在购建或者生产某项符合资本化条件的资产占用了一般借款时，才应将与该部分一般借款相关的借款费用资本化；否则，所发生的借款费用应当计入当期损益。

（4）借款费用开始资本化的时间

借款费用允许开始资本化必须同时满足三个条件，即资产支出已经发生、借款费用已经发生、为使资产达到预定可使用或者可销售状态所必要的购建或者生产活动已经开始。

① 资产支出已经发生。资产支出包括为构建或者生产符合资本化条件的资产而以支付现金、转移非现金资产或者承担带息债务形式发生的支出。它们都会导致公司资源的流出

（占用了借款资金），因此它们就应当承担相应的借款费用。

支付现金，是指用货币资金支付符合资本化条件的资产的购建或者生产支出。例如，某公司用现金或者银行存款购买为建造或者生产符合资本化条件的资产所需用材料，支付有关职工薪酬，向工程承包商支付工程进度款等，这些支出均属于资产支出。

转移非现金资产，是指企业将自己的非现金资产直接用于符合资本化条件的资产的购建或者生产。例如，某公司将自己生产的产品，包括自己生产的水泥、钢材等，用于符合资本化条件的资产的建造或者生产，企业同时还将自己生产的产品向其他企业换取用于符合资本化条件的资产的建造或者生产所需用工程物资的，这些产品成本均属于资产支出。

承担带息债务，是指企业为了购建或者生产符合资本化条件的资产所需用物资等而承担的带息应付款项（如带息应付票据），当该带息债务发生时，视同资产支出已经发生。

② 借款费用已经发生。借款费用已经发生是指企业已经发生了因购建或者生产符合资本化条件的资产而专门借入款项的借款费用或者所占用的一般借款的借款费用。例如，天宇公司于2018年1月1日为建造一幢建设期为2年的厂房从银行专门借入款项10 000万元，当日开始计息。在2018年1月1日即应当认为借款费用已经发生。

③ 为使资产达到预定可使用或者可销售状态所必要的购建生产活动已经开始。主要是指固体资产的实体建造活动或存货的生产活动。这些活动是使这些资产达到预定可使用状态所必需的，企业往往因此而发生与这些活动有关的、无法避免的借款费用。例如，天宇公司为了建设写字楼购置了建筑用地，但是尚未开工兴建房屋，有关房屋实体建造活动也没有开始，在这种情况下即使企业为了购置建筑用地已经发生了支出，也不应当将其认为使资产达到预定可使用状态所必要的购建活动已经开始。

企业只有在上述三个条件同时满足的情况下，有关借款费用才可开始资本化，只要其中一个条件没有满足，借款费用就不能开始资本化。

(5) 借款费用暂停资本化的时间

符合资本化条件的资产在购建或者生产过程中发生非正常中断且中断时间连续超过3个月的，应当暂停借款费用的资本化。中断的原因必须是非正常中断，属于正常中断的，相关借款费用仍可资本化。在中断期间发生的借款费用应当确认为费用，计入当期损益。

非正常中断，通常是由于企业管理决策上的原因或者其他不可预见的原因等所导致的中断。比如，企业因与施工方发生了质量纠纷，或者工程、生产用料没有及时供应，或者资金周转发生了困难，或者施工、生产发生了安全事故，或者发生了与资产购建、生产有关的劳动纠纷等原因，导致资产购建或者生产活动发生中断，均属于非正常中断。

正常中断通常仅限于因购建或者生产符合资本化条件的资产达到预定可使用或者可销售状态所必要的程序，或者事先可预见的不可抗力因素导致的中断。比如，某些地区的工程在建造过程中，由于可预见的不可抗力因素（如雨季或冰冻季节等原因）导致施工出现停顿，也属于正常中断。

(6) 借款费用停止资本化的时点

购建或者生产符合资本化条件的资产达到预定可使用或者可销售状态时，借款费用应当停止资本化。在符合资本化条件的资产达到预定可使用或者可销售状态之后所发生的借款费用，应当在发生时根据其发生额确认为费用，计入当期损益。

购建或者生产符合资本化条件的资产达到预定可使用或者可销售状态，可从下列几个方面进行判断。

① 符合资本化条件的资产的实体建造（包括安装）或者生产工作已经全部完成或者实质上已经完成。

② 所购建或者生产的符合资本化条件的资产与设计要求、合同规定或者生产要求相符或者基本相符，即使有极个别与设计、合同或者生产要求不相符的地方，也不影响其正常使用或者销售。

③ 继续发生在所购建或生产的符合资本化条件的资产上的支出金额很少或者几乎不再发生。

所购建或者生产的资产分别建造、分别完工的，企业应当区别情况界定借款费用停止资本化的时点。

所购建或者生产的符合资本化条件的资产的各部分分别完工，且每部分在其他部分继续建造或者生产过程中可供使用或者可对外销售，且为使该部分资产达到预定可使用或可销售状态所必要的购建或者生产活动实质上已经完成的，应当停止与该部分资产相关的借款费用的资本化，因为该部分资产已经达到了预定可使用或者可销售状态。

所购建或者生产的资产的各部分分别完工，但必须等到整体完工后才可使用或者对外销售的，应当在该资产整体完工时停止借款费用的资本化。在这种情况下，即使各部分资产已经完工，也不能够认为该部分资产已经达到了预定可使用或者可销售状态，企业只能在所购建固定资产整体完工时，才能认为资产已经达到了预定可使用或者可销售状态，借款费用方可停止资本化。

3. 借款费用资本化金额的计量

（1）借款费用资本化金额的计算

我国会计准则区分了专门借款和一般借款两种情况，不同情况下的资本化金额的计算办法不同。

① 为购建或者生产符合资本化条件的资产而借入专门借款的，应当以专门借款当期实际发生的利息费用，减去将尚未动用的借款资金存入银行取得的利息收入或进行暂时性投资取得的投资收益后的金额确定，即

每一会计期间专门借款利息的资本化金额＝当期实际发生的利息费用－尚未动用的借款资金的利息收入－尚未动用的借款资金进行暂时性投资取得的投资收益后的金额

② 购建或者生产符合资本化条件的资产时，如果专门借款资金不足，占用了一般借款资金的，或为购建或者生产符合资本化条件的资产而占用了一般借款的，企业应当根据累计资产支出超过专门借款部分的资产支出加权平均数乘以所占用一般借款的资本化率，计算确定一般借款应予资本化的利息金额。资本化率应当根据一般借款加权平均利率计算确定，即

每一会计期间一般借款利息的资本化金额＝累计资产支出超过专门借款部分的资产支出加权平均数×所占用一般借款的资本化率

资产支出加权平均数＝$\sum$（每笔资产支出金额×该笔资产支出在当期所占用的天数/当期天数）

其中，如果为构建或者生产符合资本化条件的资产只占用一笔一般借款，则资本化率为

该项借款的利率；如果为构建或者生产符合资本化条件的资产占用一笔以上一般借款，则资本化率为这些借款的加权平均利率

$$加权平均利率 = \frac{所占用的一般借款当期实际发生的利息之和}{所占用一般借款本金加权平均数} \times 100\%$$

③ 每一会计期间的利息资本化金额，不应当超过当期相关借款实际发生的利息金额。

【例 9-12】 天宇公司委托乙公司于 2018 年 1 月 1 日正式动工兴建一幢厂房，工期预计为 1 年零 6 个月。天宇公司分别于 2018 年 1 月 1 日、2018 年 7 月 1 日和 2019 年 1 月 1 日向乙公司支付工程进度款。该厂房支出数的年初余额及各月发生额如表 9-3 所示。

表 9-3 该厂房支出数的年初余额及各月发生额

单位：元

日 期	每期资产支出金额	累计资产支出金额	闲置借款资金用于短期投资金额
2018 年 1 月 1 日	15 000 000	15 000 000	15 000 000
2018 年 7 月 1 日	35 000 000	50 000 000	40 000 000
2019 年 1 月 1 日	35 000 000	85 000 000	5 000 000
总 计	85 000 000	—	60 000 000

天宇公司为建造该厂房专门借入了两笔借款：2017 年 11 月 1 日与银行签订贷款协议，借入一笔 3 年期借款 30 000 000 元，年利率为 5%；2018 年 7 月 1 日又专门借款 60 000 000 元，借款期限为 5 年，年利率为 6%。借款利息按年支付（如无特别说明，本章例题中名义利率与实际利率相同）。天宇公司将闲置借款资金用于固定收益债券短期投资，该短期投资月收益率为 0.5%。厂房于 2019 年 6 月 30 日完工，达到预定可使用状态。

我国会计准则规定，借款费用开始资本化必须同时满足下列条件：资产支出已经发生；借款费用已经发生；必要的构建或者生产活动已经开始。根据这一规定，2017 年 11 月 1 日至 2018 年 1 月 1 日期间的借款利息因为不满足资本化的条件，所以不能进行资本化处理，只能计入当期损益。

由于天宇公司使用了专门借款建造厂房，而且厂房建造支出没有超过专门借款金额，因此公司 2018 年、2019 年建造厂房应予资本化的利息金额计算如下。

① 确定借款费用资本化期间为 2018 年 1 月 1 日至 2019 年 6 月 30 日。

② 计算在资本化期间内专门借款实际发生的利息金额：

2018 年专门借款发生的利息金额 = 30 000 000×5%+60 000 000×6%×6/12
= 3 300 000（元）

2019 年 1 月 1 日至 6 月 30 日专门借款发生的利息金额 = 30 000 000×5%×6/12+
60 000 000×6%×6/12 = 2 550 000（元）

③ 计算在资本化期间内利用闲置资金的专门借款资金进行短期投资的收益：

2018 年短期投资收益 = 15 000 000×0.5%×6+40 000 000×0.5%×6 = 1 650 000（元）
2019 年 1 月 1 日至 6 月 30 日短期投资收益 = 5 000 000×0.5%×6 = 150 000（元）

④ 由于在资本化期间，专门借款利息费用的资本化金额应当以其实际发生的利息费用减去将闲置的借款资金进行短期投资取得的投资收益后的金额确定，因此：

公司 2018 年的利息资本化金额 ＝ 3 300 000－1 650 000 ＝ 1 650 000（元）

公司 2019 年的利息资本化金额 ＝ 2 550 000－150 000 ＝ 2 400 000（元）

⑤ 有关账务处理如下。

2018 年 12 月 31 日：

借：在建工程——××厂房	1 650 000
应收利息（或银行存款）	1 650 000
贷：应付利息——××银行	3 300 000

2019 年 6 月 30 日：

借：在建工程——××厂房	2 400 000
应收利息（或银行存款）	150 000
贷：应付利息	2 550 000

【例 9-13】　沿用例 9-12，假定天宇公司建造厂房没有专门借款，占用的都是一般借款。天宇公司为建造厂房占用的一般借款有两笔，具体如下：向 A 银行长期贷款 20 000 000 元，期限为 2017 年 12 月 1 日至 2018 年 12 月 1 日，年利率为 6％，按年支付利息。发行公司债券 1 亿元，于 2017 年 1 月 1 日发行，期限为 5 年，年利率为 8％，按年支付利息。假定这两笔一般借款除了用于厂房建设外，没有用于其他符合资本化条件的资产的购建或者生产活动。假定全年按 360 天计算，其他资料沿用例 9-12。

鉴于天宇公司建造厂房没有占用专门借款，而只占用了一般借款，因此公司应当首先计算所占用一般借款的加权平均利率作为资本化率，然后计算建造厂房的累计资产支出加权平均数，将其与资本化率相乘，计算求得当期应予资本化的借款利息金额。具体如下。

① 计算所占用一般借款资本化率：

一般借款资本化率（年）＝（20 000 000×6％＋100 000 000×8％）/（20 000 000＋100 000 000）×100％ ＝ 7.67％

② 计算累计资产支出加权平均数：

2018 年累计资产支出加权平均数＝15 000 000×360/360＋35 000 000×180÷360 ＝32 500 000（元）

2019 年累计资产支出加权平均数＝85 000 000×180/360＝42 500 000（元）

③ 计算每期利息资本化金额：

2018 年为建造厂房的利息资本化金额＝32 500 000×7.67％＝2 492 750（元）

2018 年实际发生的一般借款利息费用＝20 000 000×6％＋100 000 000×8％＝9 200 000（元）

2019 年为建造厂房的利息资本化金额＝42 500 000×7.67％＝3 259 750（元）

2019 年 1 月 1 日至 6 月 30 日实际发生的一般借款利息费用＝20 000 000×6％×180÷360＋100 000 000×8％×180/360＝4 600 000（元）

上述计算的利息资本化金额没有超过两笔一般借款实际发生的利息费用，可以资本化。

④ 根据上述计算结果，账务处理如下。

2018 年 12 月 31 日：

借：在建工程——厂房	2 492 750
财务费用	6 707 250
贷：应付利息	9 200 000

2019年6月30日：

借：在建工程——厂房	3 259 750
财务费用	1 340 250
贷：应付利息——××银行	4 600 000

【例9-14】 沿用例9-12、例9-13，假定天宇公司为建造厂房于2018年1月1日专门借款30 000 000元，借款期限为3年，年利率为5%。除此之外，没有其他专门借款。在厂房建造过程中所占用的一般借款仍为两笔，一般借款有关资料沿用例9-13。其他相关资料同例9-12和例9-13。

在这种情况下，应当首先计算专门借款利息的资本化金额，然后计算所占用一般借款的资本化金额。具体如下。

① 计算专门借款利息资本化金额：

2018年专门借款利息资本化金额 ＝ 30 000 000×5% － 15 000 000×0.5%×6 ＝ 1 050 000（元）

2019年专门借款利息资本化金额 ＝ 30 000 000×5%×180/360 ＝ 750 000（元）

② 计算一般借款资本化金额。在建造厂房过程中，自2018年7月1日起已经有20 000 000元占用了一般借款，另外2019年1月1日支出的35 000 000元也占用了一般借款。计算这两笔资产支出的加权平均数如下。

2018年占用了一般借款的资产支出加权平均数 ＝ 20 000 000×180/360 ＝ 10 000 000（元）

由于一般借款利息资本化率与例9-13相同，即为7.67%，所以

2018年应予资本化的一般借款利息金额 ＝ 10 000 000×7.67% ＝ 767 000（元）

2019年占用了一般借款的资产支出加权平均数 ＝ （20 000 000＋35 000 000）×180÷360
　　　　　　　　　　　　　　　　　　　　　 ＝ 27 500 000（元）

则

2019年应予资本化的一般借款利息金额 ＝ 27 500 000×7.67% ＝ 2 109 250（元）

③ 根据上述结算结果，公司建造厂房应予资本化的利息金额如下。

2018年利息资本化金额 ＝ 1 050 000＋767 000 ＝ 1 817 000（元）

2019年利息资本化金额 ＝ 750 000＋2 109 250 ＝ 2 859 250（元）

④ 有关账务处理如下。

2018年12月31日：

借：在建工程——××厂房	1 817 000
财务费用	8 433 000
应收利息（或银行存款）	450 000
贷：应付利息——××银行	10 700 000

注：2018年实际发生的借款利息 = 30 000 000×5% + 20 000 000×6% + 100 000 000×8%
= 10 700 000（元）

2019年6月30日：

借：在建工程——××厂房　　　　　　　　　　　　　2 859 250
　　财务费用　　　　　　　　　　　　　　　　　　　2 490 750
　　贷：应付利息——××银行　　　　　　　　　　　　　　　5 350 000

注：2019年1月1日至6月30日的实际发生的借款费用 = 10 700 000/2 = 5 350 000（元）。

（2）借款辅助费用资本化金额的确定

辅助费用是企业为了安排借款而发生的必要费用，包括借款手续费（如发行债券手续费）、佣金等。如果企业不发生这些费用，就无法取得借款，因此辅助费用是企业借入款项所付出的一种代价，是借款费用的有机组成部分。

会计准则区分了发生辅助费用的来源是专门借款还是一般借款两种情况。

① 对于企业发生的专门借款辅助费用，在所购建或者生产的符合资本化条件的资产达到预定可使用或者可销售状态之前发生的，应当在发生时根据其发生额予以资本化；在所购建或者生产的符合资本化条件的资产达到预定可使用或者可销售状态之后发生的，应当在发生时根据其发生额确认为费用，计入当期损益。

② 一般借款发生的辅助费用，应当在发生时根据其发生额确认为费用，计入当期损益。

本章重点

应付债券的发行计价、偿还的确认、计量和账务处理；长期应付款的确认、计量和账务处理；可转换债券的账务处理；借款费用的概念及其内容。

本章难点

长期借款费用的资本化或利息化的会计处理；公司债券的计息与偿还的会计处理。

关键术语

长期负债　应付债券　公司债券偿还方式　债券计价方法　可转换公司债券　借款费用　债券平价发行　债券溢价发行　债券折价发行　长期借款　应付融资租赁款　未确认融资费用

思 考 题

1. 试分析负债经营给企业带来的利弊。
2. 长期负债与流动负债有哪些区别？
3. 如何确定应付债券的发行价格？
4. 债券折价和溢价的性质是什么？应如何摊销？摊销带来什么影响？

5. 如何计算不付息票据的现值？
6. 公司债券应包括哪些内容？
7. 公司债券有哪些分类方法？
8. 简述可转换公司债的概念及特征。
9. 《企业会计准则第 17 号——借款费用》《企业会计准则第 12 号——债务重组》的制定与以前的会计准则相比，存在哪些变化？
10. 试述长期借款的特点。

练 习 题

一、单项选择题

1. 溢价发行债券时，所获得的溢价是发行企业（　　）。
   A. 由于未来多付利息而预先收回的补偿
   B. 由于未来少付利息而预先对投资者的补偿
   C. 由于未来多付利息而预先支付的代价
   D. 由于未来少付利息而预先取得的补偿
2. 对于到期一次还本付息债券，其应付利息的核算账户是（　　）。
   A. 应付利息　　　　　　　　　　B. 其他应付款
   C. 应计负债　　　　　　　　　　D. 应付债券——应计利息
3. 对于分期付息债券，其应付利息的核算账户是（　　）。
   A. 应付利息　　　　　　　　　　B. 其他应付款
   C. 应计负债　　　　　　　　　　D. 应付债券——应计利息
4. 采用实际利率法分摊应付债券的溢价、折价时，企业各期的实际利息费用是指（　　）。
   A. 按债券面值乘以市场利率计算的利息
   B. 按债券期初的账面价值乘以市场利率计算的利息
   C. 按债券面值乘以票面利率计算的利息
   D. 本期应付利息减去分摊的溢价（或加上分摊的折价）
5. 在我国会计实务中，长期借款利息应予资本化处理的是（　　）。
   A. 筹建期间发生的
   B. 日常生产经营过程中发生的
   C. 为构建固定资产而借入、在资产达到预定可使用状态前发生的
   D. 为构建固定资产而借入、在资产达到预定可使用状态后发生的

二、多项选择题

1. 企业溢价发行债券，在计提债券利息并分摊溢价的会计分录中，可能借记（　　）账户。
   A. 应付债券——利息调整　　　　B. 应付债券——应计利息
   C. 财务费用　　　　　　　　　　D. 在建工程
   E. 应付利息

2. 在我国，长期应付款包括（　　）。
   A. 应付职工福利费　　　　　　B. 应付债券
   C. 补偿贸易引进设备应付款　　D. 融资租入固定资产应付款
   E. 专项应付款
3. 长期借款费用可以列支的项目有（　　）。
   A. 财务费用　　　　　　　　　B. 在建工程
   C. 递延资产——开办费　　　　D. 营业外支出
   E. 投资收益
4. 借款费用的主要内容包括（　　）。
   A. 借款利息　　　　　　　　　B. 外币借款的汇兑损益
   C. 债券发行费用　　　　　　　D. 借款承诺费用
   E. 应付债券溢价或折价的摊销
5. 长期应付款除具有长期负债的一般特点外，还具有（　　）。
   A. 分期付款支付资产价款的性质　B. 还款期限较长
   C. 负债金额比较大　　　　　　D. 利息费用比较高
   E. 涉及外币债务较多，要承担外币变动的风险

三、计算题

1. 天宇公司某年1月1日以分期付款方式购入一台设备，总价款为150万元，购货合同约定购买之日首付60万元，以后每年年末支付30万元，分3年付清，假设银行同期贷款利率为10%。

　　要求：根据上述的经济业务，请编制该公司的有关会计分录。

2. 天宇公司2017年1月1日折价发行了5年期面值为1 250万元的公司债券，发行价格为1 000万元，票面利率为4.72%，按年付息，到期一次还本（交易费用略）。假定公司发行债券募集的资金专门用于建造一条生产线，生产线从2017年1月1日开始建设，于2019年完工，达到预定可使用状态。

　　要求：根据上述的经济业务，请编制该公司的有关会计分录。

3. 天宇公司是生产和销售空调器的企业。本年第一季度销售A型空调器5 000台，每台售价8 000元。天宇公司A型空调器的质量保证条款规定：产品在售出两年内如出现非意外事件造成的故障和质量问题，公司免费负责保修。根据以往经验，保修费一般为销售额的1%～3%之间。根据上述业务，天宇公司在第一季度应确认的产品质量保证负债金额为800 000元［(5 000×8 000) × (1%+3%) /2］。

　　要求：根据上述的经济业务，请编制该公司的有关会计分录。

4. 天宇公司于2018年1月1日取得100 000美元的外汇借款，借款期限为2年，取得借款时的汇率为1∶6.30，借款的利率为10%，2018年年末汇率为1∶6.20。此项借款用于生产经营，分年计息（单利），一次还本付息，于2019年12月31日归还，2019年12月31日归还借款时的汇率为1∶6.25。

　　要求：根据上述的经济业务，请编制该公司的有关会计分录。

5. 天宇公司某年1月1日通过法定程序，拟定对外公开发行公司债券面值1 000 000元，期限3年，票面利率为8%，分年计息到期一次还本付息。

要求：假定市场利率分别为6%、8%、10%时，该债券的发行价格是多少？

6. 天宇公司于2018年1月1日发行面值1 000万元的债券，由于一时未能售完，实际对外只以850万元发行了800万元的债券，剩余的200万元债券决定于4月1日继续对外发行。债券无论在什么时候发售，其计息时间仍然是从2018年1月1日起计息，所以发售公司的债券发行价格应包括前3个月的应付利息4万元（200×8%×3÷12）。如果剩余的200万元债券是以209万元的溢价发售，两次发行债券的会计处理是不同的。

要求：根据上述的经济业务，请编制该公司的有关会计分录。

7. 天宇公司以补偿贸易方式从国外引进一台设备，设备价款折合人民币800万元，同时以银行存款50 000元支付运输费和安装费后投入使用。设备投产后，第一批生产的产品10 000件，每件销售价格为200元，销售成本为120元，第一批产品全部用于偿还设备款。

要求：根据上述的经济业务，请编制该公司的有关会计分录。

8. 天宇公司拟在厂区内建造一种新厂房，有关资料如下。

① 2019年1月1日向银行专门借款60 000 000元，期限为3年，年利率为6%，每年1月1日付息。

② 除专门借款外，公司只有一笔其他借款，为公司于2018年12月1日借入的长期借款72 000 000元，期限为5年，年利率为8%，每年12月1日付息，假设天宇公司在2019年和2020年底均未支付当年利息。

③ 由于审批、办手续等原因，厂房于2019年4月1日才开始动工兴建，当日支付工程款24 000 000元。工程建设期间的支出情况如表9-4所示。

表9-4 工程建设期间的支出情况

单位：元

日 期	每期资产支出金额	累计资产支出金额	闲置借款资金用于短期投资金额
2019年4月1日	24 000 000	24 000 000	36 000 000
2019年6月1日	12 000 000	36 000 000	24 000 000
2019年7月1日	36 000 000	72 000 000	
2020年1月1日	12 000 000	84 000 000	占用一般借款
2020年4月1日	6 000 000	90 000 000	
2020年7月1日	6 000 000	96 000 000	
总 计	96 000 000	—	

工程于2020年9月30日完工，达到预定可使用状态。其中，由于施工质量问题，工程于2019年9月1日至12月31日停工4个月。

④ 专门借款中未支出部分全部存入银行，假定月利率为0.25%。假定全年按照360天计算，每月按照30天计算。

要求：

（1）指出借款费用开始资本化的时点和暂定资本化的时点；

（2）计算2019年、2020年全年发生的专门借款和一般借款利息费用；

（3）计算2019年借款利息资本化金额和应计入当期损益金额及其账务处理；

（4）计算2020年借款利息资本化金额和应计入当期损益金额及其账务处理。

第10章

所有者权益

> **【学习目标】**
> 通过本章的学习，要求学生：了解所有者权益的概念和特征；掌握一般企业实收资本和股份有限公司股本的核算；掌握资本公积与留存收益的会计处理。

10.1 所有者权益概述

1. 所有者权益的概念及特征

（1）所有者权益的定义

根据资产负债表的恒等式，所有者权益在金额上等于资产减去负债。在经济实质上，负债代表了债权人在公司资产中的利益，而所有者权益代表的是所有者在这些资产上的剩余收益。这些剩余收益包括了所有者的投入及企业赚取的资本。因此，理解和分析所有者权益是财务报表编制者和财务报表使用者必须掌握的技能。

各个国家或组织的会计准则制定机构都将所有者权益作为财务会计的几大要素之一，分别对其进行概念的界定。美国财务会计准则委员会在《财务报表要素》中，将权益（equity）定义为"某个主体的资产减去负债后的剩余权益"。国际会计准则委员会在其《编报财务报表的框架》中，也给权益下了一个类似的定义：权益是指企业的资产扣除企业全部负债后的剩余利益。

可见，美国财务会计准则委员会和国际会计准则委员会都是从定量和定性两个角度界定所有者权益的含义，但是均侧重从定量角度进行说明。它们都指出，所有者权益在金额上等于资产扣除负债的余额，同时明确指出所有者权益是一种在索偿权方面逊色于债权人的索偿权的"剩余权益"。以定量方式对所有者权益下定义，其最大优点是具有较强的可操作性，其最大缺点是未能揭示出所有者权益的经济内涵，未能以严谨的方式界定所有者权益的经济实质。

从1992年开始，我国主要的会计规范都涉及了所有者权益的定义。这些规范包括：1992年11月30日我国财政部发布并于1993年7月1日起施行的《企业会计准则——基本准则》；2000年7月8日国务院发布并于2001年1月1日起施行的《企业财务会计报告条例》；2000年12月29日财政部发布并于2001年1月1日起施行的《企业会计制度》；2006年2月15日颁布并于2007年1月1日施行的《企业会计准则——基本准则》。这些规范文件对所有者权益的界定都是比较接近的，基本上是采用了定性和定量相结合的做法。2014年修订的《企业会计准则——基本准则》规定，所有者权益是指企业资产扣除负债后由所有者享有的剩余收益。所有者权益的来源包括所有者投入的资本、直接计入所有者权益的利得和损失、留存收益等。

（2）所有者权益的基本特征

所有者权益具有以下三个基本特征。

① 所有者权益是所有者对投入企业资产享有的一种剩余权益。所有者将他们的资产投入一个企业之后，这项财产附着的所有权、使用权、处置权和收益分配权，并没有仍然全部保留在所有者手中。所有者享有的实际上只有剩余求偿权权益。广义上说，权益包括负债和所有者权益，债权人和所有者都是企业经济资源（资产）的提供者，他们对企业的资产都有相应的索偿权，但从法律规定的角度看，所有者权益和负债之间是有区别的。第一，债权是比所有权更优先的权利。债权人要求支付利息和偿还本金的权利是在所有者之前，这有利于保障其利益。当企业因歇业或其他原因进行清算时，变现后的资产首先必须用于偿还企业的负债，剩余的资产才可按出资比例（对合资企业或有限责任公司而言）或股份比例（对股份有限公司而言）在所有者之间进行分配。第二，债权的求偿金额一般是固定的，向所有者支付的股利往往要依期间收益、留存收益和可供分配现金数额而变动，并且必须经过董事会正式宣告才能发放。当然，在清算或破产等情况下，债权人也不一定能够全部收回他们的本金和利息。第三，债权人求偿权的到期日通常是固定或事先确定的，而所有者权益并不代表企业的法定义务，企业并没有支付股利的义务。除少数例外情况外，股东不能期望在一定日期或事先确定一个日期收回其投资。总之，所有者权益与债权人权益这两种求偿权的差异，是与他们承担的风险对等的。

② 企业在持续经营的情况下，投资人投入的资金一般不能收回，从而为企业提供了可以长期使用的经济资源，也为投资人带来了可以长期享有的权利。这种权利的终结有两种方式：一是转让所有权，也就是将所有者自身拥有的对企业的投资转让给另一个投资者，后者成为企业新的所有者，他承接了前任所有者的权益；二是主体的终结，主体终结之后，所有者与主体之间的隐性契约或显性契约也就消失，所有者享有的权益自然终结。不过，在主体清算之前，主体会将支付的必要费用及偿还债务之后的剩余权益在所有者之间按照一定的方式进行分配，通常是按照投资比例进行分配。

③ 在计量方面，所有者权益不能也不必像资产和负债那样单独计量，因为它既不能按照现行市价计价，也不能按照主观价值计价，而只是根据一定方法计量特定资产和负债所形成的结果，即企业资产总额减去负债总额之后的剩余权益（净资产）。当然，所有者权益的内部组成部分，有的也是可以根据投入成本进行计量的。例如，股本或实收资本及股本溢价，都可以根据投资者投入对价物的价值进行计量。

2. 企业的组织形式与所有者权益的主要表现形式

（1）企业的组织形式

世界上的企业数目众多，但这些企业基本上都可以划分为三种组织形式：个人独资企业、合伙制企业、公司制企业。

个人独资企业是由一个自然人投资的企业，这个自然人对企业的债务承担无限责任，它的企业内部机构设置简单，经营管理方式灵活。同时，个人独资企业不是一个法人企业，也就是说，企业没有独立承担民事责任的能力，企业和个人融为一体，企业的责任就是个人的责任，企业的财产就是个人的财产。

合伙制企业是指两个或两个以上的人为了共同目的，共同出资、共同经营、共享收益、共担风险，合伙人对合伙企业债务承担无限连带责任的营利性组织。合伙制企业的合伙人至少两个，有的国家还专门限制了合伙人的上限，我国对此没有做出明确的限制。合伙制企业的最大特征是：合伙人对合伙企业债务承担无限连带责任，也就是合伙人必须以其个人财产承担合伙企业的债务，当合伙企业的财产不足以清偿其债务时，合伙人应当以自己的个人财产承担不足部分的清偿责任。合伙人一般根据自己的出资份额享有合伙企业的收益，合伙人自己的份额，在经过其他合伙人同意的前提下可以转让，其他合伙人有优先受让的权利。

公司制企业，是指按照公司法组建并登记的以营利为目的的企业法人，它包括有限责任公司和股份有限公司。公司是一个以营利为目的的企业法人，它具有民事权利能力和民事行为能力，它以公司拥有的全部财产独立承担公司的债务。公司的所有权属于股东所有，公司股东按照拥有的资本价值或数额比例分配公司利润。一旦公司终止并进行清算，股东有权分得公司出卖全部资产并偿还所有债务之后剩余的资产净值。公司的决策权最终由股东共同控制，公司的最高权力机构是股东会或股东大会。

有限责任公司和股份有限公司具有一定的区别。我国2014年《公司法》规定，有限责任公司由50个以下股东出资设立。一人有限责任公司是指一个自然人股东或一个法人股东的有限责任公司。一个自然人只能投资设立一个一人有限责任公司。该一人有限责任公司不能投资设立新的一人有限责任公司。有限责任公司的股东出资购买股份之后，非经股东会批准同意不得随意转让，他们都以各自的出资份额为基础享有公司的收益和承担公司的有限责任。股份有限公司应当由2人以上200人以下为发起人，其中须有半数以上发起人在中国境内有住所。股份有限公司的全部资本由等额股份构成并通过发行股票募集资本，股东以其所认购的股份对公司承担责任，公司以其全部资产对公司债务承担责任。股东拥有的股票，可以自由转让，不受股东会或股东大会的限制。

（2）所有者权益的主要表现形式

从会计的角度看，无论哪一类型的企业都可以视为独立的会计主体，成为会计核算的对象。对于大多数的交易和事项，会计处理与企业的组织形式是无关的。企业的资产和负债并不受企业组织形式的影响，但是企业的所有者权益的表现形式却与企业的组织关系密切相关。

企业的组织形式不同，所有者权益的表现形式也不同。在独资企业，所有权益以"业主权益"的形式出现，所有者权益由一人独享，所有者的投入及投入价值的增值都可以通过"业主权益"表现。在合伙企业，所有者权益由合伙人分享，因此所有者权益表现为"合伙人权益"。法律对独资企业和合伙企业，没有明确规定一定要把投资资本与盈利区分开，因此合伙企业和独资企业只需分别设置"资本"账户及"提款"账户，以记录有关所有者的投资、从企业提取的款项及企业损益的增减变动。

股份有限公司和有限责任公司与独资企业和合伙企业之间最主要的差异体现在所有者权益方面。首先，这两类公司，法律都明确要求，公司将投入资本和盈利区分开来，因此股东权益（即公司的所有者权益）的各个组成部分的会计处理也都受《公司法》等法律法规的限制。此外，为了保护债权人的合法权益，多数国家的公司法往往还对股份有限公司和有限责任公司的利润分配和歇业清算及股份有限公司回购自己发行的股份（库存股份）等有关事宜做出严格的限制。有限责任公司和股份有限公司在所有者权益方面的主要差别在于投入资本的账户设置及会计核算方面：有限责任公司通过"实收资本"和"资本公积"账户核算；而股份有限公司主要以"股本""资本公积"账户核算。至于公司赚取的累积利润的分配及分配后余额的核算，有限责任公司及股份有限公司都是通过股利、盈余公积、公益金及未分配利润等相关账户核算。当然，股份有限公司和有限责任公司在财务会计处理及财务会计信息披露方面的差异也是比较明显的，但是这不在本章讨论的范围之内。

由于股份有限公司最能够体现所有者权益的特征，其会计处理也最复杂和最具代表性，本章将主要以股份有限公司为例阐述所有者权益。

3. 所有者权益理论的不同观点

目前财务会计存在多种理论来说明对所有者权益的确认与计量，包括：业主权理论、主体理论、剩余权益理论、基金理论、指挥者理论等观点。其中，业主权理论和主体理论最具代表性，下面简单介绍这两种理论。

（1）业主权理论

根据"资产－负债＝业主权益"，业主居于权利的中心，资产是业主所有的，负债则是业主的义务，业主权益就代表企业所有者所拥有的企业净值。在企业初创时，其净值等于业主的投资。在企业的经营过程中，其净值就等于业主的初始投资和新增投资加上累积净收益减去业主提款和分派业主款。所以，业主权理论是一种净财富概念，即代表所有者（业主）拥有的净财富（净价值）。

业主权理论的理论依据主要是：会计主体与其终极所有者是一个完整且不可分割的整体。从产权理论看，业主权理论强调的是终极财产权，而不是法人财产权。业主权理论认为，会计主体充其量只是其终极所有者财富的存在形式或载体，会计主体就是所有者的化身，会计主体的资产与终极所有者的资产没有本质的不同，会计主体的负债就是终极所有者的负债。会计主体的资产与负债之差代表终极所有者的净权益。会计主体的所有收益实质上是终极所有者财富的增加；同样地，会计主体的所有支出也都可视为终极所有者财富的减少。至于终极所有者从会计主体获得的现金股利收入，并没有改变终极所有者的财富存量，而只是改变其财富的储存空间，即股利分派导致财富发生位移，从会计主体向终极所有者转移。股票股利仅仅表示业主权益之间的内部转移，并不代表股东的收益。然而，债务利息代表业主的一项费用，应在决定业主的净收益之前予以扣除。公司所得税在业主权理论下也应视为一项费用，或者说它只是股东应纳的所得税，由企业代为支付而已。

业主权理论与现代会计的主体假设是格格不入的，它认为把会计主体的交易、事项或情况与其终极所有者截然分开是没有实质经济意义的。换言之，它认为会计主体与其终极所有者的分离是形式上的，二者的统一才是实质。因此，在会计核算上强调主体假设显然与"实质重于形式"的原则相悖。

此外，根据业主权理论，会计主体没有必要特别强调资本保全，应当允许其终极所有者按照自己的意愿决定是否抽回资本。

由于业主权理论强调的是终极财产权，它特别适用于非法人企业，特别是独资企业组织，因为在这种组织形式中，企业的业主和管理者通常是一种个人关系。在独资或合伙企业中，由于各期净收益是直接加入业主的资本账户，业主权理论显然占有支配地位。

(2) 主体理论

主体理论与业主权理论的最大区别在于：主体理论将企业作为一个独立于所有者的会计主体，它依据的会计恒等式是"资产＝负债＋业主权益"，所有者已不再是财务会计的唯一中心，债务人也是企业资产的提供者之一。

主体理论的基本立论是：会计主体与其终极所有者是相互分离、彼此独立存在的个体。从产权理论看，主体理论强调的是法人财产权，而不是终极财产权。主体理论认为，一个会计主体的资产、负债、净资产、收入和费用及形成这些会计报表要素的交易、事项或情况都独立于其终极所有者，它们是这一会计主体所固有的，不应将会计主体与其终极所有者的法律和经济行为混为一谈。根据主体理论，资产是会计主体自身获取未来经济利益的权利，负债是会计主体自身的偿付义务，而资产与负债的差额——净资产是会计主体对其终极所有者的义务。从这个意义上说，债权人与所有者都是会计主体资产的提供者，或者称为权益持有者。两者的差别在于：债权人的权益优先于所有者的权益。同样地，收入代表会计主体的经营成果，费用则代表会计主体为了获得经营成果而付出的经营代价，净收益代表会计主体的经营成果净额。对于所有者来说，会计主体的净收益并不等同于所有者的净收益，只有会计主体依照法定程序宣布发放股利，净收益才成为所有者的财富来源。会计主体向其终极所有者派发的现金股利，既减少了会计主体的财富存量，也部分地解除了会计主体对其所有者承担的义务。

因此，主体理论是与会计主体假设相吻合的，债权人与所有者都被视为同等重要的权益持有者。主体理论非常强调资本保全，不允许所有者在会计主体存续期间抽回资本，以免侵害债权人的正当权益。因此，主体理论由于强调法人财产权，特别适用于现代公司制企业，包括有限责任公司和股份有限公司。

总之，企业组织形式的差异，对于所有者权益主要表现形式及所有者权益理论，都具有一定的影响，独资企业和合伙企业比较适合于业主权理论，而公司制企业比较适合主体理论。但是，并不是说公司制企业完全没有采用业主权理论，实际上，现代财务会计的很多处理方法，有的体现了主体理论，有的也体现了业主权理论。例如，公司合并报表的编制采用母公司观，体现的就是业主权理论，对具有重大影响的长期股权投资采用权益法处理，体现的也是业主权理论。

10.2 投入资本与资本公积

1. 股票与实收资本

1) 股票、股本

公司成立时必须确定公司资本，这是公司的一项基本原则。公司的最初创立者及后续投资者投入的资本，成为公司资本的主要来源。

股份有限公司通过出售股票的方式设立，所有这些股票，理论上是同股同权、同股同利。股票是公司签发的证明股东持有股份的凭证，也是股东持有公司所有权的书面产权凭证。

股票一般具有三大特点。

① 永久性。发行股票筹集的资金属于长期资金，股东购买股票后，不能再抽回，只能永久性地留在企业中，除非企业不复存在。

② 流通性。股本虽然本身不能从公司中抽回，但是股票可以通过资本市场进行交换，也可以继承、赠送和抵押。

③ 风险性。由于公司的经营具有一定的风险，股东参与剩余财产的分配，在优先顺序上次于债权，如果剩余资产不足，将使公司股东蒙受损失。

按照分配利润和分配企业清算财产的优先顺序，股票可以区分为两种主要类型：普通股股票和优先股股票。普通股股票是股份有限公司最常见的、最基本的股票形式。普通股股东享有公司利润的分配权、财产的分配权、选举权、表决权、优先认股权及对董事的诉讼权等。优先股股票是相对于普通股股票而言的，其在分配利润和分配企业清算财产时具有优先权，对企业资产的要求权仅次于债权人，它是介于股票和债券之间的混合证券。从股东的角度看，优先股的股利是一种固定性支出，具有财务杠杆的作用，可以看作一种永久性负债；从债权人角度看，优先股对资产的要求在债权人之后，是企业权益的一个构成部分，可以作为对外举债的保证；从管理当局的角度看，股利的支付虽然是固定的，但是如果企业没有盈利，可以不支付股利，企业不会因此而导致违约。

按照股票票面是否具有名义价值，股票可以分为有面值股票和无面值股票。面值，是指由股票发行公司规定的股票票面金额。无面值股票，则是没有名义价值或面值的股票。西方国家的惯例做法是由公司董事会为无面值股票设立一个价值，作为股票发行的记账依据；我国《公司法》则明确规定股票必须注明面值。

优先股股票一般还可以区分为几种不同的种类。

① 累积优先股股票和非累积优先股股票。前者是指在任何营业年度内未支付的股利，可以累积起来，由以后营业年度的利润分配一起付清的优先股股票。非累积优先股股票则是指按照当年利润分配股利，如果当年没有进行利润分配，在以后经营年度进行分配时不需要弥补以前年度未分配的股利。

② 参加分配优先股股票和不参加分配优先股股票。前者是指不仅按照规定分得当年固定股利，还有权与普通股股东一起参加剩余利润分配的优先股股票。具体分配时，应首先计算优先股股票可以获得的固定股利，然后将剩余的利润在优先股和普通股股票之间进行分配。

③ 可赎回的优先股股票和不可赎回的优先股股票。股票是没有到期日的，但是有些国家规定，股票是可以赎回的。

④ 可转换优先股股票和不可转换优先股股票。前者是指股票持有者可以在特定条件下把优先股股票转换成普通股股票或债券。

⑤ 可调整股利的优先股股票和不可调整股利的优先股股票。

2）股票的会计处理

股份有限公司与其他形式的经济组织最显著的区别在于：公司的股本被划分为等额股份，以发行股票的方式筹集资本。企业应该设立"股本"账户核算股东投入企业的股本。由于股票包括有面值股票和无面值股票，股票的发行价格超过面值或设定价值的部分（我国不允许折价发行股票），也属于投资者的投入，企业应该设置"资本公积"或"股本溢价"科目进行核算。股东的出资，除发起人可能以实物、工业产权、非专利技术或土地使用权抵作股款之外，其他多以现金方式认购股份。同时，除了股票发行之外，股票还会涉及其他一些问题，如股票拆细、股票股利、股票回购等问题。下面以我国的会计规范为主，分别介绍不同对价发行股票的会计处理及其他股票相关问题的会计处理。

(1) 现金交易发行股票

现金交易发行股票的会计处理相对简单，企业一般将发行价格（也就是企业收到投资者投入的资本）区分为两个组成部分，其中股票面值与股份总数的乘积作为股本，通过"股本"科目核算，投资者投入资本（含发行股票冻结期间所产生的利息收入）超过股本的部分，作为股票发行的溢价收入，通过"资本公积——股本溢价"科目核算。根据每一个投资者购买的股票份额占企业股份总数的比例，可以确定投资者对企业的持股比例。为了准确核算和反映每一个股东的持股比例，企业可以根据每一个投资者的名称设置"股本"科目的明细科目，例如"股本——××企业"，代表这个企业对被投资企业的持股股本。企业的股本总额等于股票面值与发行股份总数的乘积。由于我国目前实行注册资本制度，要求企业的实收资本与其注册资本相一致，因此股本总额实际上就是企业的注册资本。

股票发行过程中可能会发生一些费用，包括发行手续费、佣金等，这些费用一般应该作为股票发行溢价收入的扣除。如果采用面值发行股票，或者是溢价收入不足以弥补发行费用，应该将发行收入全部记入"股本"科目，同时将支付的发行费或者溢价收入不足以弥补发行费用的部分，直接计入当期损益。

【例10-1】 天宇公司某年3月1日发行了1 000万股普通股股票，股票每股面值1元，发行价格为每股2.5元。在股票发行过程中，发生了发行费用100 000元。则应该记入"股本"科目的金额是1 000万元。

应该记入"资本公积——股本溢价"科目的金额是

$$1\ 000 \times 2.5 - 1\ 000 - 10 = 1\ 490（万元）$$

相关会计分录如下。

借：银行存款	24 900 000
贷：股本	10 000 000
资本公积——股本溢价	14 900 000

(2) 非现金交易发行股票

股份有限公司发行股票，投资者也可以以非现金资产或劳务作为支付对价。非现金交易发行股票的主要问题是如何计价，也就是如何确认股票的价格及收入非现金资产的入账价值。国际上的一般惯例是：以股票的公允价值和换取的非现金资产及劳务的公允价值中更为可靠的，作为计价基础进行核算。如果两个公允价值极为接近，则任选一个作为计价基础即可（出于稳健性考虑，也可以选择公允价值相对较低的为计价基础）。如果两者的公允价值都无法确定，应该以独立的专业评估师对非现金资产或劳务做出的专业判断为计价基础。

我国《企业会计制度》规定，投资者以非现金资产投入的资本，应该按照投资各方确定的价值作为实收资本入账。我国新会计准则体系并没有对此明确说明，但是根据《企业会计准则第 2 号——长期股权投资》，投资者投入的长期股权投资，应当按照投资合同或协议约定的价值作为初始投资成本，但合同或协议约定的价值不公允的除外。我国《企业会计准则第 7 号——非货币性资产交换》也规定，非货币性资产交换时，如果交换具有商业实质而且能够可靠确定换入资产或换出资产或两者的公允价值，应该以换出资产公允价值作为换入资产的入账依据（除非换入资产公允价值更加可靠）。由此可以推断，以非现金交易发行股票时，应该以投资合同或协议约定的价值作为收到资产的入账价值，除非该价值不公允；资产的入账价值与股本的差额，计入资本公积。

【例 10-2】 天宇公司发行股票过程中，投资者华虹公司以一项专利权投入取得公司 100 万股股票，股票面值 1 元，并由此取得天宇公司 30％的股权，对天宇公司有重大影响。该无形资产在华虹公司的账面价值为 300 万元，市场价格为 450 万元，天宇公司与华虹公司约定该无形资产按照市场价格确定。

相关会计分录如下。

借：无形资产——专利权　　　　　　　　　　　　　　　　　　4 500 000
　贷：股本　　　　　　　　　　　　　　　　　　　　　　　　1 000 000
　　　资本公积——股本溢价　　　　　　　　　　　　　　　　3 500 000

（3）债务重组时债务转股本的账务处理

债务重组时，债权人和债务人可能会达成协议，通过将债务转为资本的方式清偿债务。企业将重组债务转为资本的，债务人应当将债权人放弃债权而享有的股份的面值总额确认为股本（或实收资本），股份的公允价值与股本（或实收资本）之间的差额确认为资本公积。同时，重组债务的账面价值与股份的公允价值总额之间的差额，计入当期损益。

具体进行账务处理时，债务人应该按照重组债务的账面价值，借记"应付账款"等科目，同时按照债权人放弃债权而享有的本企业股份的面值总额，贷记"股本"科目，股票的公允价值总额与相应的实收资本或股本之间的差额，应该记入"资本公积——股本溢价"（资本溢价）科目，重组债务的账面价值与股份的公允价值总额之间的差额，作为重组收益，记入"营业外收入——债务重组利得"科目。

【例 10-3】 天宇公司某年 2 月 10 日从宏图公司购买一批材料，同时签发并承兑一张面值为 100 000 元、年利率为 7％、6 个月到期、到期还本付息的商业汇票给宏图公司。8 月 10 日，天宇公司由于发生了财务困难，难以按时偿还债务。天宇公司与宏图公司协商，以其普通股抵偿该票据。天宇公司用于抵债的普通股为 10 000 股，每股面值 1 元，每股市价 9.6 元。

债务人天宇公司重组日债务的账面价值为

$$100\ 000 + 100\ 000 \times 7\% \times 1/2 = 103\ 500\ (元)$$

股票的公允价值　　96 000 元

股本　　　　　　　10 000 元

| 资本公积 | 86 000 元 |
| 营业外收入 | 103 500－96 000＝7 500（元） |

因此，债务人天宇公司账务处理如下。

借：应付票据	103 500
贷：股本	10 000
资本公积——股本溢价	86 000
营业外收入——债务重组利得	7 500

（4）可转换公司债券转为股本

关于可转换债券转为股本的账务处理，长期负债章节中也有所涉及，这里只简单介绍账务处理原理。可转换债券转为股本时，应该借记与可转换债券相关的科目，包括"应付债券——可转换公司债""资本公积——其他资本公积"；同时，按股票面值和转换的股数计算股票面值总额，贷记"股本"。有时候，可转换债券转为股本时，不能刚好全部转换为整数股数，会出现现金支付的情况，这时应该按照实际用现金支付的不可转换为股票的部分，贷记"库存现金"等科目。借贷科目的差额，再贷记"资本公积——股本溢价"科目。

（5）现金等其他股利

实际经济生活中，公司发放的股利一般包括现金股利、财产股利、负债股利及股票股利和清算性股利。其中，最为普遍的就是现金股利。阐述现金股利的会计处理时，应该明确与股利发放相关的几个日期。

① 股利宣告日。是公司股利分配方案经股东代表大会通过后，正式宣布按照股东名册上各个股东的持股比例发放股利的日期。从宣布股利日起，企业就承担了支付股利的现时义务，需要进行账务处理，记录应支付的股利，借记"利润分配——支付股利"科目，贷记"应付股利"科目。"应付股利"科目应该按照投资者名称进行明细核算。必须注意，根据我国《企业会计准则第29号——资产负债表日后事项》的规定，只有经过股东大会等类似机构宣布发放股利时，才表明企业正式承担了支付股利的义务，才需要进行相应的会计处理，董事会等类似机构通过的利润分配方案中拟分配的现金股利或利润，不作账务处理，但是需要在年报附注中进行披露。这是因为董事会宣布的利润分配方案只是一种拟议中的利润分配方案，并不会形成企业的现时义务，不满足负债的定义。

② 股权登记日。由于股票流动性很强，股东经常更换，发放股利时就需要了解公司目前的股东，以界定可以参加分红的股东。也就是说，在股权登记日仍持有或买进公司股票的投资者是可以享有此次分红的股东，这部分股东名册将由证券公司统计，届时将应派送的股利划到这些股东账户即可。公司在这一天不需进行任何账务处理。

③ 除息日。股权登记日后的第一个交易日就是除息日。这一天购入公司股票的股东，是不能享有此次股利分红的。对于股份公司而言，该日也无须账务处理。

④ 股利发放日。在股利发放日，公司应该借记"应付股利"科目，贷记"库存现金""银行存款"等科目。

【例 10 - 4】 天宇公司 2018 年 5 月 21 日召开股东大会，通过了董事会拟定的 2017 年的利润分配方案，以 2017 年年末总股本 200 000 000 股为基数，向全体股东派发每股 0.2 元的现金股利。股权登记日是 2018 年 6 月 10 日，除息日是 2018 年 6 月 11 日，现金股利发放日是 2018 年 6 月 25 日。

① 天宇公司股利宣布日（2018 年 5 月 21 日）账务处理如下。

借：利润分配——支付股利　　　　　　　　　　　　　　　　　40 000 000
　　贷：应付股利　　　　　　　　　　　　　　　　　　　　　　　　40 000 000

② 股权登记日和除息日都不进行任何账务处理。

③ 股利发放日（2018 年 6 月 25 日）账务处理如下。

借：应付股利　　　　　　　　　　　　　　　　　　　　　　　　40 000 000
　　贷：银行存款　　　　　　　　　　　　　　　　　　　　　　　　40 000 000

在有些情况下，公司以现金发放股利存在一定的困难，经过股东大会同意，可能会采用实物的形式或者以承担负债的形式发放股利，称为财产股利和负债股利。如果采用实物的形式发放股利，这些实物资产应该如何计价呢？美国的流行做法是先将实物资产调整至公允价值，然后再以公允价值为基础确定派发的股利。因此，在股利宣布日，首先应该将用于发放股利的资产的账面价值调整至公允价值，差额确认为相应的损益；然后，借记"利润分配——支付股利"科目，贷记"应付股利"科目，以记录已经宣告的股利。在股利支付日，再借记"应付股利"科目，贷记相应的资产。如果发放负债股利，这种股利通常需要支付利息，企业应该将承担的利息作为财务费用处理。我国一般不会出现财产股利或负债股利这两种形式的股利发放。

例如，以签发应付票据的形式支付股利，账务处理的一般模式如下。

股权宣布日：

借：利润分配——支付股利
　　贷：应付股利

股利发放日：

借：应付股利
　　贷：应付票据

会计期末，记录应付票据的利息：

借：财务费用——利息支出
　　贷：应付利息

票据到期日：

借：财务费用——利息支出
　　　应付利息
　　　应付票据
　　贷：银行存款

（6）股票分割及股票股利

股票分割也称股票拆细，是指管理层将某一特征数额的新股按一定的比例交换一定数额的流通在外的股票的行为。例如，两股新股换一股流通股的股票分割。就会计而言，股票分割不会对企业的财务结构和所有权结构产生任何影响，仅仅增加了发行在外的股票数量并使每股面值下降而已。而且资产负债表股东权益各个账户的余额都保持不变，合计数也不会有所变化。因此，股票分割不需要进行会计处理，只需要在附注中进行相应的披露即可。

股票股利是以额外的股票替代现金支付给现有股东。从会计角度看，股票股利是股东权益账户之间资金的转移，而不涉及资金的兑付。具体而言，只是资金由留存收益账户转移到"股本"账户及"资本公积"账户而已。从理财角度看，股票股利具有一定的经济意义。股票股利实际上会降低每股股票的价值，从而提高股票的流动性。

在美国，对股票股利进行会计处理时，应将股票股利区分为小比例股票股利和大比例股票股利。如果发放的股票股利低于原来发行在外普通股的20%，称为小比例股票股利，否则是大比例股票股利。由于小比例股票股利规模相对小，预期对市场价格的影响也比较小，而大比例股票股利则可能大大影响股票的市场价格。因此，美国会计准则规定，小比例股票股利以发放股票股利前的每股市价为标准，从留存收益账户转移到"股本"和"资本公积"账户；大比例股票股利则以股票面值为标准，从留存收益账户转移到"股本"账户。

我国现行会计制度对大小比例股票股利不予区分，一律规定以股票面值进行结转，也就是，以股票面值，将留存收益（"未分配利润"账户）转移到"股本"账户。

【例10-5】 天宇公司发行在外的普通股股票有10 000 000股，每股面值1元。天宇公司于2018年4月15日宣布发放10%的股票股利，股权登记日是4月25日，4月14日公司股票每股市价为5元。股票股利发放日是5月30日。

① 2018年4月15日：

借：利润分配——支付股利　　　　　　　　　　　　　　　1 000 000
　　贷：应付股利　　　　　　　　　　　　　　　　　　　　　1 000 000

② 2018年5月30日：

借：应付股利　　　　　　　　　　　　　　　　　　　　　1 000 000
　　贷：股本　　　　　　　　　　　　　　　　　　　　　　1 000 000

(7) 权益结算的股份支付

股份支付是指企业为获取职工和其他方提供服务而授予权益工具或者承担以权益工具为基础确定的负债的交易。

按照结算方式，股份支付可以分为以权益结算的股份支付和以现金结算的股份支付。以权益结算的股份支付，是指企业为获取服务以股份或其他权益工具作为对价进行结算的交易。以现金结算的股份支付，是指企业为获取服务而承担以股份或其他权益工具为基础确定的交付现金或其他资产义务的交易。权益结算的股份支付，由于结算工具是企业的权益工具，往往是股票，并不会形成企业的负债，相反将增加企业的所有者权益；而现金结算的股份支付，由于具有支付现金或其他资产的义务，将会形成企业的负债。本节主要阐述权益结算的股份支付的会计处理。

按照行权日期，股份支付可以区分为授予后立即可以行权的股份支付和授予后不能立即行权的股份支付。理解这句话，首先要掌握几个术语：授予日、等待日、可行日、行权日。

其中，授予日是指股份支付协议获得批准的日期，也就是企业与职工或其他方就股份支付的协议条款和条件达成一致意见，并获得股东大会或类似机构批准的日期。等待日是指等待可行权条件得到满足的期间。股份支付在授予后通常不能立即行权，应当履行一定服务期限或达到一定业绩条件（区分为市场条件和非市场条件）才可以行权。例如，企业股份支付协议可能规定，股价至少应该达到哪种水平，或者是销售额至少达到什么水平，持有权利的职工或其他方才能够行权。可行权日是指可以行权的日期。行权日是指具体行使权利的日期，也就是职工或其他方行使权利，获取现金或权益工具的日期。

企业对以股份为基础支付的会计处理应该区分不同时点和时期的不同特点，区分授予日、等待日、可行权日、行权日，分别进行会计处理。对于授予日可以立即行权的以权益结算为基础的股份支付，应当在授予日按照权益工具的公允价值计入相关成本或费用，相应增加资本公积，即借记"管理费用"等成本费用科目，贷记"资本公积——其他资本公积"科目。授予日后不可以立即执行的以权益结算的股份支付，授予日无须进行会计处理。但是，在授予日至可行权日之间的等待期的每一个会计期期末资产负债表日，应该以授予可行权的权益工具数量的最佳估计为基础，按照授予日权益工具的公允价值，将当期取得的职工服务计入相关成本或费用（如果无法合理确定当期取得的职工服务的价值，则应该在等待期内平均摊销授予日权益工具的公允价值，计入各个相应期间的成本或费用），并增加资本公积。如果等待期内可行权的权益工具数量的最佳估计数发生修正的，应该进行相应的调整，并进行会计处理，将调整金额作为当期应确认的成本费用，而对以前期间已经确认的成本和费用则不予调整。

企业以权益结算的股份支付换取职工或其他方提供服务的，企业应当在行权日开始时，按照实际行权的权益工具数量确定的金额，借记"资本公积——其他资本公积"科目，按照应该计入实收资本或股本的金额，贷记"股本"或"实收资本"科目，将两者的差额，贷记"资本公积——资本股本溢价"科目。行权日开始之后，除非行权失效或作废，否则不再对上述会计处理进行任何调整。如果全部或部分权益工具未被行权而失效或作废，应该在行权有效期截止日将其他资本公积转入资本公积（股本溢价），对之前已经确认的成本费用不作任何处理。

【例 10-6】 天宇公司 2016 年 1 月 1 日向公司 1 000 名行政部门管理人员授予以权益结算的股票期权 5 000 股/人，公司股票面值是 1 元/股，当日股票的市场价格为 3 元/股。授予的条件是职工必须自授予日起在公司工作 3 年，假设现在估计有 960 名管理人员将达到这个条件。2017 年 12 月 31 日，股票的市场价格为 4 元/股。

公司预计 2018 年年底将支付 4 800 000 股（960×5 000）股票。

等待期内，2018 年 12 月 31 日至 2019 年 12 月 31 日，每年账务处理如下。

借：管理费用　　　　　　　　　　　　　　　　　　　　　　4 800 000
　　贷：资本公积——其他资本公积　　　　　　　　　　　　　　　　4 800 000

2017 年年底，企业不对股票价格的变化进行调整。

2018 年年底之后，行权日开始，账务处理如下。

借：资本公积——其他资本公积　　　　　　　　　　　　　　14 400 000
　　贷：股本　　　　　　　　　　　　　　　　　　　　　　　　　4 800 000
　　　　资本公积——股本溢价　　　　　　　　　　　　　　　　　9 600 000

如果企业在 2017 年 12 月 31 日重新估计，2018 年年底将会有 980 名管理人员行权，则企业应该重新估计行权对所有者权益及2017年确认费用的影响。如果是980名管理人员行权，则2018年年底支付的股票数量将是4 900 000股（980×5 000）。授予日股票价格是每股3元，因此2017年确认的费用应该是：

$$4\ 900\ 000 \times 3 \times 2/3 - 4\ 800\ 000 = 5\ 000\ 000（元）$$

借：管理费用 5 000 000
　　贷：资本公积——其他资本公积 5 000 000

2018年确认费用的会计分录如下。

借：管理费用 4 900 000
　　贷：资本公积——其他资本公积 4 900 000

行权时：

借：资本公积——其他资本公积 14 700 000
　　贷：股本 4 900 000
　　　　资本公积——股本溢价 9 800 000

上述例子是以服务年限作为行权条件的，如果行权条件是市场条件（如股票价格达到一定程度），由于具体可行权日不能准确确定，企业需要估计等待期（并且不再调整等待期），并据此进行会计处理。实际行权时，再将"授予日权益工具公允价值行权数量及累积已经确认的成本或费用"确认为行权所在会计期间的成本或费用，具体会计分录与例10-6类似；如果行权条件是非市场条件的，若后续信息表明需要调整等待期，应对前期确定的等待期长度进行修改，但是也不调整前期确认的成本或费用，视同会计估计变更进行会计处理。

（8）减少注册资本及股票回购

一般情况下，企业的注册资本应相对保持固定不变，但是在某些情况下，注册资本可能发生增减变动。注册资本的减少可能出于两种原因：一是资本过剩而减资；二是由于发生重大亏损而需要减少注册资本。有限责任公司和一般企业按照法定程序报批减少注册资本的，借记"实收资本"科目，贷记"库存现金""银行存款"等科目。

股份有限公司采用收购本企业股票方式减资的，按注销股票的面值总额减少股本，购回股票支付的价款超过面值总额的部分，应依次冲减资本公积和留存收益，冲减的资本公积应该以发行这部分股票时形成的资本公积为限，借记"股本""资本公积""盈余公积""利润分配——未分配利润"科目，贷记"银行存款""库存现金"科目；如果购回股票支付的价款低于面值总额，应当按照股票面值总额，借记"股本"科目，按照实际支付的金额，贷记"银行存款"或"库存现金"科目，将其差额记入"资本公积——股本溢价"科目。

在早期，西方国家就出现过由于股票回购而形成库存股的问题。库存股股票经常作为调整企业资本结构、实施股票期权、调动经营资金的一种手段。企业回购自身的股票可能出于多种原因，例如挫败竞争对手的恶意收购行为、减少在外流通股票的数量以提高每股收益等。

库存股不是资产，公司回购股票时不应该确认利得或损失，只能作为企业资产的减少和股东权益的减少。对库存股的会计处理有两种做法：成本法和面值法。

成本法是指库存股账户按照取得成本记账。股票原始发行的面值、市价与取得及再发行库存股无关。库存股重新发行的价格如果大于取得成本，差额增加资本公积；如果小于取得成本，差额冲减同种股票赎回或再发行时产生的资本公积，不足部分依次冲减盈余公积和留存收益（未分配利润）。因此，成本法一般适用于回购后的库存股准备继续卖出的情况。

面值法下，库存股账户按照面值记账，同时将原始发行收入中的股本溢价借记"资本公积——股本溢价"科目。将库存股的取得成本与原始发行收入之间的差额依次冲减盈余公积和留存收益（未分配利润）。如果面值法核算的库存股日后又重新对外售出，则应该视同重新发行股票，将再发行收入与面值之间的差额计入股本溢价。

【例10-7】 天宇公司发行5 000万股每股面值1元的普通股股票，发行价格为11元。公司以每股13元的价格购回1 000万股。该公司的盈余公积为3 000万元，未分配利润为5 000万元。

① 如果是正常减少注册资本，按照我国的相关规定，账务处理如下。

发行股票时：

借：银行存款　　　　　　　　　　　　　　　　　　　　　　550 000 000
　　贷：股本　　　　　　　　　　　　　　　　　　　　　　　 50 000 000
　　　　资本公积——股本溢价　　　　　　　　　　　　　　　500 000 000

购回股票时：

借：股本　　　　　　　　　　　　　　　　　　　　　　　　 10 000 000
　　资本公积　　　　　　　　　　　　　　　　　　　　　　 100 000 000
　　盈余公积　　　　　　　　　　　　　　　　　　　　　　　20 000 000
　　贷：银行存款　　　　　　　　　　　　　　　　　　　　 130 000 000

② 如果形成库存股股票，则采用成本法时（股票发行的会计分录略）：

借：库存股　　　　　　　　　　　　　　　　　　　　　　　130 000 000
　　贷：银行存款　　　　　　　　　　　　　　　　　　　　130 000 000

采用面值法时：

借：库存股　　　　　　　　　　　　　　　　　　　　　　　 10 000 000
　　资本公积　　　　　　　　　　　　　　　　　　　　　　 100 000 000
　　盈余公积　　　　　　　　　　　　　　　　　　　　　　　20 000 000
　　贷：银行存款　　　　　　　　　　　　　　　　　　　　130 000 000

我国《企业会计准则第11号——股份支付》规定，企业以回购股份形式奖励企业职工的，属于权益结算的股份支付，回购股份时应当按照回购股份的全部支出作为库存股处理，同时备查登记。也就是，回购股票用于权益结算的，公司应该按照成本法进行会计处理。

3）实收资本

对于股份有限公司，发行股票一般通过"股本"科目核算，并且经常采用溢价发行，从而形成"资本公积——股本溢价"。而对于有限责任公司而言，公司成立之初，股东的全部投入都应该通过"实收资本"科目核算。在企业重组并有新的投资者加入时，由于企业已经经过了一段时间的经营，为了维护原来投资者的权益以保证公平，新加入的投资者的出资额，并不一定全部作为实收资本处理。这是因为企业正常经营过程中投入的资金虽然与企业创立时投入的资金在数量上一致，但是其获利能力却不一致。企业创立时，要经过筹建、试生产经营、为产品寻找市场、开辟新的市场等过程。从投入资金到取得投资报酬，需要许多时间，并且这种投资具有风险性。后进入的投资者没有为创业过程付出努力，因此相同数量的投资，由于出资时间不同，其对企业的影响程度不同，由此而带给投资者的权利也不同——往往前面的投资者应该大于后面的投资者。所以，新加入的投资者要付出大于原有投资者的出资额，才能够取得与原来投资者相同的投资比例。另外，新加入者享有了企业的留存收益，由此也应该付出大于原有投资者的出资额，才能取得与原有投资者相同的投资比例。投资者投入的资本中按其投资比例计算的出资额部分，应该记入"实收资本"账户，大于部分应该记入"资本公积——资本溢价"账户。例如，A、B、C三位股东各自出资1 000万元共同组建了一家有限责任公司，因此设立时的实收资本就是3 000万元。三年后，企业的留存收益已经达到了1 000万元，此时D有意加入该有限责任公司，经与A、B、C三人协商，D决定出资1 500万元，享有企业股份的25%。在会计核算上，应该将D投入资金的1 000万元记入"实收资本"科目，同时将其余的500万元记入"资本公积——资本溢价"科目。

前面提到，实收资本可能会发生增减，对于实收资本减少的账务处理前面已经阐述了。实收资本的增加一般有三种可能：所有者投入增加注册资本，这种会计处理比较简单，直接将投资者投入的资产全部记入"实收资本"账户（新增投入者投入的资金，将形成实收资本与资本公积——资本溢价）；资本公积转为实收资本，会计上应借记"资本公积"科目，贷记"实收资本"科目；盈余公积转为实收资本，会计上应借记"盈余公积"科目，贷记"实收资本"科目。

2. 资本公积与其他综合收益

公司成立时必须确定公司资本，这是公司的一项基本原则。公司的最初创立者及后续投资者投入的资本成为公司资本的主要来源。

资本公积与股本或实收资本、盈余公积、未分配利润等都是所有者权益的组成部分，但是它们之间存在着一定的区别。股本或实收资本，一般是根据法定注册资本而定，投资者投入的原始投资。资本公积是用于核算企业收到投资者出资超出其在注册资本或股本中所占的份额及直接计入所有者权益的利得和损失等。资本公积由全部投资者共同享有；而股本和实收资本是由每一个投资者分享一定的份额。当资本公积转为股本或实收资本时，应该按照各个股东在实收资本或股本中所占的投资比例计算的金额，分别转增各个股东的投资金额。实收资本或股本与资本公积应该作为永久性资本，通常都不能支付给股东。一般只有在企业清算时，在清偿所有的负债后才可以将剩余部分返还给投资者。盈余公积和未分配利润都是由企业实现的净利润转换而来。

从来源看，资本公积基本上可以区分为两类：投资者投入的，超过他们享有的注册资本或股本份额的那部分资本公积；直接计入所有者权益的利得和损失。具体核算时，企业应该分别设置"资本溢价""股本溢价""其他资本公积"等明细科目进行核算。

利得是指企业非日常活动所形成的、会导致所有者权益增加的、与所有者投入资本无关的经济利益流入。损失是指企业非日常活动所发生的、会导致所有者权益减少的、与向所有者分配利润无关的经济利益的流出。利得和损失的会计处理基本上有两种类型：一是将利得和损失直接计入利润表；二是绕过利润表直接计入所有者权益。这两种方法都将最终影响所有者权益，区别在于有没有经过利润表。直接计入所有者权益利得和损失的项目，分布在《企业会计制度》及41项具体企业会计准则中，主要包括：其他债权投资公允价值变动形成的未实现利得和损失，企业开展现金流量套期保值业务或对境外经营净投资套期保值业务的，有效套期关系中套期工具或被套期项目的公允价值变动（包括利率变动或汇率变动）形成的未实现利得和损失。

资本公积的主要项目如下。

① 发行股票时形成的资本公积股本溢价及与有限责任公司实收资本相关的资本公积——资本溢价（参见本章前面相关内容）。

② 记录可转换债券时记录的资本公积——其他资本公积及可转换债券转为股本时形成的资本公积——股本溢价。

③ 债务重组时债务转为资本时形成的资本公积——股本溢价。

④ 同一控制下企业合并，记录长期股权投资时可能形成或冲减的资本公积。

⑤ 权益结算的股份支付形成的资本公积——其他资本公积和资本公积——股本溢价或资本公积——资本溢价。

⑥ 股份有限公司采用收购本企业股票方式减资的，回购股票支付的价款超过回购股票面值的部分，应当依次冲减资本公积和留存收益。如果回购价款低于面值，则形成资本公积。

其他综合收益的主要项目如下。

① 长期股权投资采用权益法核算时，在持股比例不变的情况下，被投资单位除净损益以外的所有者权益的其他变动，企业按照持股比例计算应享有的份额，借记或贷记的"长期股权投资——其他权益变动"，贷记或借记"其他综合收益"。

② 自用房地产或存货转换为采用公允价值模式计量的投资性房地产时，形成的资本公积——其他资本公积，以及处置该项投资性房地产时，转销的其他资本公积。具体而言，《企业会计准则第3号——投资性房地产》将房地产区分为自用房地产和投资性房地产，对于自用房地产，采用成本模式计量；对于投资性房地产，如果能够取得相对合理可靠的公允价值，应该采用公允价值模式计量。由于房地产使用目的可能发生变化，当自用房地产转变为投资性房地产时，计量属性也可能发生转变，如何处理两种计量属性的差异呢？该准则规定，自用房地产或存货转换为采用公允价值模式计量的投资性房地产时，投资性房地产按照转换当日的公允价值计价，转换当日的公允价值小于原账面价值的，其差额计入当期损益（"公允价值变动损益"账户）；转换当日的公允价值大于原账面价值的，其差额计入所有者权益。对于利得和损失的不对称处理方法，体现的是会计稳健性原则。

账务处理时，应该按照该房地产在转换日的账面价值，借记"投资性房地产——成本"等科目，按已计提的累计摊销或累计折旧，借记"累计摊销""累计折旧"科目，按照已经计提的减值准则，借记"存货跌价准备""无形资产减值准备""固定资产减值准备"等相关科目，按照账面余额，贷记"库存商品""无形资产""固定资产"等科目。同时，按该项房地产在转换日的公允价值大于其账面价值的差额，借记"投资性房地产——公允价值变动"科目，贷记"其他综合收益"。处置该项投资性房地产时，应该将原计入其他综合收益的部分转入未分配利润，即将"其他综合收益"转入"利润分配——未分配利润"账户。

③ 其他债权投资，由于按照公允价值计量，公允价值变动时，应该计入其他综合收益。使用的会计科目为"其他债权投资——公允价值变动"及"其他综合收益"。债权投资重分类为其他债权投资时，应该将重分类日的公允价值与其账面价值之间的差额计入其他综合收益。

这主要是为了防止企业通过重分类操纵当期的盈余。具体而言，应该在重分类日，按照该项债权投资的公允价值，借记"其他债权投资"科目，已经计提减值准备的，借记"债权投资减值准备"科目，按照其账面余额，贷记"债权投资——成本、利息调整、应计利息"等科目，按照借贷的差额，贷记或借记"其他综合收益"。金融资产处置时，应该将原来计入资本公积的金额转入投资收益。

④ 资产负债表日，满足运用套期会计方法条件的现金流量套期和境外经营净投资套期产生的利得或损失，属于有效套期的，贷记或借记"其他综合收益"科目。

⑤ 外币资本折算差额。是指反映企业外币财务报表折算时，形成的外币财务报表折算差额。企业处置境外经营企业时，应该将原来计入所有者权益的外币财务报表折算差额，转入处置境外经营的当期损益。如果是部分处置境外经营企业，则按照处置比例结转外币财务报表折算差额计入当期损益。

财务报表外币折算时，资产负债表中的资产和负债项目采用资产负债表日的即期汇率折算，所有者权益项目除"未分配利润"项目外，其他项目采用发生时的即期汇率折算；利润表中的收入和费用项目，采用交易发生日的即期汇率折算，也可以采用按照系统合理的方法确定的、与交易发生日即期汇率近似的汇率折算。这两个步骤完了之后，为了取得资产负债表及利润表完整的钩稽关系，产生的折算差额就是外币财务报表折算差额，记入"其他综合收益"项目。

应该注意的是，直接计入所有者权益的未实现利得或损失，如其他债权投资的公允价值变动损益，根据《企业会计准则第 18 号——所得税》，需要确认递延所得税资产或递延所得税负债，相应也应调整资本公积的金额，而不是调整所得税。

【例 10-8】 天宇公司某年 3 月 1 日持有其他债权投资，初始成本是 300 万元，该年年底，该其他债权投资的公允价值为 500 万元，企业所得税税率为 25%。

相应会计分录如下。

① 该年年底调整公允价值：

借：其他债权投资——公允价值变动　　　　　　　　　　　　　　2 000 000
　　贷：其他综合收益　　　　　　　　　　　　　　　　　　　　　　　　2 000 000

② 确认未实现利得引起的递延所得税负债：

借：其他综合收益　　　　　　　　　　　　　　　　　　　　　　　　500 000
　　贷：递延所得税负债　　　　　　　　　　　　　　　　　　　　　　　500 000

10.3　留存收益

前面阐述的股本、实收资本及资本公积，主要是（并非完全是）所有者权益，所有者权益还有另外一个重要的组成部分，也就是产出部分——留存收益。企业的盈利扣除按照税法规定应上缴的所得税之后成为税后利润，即当期的净利润。公司在历年生产经营活动中取得净利润的留存额，就是留存收益。因此，留存收益的增加主要来源于各年实现的净利润及以前年度的损益调整和会计政策变更等；留存收益的减少，主要是公司发生的净亏损，以及进行的股利分配和股票回购行为（股票回购时，可能会减少盈余公积和未分配利润）。

在我国，利润表和利润分配表并没有设置留存收益项目，留存收益项目对应的是盈余公积和未分配利润。

1. 盈余公积

盈余公积是企业按照规定从净利润中提取的各种积累资金，其性质是对企业留存收益的用途进行拨定，保证企业留有一定的积累，限制过量分配，以维护债权人的利益，同时也有利于企业的持续经营发展。一般盈余公积又可以分为两种：法定盈余公积和任意盈余公积。公司提取的盈余公积，主要用于以下几个方面。

① 用于弥补亏损。企业发生的亏损，应由企业自行弥补。企业弥补亏损的途径有三种：用以后年度税前利润弥补（亏损发生之后的 5 年内实现的税前利润可弥补）；用以后年度税后利润弥补（亏损发生之后，经过 5 年未弥补足的，尚未弥补的亏损应用所得税税后的利润弥补）；经由董事会提议，股东大会通过，盈余公积可以用于弥补亏损。

② 转增资本。企业盈余公积，经过股东大会决议批准，可以用于转增资本。转增资本之后留存的盈余公积的数额不能少于注册资本的 25%。

根据我国《公司法》等有关法规的规定，企业当年实现的净利润一般应当按照如下顺序进行分配。

① 提取法定盈余公积。法定盈余公积按照税后利润的 10% 提取，当公司提取的法定盈余公积累计达到注册资本的 50% 以上时，可以不再提取。公司的法定盈余公积不足以弥补上一年公司亏损的，在提取法定公积金和法定公益金之前，应当先用当年利润弥补亏损。

② 提取任意盈余公积。任意盈余公积的提取是由企业自愿决定的，企业在经过股东大会决议之后可以提取任意盈余公积。

③ 向投资者分配股利或利润。公司弥补亏损和提取盈余公积、公益金之后的剩余利润，可以用于分配股利或利润。

会计处理方面，企业应该设置"盈余公积"科目，同时设置"法定盈余公积""任意盈余公积"等明细科目。提取时，应该借记"利润分配——提取法定盈余公积"科目或者"利润分配——提取任意盈余公积"科目，贷记相关科目。

【例 10-9】 天宇公司某年度实现税后利润 1 200 万元。经股东大会批准，提取 10% 作为法定盈余公积，5% 作为任意盈余公积。其中，法定盈余公积中的 80 万元用于派送新股，按派发的股票面值计算为 70 万元。任意盈余公积中的 30 万元用于派发现金股利，20 万元用于弥补以前年度的亏损。

相关会计记录如下。

① 提取盈余公积：

借：利润分配——提取法定盈余公积　　　　　　　　　　　　　　　1 200 000
　　　　　　——提取任意盈余公积　　　　　　　　　　　　　　　　　600 000
　贷：盈余公积——法定盈余公积　　　　　　　　　　　　　　　　　1 200 000
　　　　　　——任意盈余公积　　　　　　　　　　　　　　　　　　　600 000

② 派发新股：
借：盈余公积　　　　　　　　　　　　　　　　　　　　　　800 000
　　贷：股本——普通股　　　　　　　　　　　　　　　　　　　700 000
　　　　资本公积——股本溢价　　　　　　　　　　　　　　　　100 000
③ 派发现金股利：
借：盈余公积　　　　　　　　　　　　　　　　　　　　　　300 000
　　贷：应付股利　　　　　　　　　　　　　　　　　　　　　300 000
④ 弥补亏损：
借：盈余公积　　　　　　　　　　　　　　　　　　　　　　200 000
　　贷：利润分配——盈余公积补亏　　　　　　　　　　　　　200 000

股份有限公司将盈余公积转为资本时，应按股东原有的持股比例派送新股，或增加每股面值。法定盈余公积转为资本时，转增资本后的盈余公积数额不得少于企业注册资本的 25%。

2. 未分配利润

企业经过弥补亏损，提取盈余公积、公益金及分配股利和利润之后，留待以后年度进行分配的结存利润，就是未分配利润。企业一般通过"利润分配——未分配利润"账户对此进行核算。

首先，企业将本年实现的收入和费用等损益账户，通过"本年利润"账户进行归集，计算出本年净利润。然后，再将"本年利润"账户转入"利润分配——未分配利润"账户。这时"利润分配——未分配利润"账户代表的就是企业可供分配的利润总额，如果为借方余额，则表示未弥补的亏损，如果是贷方余额，表示盈余的累积结存金额。最后，再对可供分配利润进行提取盈余公积和公益金及分配股利等，剩余的金额就是年末的未分配利润。会计分录上，应将提取盈余公积和公益金时记录的"利润分配——提取法定盈余公积"等科目转入"利润分配——未分配利润"科目，借记"利润分配——提取法定盈余公积"等科目，贷记"利润分配——未分配利润"科目。

如果企业本年度发生亏损，企业也应将"本年利润"账户转入"利润分配——未分配利润"账户，但是由于本年亏损，企业就不必按照税后利润提取法定盈余公积了。

如果以前年度发生亏损，本年实现盈余，而且本年属于亏损发生5年内可以用税前利润弥补的年份，则企业对本年实现的利润无须缴纳所得税，直接将"本年利润"账户（金额上等于税前利润）转入"利润分配——未分配利润"账户。

如果以前年度发生亏损，本年实现盈余，而且本年不属于亏损发生5年内可以用税前利润弥补的年份，则企业本年实现的盈余照样需要缴纳所得税，企业应将"本年利润"（金额上等于税后利润）账户转入"利润分配——未分配利润"账户。

【例 10-10】　天宇公司2010年至2018年有关资料如下：2010年1月1日，公司股东权益总额为35 500万元（其中，股本10 000万元；资本公积20 000万元；盈余公积5 000万元；未分配利润500万元）。2010年公司实现净利润400万元，股本与资本公积没有发生变化。2011年3月1日，公司按照法律规定，从当年净利润中提取了10%的法定盈余公积和法定公益金。2011年6月1日，股东大会通过了300万元的现金股利分配方案。2011年年底，公司发生了3200万元的亏损。2012—2016年，公司每年实现税前利润400万元。2017年，公司实现税前利润600万元，所得税税率为25%。2018年5月10日，公司股东大会决定以法定盈余公积弥补2017年年底尚未弥补完毕的亏损。（本例题不考虑所得税准则对公司亏损及弥补亏损引起的递延所得税所产生的会计问题。）

相关会计分录如下。

2010年实现净利润时：

借：本年利润　　　　　　　　　　　　　　　　　　　　　　　4 000 000
　　贷：利润分配——未分配利润　　　　　　　　　　　　　　　　　4 000 000

2011年3月1日，提取法定盈余公积：

借：利润分配——提取法定盈余公积　　　　　　　　　　　　　　400 000
　　贷：盈余公积——法定盈余公积　　　　　　　　　　　　　　　　400 000

转入"利润分配——未分配利润"：

借：利润分配——未分配利润　　　　　　　　　　　　　　　　　400 000
　　贷：利润分配——提取法定盈余公积　　　　　　　　　　　　　　400 000

2011年6月1日，分配现金股利：

借：利润分配——应付现金股利　　　　　　　　　　　　　　　3 000 000
　　贷：应付股利　　　　　　　　　　　　　　　　　　　　　　　3 000 000

2011年12月31日，产生亏损时：

借：利润分配——未分配利润　　　　　　　　　　　　　　　　3 200 000
　　贷：本年利润　　　　　　　　　　　　　　　　　　　　　　　3 200 000

此时，未弥补亏损的金额（即"利润分配——未分配利润"账户余额）为

$$500+400-40-300-3\,200=-2\,640（万元）$$

2012—2016年，每年用税前利润弥补亏损：

借：本年利润　　　　　　　　　　　　　　　　　　　　　　　4 000 000
　　贷：利润分配——未分配利润　　　　　　　　　　　　　　　　4 000 000

2017年，以税后利润弥补亏损：

$$应交所得税=600\times25\%=150（万元）$$

则税后利润450万元。

借：本年利润　　　　　　　　　　　　　　　　　　　　　　　4 500 000
　　贷：利润分配——未分配利润　　　　　　　　　　　　　　　　4 500 000

2018年5月10日：

$$尚未弥补亏损额=2\,640-400\times5-450=190（万元）$$

公司决定以盈余公积弥补。

借：盈余公积——法定盈余公积　　　　　　　　　　　　　　　1 900 000
　　贷：利润分配——盈余公积补亏　　　　　　　　　　　　　　　1 900 000

本章重点

所有者权益的特征;股票的特点与分类;股份有限公司资本(股本)溢价的核算和账务处理;盈余公积的作用和账务处理;利润分配流程和账务处理;所有者权益的表内列报与附注列报;所有者权益定期披露与临时披露的要求。

本章难点

企业实收资本的增加、减少的计量与核算;资本公积的资本(股本)溢价、其他资本公积的核算方式及会计处理。

关键术语

所有者权益　实收资本(股本)　盈余公积　留存收益　未分配利润　股份有限公司　注册资本　非现金资产投资　股本溢价　资本溢价　现金股利　财产股利　负债股利　股票股利　普通股　优先股　弥补亏损　转增资本　应付股利

思 考 题

1. 试述所有者权益的特征。
2. 试述股份有限公司的特征。
3. 试比较普通股与优先股的异同。为什么现在我国上市公司大都不愿意发行优先股?
4. 股份公司的设立有哪些方式?各有什么特点?
5. 我国普通股股东享有什么基本权利?请查阅相关法律,并同时查找在哪一个法律中规定股票不允许折价发行?
6. 优先股可如何分类?各有什么特征?
7. 为什么企业增资扩股时新投资者必须投入较高的资本,才能获得与原投资者相同的权益?
8. 我国《公司法》中规定在哪些情况下允许公司回购本公司的股票,回购公司自身股票的必要性和缺陷是什么?
9. 留存收益的性质是什么?有哪些组成内容?

练 习 题

一、单项选择题

1. 股份有限公司溢价发行股票的手续费、佣金等,应(　　)处理。
   A. 从溢价收入中扣除　　　　　　　B. 作为开办费
   C. 作为财务费用　　　　　　　　　D. 作为管理费用
2. 下列各项中,能够引起所有者权益总额变化的是(　　)。

A. 以资本公积转增资本　　　　　　B. 向股东支付已经宣告分派的现金股利
　　C. 增发新股　　　　　　　　　　　D. 以盈余公积弥补亏损
3. 资本公积的主要用途是（　　）。
　　A. 弥补亏损　　　　　　　　　　　B. 转增资本
　　C. 分配股利　　　　　　　　　　　D. 用于福利设施建设
4. 法定盈余公积累计额已达注册资本的（　　）时，可以不再提取。
　　A. 10%　　　　B. 20%　　　　C. 30%　　　　D. 50%
5. 下列事项中，会引起留存收益总额发生增减变动的是（　　）。
　　A. 资本公积转增资本　　　　　　　B. 盈余公积转增资本
　　C. 盈余公积弥补亏损　　　　　　　D. 税后利润弥补亏损

二、多项选择题

1. 所有者权益包括（　　）。
　　A. 实收资本　　　B. 资本公积　　　C. 法定盈余公积
　　D. 任意盈余公积　E. 未分配利润
2. 资本公积包括（　　）。
　　A. 股本溢价
　　B. 外币资本折算差额
　　C. 其他债权投资公允价值变动
　　D. 权益法下投资企业按照持股比例应享有的除净损益以外的所有者权益的其他变动
　　E. 交易性金融资产公允价值变动
3. 下列业务中，不会直接导致企业所有者权益增加的业务有（　　）。
　　A. 企业接受捐赠　　　　　　　　　B. 债务人豁免本企业的债务
　　C. 盈余公积转增资本　　　　　　　D. 企业本年度分配股票股利
　　E. 企业本年度分配现金股利
4. 企业年末可供分配的利润为（　　）之和。
　　A. 年初未分配利润　　　　　　　　B. 本年实现的净利润
　　C. 其他转入　　　　　　　　　　　D. 所得税费用
　　E. 应付股利
5. 企业弥补亏损的主要来源有（　　）。
　　A. 以后年度税前利润　　　　　　　B. 以前年度税前利润
　　C. 以后年度税后利润　　　　　　　D. 盈余公积
　　E. 资本公积

三、计算题

1. 天宇公司收到投资者投入资本3 500万元，其中实收资本为2 000万元，超过实收资本的投入资本为1 500万元。款已收到且存入银行。
　　要求：根据上述经济业务，请编制该公司的有关会计分录。
2. 天宇股份有限公司对外公开发行股票2 000万股，每股面值1元，发行价为每股3元，核定的股票已全部发行，款已收到且存入银行。
　　要求：根据上述经济业务，请编制该公司的有关会计分录。

3. 天宇公司董事会提议并经股东大会批准将资本公积1 000万元、盈余公积2 000万元转增股本。

要求：根据上述经济业务，请编制该公司的有关会计分录。

4. 天宇公司的所有者权益为1 200万元，其中实收资本为800万元，盈余公积为300万元，未分配利润为100万元。现有一新投资者愿意投资于该公司，该公司要求这一新投资者出资300万元现金，其中200万元作为实收资本，100万元作为资本公积，拥有20%的投资比例。该公司收到这一新投资者的出资后存入银行，其他手续已办妥。

要求：根据上述经济业务，请编制该公司的有关会计分录。

5. 天宇公司某年度实现的税后利润为2 000 000元。股东大会通过的利润分配方案中，决定提取10%的税后利润作为法定盈余公积，8%的税后利润作为任意盈余公积。

要求：编制天宇公司提取法定盈余公积、提取任意盈余公积业务的会计分录。

6. 天宇公司某年"本年利润"年末贷方余额为3 500 000元，本年已提取法定盈余公积350 000元，已提取任意盈余公积200 000元，应付股利为2 500 000元。"利润分配——未分配利润"科目期末贷方余额为100 000元。

要求：根据上述经济业务，请编制该公司利润分配其他明细科目结转"未分配利润"科目的有关会计分录。

7. 天宇公司本年发生经营亏损30万元，经股东大会表决通过，决定以累积的法定盈余公积20万元、任意盈余公积10万元弥补亏损。

要求：根据上述经济业务，请编制该公司的有关会计分录。

8. 天宇公司以2 600万元回购发行在外的1 800万元股票，经公司管理层和相关主管部门批准注销减资。假定公司已有股本溢价为1 000万元。

要求：根据上述经济业务，请编制该公司的有关会计分录。

第11章

收　入

> 【学习目标】
> 通过本章的学习，要求学生：掌握收入的确认和计量；掌握合同履约成本和取得成本；掌握特定交易的会计处理；理解收入的列报与披露。

11.1　收入的概念

收入分为狭义的收入和广义的收入。狭义的收入是指企业在日常活动中形成的、会导致所有者权益增加的、与所有者投入资本无关的经济利益的总流入。其中，日常活动是指企业为完成其经营目标所从事的经常性活动及与之相关的其他活动。广义的收入是指会计期间内经济利益的总流入，其表现形式为资产的增加或负债的减少而引起的所有者权益增加，但不包括与所有者出资等有关的资产增加或负债减少。比如处置固定资产所形成的经济利益的总流入就属于利得的范畴，在会计上计入营业外收入。收入和利得构成了企业的总收益。

《企业会计准则——基本准则》中明确区分了收入和利得的概念，这样区分有助于建立收入的确认和计量原则，更好地满足会计信息使用者的决策需要，并与国际会计准则相协调。

我国《企业会计准则第14号——收入》将收入定义为狭义的收入，包括工业企业制造并销售产品、商品流通企业销售商品、咨询公司提供咨询服务、软件公司为客户开发软件、安装公司提供安装服务、建筑企业提供建造服务等。

11.2　收入的确认与计量

收入的确认和计量大致分为五步：第一步，识别与客户订立的合同；第二步，识别合同中的单项履约义务；第三步，确定交易价格；第四步，将交易价格分摊至各单项履约义务；第五步，履行各单项履约义务时确认收入。其中，第一步、第二步和第五步主要与收入的确认有关,第三步和第四步主要与收入的计量有关。

1. 识别与客户订立的合同

本节所称合同,是指双方或多方之间订立有法律约束力的权利和义务的协议,包括书面形式、口头形式及其他可验证的形式(如隐含于商业惯例或企业以往的习惯做法中等)。

(1) 收入确认的原则

企业应当在履行了合同中的履约义务,即在客户取得相关商品控制权时确认收入。取得相关商品控制权,是指能够主导该商品的使用并从中获得几乎全部的经济利益,也包括有能力阻止其他方主导该商品的使用并从中获得经济利益。取得商品控制权包括以下三个要素。

① 能力。即客户必须拥有现时权利,能够主导该商品的使用并从中获得几乎全部经济利益。如果客户只能在未来的某一时期主导该商品的使用并从中获益,则表明其尚未取得该商品的控制权。

② 主导该商品的使用。客户有能力主导该商品的使用,是指客户有权使用该商品,或者能够允许或阻止其他方使用该商品。

③ 能够获得几乎全部的经济利益。商品的经济利益,是指该商品的潜在现金流量,既包括现金流入的增加,也包括现金流出的减少。客户可以通过很多方式直接或间接地获得商品的经济利益,例如使用、消耗、出售或持有该商品、使用该商品提升其他资产的价值,以及将该商品用于清偿债务、支付费用或抵押等。

(2) 收入确认的前提条件

企业与客户之间的合同同时满足下列条件的,企业应当在客户取得相关商品控制权时确认收入:合同各方已批准该合同并承诺将履行各自义务;该合同明确了合同各方与所转让的商品(或提供的服务,以下简称转让的商品)相关的权利和义务;该合同有明确的与所转让的商品相关的支付条款;该合同具有商业实质,即履行该合同各方将改变企业未来现金流量的风险、时间分布或金额;企业因向客户转让商品而有权取得的对价很可能收回。

在进行上述判断时,需要注意以下三点。

① 合同约定的权利和义务是否具有法律约束力,需要根据企业所处的法律环境和实务操作进行判断,包括合同订立的方式和流程、具有法律约束力的权利和义务的时间等。对于合同各方均有权单方面终止完全未执行的合同,且无须对合同其他方做出补偿的,企业应当视为该合同不存在。其中,完全未执行的合同,是指企业尚未向客户转让任何合同中承诺的商品,也尚未收取且尚未有权收取已承诺商品的任何对价的合同。

② 合同具有商业实质,是指履行该合同将改变企业未来现金流量的风险、时间分布或金额。关于商业实质,应按照非货币性资产交换中有关商业实质说明进行判断。

③ 企业在评估其应向客户转让商品而有权取得的对价是否很可能收回时,仅应考虑客户到期时支付对价的能力和意图(即客户的信用风险)。企业在进行判断时,应当考虑是否存在价格折让。存在价格折让的,应当在估计交易价格时进行考虑。企业预期很可能无法收回全部合同对价时,应当判断其原因是客户的信用风险还是企业向客户提供了价格折让所致。

实务中,企业可能存在一组类似的合同,企业在对该组合同中的每一份合同进行评估时,均认为其合同对价很可能收回,但是根据历史经验,企业预计可能无法收回该组合同的全部对价。在这种情况下,企业应当认为这些合同满足"因向客户转让商品而有权取得的对价很可能收回"这一条件,并以此为基础估计交易价格。与此同时,企业应当考虑在这些合同下确认的合同资产或应收款项是否存在减值。

【例 11-1】 假定天宇公司是一家房地产开发公司,天宇公司与乙公司签订合同,向其销售一栋建筑物,合同价款为 100 万元。该建筑物的成本为 60 万元,乙公司在合同开始日即取得了该建筑物的控制权。根据合同约定,乙公司在合同开始日支付了 5% 的保证金 5 万元,并就剩余 95% 的价款与天宇公司签订了不附追索权的长期融资协议,如果乙公司违约,天宇公司可重新拥有该建筑物,即使收回的建筑物不能涵盖所欠款项的总额,天宇公司也不能向乙公司索取进一步的赔偿。乙公司计划在该建筑物内开设一家餐馆。在该建筑物所在的地区,餐饮行业面临激烈的竞争,但乙公司缺乏餐饮行业的经营经验。

本例中,乙公司计划以该餐馆产生的收益偿还天宇公司的欠款,除此之外并无其他的经济来源,乙公司也未对该笔欠款设定任何担保。如果乙公司违约,天宇公司也不能向乙公司索取进一步的赔偿。因此,天宇公司对乙公司还款的能力和意图存在疑虑,认为该合同不满足合同价款很可能收回的条件。天宇公司应当将收到的 5 万元确认为一项负债。

对于不能同时满足上述收入确认条件的合同,企业只有在不再负有向客户转让商品的剩余义务(例如,合同已完成或取消),且已向客户收取的对价(包括全部或部分对价)无须退回时,才能将已收取的对价确认为收入;否则,应当将已收取的对价作为负债进行会计处理。其中,企业向客户收取无须退回的对价的,应当在已经将该部分对价所对应的商品的控制权转移给客户,并且已不再向客户转让额外的商品且不再负有此类义务时,将该部分对价确认为收入;或者,在相关合同已经终止时,将该部分对价确认为收入。

对于在合同开始日即满足上述收入确认条件的合同,企业在后续期间无须对其进行重新评估,除非有迹象表明相关事实和情况发生重大变化。对于不满足上述收入确认条件的合同,企业应当在后续期间对其进行持续评估,以判断其能否满足这些条件。企业如果在合同满足相关条件之前已经向客户转移了部分商品,当该合同在后续期间满足相关条件时,企业应当将在此之前已经转移的商品所分摊的交易价格确认为收入。通常情况下,合同开始日,是指合同开始赋予合同各方具有法律约束力的权利和义务的日期,即合同生效日。

需要说明的是,没有商业实质的非货币性资产交换,无论何时,均不应确认收入。从事相同业务经营的企业之间,为便于向客户或潜在客户销售而进行的非货币性资产交换(例如,两家石油公司之间相互交换石油,以便及时满足各自不同地点客户的需求),不应确认收入。

【例 11-2】 天宇公司与乙公司签订合同,将一项专利技术授权给乙公司使用,并按其使用情况收取特许权使用费。天宇公司评估认为,该合同在合同开始日满足合同确认收入的五个条件。该专利技术在合同开始日即授权给乙公司使用。在合同开始日后的第一年内,乙公司每季度向天宇公司提供该专利技术的使用情况报告,并在约定的期间内支付特许权使用费。在合同开始日后的第二年内,乙公司继续使用该专利技术,但是乙公司的财务状况下滑,融资能力下降,可用现金不足,因此乙公司仅按合同支付了当年第一季度的特许权使用费,而后三个季度仅按义务金额付款。在合同开始日后的第三年内,乙公司继续使用天宇公司的专利技术,但是天宇公司得知,乙公司已经完全丧失了融资能力,且流失了大部分客户,因此乙公司的付款能力进一步恶化,信用风险显著升高。

本例中,该合同在合同开始日满足收入确认的前提条件,因此天宇公司在乙公司使用该专利技术的行为发生时,按照约定的特许权使用费确认收入。合同开始日后的第二年,由于乙公司的信用风险升高,天宇公司在确认收入的同时,按照金融资产减值的要求对乙公司的应收款项进行减值测试。合同开始日后的第三年,由于乙公司的财务状况恶化,信用风险显著升高,天宇公司对该合同进行了重新评估,认为"企业因向客户转让商品而有权取得的对价很可能收回"这一条件不再满足,因此天宇公司不再确认特许权使用费收入,同时对现有应收款项是否发生减值继续进行评估。

本节有关企业与客户之间合同的会计处理是以单个合同为基础的,为了便于实务操作,企业可以将本节要求应用于具有类似特征的合同组合,前提是企业能够合理预计在该组合层面或者在该组合中的每一个合同层面应用本节要求进行会计处理,将不会对企业的财务报表产生显著不同的影响。对于具有类似特征的合同组合,企业也可以在确定退货率、坏账率、合同存续期间等方面运用组合法进行估计。

企业与同一客户(或该客户的关联方)同时订立或在较近时间内先后订立的两份或多份合同,在满足下列条件之一时,应当合并为一份合同进行会计处理。

① 该两份或多份合同基于同一商业目的而订立并构成一揽子交易,如一份合同在不考虑另一份合同的对价的情况下将会发生亏损。

② 该两份或多份合同中的一份合同的对价金额取决于其他合同的定价或履行情况,如一份合同如果发生违约,将会影响另一份合同的对价金额。

③ 该两份或多份合同中所承诺的商品(或每份合同中所承诺的部分商品)构成后文所述的单项履约义务。两份或多份合同合并为一份合同进行会计处理的,仍然需要区分该一份合同中包含的各单项履约义务。

(3) 合同变更

合同变更,是指经合同各方同意对原合同范围或价格(或两者)做出的变更。企业应当区分下列三种情形对合同变更分别进行会计处理。

① 合同变更部分作为单独合同进行会计处理的情形。合同变更增加了可明确区分的商品及合同价款,且新增合同价款反映了新增商品单独售价的,应当将该合同变更作为一份单独的合同进行会计处理。判断新增合同价款是否反映了新增商品的单独售价时,应当考虑为反映该特定合同的具体情况而对新增商品价格所做的适当调整。例如,在合同变更时,企业由于无须发生为发展新客户等所须发生的相关销售费用,可能会向客户提供一定的折扣,从而在新增商品单独售价的基础上予以适当调整。

② 合同变更作为原合同终止及新合同订立进行会计处理的情形。合同变更不属于上述第一种情形,且在合同变更日转让商品与未转让商品之间可明确区分的,应当视为原合同终止,同时将原合同未履约部分与合同变更部分合并为新合同进行会计处理。新合同的交易价格应当为下列两项金额之和:一是原合同交易价格中尚未确认为收入的部分(包括已从客户收取的金额);二是合同变更中客户已承诺的对价金额。

【例 11-3】 天宇公司与客户签订合同,每周为客户的办公楼提供保洁服务,合同期

限为三年,客户每年向天宇公司支付服务费10万元(假定该价格反映了合同开始日该项服务的单独售价)。在第二年末,合同双方对合同进行了变更,将第三年的服务费调理为8万元(假定该价格反映了合同变更日该项服务的单独售价),同时以20万元的价格将合同期限延长三年(假定该价格不反映合同变更日该三年服务的单独售价),即每年的服务费为6.67万元,于每年年初支付。上述价格均不包含增值税。

本例中,在合同开始日,天宇公司认为其每周为客户提供的保洁服务是可明确区分的,但由于天宇公司向客户转让的是一系列实质相同且转让模式相同的、可明确区分的服务,因此将其作为单项履约义务(见后文所述)。在合同开始的前两年,即合同变更之前,天宇公司每年确认收入10万元。在合同变更日,由于新增的三年保洁服务的价格不能反映该项服务在合同变更时的单独售价,因此该合同变更不能作为单独的合同进行会计处理,由于在剩余合同期间需提供的服务与已提供的服务是可明确区分的,天宇公司应当将该合同变更作为原合同终止,同时将原合同中未履约的部分与合同变更合并为一份新合同进行会计处理。该新合同的合同期限为四年,对价为28万元,即原合同下尚未确认收入的对价8万元与新增的三年服务相应的对价20万元之和,新合同中天宇公司每年确认的收入为7万元(28万元÷4年)。

③ 合同变更部分作为原合同的组成部分进行会计处理的情形。合同变更不属于上述第一种情形,且在合同变更日已转让商品与未转让商品之间不可明确区分的,应当将该合同变更部分作为原合同的组成部分,在合同变更日重新计算履约进度,并调整当期收入和相应成本等。

【例11-4】 2018年1月15日,天宇公司(建筑公司)和客户签订了一项总金额为1 000万元的固定造价合同,在客户自有土地上建造一幢办公楼,预计合同总成本为700万元。假定该建造服务属于在某一时段内履行的履约义务,并根据累计发生的合同成本占合同预计总成本的比例确定履约进度。

截至2018年年末,天宇公司累计已发生成本420万元,履约进度约为60%(420万元/700万元)。因此,天宇公司在2018年确认收入600万元(1 000×60%)。

2019年年初,合同双方同意更改该办公楼屋顶的设计,合同价格和预计总成本因此分别增加200万元和120万元。

本例中,由于合同变更后拟提供的剩余服务与在合同变更日或之前已提供的服务不可明确区分(即该合同仍为单项履约义务),因此天宇公司应当将合同变更作为原合同的组成部分进行会计处理。合同变更后的价格为1 200万元(1 000+200),天宇公司重新评估的履约进度为51.2%[420/(700+120)],天宇公司在合同变更日应额外确认收入为14.4万元(51.2%×1 200-600)。

如果在合同变更日未转让商品为上述第二种和第三种情形的组合,企业应当按照上述第二种和第三种情形中更为恰当的一种方式对合同变更后尚未转让(或部分未转让)商品进行会计处理。

2. 识别合同中的单项履约义务

合同开始日，企业应当对合同进行评估，识别该合同所包含的各单项履约义务，并确定各单项履约义务是在某一时段内履行还是在某一时点履行，然后在履行了各单项履约义务时分别确认收入。履约义务，是指合同中企业向客户转让可明确区分商品的承诺。企业应当将下列向客户转让商品的承诺作为单项履约义务。

(1) 企业向客户转让可明确区分商品（或者商品或服务的组合）的承诺

企业向客户承诺的商品同时满足下列条件的，应当作为可明确区分商品：一是客户能够从该商品本身或者从该商品与其他易于获得的资源一起使用中受益，即该商品能够明确区分；二是企业向客户转让该商品的承诺与合同中其他承诺可单独区分，即转让该商品的承诺在合同中是可明确区分的，表明客户能够从某项商品本身或者将其与其他易于获得的资源一起使用获益的因素有很多，如企业通常会单独销售该商品等。需要特别指出的是，在评估某项商品是否能够明确区分时，应当基于该商品自身的特征，而与客户可能使用该商品的方式无关。因此，企业无须考虑合同中可能存在的阻止客户从其他来源取得相关资源的限制性条款。

企业确定了商品本身能够明确区分后，还应当在合同层面继续评估转让该商品（或提供该服务，以下简称转让该商品）的承诺是否与合同的其他承诺彼此之间可明确区分。下列情形通常表明企业向客户转让该商品的承诺与其他承诺彼此之间不可明确区分。

① 企业需提供重大的服务以将该商品与合同中承诺的其他商品进行整合，形成合同约定的某个或某些组合产出转让给客户。例如，企业为客户建造写字楼的合同中，企业向客户提供的砖头、水泥、人工等都能够使客户获益，但是在该合同下，企业需提供重大的服务将这些商品或服务进行整合，以形成合同约定的一项组合产出（即写字楼）转让给客户。因此，在该合同中，砖头、水泥和人工等商品或服务彼此之间不能单独区分。

② 该商品将对合同中承诺的其他商品予以重大修改或定制。例如，企业承诺向客户提供其开发的一款现有软件，并提供安装服务，虽然该软件无须更新或技术支持也可直接使用，但是企业在安装过程中需要在该软件现有基础上进行定制化的重大修改，以使其能够与客户现有的信息系统相兼容。此时，转让软件的承诺与提供定制化重大修改的承诺在合同层面是不可明确区分的。

③ 该商品与合同中承诺的其他商品具有高度关联性。也就是说，合同中承诺的每一单项商品均受到合同中其他商品的重大影响。例如，企业承诺为客户设计一种新产品并负责生产 10 个样品，企业在生产和测试样品过程中需要对产品的设计不断修正，导致已生产的样品均可能需要进行不同程度的返工。此时，企业提供的设计服务和生产样品的服务是不断交替反复进行的，二者高度关联，因此在合同层面是不可明确区分的。

需要说明的是，企业向客户销售商品时，往往约定企业需要将商品运送至客户指定的地点。通常情况下，商品控制权转移给客户之前发生的运输活动不构成单项履约义务；相反，商品控制权转移给客户之后发生的运输活动可能表明企业向客户提供了一项运输服务，企业应当考虑该项服务是否构成单项履约义务。

(2) 企业向客户转让一系列实质相同且转让模式相同的、可明确区分商品的承诺

企业应当将实质相同且转让模式相同的一系列商品作为单项履约义务，即使这些商品可明确区分。其中，转让模式相同，是指每一项可明确区分商品均满足本节在某一时段内履行

履约义务的条件,且采用相同方法确定其履约进度。例如,每天为客户提供保洁服务的长期劳务合同等。企业在判断所转让的一系列商品是否实质相同时,应当考虑合同中承诺的性质,如果企业承诺的是提供确定数量的商品,那么需要考虑这些商品本身是否实质相同;如果企业承诺的是在某一期间内随时向客户提供某项服务,则需要考虑企业在该期间内的各个时间段(如每天或每小时)的承诺是否相同,而并非具体的服务行为本身。例如,企业向客户提供2年的酒店管理服务,具体包括保洁、维修、安保等,但没有具体的服务次数或时间的要求,尽管企业每天提供的具体服务不一定相同,但是企业每天对于客户的承诺都是相同的,因此该服务符合"实质相同"的条件。

企业为履行合同而应开展的初始活动,通常不构成履约义务,除非该活动向客户转让了承诺的商品。例如,某俱乐部为注册会员建立档案,该活动并未向会员转让承诺的商品,因此不构成单项履约义务。

3. 确定交易价格

交易价格,是指企业因向客户转让商品而预期有权收取的对价金额。企业代第三方收取的款项(如增值税)及企业预期将退还给客户的款项,应当作为负债进行会计处理,不计入交易价格。合同标价并不一定代表交易价格,企业应当根据合同条款,并结合以往的习惯做法等确定交易价格。企业在确定交易价格时,应当假定将按照现有合同的约定向客户转让商品,且该合同不会被取消、续约或变更。

(1) 可变对价

企业与客户的合同中约定的对价金额可能会因折扣、价格折让、返利、退款、奖励积分、激励措施、业绩奖金、索赔等因素而变化。此外,根据一项或多项或有事项的发生而收取不同对价金额的合同,也属于可变对价的情形。企业在判断合同中是否存在可变对价时,不仅应当考虑合同条款的约定,还应当考虑下列情况:一是根据企业已公开宣布的政策、特定声明或者以往的习惯做法等,客户能够合理预期企业将会接受低于合同约定的对价金额,即企业会以折扣、返利等形式提供价格折让;二是其他相关事实和情况表明企业在与客户签订合同时即意图向客户提供价格折让。合同中存在可变对价的,企业应当对计入交易价格的可变对价进行估计。

① 可变对价最佳估计数的确定。企业应当按照期望值或最可能发生金额确定可变对价的最佳估计数。企业所选择的方法应当能够更好地预期其有权收取的对价金额,并且对于类似的合同,应当采用相同的方法进行估计。对于某一事项的不确定性对可变对价金额的影响,企业应当在整个合同期间一致地采用同一种方法进行估计。但是,当存在多个不确定事项均会影响可变对价金额时,企业可以采用不同的方法对其进行估计。期望值是按照各种可能发生的对价金额及相关概率计算确定的金额。如果企业拥有大量具有类似特征的合同,并估计可能产生多个结果时,通常按照期望值估计可变对价金额。最可能发生金额是一系列可能发生的对价金额中最可能发生的单一金额,即合同最可能产生的单一结果。当合同仅有两个可能结果时,通常按照最可能发生金额估计可变对价金额。

② 计入交易价格的可变对价金额的限制。企业按照期望值或最可能发生金额确定可变对价金额之后,计入交易价格的可变对价金额还应该满足限制条件,即包含可变对价的交易价格,应当不超过在相关不确定性消除时,累计已确认的收入极可能不会发生重大转回的金额。企业在评估是否极可能不会发生重大转回时,应当同时考虑收入转回的可能性及其比

重。其中,"极可能"发生的概率应远高于"很可能"(即可能性超过50%),但不要求达到"基本确定"(即可能性超过95%),其目的是避免因为一些不确定因素的发生导致之前已经确认的收入发生转回;在评估收入转回金额的比重时,应同时考虑合同中包含的固定对价和可变对价,即可能发生的收入转回金额相对于合同总对价(包括固定对价和可变对价)的比重。企业应当将满足上述限制条件的可变对价的金额,计入交易价格。需要说明的是,将可变对价计入交易价格的限制条件不适用于企业向客户授予知识产权许可并约定按客户实际销售或使用情况收取特许权使用费的情况。

资产负债表日,企业应当重新估计应计入交易价格的可变对价金额,包括重新评估将估计的可变对价计入交易价格是否受到限制,以如实反映报告期末存在的情况及报告期内发生的情况变化。

【例 11-5】 天宇公司 2018 年 10 月 1 日签订合同,为一只股票型基金提供资产管理服务,合同期限为 3 年。天宇公司所能获得的报酬包括两部分:一是每季度按照季度末该基金净值的 1% 收取管理费,该管理费不会因基金净值的后续变化而调整或被要求退回;二是该基金在三年内的累计回报如果超过 10%,则天宇公司可以获得超额回报部分的 20% 作为业绩奖励。在 2018 年 12 月 31 日,该基金的净值为 5 亿元。假定不考虑相关税费影响。

本例中,天宇公司在该项合同中收取的管理费和业绩奖励均为可变对价,其金额极易受到股票价格波动的影响,这是在天宇公司影响范围之外的,虽然天宇公司以往有类似合同的经验,但是该经验在确定未来市场表现方面并不具有预测价值。因此,在合同开始日,天宇公司无法对其能够收取的管理费和业绩奖励进行估计,不满足累计已确认的收入金额极可能不会发生重大转回的条件。

2018 年 12 月 31 日,天宇公司重行评估该合同的交易价格时,影响该季度管理费收入金额的不确定性已经消除,天宇公司确认管理费收入 500 万元(5 亿元×1%)。天宇公司未确认业绩奖励收入,这是因为业绩奖励仍然会受到基金未来累计回报的影响,有关将可变对价计入交易价格的限制条件仍然没有得到满足。天宇公司应当在后续的每个资产负债表日,估计业绩奖励是否满足上述条件,以确定其收入金额。

(2) 合同中存在的重大融资成分

当合同各方在合同中(或者以隐含的方式)约定的付款时间为客户或企业就该交易提供了重大融资利益时,合同中即包含了重大融资成分,例如企业以赊销的方式销售商品等。合同中存在重大融资成分的,企业应当按照假定客户在取得商品控制权时即以现金支付的应付金额(即现销价格)确定交易价格。在评估合同中是否存在融资成分及该融资成分对于该合同而言是否重大时,企业应当考虑所有相关的事实和情况,包括:① 已承诺的对价金额与已承诺商品的现销价格之间的差额;②下列两项的共同影响,一是企业将承诺的商品转让给客户支付相关款项之间的预计时间间隔,二是相关市场的现行利率。

表明企业与客户之间的合同未包含重大融资成分的情形有:一是客户就商品支付了预付款,且可以自行决定这些商品的转让时间(例如,企业向客户出售其发行的储蓄卡,客户可随时到该企业持卡购物;企业向客户授予奖励积分,客户可随时到该企业兑换这些积分等);二是客户承诺支付的对价中有相当大的部分是可变的,该对价金额或付款时间取决于其未来是否发生，且该事项实质上不受客户或企业控制（例如，按照实际销售收取的特许权使用费）；三是合同承诺的对价金额与现销价格之间的差额是由于向客户或企业提供融资利益以外的其他原因所导致的，且这一差额与产生该差额的原因是相称的（例如，合同约定支付条款的目的是向企业或客户提供保护，以防止另一方未能依照合同充分履行其部分或全部义务）。

需要说明的是，企业应当在单个合同层面考虑融资成分是否重大，而不应在合同组合层面考虑。合同中存在重大融资成分的，企业在确定该重大融资成分的金额时，应使用将合同对价的名义金额折现为商品的现销价格的折现率。该折现率一经确定，不得因后续市场利率或客户信用风险等情况的变化而变化。企业确定的交易价格与合同承诺的对价金额之间的差额，应当在合同期间采用实际利率法摊销。

（3）非现金对价

非现金对价包括实物资产、无形资产、股权、客户提供的广告服务等。客户支付非现金对价的，通常情况下，企业应当按照非现金对价在合同开始日的公允价值确定交易价格。非现金对价公允价值不能合理估计的，企业应当参考其承诺向客户转让商品的单独售价间接确定交易价格。

非现金对价的公允价值可能会因对价的形式而发生变动（例如，企业有权向客户收取的对价是股票，股票本身的价格会发生变动），也可能因为其形式以外的原因而发生变动。合同开始日后，非现金对价的公允价值因对价形式以外的原因而发生变动的，应当作为可变对价，按照与计入交易价格的可变对价金额的限制条件相关的规定进行处理；合同开始日，非现金对价的公允价值因对价形式而发生变动的，该变动金额不应计入交易价格。

（4）应付客户对价

企业存在应付客户对价的，应当将该应付客户对价冲减交易价格，但应付客户对价是为了从客户取得其他可明确区分商品的除外。企业应付客户对价是为了向客户取得其他可明确区分商品的，应当采用与企业其他采购相一致的方式确认所购买的商品。企业应付客户对价超过向客户取得可明确区分商品公允价值的，超过金额应当冲减交易价格。向客户取得的可明确区分商品公允价值不能合理估计的，企业应当将应付客户对价全额冲减交易价格。在将应付客户对价冲减交易价格处理时，企业应当在确认相关收入与支付（或承诺支付）客户对价二者孰晚的时点冲减当期收入。

4. 将交易价格分摊至各单项履约义务

当合同中包含两项或多项履约义务时，为了使企业分摊至每一单项履约义务的交易价格能够反映其因向客户转让已承诺的相关商品（或提供已承诺的相关服务）而预期有权收取的对价金额，企业应当在合同开始日，按照各单项履约义务所承诺商品的单独售价的相对比例，将交易价格分摊至各单项履约义务。

单独售价，是指企业向客户单独销售商品的价格。单独售价无法直接观察的，企业应当综合考虑其能够合理取得的全部相关信息，采用市场调整法、成本加成法、余值法等方法合理估计单独售价。市场调整法，是指企业根据某商品或类似商品的市场售价，考虑本企业的成本和毛利等进行适当调整后，确定其单独售价的方法。成本加成法，是指企业根据某商品的预计成本加上其合理毛利后的价格，确定其单独售价的方法。余值法，是指企业根据合同交易价格减去合同中其他商品可观察的单独售价后的余值，确定某商品单独售价的方法。企业应当最大限度地采用可观察的输入值，并对类似的情况采用一致的估计方法。

企业在商品近期售价波动幅度巨大，或者因未定价且未曾单独销售而使售价无法可靠确定时，可采用余值法估计其单独售价。

【例11-6】 天宇公司2018年3月1日与客户签订合同，向其销售A、B两种商品，A商品的单独售价为6 000元，B商品的单独售价为24 000元，合同价款为25 000元。合同约定，A商品于合同开始日交付，B商品在一个月之后交付，只有当两种商品全部交付之后，天宇公司才有权收取25 000元的合同对价。假定A商品和B商品分别构成单项履约义务，其控制权在交付时转移给客户。上述价格均不含增值税，且假定不考虑相关税费影响。

本例中，分摊至A商品的合同价款为5 000 [（6 000/（6 000+24 000））×25 000] 元，分摊至B商品的合同价款为20 000 [（24 000/（6 000+24 000））×25 000] 元。天宇公司的账务处理如下。

① 交付A商品时：

借：合同资产　　　　　　　　　　　　　　　　　　　　　　　　5 000
　　贷：主营业务收入　　　　　　　　　　　　　　　　　　　　　　　5 000

② 交付B商品时：

借：应收账款　　　　　　　　　　　　　　　　　　　　　　　　25 000
　　贷：合同资产　　　　　　　　　　　　　　　　　　　　　　　　　5 000
　　　　主营业务收入　　　　　　　　　　　　　　　　　　　　　　　20 000

合同资产，是指企业已向客户转让商品而有权收取对价的权利，且该权利取决于时间流逝之外的其他因素。应收款项是企业无条件收取合同对价的权利，该权利应当作为应收货款单独列示。二者的区别在于：应收款项代表的是无条件收取合同对价的权利，即企业仅仅随着时间的流逝即可收款，而合同资产并不是一项无条件收款权，该权利除了时间流逝之外，还取决于其他条件（例如，履约合同中的其他履约义务）才能收取相应的合同对价。因此，与合同资产和应收款项相关的风险是不同的，应收款项仅承担信用风险，而合同资产除信用风险之外，还可能承担其他风险，如履约风险等。合同资产的减值的计量、列报和披露应当按照相关要求进行会计处理。

（1）分摊合同折扣

合同折扣，是指合同中各单项履约义务所承诺商品的单独售价之和高于合同交易价格的金额。对于合同折扣，企业应当在各单项履约义务之间按比例分摊。有确凿证据表明合同折扣仅与合同中一项或多项（而非全部）履约义务相关的，企业应当将该合同折扣分摊至相关一项或多项履约义务。

同时满足下列条件时，企业应当将合同折扣全部分摊至合同中的一项或多项（而非全部）履约义务：①企业经常将该合同中的各项可明确区分的商品单独销售或者以组合的方式单独销售；②企业也经常将其中部分可明确区分的商品以组合的方式按折扣价格单独销售；上述②中的折扣与该合同中的折扣基本相同，且针对每一组合中的商品的分析为将该合同的全部折扣归属于某一项或多项履约义务提供了可观察的证据。有确凿证据表明合同折扣仅与合同中的一项或多项（而非全部）履约义务相关，且企业采用余值法估计单独售价的，企业应当首先在该一项或多项（而非全部）履约义务之间分摊合同折扣，然后再采用余值法估计单独售价。

【例 11-7】 天宇公司与客户签订合同，向其销售 A、B、C 三种产品，合同总价款为 120 万元，这三种产品构成 3 项单项履约义务。企业经常单独出售 A 产品，其可直接观察的单独售价为 50 万元；B 产品和 C 产品的单独售价不可直接观察，企业采用市场调整法估计 B 产品的单独售价为 25 万元，采用成本加成法估计 C 产品的单独售价为 75 万元。天宇公司经常以 50 万元的价格单独销售 A 产品，并且经常将 B 产品和 C 产品组合在一起以 70 万元的价格销售。假定上述价格均不包含增值税。

本例中，这三种产品的单独售价合计为 150 万元，而该合同的价格为 120 万元，因此该合同的折扣为 30 万元。由于天宇公司经常将 B 产品和 C 产品组合在一起以 70 万元的价格销售，该价格与其单独售价的差额为 30 万元，与该合同的折扣一致，而 A 产品单独销售的价格与其单独售价一致，证明该合同的折扣仅应归属于 B 产品和 C 产品。因此，在该合同下，分摊至 A 产品的交易价格为 50 万元，分摊至 B 产品和 C 产品的交易价格合计为 70 万元，天宇公司应当进一步按照 B 产品和 C 产品的单独售价的相对比例将该价格在二者之间进行分摊。因此，各产品分摊的交易价格分别为：A 产品为 50 万元，B 产品为 17.5 万元 [（25/100）×70]，C 产品为 52.5 万元 [（75/100）×70]。

(2) 分摊可变对价

合同中包含可变对价的，该可变对价可能与整个合同相关，也可仅与合同中的某一特定组成部分有关，后者包括两种情形：一是可变对价可能与合同中的一项或多项（而非全部）履约义务有关；二是可变对价可能与企业向客户转让的构成单项履约义务的一系列可明确区分商品中的一项或多项（而非全部）商品有关。

同时满足下列条件的，企业应当将可变对价及可变对价的后续变动额全部分摊至与之相关的某项履约义务，或者构成单项履约义务的一系列可明确区分商品中的某项商品：可变对价的条款专门针对企业为履行该项履约义务或转让该项可明确区分商品所做的努力（或者是履行该项履约义务或转让该项可明确区分商品所导致的特定结果）；企业在考虑了合同中的全部履约义务及支付条款后，将合同对价中的可变金额全部分摊至该项履约义务或该项可明确区分商品，符合分摊交易价格的目标。对于不满足上述条件的可变对价及可变对价的后续变动额，以及可变对价及其后续变动额中未满足上述条件的剩余部分，企业应当按照分摊交易价格的一般原则，将其分摊至合同中的各单项履约义务。对于已履行的履约义务，其分摊的可变对价后续变动额应当调整变动当期的收入。

【例 11-8】 天宇公司与乙公司签订合同，将其拥有的两项专利技术 X 和 Y 授权给乙公司使用。假定两项授权均构成单项履约义务，且都属于在某一时点履行的履约义务。合同约定，授权使用 X 的价格为 80 万元，授权使用 Y 的价格为乙公司使用该专利技术所生产的产品销售额的 3%。X 和 Y 的单独售价分别为 80 万元和 100 万元。天宇公司估计其就授权使用 Y 而有权收取的特许权使用费为 100 万元。假定上述价格均不包含增值税。

本例中，该合同中包含固定对价和可变对价，其中授权使用 X 的价格为固定对价，且与其单独售价一致,授权使用Y的价格为乙公司使用该专利技术所生产的产品销售额的3%,属于可变对价,该可变对价与授权使用Y能够收取的对价有关,且天宇公司估计基于实际销售情况收取的特许权使用费的金额接近Y的单独售价。因此,天宇公司将可变对价部分的特许权使用费金额全部由Y承担,符合交易价格的分摊目标。

(3) 交易价格的后续变动

交易价格发生后续变动的,企业应当按照在合同开始日所采用的基础将该后续变动金额分摊至合同中的履约义务。企业不得因合同开始日之后单独售价的变动而重新分摊交易价格。对于合同变更导致的后续变动应当按照有关合同变更的要求进行会计处理。合同变更之后发生可变对价后续变动的,企业应当区分下列三种情形分别进行会计处理。

① 合同变更属于合同变更的第一种情形的,企业应当判断可变对价后续变动与哪一项合同相关,并按照分摊可变对价的相关规定进行会计处理。

② 合同变更属于合同变更的第二种规定情形,且可变对价后续变动与合同变更前已承诺可变对价相关的,企业应当首先将该可变对价后续变动额以原合同开始日确定的单独售价为基础进行分摊,然后再将分摊至合同变更日尚未履行履约义务的该可变对价后续变动额以新合同开始日确定的基础进行二次分摊。

③ 合同变更之后发生除上述第一种和第二种情形以外的可变对价后续变动的,企业应当将该可变对价后续变动额分摊至合同变更日尚未履行(或部分未履行)的履约义务。

【例11-9】 2018年9月1日,天宇公司与乙公司签订合同,向其销售A产品和B产品。A产品和B产品均为可明确区分商品,其单独售价相同,且均属于在某一时点履行的履约义务。合同约定,A产品和B产品分别于2018年11月1日至2019年3月31日交付给乙公司。合同约定的对价包括1 000元的固定对价和估计金额为200元的可变对价。假定天宇公司将200元的可变对价计入交易价格,满足有关将可变对价金额计入交易价格的限制条件。因此,该合同的交易价格为1 200元。假定上述价格均不包含增值税。

2018年12月1日,双方对合同范围进行了变更,乙公司向天宇公司额外采购C产品,合同价格增加300元,C产品和A、B两种产品可明确区分,但该增加的价格不反映C产品的单独售价。C产品的单独售价与A产品和B产品相同。C产品将于2019年6月30日交付给乙公司。

2018年12月31日,企业预计有权收取的可变对价的估计金额由200元变更为240元,该金额符合计入交易价格的条件。因此,合同的交易价格增加了40元,且天宇公司认为该增加额与合同变更前已承诺的可变对价相关。

假定上述三种产品的控制权均随产品交付而转移给乙公司。

本例中,在合同开始日,该合同包含两项单项履约义务,天宇公司应当将估计的交易价格分摊至这两项履约义务。由于两种产品的单独售价相同,且可变对价不符合分摊至其中一项履约义务的条件,因此天宇公司将交易价格1 200元平均分摊至A产品和B产品,即A产品和B产品各自分摊的交易价格均为600元。

2018年11月1日,当A产品交付给客户时,天宇公司相应确认收入600元。

2018年12月1日,双方进行了合同变更。该合同变更属于合同变更的第二种情形,因此该合同变更应当作为原合同终止,并将原合同的未履约部分与合同变更部分合并为新合同进行会计处理。在该新合同下,合同的交易价格为900元(600+300),由于B产品和C产品的单独售价相同,分摊至B产品和C产品的交易价格的金额均为450元。

2018年12月31日,天宇公司重新估计可变对价,增加了交易价格40元。由于该增加额与合同变更前已承诺的可变对价相关,因此应首先将该增加额分摊给A产品和B产品,之后再将分摊给B产品的部分在B产品和C产品形成的新合同中进行二次分配。在本例中,由于A产品、B产品和C产品的单独售价相同,在将40元的可变对价后续变动分摊至A产品和B产品时,各自分摊的金额为20元。由于天宇公司已经转让了A产品,在交易价格发生变动的当期即应将分摊至A产品的20元确认为收入。之后,天宇公司将分摊至B产品的20元平均分摊至B产品和C产品,即各自分摊的金额为10元,经过上述分摊后,B产品和C产品的交易价格为460元(450+10)。因此,天宇公司分别在B产品和C产品控制权转移时确认收入460元。

5. 履行每一单项履约义务时确认收入

企业应当在履行了合同中的履约义务,即客户取得相关商品控制权时确认收入。企业应当根据实际情况,首先判断履约义务是否满足在某一时段内履行的条件,如不满足,则该履约义务属于在某一时点履行的履约义务。对于在某一时段内履行的履约义务,企业应选取恰当的方法来确定履约进度;对于在某一时点履行的履约义务,企业应当综合分析控制权转移的迹象,判断其转移时点。

1)在某一时段内履行的履约义务的收入确认条件

满足下列条件之一的,属于在某一时段内履行的履约义务,相关收入应当在该履约义务履行的期间内确认。

(1)客户在企业履约的同时即取得并消耗企业履约所带来的经济利益

企业在履约过程中是持续地向客户转移该服务的控制权的,该履约义务属于在某一时段内履行的履约义务,企业应当在提供该服务的期间内确认收入。企业在进行判断时,可以假定在企业履约的过程中更换为其他企业继续履行剩余履约义务,如果该继续履行合同的企业实质上无须重新执行企业累计至今已经完成的工作,则表明客户在企业履约的同时即取得并消耗了企业履约所带来的经济利益。例如,企业承诺将客户的一批货物从A市运送到B市,假定该批货物在途经C市时,由另外一家运输公司接替企业继续提供该运输服务,由于A市到C市之间的运输服务是无须重新执行的,因此表明客户在企业履约的同时即取得并消耗了企业履约所带来的经济利益,因此企业提供的运输服务属于在某一时段内履行的履约义务。企业在判断其他企业是否实质上无须重新执行企业累计至今已经完成的工作时,应当基于以下两个前提:一是不考虑可能会使企业无法将剩余履约义务转移给其他企业的潜在限制,包括合同限制或实际可行性限制;二是假设继续履行剩余履约义务的其他企业将不会享有企业目前已控制的任何资产的利益,也不会享有剩余履约义务转移后企业仍然控制的任何资产的利益。

(2)客户能够控制企业履约过程中在建的商品

企业在履约过程中创建的商品包括在产品、在建工程、尚未完成的研发项目、正在进行的服务等,如果客户在企业创建该商品的过程中就能够控制这些商品,应当认为企业提供该商品的履约义务属于在某一时段内履行的履约义务。

【例 11-10】 企业与客户签订合同，在客户拥有的土地上按照客户的设计要求为其建造厂房。在建造中客户有权修改厂房设计，并与企业重新协商设计变更后的合同价款。客户每月末按当月工程进度向企业支付工程款。如果企业终止合同，已完成建造部分的厂房归客户所有。

本例中，企业为客户建造厂房，该厂房位于客户的土地上，客户终止合同时，已建造的厂房归客户所有。这些均表明客户在该厂房建造的过程中就能够控制该在建的厂房。因此，企业提供的该建造服务属于在某一时段内履行的履约义务，企业应当在提供该服务的期间内确认收入。

（3）企业履约过程中所产出的商品具有不可替代用途，且该企业在整个合同期间内有权就累计至今已完成的履约部分收取款项

① 商品具有不可替代用途。在判断商品是否具有不可替代用途时，企业既应当考虑合同限制，也应当考虑实际可行性限制，但无须考虑合同被终止的可能性。企业在判断商品是否具有不可替代用途时，需要注意以下四点。

一是企业应当在合同开始日判断所承诺的商品是否具有不可替代用途。在此之后，除非发生合同变更，且该变更显著改变了原合同约定的履约义务，否则，企业无须重新进行评估。

二是合同中是否存在实质性限制条款，导致企业不能将合同约定的商品用于其他用途。保护性条款也不应被视为实质性限制条款。

三是是否存在实际可行性限制。例如，虽然合同中没有限制，但是企业将合同中约定的商品用做其他用途，将遭受重大的经济损失或发生重大的返工成本。

四是企业应当根据最终转移给客户的商品的特征判断其是否具有不可替代用途。例如，某商品在生产的前期可以满足多种用途需要，从某一时点或某一流程开始，才进入定制化阶段，此时企业应当根据该商品在最终转移客户时的特征来判断其是否满足"具有不可替代用途"的条件。

② 企业在整个合同期间内有权就累计至今已完成的履约部分收取款项。有权就累计至今已完成的履约部分收取款项，是指在由于客户或其他方原因终止合同的情况下，企业有权就累计至今已完成的履约部分收取能够补偿其已发生成本和合理利润的款项，并且该权利具有法律约束力。需要强调的是，合同终止必须是由于客户或其他方（即由于企业未按照合同承诺履约之外的其他原因）而非企业自身的原因所致，在整个合同期间内的任一时点，企业均应当拥有此项权利。企业在进行判断时，需要注意以下五点。

一是企业有权就累计至今已完成的履约部分收取的款项应当大致相当于累计至今已经转移给客户的商品的售价，即该金额应当能够补偿企业已经发生的成本和合理利润。其中，合理的利润补偿并非一定是该合同的整体毛利水平，以下两种情形都属于合理的利润补偿：第一，根据合同终止前的履约进度对该合同的毛利水平进行调整后确定的金额作为利润补偿金额；第二，如果该合同的毛利水平高于企业同类合同的毛利水平，以企业从同类合同中能够获取的合理资本回报或者经营毛利作为利润补偿金额。

二是企业有权就累计至今已完成的履约部分收取款项,并不意味着企业拥有随时可行使的无条件收款权。当合同约定客户在约定的某一时点、重要事项完成的时点或者整个合同完成之后才支付合同价款时,企业并没有取得收款的权利。在判断其是否满足本要求时,应当考虑,在整个合同期间内的任一时点,假设由于客户或其他方原因导致合同提前终止,企业是否有权主张该收款权利,即有权要求客户补偿其截至目前已完成的履约部分应收取的款项。

三是当客户只有在某些特定时点才能要求终止合同,或者根本无权终止合同时终止了合同(包括客户没有按照合同约定履行其义务)时,如果合同条款或法律法规赋予了企业继续执行合同(即企业继续向客户转移合同中承诺的商品并要求客户支付对价)的权利,则表明企业有权就累计至今已完成的履约部分收取款项。

四是企业在进行相关判断时,不仅要考虑合同条款的约定,还应当充分考虑所处的法律环境(包括适用的法律法规、以往的司法实践及类似案例的结果等)是否对合同条款形成了补充,或者会凌驾于合同条款之上。例如,在合同没有明确约定的情况下,相关的法律法规等是否支持企业主张相关的收款权利;以往的司法实践是否表明合同中的某些条款没有法律约束力;在以往的类似合同中,企业虽然拥有此项权利,却在考虑了各种因素之后没有行使该权利,这是否会导致企业主张该权利的要求在当前的法律环境下不被支持等。

五是企业和客户在合同约定的具体付款时间表并不一定意味着企业有权就累计至今已完成的履约部分应收取款项。企业需要进一步评估,合同中约定的付款时间表,是否使企业在整个合同期间内的任一时点,在由于除企业自身未按照合同承诺履约之外的其他原因导致合同终止的情况下,均有权就累计至今已完成的履约部分收取能够补偿其成本和合理利润的款项。

【例 11-11】 天宇公司是一家造船企业,与乙公司签订了一份船舶建造合同,按照乙公司的具体要求设计和建造船舶。天宇公司在自己的厂区内完成该船舶的建造,乙公司无法控制在建过程中的船舶。天宇公司如果想把该船舶出售给其他客户,需要发生重大的改造成本。双方约定,如果乙公司单方面解约,乙公司需向天宇公司支付相当于合同总价30%的违约金,且建造中的船舶归天宇公司所有。假定该合同仅包含一项履约义务,即设计和建造船舶。

本例中,船舶是按照乙公司的具体要求进行设计和建造的,天宇公司需要发生重大的改造成本将该船舶改造之后才能将其出售给其他客户,因此该船舶具有不可替代用途。然而,如果乙公司单方面解约,仅需向天宇公司支付相当于合同总价30%的违约金,表明天宇公司无法在整个合同期间内有权就累计至今已完成的履约部分收取能够补偿其已发生成本和合理利润的款项。因此,天宇公司为乙公司设计和建造船舶不属于在某一时段内履行的履约义务。

2) 在某一时段内履行的履约义务的收入确认方法

对于在某一时段内履行的履约义务,企业应当在该段时间内按照履约进度确认收入,履约进度不能合理确定的除外。企业应当采用恰当的方法确定履约进度,以使其如实反映企业向客户转让商品的履约情况。企业应当考虑商品的性质,采用产出法或投入法确定恰当的履约进度,并且在确定履约进度时,应当扣除那些控制权尚未转移给客户的商品和服务。

(1) 产出法

产出法主要是根据已转移给客户的商品对于客户的价值确定履约进度,主要包括按照实际测量的完工进度、评估已实现的结果、已达到的里程碑、时间进度、已完工或交付的产品等确定履约进度的方法。企业在评估是否采用产出法确定履约进度时,应当考虑所选择的产出指标是否能够如实反映向客户转移商品的进度。

【例 11-12】 天宇公司与客户签订合同,为该客户拥有的一条铁路更换 100 根铁轨,合计价格为 10 万元(不含税价)。截至 2018 年 12 月 31 日,天宇公司共更换铁轨 60 根,剩余部分预计在 2019 年 3 月 31 日之前完成。该合同仅包含一项履约义务,且该履约义务满足在某一时段内履行的条件。假定不考虑其他情况。

本例中,天宇公司提供的更换铁轨的服务属于在某一时段内履行的履约义务,天宇公司按照已完成的工作量确定履约进度。因此,截至 2018 年 12 月 31 日,该合同的履约进度为 60%(60/100),天宇公司应确认的收入为 6 万元(10×60%)。

产出法是直接计量已完成的产出,一般能够客观地反映履约进度。当产出法所需要的信息可能无法直接通过观察获得,或者为获得这些信息需要花费很高的成本时,可采用投入法。

(2) 投入法

投入法主要是根据企业履行履约义务的投入确定履约进度,主要包括已投入的材料数量、花费的人工工时或机器工时、发生的成本和时间进度等投入指标。当企业从事的工作或发生的投入是在整个履约期间内平均发生时,按照直线法确认收入是合适的。由于企业的投入与向客户转移商品控制权之间未必存在直接的对应关系,因此企业在采用投入法时,应当扣除那些虽然已经发生、但是未导致向客户转移商品的投入。实务中,企业通常按照累计实际发生的成本占预计总成本的比例(即成本法)确定履约进度,累计实际发生的成本包括企业向客户转移商品过程中所发生的直接成本和间接成本,如直接人工、直接材料、分包成本及其他与合同相关的成本。企业在采用成本法确定履约进度时,可能需要对已发生的成本进行适当调整的情形如下:

① 已发生的成本并未反映企业履行其履约义务的进度,如企业生产效率低下等原因而导致的非正常消耗,包括非正常消耗的直接材料、直接人工及制造费用等,除非企业和客户在订立合同时已经预见企业会发生这些成本并将其包括在合同价款中。

② 已发生的成本与企业履行其履约义务的进度不成比例。如果企业已发生的成本与履约进度不成比例,企业在采用成本法时需要进行适当调整。当企业在合同开始日就能够预期将满足下列所有条件时,企业在采用成本法时不应包括该商品的成本,而是应当按照其成本金额确定收入:一是该商品不构成单项履约义务;二是客户先取得该商品的控制权,之后才接受与之相关的服务;三是该商品的成本占总成本的比重较大;四是企业自第三方采购该商品,且未深入参与其设计和制造,对于包含该商品的履约义务而言,企业是主要责任人。

【例 11-13】 天宇公司 2018 年 10 月与客户签订合同,为客户装修一栋办公楼并安装一部电梯，合同总金额为 100 万元。天宇公司预计的合同总成本为 80 万元，其中包括电梯的采购成本 30 万元。

2018 年 12 月，天宇公司将电梯运达施工现场并经过客户验收，客户已取得对电梯的控制权，但是根据装修进度，预计到 2019 年 2 月才会安装该电梯。截至 2018 年 12 月，天宇公司累计发生成本 40 万元，其中包括支付给电梯供应商的采购成本 30 万元及因采购电梯发生的运输和人工等相关成本 10 万元。

假定该装修服务（包括安装电梯）构成单项履约义务，并属于在某一时段内履行的履约义务，天宇公司是主要负责人，但不参与电梯的设计和制造；天宇公司采用成本法确定履约进度。上述金额均不含增值税。

本例中，截至 2018 年 12 月，天宇公司发生成本 40 万元（包括电梯采购成本 30 万元及因采购电梯发生的运输和人工等相关成本 10 万元），天宇公司认为其已发生的成本和履约进度不成比例，因此需要对履约进度的计算做出调整，将电梯的采购成本排除在已发生和预计总成本之外。在该合同中，该电梯不构成单项履约义务，其成本相对于预计总成本而言是重大的，天宇公司是主要责任人，但是未参与该电梯的设计和制造，客户先取得了电梯的控制权，随后才接受与之相关的安装服务，因此天宇公司在客户取得该电梯控制权时，按照该电梯采购成本的金额确认转让电梯产生的收入。

因此，2018 年 12 月，该合同的履约进度为 20%［（40－30）/（80－30）］，应确认的收入和成本金额分别为 44 万元［（100－30）×20%＋30］和 40 万元［（80－30）×20%＋30］。

对于每一项履约义务，企业只能采用一种方法确定其履约进度，并加以一贯运用。对于类似情况下的类似履约义务，企业应当采用相同的方法确定履约进度。

资产负债表日，企业应当按照合同的交易价格总额乘以履约进度扣除以前会计期间累计已确认的收入后的金额，确认当期收入。当履约进度不能合理确定时，企业已经发生的成本预计能够得到补偿的，应当按照已经发生的成本金额确认收入，直到履约进度能够合理确定为止。每一资产负债表日，企业应当对履约进度进行重新估计。当客观环境发生变化时，企业也需要重新评估履约进度是否发生变化，以确保履约进度能够反映履约情况的变化，该变化应当作为会计估计变更进行会计处理。

3）在某一时点履行的履约义务

当一项履约义务不属于在某一时段内履行的履约义务时，应当属于在某一时点履行的履约义务。对于在某一时点履行的履约义务，企业应当在客户取得相关商品控制权时点确认收入。在判断客户是否已取得商品控制权时，企业应当考虑下列迹象。

① 企业就该商品享有现时收款权利，即客户就该商品负有现时付款义务。如果企业就该商品享有现时的收款权利，则可能表明客户已经有能力主导该商品的使用并从中获得几乎全部的经济利益。

② 企业已将该商品的法定所有权转移给客户，即客户已拥有该商品的法定所有权。客户如果取得了商品的法定所有权，则可能表明其已经有能力主导该商品的使用并从中获得几乎全部的经济利益，或者能够阻止其他企业获得这些经济利益。如果企业仅仅是为了确保到期收回货款而保留商品的法定所有权，那么企业所保留的这项权利通常不会对客户取得对该商品的控制权构成障碍。

③ 企业已将该商品实物转移给客户，即客户已占有该商品。客户如果已经占有商品，则可能表明其有能力主导该商品的使用并从中获得几乎全部的经济利益，或者使其他企业无法获得这些利益。需要说明的是，客户占有了某项商品的实物并不意味着其就一定取得了该商品的控制权，反之亦然。例如，在采用支付手续费方式的委托代销安排下，虽然企业作为委托方已将商品发送给受托方，但是受托方并未取得该商品的控制权，因此企业不应在向受托方发货时确认销售商品的收入，而仍然应当根据控制权是否转移来判断何时确认收入，通常应当在受托方售出商品时确认销售商品收入；受托方应当在商品销售后，按合同或协议约定的方法计算确定的手续费收入。表明一项安排是委托代销安排的迹象有：在特定事件发生之前（例如，向最终客户出售产品或指定期间到期之前），企业拥有对商品的控制权；企业能够要求将委托代销的商品退回或者将其销售给其他方（如其他经销商）；尽管经销商可能被要求向企业支付一定金额的押金，但是其并没有承担对这些商品无条件付款的义务。

实务中，企业有时根据合同已经就销售的商品向客户收款或取得了收款权利，但是由于客户因为缺乏足够的仓储空间或生产进度延迟等原因，直到在未来某一时点将该商品交付给客户之前，企业仍然继续持有该商品实物，这种情况通常称为"售后代管商品"安排。此时，企业除了考虑客户是否取得商品控制权的迹象之外，还应当同时满足下列条件，才表明客户取得了该商品的控制权：该安排必须具有商业性质，例如该安排是应客户的要求而订立的；属于客户的商品必须能够单独识别，例如将属于客户的商品单独存放在指定地点；该商品可以随时交付给客户；企业不能自行使用该商品或将该商品提供给其他客户。企业根据上述条件对尚未发货的商品确认了收入的，还应当考虑是否承担了其他履约义务，例如向客户提供保管服务等，从而应当将部分交易价格分摊至该其他履约义务。越是通用的、可以和其他商品互相替换的商品，可能越难满足上述条件。

【例 11-14】 天宇公司 2018 年 1 月 1 日与乙公司签订合同，向其销售一台设备和专用零部件。该设备和零部件的制造期为 2 年。天宇公司在完成设备和零部件的生产之后，能够证明其符合合同约定的规格。假定企业向客户转让设备和零部件为两个单项履约义务，且都属于在某一时点履行的履约义务。

2019 年 12 月 31 日，乙公司支付了该设备和零部件的合同价款，并对其进行了验收。乙公司运走了设备，但是考虑到其自身的仓储能力有限，且其工厂紧邻天宇公司的仓库，因此要求将零部件存放于天宇公司的仓库中，并且要求天宇公司按照其指令随时安排发货。乙公司已拥有零部件的法定所有权，且这些零部件可明确识别为属于乙公司的物品。天宇公司在其仓库内的单独区域内存放这些零部件，并且应乙公司的要求可随时发货，天宇公司不能使用这些零部件，也不能将其提供给其他客户使用。

本例中，2019 年 12 月 31 日，该设备的控制权转移给乙公司；对于零部件而言，天宇公司已经收取合同价款，但是应乙公司的要求尚未发货，乙公司已拥有零部件的法定所有权并且对其进行了验收，虽然这些零部件实物尚由天宇公司持有，但是其满足在"售后代管商品"的安排下客户取得商品控制权的条件，这些零部件的控制权也已经转移给了乙公司。因此，天宇公司应当确认销售设备和零部件的相关收入。除销售设备和零部件之外，天宇公司还为乙公司提供了仓储保管服务，该服务与设备和零部件可明确区分，构成单项履约义务，天宇公司需要将部分交易价格分摊至该项服务，并在提供该项服务的期间确认收入。

【例11-15】 天宇公司生产并销售笔记本电脑。2018年,天宇公司与零售商B公司签订销售合同,向其销售1万台笔记本电脑。由于B公司的仓储能力有限,无法在2018年底之前接收该批笔记本电脑,双方约定天宇公司在2019年按照B公司的指令按时发货,并将笔记本电脑运送至B公司指定的地点。2018年12月31日,天宇公司共有上述笔记本电脑库存1.2万台,其中包括1万台将要销售给B公司的笔记本电脑。然而,这1万台笔记本电脑和其余2 000台笔记本电脑一起存放并统一管理,并且彼此之间可以相互替换。

本例中,尽管是由于B公司没有足够的仓储空间才要求天宇公司暂不发货,并按照其指定的时间发货,但是由于这1万台笔记本电脑与天宇公司的其他产品可以互相替换,且未单独存放保管,天宇公司在向B公司交付这些笔记本电脑之前,能够将其提供给其他客户或者自行使用。因此,这1万台笔记本电脑在2018年12月31日不满足"售后代管商品"安排下确认收入的条件。

④ 企业已将该商品所有权上的主要风险和报酬转移给客户,即客户已取得该商品所有权上的主要风险和报酬。企业在判断时,不应当考虑保留了除转让商品之外产生其他履约义务的风险的情形。例如,企业将产品销售给客户,并承诺提供后续维护服务,销售产品和维护服务均构成单项履约义务,企业保留的因维护服务而产生的风险并不影响企业有关主要风险和报酬转移的判断。

⑤ 客户已接收该商品。企业在判断是否已经将商品的控制权转移给客户时,应当考虑客户是否已接收该商品,特别是客户的验收是否仅仅是一个形式。如果企业能够客观地确定其已经按照合同约定的标准和条件将商品的控制权转移给客户,那么客户验收可能只是一个形式,并不会影响企业判断客户取得该商品控制权的时点。实务中,企业应当考虑,在过去执行类似合同的过程中已经积累的经验及客户验收的结果,以证明其所提供的商品是否能够满足合同约定的具体条件。如果在取得客户验收之前已经确认了收入,企业应当考虑是否存在剩余的履约义务,如设备安装、运输等,并且评估是否应当对其单独进行核算。相反地,如果企业无法客观地确定其向客户转让商品是否符合合同规定的条件,那么在客户验收之前,企业不能认为已经将该商品的控制权转移了客户。例如,客户主要基于主观判断进行验收时,在验收完成之前,企业无法确定其商品是否能够满足客户的主观标准,因此企业应当在客户完成验收接收该商品时才能确认收入。实务中,定制化程度越高的商品,可能越难证明客户验收仅仅是一个形式。此外,如果企业将商品发送给客户供其试用,且客户并未承诺在试用期结束前支付任何对价,则在客户接受该商品或在试用期结束之前,该商品的控制权并未转移给客户。

⑥ 其他表明客户已取得商品控制权的迹象。

需要强调的是,在上述迹象中,并没有哪一个或几个迹象是决定性的,企业应当根据合同条款和交易实质进行分析,综合判断其是否及何时将商品的控制权转移给客户,从而确定收入确认的时点。此外,企业应当从客户的角度进行评估,而不应当仅考虑企业自身的看法。

11.3 合同成本

1. 合同履约成本

企业为履行合同可能会发生各种成本，企业在确认收入的同时应当对这些成本进行分析，属于存货、固定资产、无形资产等规范范围的，应当按照相关规定进行会计处理；不属于规范范围且同时满足下列条件的，应当作为合同履约成本确认为一项资产。

① 该成本与一份当前或预期取得的合同直接相关。预期取得的合同应当是企业能够明确识别的合同，如现有合同续约后的合同、尚未获得批准的特定合同等。与合同直接相关的成本包括直接人工（如支付给直接为客户提供所承诺服务的人员的工资、奖金等）、直接材料（如为履行合同耗用的原材料、辅助材料、构配件、零件、半成品的成本和周转材料的摊销及租赁费用等）、制造费用或类似费用（如组织和管理生产、施工、服务等活动发生的费用，包括管理人员的职工薪酬、劳动保护费、固定资产折旧费及修理费、物料消耗、取暖费、水电费、办公费、差旅费、财产保险费、工程保修费、排污费、临时设施摊销费等）、明确由客户承担的成本及仅因该合同发生的其他成本（如支付给分包商的成本、机械使用费、设计和技术援助费用、施工现场二次搬运费、生产工具和用具使用费、检验试验费、工程定位复测费、工程点交费用、场地清理费等）。

② 该成本增加了企业未来用于履行（或持续履行）履约义务的资源。

③ 该成本预期能够收回。

企业应当在下列支出发生时，将其计入当期损益：一是管理费用，除非这些费用明确有客户承担；二是非正常消耗的直接材料、直接人工和制造费用（或类似费用），这些支出是为履行合同发生的，但未反映在合同价格中；三是与履约义务中已履行（包括已全部履行或部分履行）部分相关的支出，即该支出与企业过去的履约活动相关；四是无法在尚未履行的与已履行（或已部分履行）的履约义务之间区分的相关支出。

【例 11-16】 天宇公司与乙公司签订合同，为其信息中心提供管理服务，合同期限为 5 年。在向乙公司提供服务之前，天宇公司设计并搭建了一个信息技术平台供其内部使用，该信息技术平台由相关的硬件和软件组成。天宇公司需要提供设计方案，将该信息技术平台与乙公司现有的信息系统对接，并进行相关测试。该平台并不会转让给乙公司，但是将用于向乙公司提供服务。天宇公司为该平台的设计、购买硬件和软件及信息中心的测试发生了成本。除此之外，天宇公司专门指派两名员工，负责向乙公司提供服务。

本例中，天宇公司为履行合同发生的上述成本中，购买硬件和软件的成本应当分别按照固定资产和无形资产进行会计处理；设计服务成本和信息中心的测试成本不属于规范范围，但是这些成本与履行该合同直接相关，并且增加了天宇公司未来用于履行履约义务（即提供管理服务）的资源，如果天宇公司预期该成本可通过未来提供服务收取的对价收回，则天宇公司应当将这些成本确认为一项资产。天宇公司向两名负责该项目的员工支付的工资费用，虽然与向乙公司提供服务有关，但是由于其并未增加企业未来用于履行履约义务的资源，因此应当于发生时计入当期损益。

2. 合同取得成本

企业为取得合同发生的增量成本预期能够收回的，应当作为合同取得成本确认为一项资产。增量成本，是指企业不取得合同就不会发生的成本，如销售佣金等。为简化实务操作，该资产摊销期限不超过一年的，可以在发生时计入当期损益。企业采用该简化处理方法的，应当对所有类似合同一致采用。企业为取得合同发生的、除预期能够收回的增量成本之外的其他支出，例如无论是否取得合同均会发生的差旅费、投标费、为准备投标资料发生的相关费用等，应当在发生时计入当期损益，除非这些支出明确由客户承担。

【例 11-17】 天宇公司是一家咨询公司，其通过竞标赢得一个新客户，为取得和该客户的合同，天宇公司发生下列支出：聘请外部律师进行尽职调查的支出 15 000 元；因投标发生的差旅费 10 000 元；销售人员佣金 5 000 元。天宇公司预期这些支出未来能够收回。此外，天宇公司根据其年度销售目标、整体盈利情况及个人业绩等，向销售部门经理支付年度奖金 10 000 元。

本例中，天宇公司向销售人员支付的佣金属于为取得合同发生的增量成本，应当将其作为合同取得成本确认为一项资产。天宇公司聘请外部律师进行尽职调查发生的支出、为投标发生的差旅费，无论是否取得合同都会发生，不属于增量成本，因此应当于发生时直接计入当期损益。天宇公司向销售部门经理支付的年度奖金也不是为取得合同发生的增量成本，这是因为该奖金发放与否及发放金额还取决于其他因素（包括公司的盈利情况和个人业绩），其不能直接归属于可识别的合同。

实务中，涉及合同取得成本的安排可能会比较复杂，例如合同续约或合同变更时需要支付额外的佣金、企业支付的佣金金额取决于客户未来的履约情况或者取决于累计取得的合同数量或金额等，企业需要运用判断对发生的合同取得成本进行恰当的会计处理。企业因现有合同续约或发生合同变更需要支付的额外佣金，也属于为取得合同发生的增量成本。

【例 11-18】 天宇公司相关政策规定，销售部门的员工每取得一份新的合同，可以获得提成 100 元，现有合同每续约一次，员工可以获得提成 60 元。天宇公司预期上述提成均能够收回。

本例中，天宇公司为取得新合同支付给员工的提成 100 元，属于为取得合同发生的增量成本，且预期能够收回，因此应当确认为一项资产。同样地，天宇公司为现有合同续约支付给员工的提成 60 元，也属于为取得合同发生的增量成本，这是因为如果不发生合同续约，就不会支付相应的提成，由于该提成预期能够收回，天宇公司应当在每次续约时将应支付的相关提成确认为一项资产。

除上述规定外，天宇公司相关政策规定，当合同变更时，如果客户在原合同的基础上，向天宇公司支付额外的对价以购买额外的商品，天宇公司需根据该新增的合同金额向销售人员支付一定的提成，此时无论相关合同变更属于合同变更的哪一种情形，天宇公司应当将应支付的提成视为取得合同（变更后的合同）发生的增量成本进行会计处理。

3. 与合同履约成本和合同取得成本有关的资产的摊销和减值
（1）摊销

对于确认为资产的合同履约成本和合同取得成本，企业应当采用与该资产相关的商品收入确认相同的基础（即在履约义务履行的时点或按照履约义务的履约进度）进行摊销，计入当期损益。

在确定与合同履约成本和合同取得成本有关的资产的摊销期限和方式时，如果该资产与一份预期将要取得的合同（如续约后的合同）相关，则在确定相关摊销期限和方式时，应当考虑该预期将要取得的合同的影响。但是，对于合同取得成本而言，如果合同续约时，企业仍需支付与取得原合同相当的佣金，这表明取得原合同时支付的佣金与预期将要取得的合同无关，该佣金只能在原合同的期限内进行摊销。企业为合同续约仍需支付的佣金是否与原合同相当，需要根据具体情况进行判断。例如，如果两份合同的佣金按照各自合同金额的相同比例计算，通常表明这两份合同的佣金水平是相当的。

企业应当根据预期向客户转让与上述资产相关的商品的时间，对资产的摊销情况进行复核并更新，以反映该预期时间的重大变化。此类变化应当作为会计估计变更进行会计处理。

（2）减值

合同履约成本和合同取得成本的账面价值高于下列两项的差额的，超出部分应当计提减值准备，并确认为资产减值损失：企业因转让与该资产相关的商品预期能够取得的剩余对价；为转让该相关商品估计将要发生的成本。估计将要发生的成本主要包括直接人工、直接材料、制造费用（或类似费用）、明确由客户承担的成本及因该合同而发生的其他成本（如支付给分包商的成本）等。以前期间减值的因素之后发生变化，使得上述两项的差额高于该资产账面价值的，应当转回原已计提的资产减值准备，并计入当期损益，但转回后的资产账面价值不应超过假定不计提减值准备情况下该资产在转回日的账面价值。

在确定合同履约成本和合同取得成本的减值损失时，企业应当首先确定其他资产减值损失；然后，按照要求确定合同履约成本和合同取得成本的减值损失。企业按照金融资产减值测试相关资产组的减值情况时，应当按照上述规定确定上述资产减值后的新账面价值，并计入相关资产组的账面价值。

11.4 特定交易的会计处理

1. 附有销售退回条款的销售

对于附有销售退回条款的销售，企业应当在客户取得相关商品控制权时，按照因向客户转让商品而预期有权收取的对价金额（即不包含预期因销售退回将退还的金额）确认收入，按照预期因销售退回将退还的金额确认负债；同时，按照预期将退回商品转让时的账面价值，扣除收回该商品预计发生的成本（包括退回商品的价值减损）后的余额，确认为一项资产，按照所转让商品转让时的账面价值，扣除上述资产成本的净额结转成本。

每一资产负债表日，企业应当重新估计未来销售退回情况，如有变化，应当作为会计估计变更进行会计处理。

【例 11-19】 天宇公司是一家健身器材销售公司。2018 年 11 月 1 日，天宇公司向乙公司销售 5 000 件健身器材，单位销售价格为 500 元，单位成本为 400 元，开出的增值税专用发票上注明的销售价格为 250 万元，增值税额为 32.5 万元。健身器材已经发出，但款项尚未收到。根据协议约定，乙公司应于 2018 年 12 月 31 日之前支付货款，在 2019 年 3 月 31 日之前有权退还健身器材。天宇公司根据过去的经验，估计该批健身器材的退货率约为 20%。在 2018 年 12 月 31 日，天宇公司对退货率进行了重新评估，认为只有 10% 的健身器材会被退回。天宇公司为增值税一般纳税人，健身器材发出时纳税义务已经发生，实际发生退回时取得税务机关开具的红字增值税专用发票。假定健身器材发出时控制权转移给乙公司。天宇公司的账务处理如下。

① 2018 年 11 月 1 日发出健身器材时。

  借：应收账款   2 900 000

    贷：主营业务收入   2 000 000

      预计负债——应付退货款   500 000

      应交税费——应交增值税（销项税额）   325 000

借：主营业务成本   1 600 000

  应收退货成本   400 000

  贷：库存商品   2 000 000

② 2018 年 12 月 31 日前收到货款时。

  借：银行存款   2 900 000

    贷：应收账款   2 900 000

③ 2018 年 12 月 31 日，天宇公司对退货率进行重新评估。

  借：预计负债——应付退货款   250 000

    贷：主营业务收入   250 000

  借：主营业务成本   200 000

    贷：应收退货成本   200 000

④ 2019 年 3 月 31 日发生销售退回，实际退货量为 400 件，退货款项已经支付。

  借：库存商品   160 000

    应交税费——应交增值税（销项税额）   26 000

    预计负债——应付退货款   250 000

    贷：应收退货成本   160 000

      主营业务收入   50 000

      银行存款   226 000

  借：主营业务成本   40 000

    贷：应收退货成本   40 000

2. 附有质量保证条款的销售

对于附有质量保证条款的销售，企业应当评估该质量保证是否在向客户保证所销售商品符合既定标准之外提供了一项单独的服务。企业提供额外服务的，应当作为单项履约义务，按照规定进行会计处理；否则，质量保证责任应当按照或有事项的要求进行会计处理。在评估质量保证是否在向客户保证所销售商品符合既定标准之外提供了一项单独的服务时，企业应当考虑该质量保证是否为法定要求、质量保证期限及企业承诺履行任务的性质等因素。客户能够选择单独购买质量保证的，该质量保证构成单项履约义务。法定要求通常是为了保护客户避免其购买瑕疵或缺陷商品的风险，而并非为客户提供一项单独的质量保证服务。质量保证期限越长，越有可能是单项履约义务。如果企业必须履行某些约定的任务以保证所转让的商品符合既定标准（如企业负责运输被客户退回的瑕疵商品），则这些特定的任务可能不构成单项履约义务。企业提供的质量保证同时包含上述两类的，应当分别对其进行会计处理，无法合理区分的，应当将这两类质量保证一起作为单项履约义务进行会计处理。

【例 11 - 20】 天宇公司与客户签订合同，销售一部手机。该手机自售出起一年内如果发生质量问题，天宇公司负责提供质量保证服务。此外，在此期间，由于客户使用不当（如手机进水）等原因造成的产品故障，天宇公司也免费提供维修服务。该维修服务不能单独购买。

本例中，天宇公司的承诺包括：销售手机、提供质量保证服务及维修服务。天宇公司针对产品的质量问题提供的质量保证服务是为了向客户保证所销售商品符合既定标准，因此不构成单项履约义务；天宇公司对由于客户使用不当而导致的产品故障提供的免费维修服务，属于在向客户保证所销售商品符合既定标准之外的单独服务，尽管其没有单独销售，该服务与手机可明确区分，应该作为单项履约义务。因此，在该合同下，天宇公司的履约义务有两项：销售手机和提供维修服务。天宇公司应当按照其各自单独售价的相对比例，将交易价格分摊至这两项履约义务，并在各项履约义务履行时分别确认收入。

3. 主要责任人和代理人

企业应当根据其在向客户转让商品前是否拥有对该商品的控制权，来判断其从事交易时的身份是主要责任人还是代理人。企业在向客户转让商品前能够控制该商品的，该企业为主要责任人，应当按照已收或应收对价总额确认收入，否则，该企业为代理人，应当按照预期有权收取的佣金或手续费的金额确认收入，该金额应当按照已收或应收对价总额扣除应支付给其他相关方的价款后的净额，或者按照既定的佣金金额或比例等确定。企业与客户订立的包含多项可明确区分商品的合同中，企业需要分别判断其在这不同履约义务中的身份是主要责任人还是代理人。

当存在第三方参与企业向客户提供商品时，企业向客户转让特定商品之前能够控制该商品，从而应当作为主要责任人的情形包括：一是企业自该第三方取得商品或其他资产控制权后，再转让给客户，此时企业应当考虑该权利是仅在转让给客户时才产生，还是在转让给客户之前就已经存在，且企业一直能够主导其使用，如果该权利在转让给客户之前并不存在，表明企业实质上并不能在该权利转让给客户之前控制该权利。二是企业能够主导该第三方代表本企业向客户提供服务，说明企业在相关服务提供给客户之前能够控制该相关服务。三是企业自该第三方取得商品控制权后，通过提供重大的服务将该商品与其他商品整合成合同约定的某组合产出转让给客户，此时企业承担提供的特定商品就是合同约定的组合产出，企业应首先获得为生产该组合产出所需要的投入的控制权，然后才能够将这些投入加工整合为合同约定的组合产出。

如果企业仅仅是在特定商品的法定所有权转移给客户之前，暂时性地获得该特定商品的法定所有权，这并不意味着企业一定控制了该商品。实务中，企业在判断其向客户转让特定商品之前是否已经拥有对该商品的控制权时，不应仅局限于合同的法律形式，而应当综合考虑所有相关事实和情况进行判断，这些事实和情况如下。

① 企业承担向客户转让商品的主要责任。企业在判断其是否承担向客户转让商品的主要责任时，应当从客户的角度进行评估，即客户认为哪一方承担了主要责任，例如客户认为谁对商品的质量或性能负责、谁负责提供售后服务、谁负责解决客户投诉等。

② 企业在转让商品之前或之后承担了该商品的存货风险。其中，存货风险主要是指存货可能发生减值、毁损等形式的损失。例如，如果企业在与客户订立合同之前已经购买或承诺将自行购买特定商品，这可能表明企业在将该特定商品转让给客户之前，承担了该特定商品的存货风险，企业有能力主导特定商品的使用并从中取得几乎全部的经济利益；又如，在附有销售退回条款的销售中，企业将商品销售给客户之后，客户有权要求向该企业退货，这可能表明企业在转让商品之后仍然承担了该商品的存货风险。

③ 企业有权自主决定所交易商品的价格。企业有权决定客户为取得特定的商品所需支付的价格，可能表明企业有能力主导有关商品的使用并从中获得几乎全部的经济利益。然而，在某些情况下，代理人可能在一定程度上也拥有定价权（例如，在主要责任人规定的某一价格范围内决定价格），以便其在代表主要责任人向客户提供商品时，能够吸引更多的客户，从而赚取更多的收入。此时，即使代理人有一定的定价能力，也并不表明在与最终客户的交易中其身份是主要责任人，代理人只是放弃了一部分自己应当赚取的佣金或手续费而已。

④ 其他相关事实或情况。

需要强调的是，企业在判断其是主要责任人还是代理人时，应当以该企业在特定商品转让给客户之前是否能够控制这些商品为原则。上述相关事实和情况不能凌驾于控制权的判断之上，也不构成一项单独或额外的评估，而只是帮助企业在难以评估特定商品转让给客户之前是否能够控制这些商品的情况下进行相关判断。此外，这些事实和情况并无权重之分，也不能被孤立地用于支持某一结论。企业应当根据相关商品的性质、合同条款的约定及其他具体情况，综合进行判断。

【例 11-21】 天宇公司（旅行社）2019 年 1 月从 A 航空公司购买了一定数量的折扣机票，并对外销售。天宇公司向旅客销售机票时，可自行决定机票的价格等，未售出的机票不能退还给 A 航空公司。

本例中，天宇公司向客户提供的特定商品为机票，并在确定特定客户之前已经预先从航空公司购买了机票，因此该权利在转让给客户之前已经存在。天宇公司从 A 航空公司购入机票后，可以自行决定该机票的价格、向哪些客户销售等，天宇公司有能力主导该机票的使用并且能够获得其几乎全部的经济利益。因此，天宇公司在将机票销售给客户之前，能够控制该机票，天宇公司的身份是主要责任人。

【例 11-22】 天宇公司经营购物网站,在该网站购物的消费者可以明确获知在该网站上销售的商品均为其他零售商直接销售的商品,这些零售商负责发货及售后服务等。天宇公司与零售商签订的合同约定,该网站所售商品的采购、定价、发货及售后服务等均由零售商自行负责,天宇公司仅负责协助零售商和消费者结算货款,并按照每笔交易的实际销售额收取5%的佣金。

本例中,天宇公司经营的购物网站是一个购物平台,零售商在该平台发布所销售商品信息,消费者可以从该平台购买零售商销售的商品。消费者在该网站购物时,向其提供的特定商品为零售商在网站上销售的商品,除此之外,天宇公司并未提供任何其他的商品或服务。这些特定商品在转移给消费者之前,天宇公司从未有能力主导这些商品的使用。例如,天宇公司不能将这些商品提供给购买该商品的消费者之外的其他方,也不能阻止零售商向该消费者转移这些商品,天宇公司不能控制零售商用于完成该网站订单的相关存货。因此,消费者在该网站购物时,在相关商品转移给消费者之前,天宇公司并未控制这些商品,天宇公司的履约义务是安排零售商向消费者提供相关商品,而并未自行提供这些商品,天宇公司在该交易中的身份是代理人。

4. 附有客户额外购买选择权的销售

对于附有客户额外购买选择权的销售,企业应当评估该选择权是否向客户提供了一项重大权利。企业提供重大权利的,应当作为单项履约义务,按照有关交易价格分摊的要求将交易价格分摊至该履约义务,在客户未来行使购买选择权取得相关商品控制权时,或者该选择权失效时,确认相应的收入。客户额外购买选择权的单独售价无法直接观察的,企业应当综合考虑客户行使和不行使该选择权所能获得的折扣的差异、客户行使该选择权的可能性等全部相关信息后,予以合理估计。

额外购买选择权的情况包括销售激励、客户奖励积分、未来购买商品的折扣券及合同续约选择权等。对于附有客户额外购买选择权的销售,企业应当评估该选择权是否向客户提供了一项重大权利。如果客户只有在订立了一项合同的前提下才取得了额外购买选择权,并且客户行使该选择权购买额外商品时,能够享受到超过该地区或该市场中其他同类客户所能够享有的折扣,则通常认为该选择权向客户提供了一项重大权利。该选择权向客户提供了重大权利的,应当作为单项履约义务。在考虑授予客户的该项权利是否重大时,应根据其金额和性质综合判断。

客户虽然有额外购买商品选择权,但客户行使该选择权购买商品时的价格反映了这些商品单独售价的,不应被视为企业向该客户提供了一项重大权利。为简化实务操作,当客户行使该权利购买的额外商品与原合同下购买的商品类似,且企业将按照原合同条款提供该额外商品时,例如,企业向客户提供续约选择权,企业可以无须估计该选择权的单独售价,而是直接把其预计将提供的额外商品的数量及预计将收取的相应对价金额纳入原合同,并进行相应的会计处理。

【例 11-23】 天宇公司 2017 年 1 月 1 日开始推行一项奖励积分计划。根据该计划,客户在天宇公司每消费 10 元可获得 1 个积分,每个积分从次月开始在购物时可以抵减 1 元。截至 2017 年 1 月 31 日,客户共消费 100 000 元,可获得 10 000 个积分,根据历史经验,天宇公司估计该积分的兑换率为95%。假定上述金额均不包含增值税等的影响。

本例中，天宇公司认为其授予客户的积分为客户提供了一项重大权利，应当作为一项单独的履约义务。客户购买商品的单独售价合计为100 000元，考虑积分的兑换率，天宇公司估计积分的单独售价为9 500元（1元×10 000个积分×95%）。天宇公司按照商品和积分单独售价的相对比例对交易价格进行分摊，具体如下。

  分摊至商品的交易价格＝[100 000/（100 000＋9 500）]×100 000＝91 324（元）
  分摊至积分的交易价格＝[9 500/（100 000＋9 500）]×100 000＝8 676（元）

因此，天宇公司应当在商品的控制权转移时确认收入91 324元，同时确认合同负债8 676元。

  借：银行存款   100 000
    贷：主营业务收入   91 324
      合同负债   8 676

截至2017年12月31日，客户共兑换了4 500个积分，天宇公司对该积分的兑换率进行了重新评估，仍然预计客户总共将会兑换9 500个积分。因此，天宇公司以客户兑换的积分数占预期将兑换的积分总数的比例为基础确认收入。

积分应当确认的收入＝（4 500/9 500）×8 676＝4 110（元）；剩余未兑换的积分＝8 676－4 110＝4 566（元），仍然作为合同负债。

  借：合同负债   4 110
    贷：主营业务收入   4 110

截至2017年3月30日，客户累计兑换了8 500个积分。天宇公司对该积分的兑换率进行了重新估计，预计客户总共将会兑换9 700个积分。

积分应当确认的收入＝（8 500/9 700）×8 676－4 110＝3 493（元）；剩余未兑换的积分8 676－4 110－3 493＝1 073（元），仍然作为合同负债。

企业在向客户转让商品之前，如果客户已经支付了合同对价或企业已经取得了无条件收取合同对价的权利，则企业应当在客户实际支付款项与到期支付款项孰早时点，将该已收或应收的款项列示为合同负债。合同负债，是指企业已收或应收客户对价而应向客户转让商品的义务。合同资产和合同负债应当在资产负债中单独列示，并按流动性分别列示为"合同资产"或"其他非流动资产""合同负债"或"其他非流动负债"。同一合同下的合同资产或合同负债应当以净额列示，不同合同下的合同资产和合同负债不能互相抵消。

5. 授予知识产权许可

企业向客户授予的知识产权，常见的包括软件和技术、影视和音乐等的版权、特许经营权及专利权、商标权和其他版权等。企业向客户授予知识产权许可的，应当按照要求评估该知识产权许可是否构成单项履约义务。对于不构成单项履约义务的，企业应当将该知识产权许可和其他商品一起作为一项履约义务进行会计处理。授予知识产权许可不构成单项履约义务的情形包括：一是该知识产权许可构成有形商品的组成部分并且对于该商品的正常使用不可或缺，例如企业向客户销售设备和相关软件，该软件内嵌于设备之中，该设备必须安装了该软件之后才能正常使用；二是客户只有将该知识产权许可和相关服务一起使用才能够从中获益，例如客户取得授权许可，但是只有通过企业提供的在线服务才能访问相关内容。对于构成单项履约义务的，应当进一步确定其是在某一时段内履行还是在某一时点履行，同时满足下列条件时，应当作为在某一时段内履行的履约义务确认相关收入；否则，应当作为在某一时点履行的履约义务确认相关收入。

① 合同要求或客户能够合理预期企业将从事对该项知识产权有重大影响的活动。企业从事的下列活动均会对该项知识产权有重大影响：一是这些活动预期将显著改变该项知识产权的形式或者功能（如知识产权的设计、内容、功能性等）；二是客户从该项知识产权中获益的能力在很大程度上来源于或者取决于这些活动，即这些活动会改变该项知识产权的价值，例如企业向客户授权使用其品牌，客户从该品牌获益的能力取决于该品牌的价值，而企业所从事的活动为维护或提升其品牌价值提供了支持。如果该项知识产权具有重大的独立功能，且该项知识产权绝大部分的经济利益来源于该项功能，客户从该项知识产权获益的能力则可能不会受到企业从事的相关活动的重大影响，除非这些活动显著改变了该项知识产权的形式或者功能。具有重大独立功能的知识产权主要包括软件、生物合成物或药物配方及已完成的媒体内容（如电影、电视节目及音乐录音）版权等。

② 该活动对客户将产生有利或不利影响。当企业从事的后续活动并不影响授予客户的知识产权许可时，企业的后续活动只是在改变其自己拥有的资产。

③ 该活动不会导致向客户转让商品。当企业从事的后续活动本身构成单项履约义务时，企业在评估授予知识产权许可是否属于在某一时段内履行的履约义务时应当不予考虑。

企业向客户授予知识产权许可不能同时满足上述条件的，则属于在某一时段内履行的履约义务，并在该时点确认收入。在客户能够使用某项知识产权许可并开始从中获益之前，企业不能对此类知识产权许可确认收入。例如，企业授权客户在一定期间内使用软件，但是在企业向客户提供该软件的密钥之前，客户都无法使用该软件，不应确认收入。值得注意的是，在判断某项知识产权许可是属于在某一时段内履行的履约义务还是在某一时点履行的履约义务时，企业不应考虑下列因素：一是该许可在时间、地域或使用方面的限制；二是企业就其拥有的知识产权的有效性及防止未经授权使用该知识产权许可所提供的保证。

【例 11-24】 天宇公司是一家设计制作连环漫画的公司。天宇公司授权乙公司可在 4 年内使用其 3 部连环漫画中的角色形象和名称。天宇公司的每部连环漫画都有相对应的主要角色。但是天宇公司会定期创造新的角色，且角色的形象也会随时演变。乙公司是一家大型游轮运营商，乙公司可以以不同的方式（例如展览或演出）使用这些漫画中的角色。合同要求乙公司必须使用最新的角色形象。在授权期内，天宇公司每年向乙公司收取 1 000 万元。

本例中，天宇公司除了授予知识产权许可外不存在其他履约义务。也就是说，与知识产权许可相关的额外活动并未向客户提供其他商品或服务，因为这些活动是企业授予知识产权许可承诺的一部分，且实际上改变了客户享有知识产权许可的内容。

天宇公司需要评估该知识产权许可相关的收入是在某一时段内确认还是在某一时点确认。天宇公司考虑了下列因素：一是乙公司合理预期（根据天宇公司以往的习惯做法），天宇公司将实施对该知识产权许可产生重大影响的活动，包括创作角色及出版包含这些角色的连环漫画等；二是这些活动直接对乙公司产生的有利或不利影响，这是因为合同要求乙公司必须使用天宇公司创作的最新角色,这些角色塑造得成功与否,会直接对乙公司产生影响;三是尽管乙公司可以通过该知识产权许可从这些活动中获益,但在这些活动发生时并没有导致向乙公司转让任何商品或服务。因此,天宇公司授予该知识产权许可的相关收入应当在某一时段内确认。

由于合同规定乙公司在一段固定期间内可无限制地使用其取得授权许可的角色,因此天宇公司按照时间进度确定履约进度可能是最恰当的方法。

企业向客户授予知识产权许可,并约定按客户实际销售或使用情况收取特许使用费的,应当在下列两项孰晚的时点确认收入:一是客户后续销售或使用行为实际发生;二是企业履行相关履约义务。这是估计可变对价的例外规定,该例外规定只有在下列两种情形下才能使用:一是特许使用费仅与知识产权许可相关;二是特许使用费可能与合同中的知识产权许可和其他商品都相关,但是与知识产权许可相关的部分占有主导地位。企业使用该例外规定时,应当对特许权使用费整体采用该规定,而不应当将特许权使用费进行分拆。如果与授予知识产权许可相关的对价同时包含固定金额和按客户实际销售或使用情况收取的变动金额两部分,则只有后者能采用该例外规定,而前者应当在相关履约义务履行的时点或期间内确认收入。对于不适用该例外规定的特许权使用费,应当按照估计可变对价的一般原则进行处理。

【例 11-25】 天宇公司是一家著名的足球俱乐部。天宇公司授权乙公司在其设计生产的服装、帽子、水杯及毛巾等产品上使用天宇公司球队的名称和图标,授权期间为 2 年。合同约定,天宇公司收取的合同对价由两部分组成:一是 200 万元固定金额的使用费;二是按照乙公司销售上述商品所取得销售额的 5% 计算的提成。乙公司预期天宇公司会继续参加当地顶级联赛,并取得优异的成绩。

本例中,该合同仅包括一项履约义务,即授予使用权许可,天宇公司继续参加比赛并取得优异成绩等活动是该许可的组成部分,而并未向客户转让任何可明确区分的商品或服务。由于乙公司能够合理预期天宇公司将继续参加比赛,天宇公司的成绩将会对其品牌(包括名称和图标等)的价值产生重大影响,而该品牌价值可能会进一步影响乙公司产品的销量,天宇公司从事的上述活动并未向乙公司转让任何可明确区分的商品,因此天宇公司授予的该使用权许可属于在某一时段内履行的履约义务。天宇公司收取的 200 万元固定金额的使用费应当在 2 年内平均确认收入,按照乙公司销售相关商品所取得销售额的 5% 计算的提成应当在乙公司的销售实际完成时确认收入。

---

6. 售后回购

售后回购,是指企业销售商品的同时承诺或有权选择日后再将该商品(包括相同或几乎相同的商品,或以该商品作为组成部分的商品)购回的销售方式。对于不同类型的售后回购交易,企业应当区分下列两种情形分别进行会计处理。

① 企业因存在与客户的远期安排而负有回购义务或企业享有回购权利的,表明客户在销售时点并未取得相关商品控制权,企业应当作为租赁交易或融资交易进行相应的会计处理。其中,回购价格不低于原售价的,应当视为融资交易,在收到客户款项时确认金融负

债,并将该款项和回购价格的差额在回购期间内确认为利息费用等。企业到期未行使回购权利的,应当在该回购权利到期时终止确认金融负债,同时确认收入。

【例11-26】 天宇公司向乙公司销售一台设备,销售价格为200万元,同时双方约定两年之后,天宇公司将以120万元的价格回购该设备。假定不考虑货币时间价值等其他因素的影响。

本例中,根据合同有关天宇公司在两年后回购该设备的确定,乙公司并未取得该设备的控制权。不考虑货币时间价值等的影响,该交易的实质是乙公司支付了80万元(200万元-120万元)的对价取得了该设备2年的使用权。因此,天宇公司应当将该交易作为租赁交易进行会计处理。

② 企业负有应客户要求回购商品义务的,应当在合同开始日评估客户是否具有行使该要求权的重大经济动因。客户具有行使该要求权重大经济动因的,企业应当将售后回购作为租赁交易或融资交易,按照上述第①种情形进行会计处理。在判断客户是否具有行权的重大经济动因时,企业应当综合考虑各种相关因素,包括回购价格与预计回购时市场价格之间的比较,以及权利的到期日等。例如,如果回购价格明显高于该资产回购时的市场价值,则表明客户有行权的重大经济动因。

【例11-27】 天宇公司向乙公司销售其生产的一台设备,销售价格为2 000万元,双方约定,乙公司在5年后有权要求天宇公司以1 500万元的价格回购该设备。天宇公司预计该设备在回购时的市场价值将远低于1 500万元。

本例中,假定不考虑时间价值的影响,天宇公司的回购价格低于原售价,但远高于该设备在回购时的市场价值,天宇公司判断乙公司有重大的经济动因行使其权利要求天宇公司回购该设备。因此,天宇公司应当将该交易作为租赁交易进行会计处理。

7. 客户未行使的权利

企业向客户预收销售商品款项的,应当首先将该款项确认为负债,待履行了相关履约义务时再转为收入。当企业预收款项无须退回,且客户可能会放弃其全部或部分合同权利时,例如放弃储值卡的使用等,企业预期将有权获得与客户所放弃的合同权利相关的金额的,应当按照客户行使合同权利的模式按比例将上述金额确认为收入;否则企业只有在客户要求其履行剩余履约义务的可能性极低时,才能将上述负债的相关余额转为收入。企业在确定其是否预期将有权获得与客户所放弃的合同权利相关的金额时,应当考虑将估计的可变对价计入交易价格的限制要求。

如果有相关法律规定,企业所收取的与客户未行使权利相关的款项须转交给其他方的(如法律规定无人认领的财产须上交政府),企业不应将其确认为收入。

8. 无须退回的初始费

企业在合同开始(或接近合同开始)日向客户收取的无须退回的初始费(如俱乐部的入会费等)应当计入交易价格。企业应当评估该初始费是否与向客户转让已承诺的商品相关。该初始费与向客户转让已承诺的商品相关,并且该商品构成单项履约义务的,企业应当在转让该商品时，按照分摊至该商品的交易价格确认收入；该初始费与向客户转让已承诺的商品相关，但该商品不构成单项履约义务时，按照分摊至该单项履约义务的交易价格确认收入；该初始费与向客户转让已承诺的商品不相关的，该初始费应当作为未来将转让商品的预收款，在未来转让该商品时确认为收入。

企业收取了无须退回的初始费且为履行合同应开展初始活动，但这些活动本身并没有向客户转让已承诺的商品的，例如企业为履行会员健身合同开展了一些行政管理性质的准备工作，该初始费与未来将转让的已承诺商品相关，应当在未来转让该商品时确认为收入，企业在确定履约进度时不应考虑这些初始活动；企业为该初始活动发生的支出应当按照合同成本部分的要求确认为一项资产或计入当期损益。

【例 11-28】　天宇公司经营一家会员制健身俱乐部。天宇公司与客户签订了为期 2 年的合同，客户入会之后可以随时在该俱乐部健身。除俱乐部的年费 2 000 元之外，天宇公司还向客户收取了 50 元的入会费，用于补偿俱乐部为客户进行注册登记、准备会籍资料及制作会员卡等初始活动所花费的成本。天宇公司收取的入会费和年费均无须返还。

本例中，天宇公司承诺的服务是向客户提供健身服务，而天宇公司为会员入会所进行的初始活动并未向客户提供其所承诺的服务，而只是一些内部行政管理性质的工作。因此，天宇公司虽然为补偿这些初始活动向客户收取了 50 元入会费，但是该入会费实质上是客户为健身服务所支付的对价的一部分，故应当作为健身服务的预收款，与收取的年费一起在 2 年内分摊确认为收入。

> **关键术语**
> 收入　可变对价　最佳估计数　合同资产　合同折扣　产出法　投入法
>
> **本章重点**
> 收入的确认和计量的步骤；在某一时段内履行的履约义务的收入确认条件；在某一时段内履行的履约义务，在判断客户是否已取得商品控制权时，企业应当考虑的迹象。
>
> **本章难点**
> 特定交易的会计处理。

思 考 题

1. 收入的概念与基本特征是什么？
2. 收入的确认和计量有哪几步？
3. 收入确认的原则是什么？
4. 收入确认的前提条件有哪些？

5. 在某一时段内履行的履约义务的收入确认条件有哪些？

6. 在某一时点履行的履约义务，在判断客户是否已经取得商品控制权时，企业应当考虑哪些迹象？

7. 附有销售退回条款的销售如何核算？

练 习 题

一、单项选择题

1. 取得商品控制权通常应具备三个要素，不包括的要素是（　　）。
   A. 客户必须拥有现时义务
   B. 客户有能力主导该商品的使用
   C. 客户能够获得商品的几乎全部的经济利益
   D. 合同具备商业实质

2. 下列各项收入中，属于营业收入的是（　　）。
   A. 授受捐赠的收入　　　　　　　　　B. 变卖固定资产的收入
   C. 转让股票的收入　　　　　　　　　D. 出租无形资产的收入

3. 企业对外销售商品时，若安装检验任务是销售合同的重要组成部分，则确认该商品销售收入的时点是（　　）。
   A. 商品安装完毕并检验合格时　　　　B. 收到商品销售货款时
   C. 开出销售发票账单时　　　　　　　D. 发出商品时

4. 天宇公司 2018 年 10 月 10 日与乙公司签订一项生产线维修合同。合同规定，该维修总价款为 88 万元（含增值税额），合同期为 6 个月。合同签订日预收价款 50 万元，至 11 月 31 日，已实际发生维修费用 35 万元，预计还将发生维修费用 15 万元。天宇公司按实际发生的成本占总成本的比例确定劳务的完工程度。假定提供劳务的交易结果能够可靠估计，则天宇公司 2018 年末对此项维修合同应确认的劳务收入为（　　）。
   A. 80 万元　　　　B. 61.6 万元　　　　C. 56 万元　　　　D. 35 万元

5. 甲企业销售 A 产品，每件 500 元，若客户购买 100 件（含 100 件）以上可得到 10% 的商业折扣。乙公司于 2018 年 10 月 7 日购买该企业产品 200 件，款项尚未支付。按规定现金折扣条件为 "2/10，1/20，n/30"。适用的增值税税率为 13%。甲企业于 10 月 25 日收到该笔款项时，应给予客户的现金折扣为（　　）。（假定计算现金折扣时不考虑增值税）
   A. 2 000 元　　　　B. 900 元　　　　C. 1 000 元　　　　D. 1 800 元

二、多项选择题

1. 下列各项业务中，属于广义收入的包括（　　）。
   A. 主营业务收入　　　　　　　　　　B. 其他业务收入
   C. 营业外收入　　　　　　　　　　　D. 公允价值变动损益

E. 投资收益

2. 下列各项中，属于营业外收入的有（   ）。
   A. 罚款收入
   B. 出租固定资产的收入
   C. 出售无形资产的净收益
   D. 接受捐赠的收入
   E. 销售不需用的固定资产收入

3. 下列项目中，应确认为收入的有（   ）。
   A. 固定资产出售收入
   B. 设备出租收入
   C. 罚款收入
   D. 销售商品收取的增值税
   E. 投资性房地产出售收入

4. 下列经济业务或事项，符合《企业会计准则第14号——收入》规定的有（   ）。
   A. 销售商品涉及现金折扣的，应当按照未扣除现金折扣前的金额确定销售商品收入金额，现金折扣在实际发生时计入当期损益
   B. 销售商品涉及商业折扣的，应当按照未扣除商业折扣前的金额确定销售商品收入金额
   C. 企业已经确认销售商品收入的售出商品发生销售折让的，非日后事项的应当在发生时冲减当期销售商品收入
   D. 企业已经确认销售商品收入的售出商品发生销售退回的，非日后事项的应当在发生时冲减当期销售商品收入
   E. 销售折让、销售退回属于资产负债表日后事项的，适用《企业会计准则第29号——资产负债表日后事项》

5. 销售合同中规定了由于特定原因买方有权退货的条款，而企业又不能确定退货的可能性，收入确认时点不正确的是（   ）。
   A. 签订合同
   B. 发出商品
   C. 收到货款
   D. 退货期满
   E. 预收货款

三、计算题

1. 天宇公司12月份发生下列产品销售业务。

① 4日，采用商业汇票结算方式向天宇公司销售甲产品10件，价款25 000元，增值税3 250元，收到还款期限为3个月的银行承兑汇票一张。

② 7日，采用托收承付结算方式向B公司销售甲产品40件，价款100 000元，增值税13 000元，用银行存款代垫运杂费400元，已办妥托收手续。

③ 12日，采用赊销方式向C公司销售乙产品20件，价款40 000元，增值税5 200；付款条件为"2/10，1/20，n/30"（按全部价税计算），采用总价法核算。

④ 16日，D公司因产品质量缺陷，退回了上月销售的甲产品5件，价款12 500元，增值税1 625元，该企业签发支票一张，支付退货款。

⑤ 19日，由于2件产品包装破损，天宇公司发现后要求给予价格减让，公司同意10%的销售折让5 850元，以银行存款支付。

⑥ 20日，收到C公司支付的乙产品货款，存入银行。

⑦ 31日，采用托收承付结算方式向E公司销售甲产品10件，价款25 000元，增值税3 250元，成本16 000元，用银行存款代垫运杂费80元，尚未办妥托收手续。

要求：根据以上资料，逐笔编制天宇公司的销售业务会计分录。

2. 天宇公司为增值税一般纳税人，适用的增值税税率为16%。2018年1月1日委托甲公司销售产品一批，合同约定，如果甲公司没有将商品出售，可以退回天宇公司。该批商品总共有200件，单位成本为500元，协议价为800元/件（不含增值税）。甲公司也为增值税一般纳税人，适用的增值税税率为13%。商品于当日发出。2018年1月31日，甲公司实际销售该批商品的50件，销售时开具的增值税专用发票上注明售价48 000元，增值税税额为6 240元，同日天宇公司收到甲公司开来的代销清单，注明已销售代销商品50件，并于2月15日收到这部分售出商品的款项。

要求：
（1）编制天宇公司委托代销的会计分录；
（2）编制甲公司受托代销的会计分录。

3. 2018年11月20日天宇公司与某商场签订合同，向该商场销售一部电梯。商品已经发出，开出的增值税专用发票上注明的电梯销售价格为200万元，增值税税额为26万元，货款已经收到，天宇公司该部电梯的成本为180万元。同时与乙公司签订安装协议，安装价款为11万元（安装增值税税率9%），电梯安装工程预计2019年3月完工；至2018年12月31日电梯安装过程中已发生安装费3万元，发生的安装费均为安装人员薪酬，预计还要发生成本5万元，款项尚未收到。天宇公司采用已经发生的成本占估计总成本的百分比法确认提供劳务的完工进度。假定不考虑其他因素。

要求：编制天宇公司上述业务相关的会计分录。

4. 2016年1月1日，天宇公司采用分期收款方式向乙公司出售大型设备一套，合同约定的价款为20 000万元，分5年于每年年末分期收款，每年收取4 000万元。该套设备的成本为15 000万元，若购货方在销售当日支付货款，只需支付16 000万元。假定天宇公司在发出商品时开具增值税专用发票，同时收取增值税税额2 600万元，企业经计算得出实际利率为7.93%。不考虑其他因素。

要求：
（1）计算2016年至2020年每年未实现融资收益的摊销额；
（2）编制2016年至2020年有关业务的会计分录。

第12章

费 用

【学习目标】

通过本章的学习，要求学生：理解费用的定义；理解费用与支出、成本、损失的关系；掌握费用的分类及其主要内容；掌握费用的确认原则；掌握不同类别费用的会计处理；掌握费用的列报与披露要求；理解费用列报与披露的重要性。

12.1 费用概述

1. 费用的定义

从财务会计研究的历史和现状来看，人们对于收入和费用的认识始终没有统一。通常意义上，费用被认为是被耗用的或者价值下降的经济资源，而实际上费用的范围很大，但其边界始终没有得到统一的界定。这可从各个国家或组织的会计要素界定中粗略看出来。比如，美国财务会计准则委员会在财务会计概念公告中明确提出了10个会计要素，其中包括费用、利得和损失；国际会计准则委员会在《编报财务报表的框架》中提出的五大会计要素中，包括了费用要素，将损失作为费用的组成部分；英国则干脆没有提到费用要素，代之以损失要素。我国财政部2006年2月15日颁布的《企业会计准则——基本准则》认为，费用是指企业在日常活动中发生的、会导致所有者权益减少的、与向所有者分配利润无关的经济利益的总流出。这个定义只是提到了费用要素而没有提到损失要素，不考虑损失，其费用观点和《编报财务报表的框架》中的认识完全一致。

总结各国对费用的定义，可以把费用分为狭义费用和广义费用。我国2006年颁布的准则是从狭义的角度来定义费用的。广义费用是指会计期间内经济利益的总流出，其表现形式为资产减少或负债增加而引起的所有者权益减少，但不包括与向所有者分配等有关的资产减少或负债增加。广义费用和狭义费用的关系如图12-1所示。

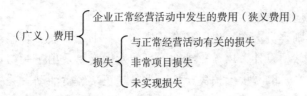

图 12-1　广义费用与狭义费用的关系

2. 费用与支出、成本、损失

(1) 费用、成本与支出的关系

费用、成本和支出是三个既有区别又有联系的概念。

广义的费用要与广义的收入配合起来计算利润，因而可以将其概括为期间化的耗费。广义的成本是指为了取得资产或达到特定目的而实际发生或应发生的价值牺牲。例如，企业为生产产品而发生的耗费是产品生产成本；企业为采购存货而发生的耗费是产品存货成本；企业为提供劳务发生的耗费是劳务成本，等等。狭义的成本是指为了生产产品或提供劳务而实际发生或应发生的价值牺牲，即生产及劳务成本。这里的生产及劳务不仅仅是指工业生产及劳务，也包括非工业生产及劳务，如施工企业的建筑工程及交通运输业的劳务等。从上述成本概念可以看出，不论是广义成本或是狭义成本，均将成本概括为对象化的耗费。可以看出费用和成本均是对耗费按用途进行的分类。费用是对耗费按当前损益进行的归集，而成本是对耗费对象进行的归集。

支出是指各项资产的减少，包括偿债性支出、成本性支出、费用性支出和权益性支出。其中，偿债性支出是指用现金资产或非现金资产偿付各项债务的支出，引起资产和负债同时减少，如银行存款偿还短期借款等。成本性支出是指某一项现金资产或非现金资产的减少而引起另一项资产增加的支出，使资产总额保持不变，如银行存款购置固定资产。费用性支出是指某一项资产或非现金资产的减少而引起费用增加的支出，使资产与利润同时减少，如银行存款支付广告费。权益性支出是指某一项现金资产或非现金资产的减少而引起除利润以外其他所有者权益项目减少的支出，使资产与所有者权益同时减少，如银行存款支付现金股利等。并非是所有资产的减少都属于支出。例如，从银行提取现金，银行存款的减少并非支出，只是货币资金形态的转变；又如，收回应收账款存入银行，应收账款的减少也不属于支出，只是债权的收回。

费用与成本、支出的关系可以概括为：支出是指资产的减少，不仅包括费用性支出和成本性支出，还包括其他支出。费用是一种引起利润减少的耗费，费用性支出形成费用，然而费用中还包括未形成支出的耗费，如预提的利息费用等。成本是一种对象化的耗费，成本性支出形成成本，然而成本中也包括未形成支出的耗费，如生产车间预提的固定资产修理费等。

(2) 费用与损失

费用与损失的关系相对来说比较清楚。从费用的广义定义来看，费用包括了损失。损失与费用一样都是经济利益的减少，这一点和费用在性质上没有差别。但从狭义的角度来看，费用与损失是有区别的。狭义的费用，是指一个主体在某一期间由于交付或生产商品、提供劳务或从事构成该主体不断进行的主要经营活动的其他业务而发生的现金流出或其他资产的耗用或债务的承担（或两者兼而有之），即费用是相对于收入而言的，两者存在配比关系；

而损失与利得是相对应的，但两者不存在配比关系。

美国财务会计准则委员会在《论财务会计概念》一书中对损失表述为：损失是某一个体除了费用或派给业主款项以外，出于边缘性、可偶发性交易及出于一切其他交易和其他事项与情况的权益（净资产）的减少。损失包括三类：与正常经营活动有关的损失（如固定资产报废损失、经营项目的终止损失）、非常项目损失（如地震、水灾等极少发生的、人力不可控因素造成的损失）和未实现损失（如物价变动损失、外币存贷款汇兑损失、资产减值损失等尚未通过具体交易发生的损失），它们都和获取的收入之间没有配比关系。

狭义的费用与损失可能混淆，源自对主体持续的、主要的或者核心业务和活动与边缘性、偶发性交易的划分。有些交易，对于某些主体而言，可能属于费用的项目，而对于另一些主体而言，可能属于损失。例如，证券投资在投资公司可能是费用的来源，而在制造业公司却是损失的来源。如果是跨行业的企业，正确地区分费用与损失的难度更大。因此，区分费用与损失，要视该主体及其业务和其他活动的性质而定。

以上对费用、支出、成本与损失进行了简单的比较，可以得出费用（包括损失）区别于支出和成本的两个显著特征如下：

① 费用（包括损失）最终将会导致企业经济资源的减少或牺牲。资产的减少或牺牲，可以表现为企业的资金支出，包括当期的资金支出或者当期尚未发生、将在以后期间发生的现金支出，也可以表现为资产的耗费，比如固定资产折旧代表的资产耗费。

② 费用（包括损失）最终会减少企业的所有者权益。该特征使得费用和损失得以和成本、支出区别开来。成本与支出并不一定会导致所有者权益的减少。

12.2 费用的会计处理

目前我国单独规定了费用要素，也对损失进行了定义。费用要素针对账户或报表有诸多科目、项目。因此，在阐述费用和损失的会计处理之前，先说明费用和损失可能涉及的科目和报表项目，而这又和费用与损失的分类关系密切。

1. 费用的分类及主要内容

企业发生的各项费用根据其性质，可以按照不同的标准进行分类，其中最基本的是按照费用的经济内容与用途分类。此外，还有一些其他的分类方法。下面以制造企业为例，按照经济内容与用途进行划分。

1) 销售成本

本期销售商品、提供劳务，由商品、劳务承担的成本，即销售成本。根据成本会计学，它既包括可以直接归属于具体成本计算对象的费用，具体是生产产品直接耗费的直接材料、直接人工、动力，它们都可以直接计入成本计算对象；还包括为组织和管理生产而发生的应该由产品生产成本负担、不能直接计入各产品成本计算对象的、应该按照一定的标准进行分配计入具体产品成本计算对象的间接支出，也就是制造费用。

2) 期间费用

本期发生的、不能直接或间接归属于具体产品成本计算对象的、直接计入损益的各项费用,就是期间费用。由于难以判定其所归属的产品,因而不能列入产品制造成本,而在发生时直接计入当期损益。根据《企业会计准则》的规定,期间费用包括营业费用(俗称"销售费用")、管理费用和财务费用。

(1) 销售费用

销售费用,是指企业在销售商品过程中发生的各项费用及为销售本企业商品而专设的销售机构(含销售网点、售后服务网点等)的经营费用。商品流通企业在购买商品过程中发生的进货费用也包括在销售费用之中。其具体项目如下。

① 产品自销费用,包括应由本企业负担的包装费、运输费、装卸费、保险费、预计产品质量保证损失、商品维修费。

② 产品促销费用,包括展览费、广告费、经营租赁费、销售服务费。

③ 销售部门的费用,一般是指专设销售机构的职工工资及福利费(包括这些职工的工资、奖金、津贴、福利费、养老保险、医疗保险、失业保险、工会经费等)、业务费、折旧费等经营费用。但企业内部销售部门所发生的费用,不包括在销售费用中,而应列入管理费用中。

④ 委托代销费用,主要是指企业委托其他单位代销,按代销合同规定支付的委托代销手续费。

⑤ 商品流通企业的进货费用,是指商品流通企业在进货过程中发生的运输费、装卸费、包装费、保险费、运输途中的合理损耗和入库前的挑选整理费等。

(2) 管理费用

管理费用,是指企业行政管理部门为组织和管理生产经营活动所发生的费用,包括企业在筹建期间发生的开办费;企业的董事会和行政管理部门在企业经营管理过程中发生的或者应该由企业统一负担的公司经费,包括行政管理部门职工薪酬(包括这些职工的工资、奖金、津贴、福利费、养老保险、医疗保险、保险、工会经费等)、物料消耗、低值易耗品摊销、办公费和差旅费等、董事会费(包括董事会成员津贴、会议费和差旅费等);聘请中介机构费、咨询费(含顾问费)、诉讼费、业务招待费、房产税、印花税、车船税、土地使用税、技术转让费、矿产资源补偿费、研究费用、排污费等,它们一般都不具体地由某一经营活动或某一种产品负担。

商品流通企业管理费用不多的,根据不重要科目可以合并的原则,可以不设置"管理费用"科目,管理费用科目的核算内容可以并入"销售费用"科目核算。

企业行政管理部门等发生的不满足固定资产准则规定的固定资产确认条件的日常修理费用和大修理费用等固定资产后续支出,根据受益期限一般仅限于本期,也纳入管理费用的核算范围。

与销售费用一样,管理费用项目也应该按照项目设置明细科目。

(3) 财务费用

财务费用,是指企业为筹集生产经营所需资金而发生的各项费用。具体包括应当作为期间费用的利息支出(减利息收入)、汇兑损失(减汇兑损益),以及相关的手续费、企业发生的现金折扣或收到的现金折扣等。需要注意的是,并不是企业所有的借款利息都形成当期的财务费用。按照规定,企业发生的借款费用,可直接归属于符合资本条件的资产的购建或者生产的,应当予以资本化,计入相关资产成本。其具体包括的项目如下。

① 利息净支出。指企业短期借款利息、长期借款利息、应付票据利息、票据贴现利息、应付债券利息、长期应付引进外国设备款利息支出减去银行存款等利息收入后的金额。

② 汇兑净损失。是企业因向银行结售或购入外汇而发生的银行买入、卖出价与记账所采用的汇率之间的差额,以及月度终了,各种外币账户的外币期末余额,按照期末汇率折合的记账本位币金额与账面记账本位币金额之间的差额等。

③ 相关手续费。是指发行债券所需支付的手续费、开出汇票的银行手续费、调剂外汇手续费等。

④ 企业发生的现金折扣或收到的现金折扣。

⑤ 其他财务费用,如融资租入固定资产发生的融资租赁费用、筹集生产经营资金发生的其他费用等。

财务费用应当按照费用项目设置明细科目进行核算。

3）损失

按照《企业会计准则——基本准则》,损失是指由企业非日常活动所发生的、会导致所有者权益减少的、与向所有者分配利润无关的经济利益的流出。在会计处理上,有一部分损失直接计入当期利润表,另一部分损失直接计入所有者权益。

根据《企业会计准则》,直接计入当期利润表的损失,大体可以分为三类:一是资产减值损失;二是与企业经营活动无直接关系的各项净支出,包括处置非流动资产损失(包括固定资产处理损失、无形资产处置损失等)、非货币性资产交换损失(非货币性资产交换损失并不是全部属于损失,要视具体交换的资产的性质)、债务重组损失、罚款支出、捐赠支出、非常损失等;三是计入当期损益的公允价值变动损益。

（1）资产减值损失

资产减值损失的主要包括:坏账准备、存货跌价准备、其他权益工具投资与其他债权投资减值准备、长期股权投资减值准备、债权投资减值准备、固定资产减值准备、在建工程——减值准备、工程物资——减值准备、生产性生物资产——减值准备、无形资产减值准备、商誉——减值准备、贷款损失准备、抵债资产——跌价准备、损余物资——跌价准备。

（2）公允价值变动损益

直接计入利润表的公允价值变动损益主要包括:交易性金融资产、交易性金融负债及采用公允价值模式计量的投资性房地产、衍生工具、套期保值业务公允价值变动形成的应该计入当期损益的利得或损失。指定为以公允价值计量且其变动计入当期损益的金融资产或金融负债公允价值变动形成的应计入当期损益的利得或损失,也应该通过"公允价值变动损益"科目核算。值得注意的是,公允价值变动损益属于未实现利得和损失,当其相应的资产处置或负债清偿（金融负债转移）之后,应该将其转入已实现损益。

费用的分类方式还有很多。比如,按照配比原则进行划分,费用按照和收入存在的关系可以区分为:直接配比,如直接材料、直接人工、动力,它们与发生的收入存在直接联系,具有因果关系;间接配比,如制造费用;期间配比,如财务费用、管理费用、营业费用等;缺乏配比关系,即损失项目。按照是否立即发生现金支出,可以区分为同现金支出同步发生的费用、先于现金支出发生的费用及现金支出发生之后再确认的费用。

另外,税金及附加、其他业务支出、所得税等,也属于费用项目。

2. 费用的确认

由于狭义费用属于日常活动中发生的，它不同于损失，因此有必要分别说明狭义费用和损失的确认与计量的要求。

(1) 狭义费用的确认

企业发生的费用如何计量，这是正确计算企业损益的重要问题。国际会计准则委员会提出了费用的确认标准，即符合定义、可计量性、相关性、可靠性。具体到各个要素及各个项目，确认标准又有所细化。因此，费用要素的确认必须首先符合这四个基本标准，在具体细化标准方面，一致认为费用的确认应该遵循权责发生制原则，并且按照配比原则进行适当分类。也就是说，费用的确认应该按照企业在当期是否发生承担某项费用的义务为标准，而不应该按照是否发生现金支出为标准，然后再根据配比原则区分为直接配比、间接配比、期间配比（由于论述的是狭义费用，不包括不存在配比关系的损失部分），分别确定具体应该记入的会计科目。

具体的确认时间及如何确认，《企业会计准则——基本准则》规定，费用只有在经济利益很可能流出从而导致企业资产减少或者负债增加且经济利益的流出额能够可靠计量时才能予以确认，并进而指出：企业为生产产品、提供劳务等发生的可归属于产品成本、劳务成本等的费用，应当在确认产品销售收入、劳务收入等时，将已销售产品、已提供劳务的成本等计入当期损益；企业发生的支出不产生经济利益的或者即使能够产生经济利益但不符合或者不再符合资产确认条件的，应当在发生时确认为费用，计入当期损益；企业发生的交易或者事项导致其承担了一项负债而又不确认为一项资产的，应当在发生时确认为费用，计入当期损益。这时应该注意的是，这些交易或者事项都是企业日常活动引起的。

企业在会计期末，应该将费用全部转入本年利润。

(2) 列入利润表的损失的确认

这部分损失的确认，当然也要遵循会计要素确认的四个条件。资产减值损失的确认，主要是判断减值迹象；公允价值变动损益，主要是发现公允价值发生变化；营业外支出包含的诸多项目，主要是经济业务已经发生，符合相关事项的确认和计量条件。这些项目的具体确认和计量标准、方法等，可参考其他相关章节。

3. 费用的会计处理

(1) 为生产商品、提供劳务等发生的应该计入产品的各项费用

这类费用一般包括可以直接归属于某一具体商品、劳务的部分，以及应该通过一定标准进行分配，间接计入某一产品、劳务的部分。

【例12-1】 天宇公司签订了一项购货合同，为乙公司生产一批价值为2 000万元的螺母。该螺母有三种型号A、B、C，生产三种型号耗用的直接材料支出分别为100万元、160万元、140万元，由于公司采用计件工资制，直接工资分别为200万元、260万元、300万元，生产车间水电费等支出合计240万元。

天宇公司的会计处理如下。

借：生产成本——A   3 000 000
     ——B   4 200 000
     ——C   4 400 000

制造费用	2 400 000
贷：银行存款	10 000 000
原材料	4 000 000

　　必须注意的是，为生产商品、提供劳务等发生的应该计入产品的各项费用，一般首先计入具体的产品对象，这些产品应该在销售时再确认为销货成本，尚未销售的产品一般作为存货反映。

　　（2）本期发生的、不能直接或间接归属于具体产品成本计算对象的、直接计入损益的各项费用

　　这类费用属于期间费用，一般计入销售费用、管理费用及财务费用。

　　【例12-2】　天宇公司7月份发生的销售费用包括：以银行存款支付广告费8 000元；以现金支付应由公司负担的销售A产品的运输费500元；本月分配给专设销售机构的职工工资7 000元，提取的职工福利费是980元。月末将全部销售费用予以结转。天宇公司的会计分录如下。

　　① 支付广告费的会计分录：

借：销售费用——广告费	8 000
贷：银行存款	8 000

　　② 支付运输费的会计分录：

借：销售费用——运输费	500
贷：库存现金	500

　　③ 分配职工工资及福利费：

借：销售费用——工资及福利费	7 980
贷：应付职工薪酬——工资	7 000
——福利费	980

　　④ 月末结转销售费用的会计分录：

借：本年利润	16 480
贷：销售费用	16 480

　　【例12-3】　天宇公司5月份经理办公室共发生费用350 000元，其中：办公室人员薪酬140 000元，办公设备折旧费35 000元，差旅费21 000元，咨询费120 000元，支付电话费、水电费等其他费用34 000元（除工资外其他用银行存款支付）。编制会计分录如下。

借：管理费用	350 000
贷：应付职工薪酬	140 000
累计折旧	35 000
银行存款	175 000

【例12-4】 天宇公司今年向民生银行借入日常生产经营用短期借款600万元,期限6个月,年利率为6%,该借款利息按月预提,按季支付,到期还本。编制会计分录如下。

借:财务费用——利息支出　　　　　　　　　　　　　　　　　　　　　　30 000
　　贷:银行存款　　　　　　　　　　　　　　　　　　　　　　　　　　　　30 000

(3) 损失

在我国,损失主要包括资产减值损失、与企业经营活动无直接关系的各项净支出、公允价值变动损益。这几个项目在其他章节都已进行相应的说明,这里只举例说明。

【例12-5】 天宇公司2019年1月1日对乙公司进行长期股权投资,持有乙公司20%的股份。2020年5月5日,由于被投资公司所在地发生了洪灾,公司也因此遭受了重大损失。2020年年底,天宇公司这项长期股权投资的账面价值为2 000万元,公允价值为1 600万元,估计该项投资的处置费用为20万元。

2020年年底,天宇公司的会计处理为

借:资产减值损失　　　　　　　　　　　　　　　　　　　　　　　　　4 000 000
　　贷:长期股权投资减值准备　　　　　　　　　　　　　　　　　　　　4 000 000

【例12-6】 天宇公司2020年1月1日销售一批材料给丁公司,含税价为115 000元。2018年5月1日,丁公司发生财务困难,无法按合同规定偿还债务。经双方协议,天宇公司同意丁公司用产品抵偿应收账款。该产品市价为90 000元,增值税税率为13%,产品成本为80 000元。丁公司为转让的材料计提了存货跌价准备1 000元,天宇公司为债权计提了坏账准备1 000元。假定不考虑其他税费。天宇公司(债权人)的会计处理如下。

借:库存商品　　　　　　　　　　　　　　　　　　　　　　　　　　　　90 000
　　应交税费——应交增值税(进项税额)　　　　　　　　　　　　　　　　11 700
　　坏账准备　　　　　　　　　　　　　　　　　　　　　　　　　　　　　1 000
　　营业外支出——债务重组损失　　　　　　　　　　　　　　　　　　　　12 300
　　贷:应收账款　　　　　　　　　　　　　　　　　　　　　　　　　　　115 000

【例12-7】 天宇公司12月31日记录的持有乙公司3 000股股票的账面价值为成本30 000元。12月31日该股票当日收盘价为每股8元,则购买的乙公司3 000股股票当日的公允价值为24 000元,应调低该股票账面价值6 000元。

12月31日,调整公允价值变动:

借:公允价值变动损益　　　　　　　　　　　　　　　　　　　　　　　　6 000
　　贷:交易性金融资产——乙公司股票(公允价值变动)　　　　　　　　　6 000

本章重点

费用的分类；费用、支出、损失的区别与联系；费用的确认原则和会计处理；费用的披露与列报。

本章难点

费用、支出、损失的区别与联系；费用的确认。

关键术语

费用　损失　成本　支出　销售成本　期间费用　管理费用　销售费用　财务费用　资产减值损失　公允价值变动损益

思 考 题

1. 狭义的费用和广义的费用各有什么含义？
2. 试说明费用与损失的关系。
3. 试说明费用与支出的关系。
4. 试说明支出、成本与损失的关系。
5. 费用的认定受到哪些会计原则的制约？
6. 从财务分析的视角看，费用分析需要关注哪些重点部分？
7. 计入利润表的损失项目通常主要包括哪三个主要部分？

练 习 题

一、单项选择题

1. 下列项目中，不应计入管理费用的是（　　）。
   A. 企业在筹建期间发生的开办费　　B. 矿产资源补偿费
   C. 计提存货跌价准备　　D. 为推销产品而发生的业务招待费
2. 下列领用材料的业务中，属于费用性支出的是（　　）。
   A. 生产产品领用原材料　　B. 管理部门领用原材料
   C. 生产车间领用的消耗性材料　　D. 自行建造固定资产时领用的材料
3. 下列动用银行存款的各项业务中，属于成本性支出的是（　　）。
   A. 偿还短期借款　　B. 支付广告费　　C. 支付股利　　D. 购买生产资料
4. 企业为扩大其产品或劳务的影响而在各种媒体上做广告宣传所发生的广告费用，应于相关广告见诸媒体时，作为期间费用，直接记入（　　），不得预提和待摊。
   A. 销售费用　　B. 财务费用　　C. 管理费用　　D. 制造费用

5. 甲公司 2013 年度发生的有关交易或事项如下：①因出租房屋取得租金收入 120 万元；②因收发差错造成存货短缺净损失 10 万元；③生产车间用机器设备发生日常维护支出 40 万元；④办公楼所在地块的土地使用权摊销 300 万元；⑤因存货市价上升转回上年计提的存货跌价准备 100 万元。甲公司 2013 年度因上述交易或事项而确认的管理费用是（　　）。

  A. 240 万元   B. 250 万元   C. 340 万元   D. 350 万元

二、多项选择题

1. 下列项目中，应计入管理费用的有（　　）。
  A. 工会经费   B. 捐赠支出   C. 辞退福利
  D. 印花税   E. 技术转让费

2. 下列各项中，工业企业应将其计入财务费用的有（　　）。
  A. 外币应收账款汇兑损失   B. 流动资金借款手续费
  C. 银行承兑汇票手续费   D. 给予购货方的折扣
  E. 计提的带息应付票据利息

3. 下列各项中，属于费用性支出的有（　　）。
  A. 用现金支付生产工人工资
  B. 用现金支付企业管理人员工资
  C. 用现金支付销售人员工资
  D. 用现金支付车间管理人员工资
  E. 用现金支付职工教育经费

4. 下列各项中，应作为管理费用处理的有（　　）。
  A. 因收发差错造成存货短缺
  B. 计提的存货跌价准备
  C. 退休人员的工资
  D. 生产车间用机器设备发生日常维护支出
  E. 产品运输中的正常损耗

5. 下列各项中，不应在发生时确认为销售费用的有（　　）。
  A. 车间管理人员的工资
  B. 对外出租的投资性房地产的折旧
  C. 专设销售机构固定资产的维修费
  D. 预计产品质量保证损失
  E. 产品促销广告

三、计算题

1. 天宇公司本月发生材料费用如表 12-1 所示。

表 12-1　发出材料汇总表

2018 年 12 月 31 日　　　　　　　　　　　　　　　　　　　　单位：元

会计科目	领用单位及用途	原材料	低值易耗品	合计
生产成本	一车间：甲产品 　　　　乙产品	40 000 30 000	— 	40 000 30 000
	二车间：甲产品 　　　　乙产品	20 000 24 000		20 000 24 000
	小计	114 000	—	114 000
制造费用	一车间	2 000	8 000	10 000
	二车间	3 000	4 000	7 000
	小计	5 000	12 000	17 000
生产成本 管理费用	机修	5 000	500	5 500
	厂部	400	650	1 050
	合计	124 400	13 150	137 550

要求：根据上述表格，编制核算成本的会计分录。

2. 天宇公司本月发生的制造费用如下。

① 1 日，计提本月车间使用的固定资产折旧 80 000 元。

② 3 日，以银行存款 6 500 支付材料运输费。

③ 5 日，支付本月固定资产租金 4 200 元，以银行存款支付。

④ 10 日，以现金 500 元购买办公用品。

⑤ 13 日，车间办事员小李报销差旅费 2 200 元，预借款为 2 500 元。

⑥ 17 日，预提本期大修理支出 72 000 元。

⑦ 25 日，甲车间领用扳手，价值 10 000 元（该企业采用分次摊销法，分 5 个月摊销低值易耗品）。

⑧ 26 日，甲车间支付本月设备租金 5 000 元，以银行存款支付。

⑨ 月末分配本期制造费用，总计 172 400 元，其中甲产品负担 90 678 元，乙产品负担 81 722 元。

要求：根据以上资料，做出相关分录。

3. 天宇公司为增值税一般纳税人，适用的增值税税率为 13%，产品售价中均不含增值税税额，销售产品为公司的主营业务，某年度该公司发生如下业务。

① 1 月 20 日销售 A 产品一批，产品销售价款为 1 000 000 元，产品成本为 500 000 元，产品已经发出，并开具了增值税专用发票，货款尚未收到，天宇公司给予的现金折扣条件是"2/10，1/20，n/30"（现金折扣不考虑增值税额）。1 月 28 日，天宇公司收到购货方支付的货款。

② 企业出租一项无形资产，取得租金收入 20 万元存入银行。

③ 支付业务招待费 10 万元。

④ 计提坏账准备 2 万元，计提存货跌价准备 3 万元。

⑤ 计提专设销售机构固定资产折旧 10 万元。

⑥ 天宇公司于上年取得了乙公司 30% 的股权，天宇公司确认为长期股权投资并采用权

益法核算,本年乙公司实现净利润 1 000 万元。

⑦ 支付银行承兑汇票手续费 1 万元。

⑧ 支付印花税 10 万元。

要求:

(1) 根据上述①~⑧业务编制天宇公司的会计分录;

(2) 计算天宇公司该年发生的费用总额。

4. 天宇公司为增值税一般纳税人企业,适用的增值税税率为 13%,所得税税率为 25%,产品销售和提供劳务均为企业的主营业务。该企业某年 12 月发生如下经济业务。

① 购进原材料一批,价款为 100 000 元,增值税税率为 13%,款项以银行存款支付,材料已验收入库(原材料按实际成本法核算)。

② 销售给 B 公司产品一批,增值税专用发票上的不含税售价为 300 000 元,收到 B 公司交来面值为 348 000 元的银行承兑汇票一张,销售成本为 200 000 元。

③ 报废旧设备一台,原值为 65 000 元,已提折旧为 60 000 元,发生清理费用为 1 000 元,取得残料变价收入为 2 000 元,有关款项已通过银行结算完毕。

④ B 公司来函提出本月购买的产品中,有 100 000 元的甲产品质量不完全合格,要求在价格上给予 40 000 元的折让。经查明,符合原合同约定,同意 B 公司的要求,并办理退款手续和开具红字增值税发票,款项已经通过银行存款支付。

⑤ 12 月 1 日为客户研制一项产品,工期为 3 个月,合同收入 330 000 元,到 12 月 31 日已发生成本 220 000 元(全部用银行存款支付),已预收账款 200 000 元,预计开发完成此项产品总成本为 250 000 元。年末经专业测量师测量,产品的开发程度为 85%。

⑥ 用银行存款支付本月管理费用 18 430 元。

⑦ 转让一项交易性金融资产,成本为 100 000 元,无公允价值变动,售价为 101 000 元,收到的款项存入银行。

⑧ 12 月 31 日,购入 C 公司有表决权的股票 100 万股,占 C 公司股份的 25%,从而对 C 公司的财务和经营政策有重大影响。该股票每股买入价为 8 元,其中每股含已宣告分派但尚未领取的现金股利 0.20 元;另外,天宇公司在购买股票时还支付相关税费 10 000 元,款项均由银行存款支付(假定 C 公司 12 月 31 日可辨认净资产的公允价值为 3 200 万元)。

⑨ 假定天宇公司 12 月份的应纳税所得额为 100 000 元(本月不存在纳税调整事项)。

要求:

(1) 根据上述资料,编制有关经济业务的会计分录;

(2) 根据收入与费用,计算该年 12 月份天宇公司利润表中以下项目的金额:营业利润、利润总额、净利润。

第13章

利 润

> **【学习目标】**
> 通过本章的学习,要求学生:掌握利润的概念;理解利润的构成及其核算;掌握利润分配的会计处理;理解所得税会计的若干基本概念;掌握资产计税基础的确定;掌握负债计税基础的确定;掌握应纳税暂时性差异和可抵扣暂时性差异的确定;掌握递延所得税资产和递延所得税负债的确认;掌握所得税费用的确认和计量等。

13.1 税前利润及其构成

1. 利润的概念

利润是指企业在一定会计期间的经营成果,包括收入减去费用后的净额、直接计入当期利润的利得和损失等。前者反映的是企业日常活动的业绩,后者反映的是企业非日常活动的业绩。企业应当严格划分收入和利得、费用和损失之间的界限,以便更加全面地反映企业的经营业绩。企业作为独立的经济实体,应当以自己的经营收入抵补其成本费用,并且实现盈利。企业盈利的大小在很大程度上反映企业生产经营的经济效益,表明企业在每一会计期间的最终经营成果。利润往往是评价企业管理层业绩的一项重要指标,是投资者、债权人等外部财务报告使用者进行决策时的重要参考,也是对企业经营成果进行分配的重要依据。

2. 税前利润的构成

企业的利润总额由营业利润和营业外收支等组成。利润总额扣除所得费用后,形成净利润。《企业会计准则第30号——财务报表列报》指出,利润总额的计算公式为

$$利润总额=营业利润+营业外收入-营业外支出$$

(1) 营业利润

营业利润的计算公式为

营业利润=营业收入-营业成本-税金及附加-销售费用-管理费用-研发费用
　　　　　财务费用+其他收益±投资收益±公允价值变动净收益-信用减值损失-
　　　　　资产减值损失±资产处置收益

其中,营业收入包括主营业务收入和其他业务收入;营业成本包括主营业务成本和其他业务成本;税金及附加包括主营业务和其他业务应负担的消费税、城市维护建设税、资源税、土地增值税和教育费附加等;资产减值损失是指企业计提各项资产减值准备所形成的损失;公允价值变动收益(或损失)是指企业交易性金融资产等公允价值变动形成的应计入当期损益的利得(或损失);投资收益(或损失)是指企业以各种方式对外投资所取得的收益(或发生的损失);研发费用是指企业进行研究与开发过程中发生的费用化支出;其他收益是指企业收到的与日常活动相关的政府补助形成的收益;信用减值损失是指金融资产中的应收账款、债权投资、其他债权投资等资产价值下跌发生的损失;资产处置收益是指出售固定资产、无形资产等产生的收益。营业利润是利润总额的基本组成部分,是企业利润最重要的来源,是企业持续经营的重要保障,它能够从整体上较为恰当地反映企业管理者的经营业绩。营业利润的具体计算过程如表13-1所示。

表13-1 营业利润的计算过程

营业收入		
减:营业成本		
税金及附加		
销售费用		
管理费用		
研发费用		
财务费用		
加:其他收益		
投资收益(损失以"—"号填列)		
其中:对联营企业和合营企业的投资收益		
以摊余成本计量的金融资产终止确认收益		
公允价值变动收益(损失以"—"号填列)		
信用减值损失		
资产减值损失		
资产处置收益(损失以"—"号填列)		
营业利润(亏损以"—"号填列)		

按照《企业会计准则第30号——财务报表列报》的规定,企业利润的确定具有如下特点。

① 在现代资本市场环境中,多元化经营已经成为企业经营中的典型现象,已经很难再区分企业的主营业务与其他业务,因此也不再区分主营业务利润与其他业务利润,在报表中合在一起在营业收入中反映。

② 为了警示企业应该审慎地计提减值,否则将导致企业的核心利润——营业利润受到影响,规定资产减值损失一律在计算营业利润之前扣除。

③ 增加了"公允价值变动收益"项目,主要包括交易性金融资产公允价值变动等内容。

④ 将投资收益作为营业利润的一个组成部分。

⑤ 增加了"研发费用""其他收益""信用减值损失""资产处置收益"项目。

(2) 营业外收入

营业外收入是指企业确认的与其日常活动无直接关系的各项利得。营业外收入并不是企业经营资金耗费所产生的，不需要与有关的费用进行配比。营业外收入主要包括非流动资产处置利得、非货币性资产交换利得、债务重组利得、盘盈利得、捐赠利得、政府补助等。其中：非流动资产处置利得包括固定资产报废损毁清理利得和无形资产报废利得。固定资产报废损毁清理利得，是指企业因丧失或报废固定资使用功能或因自然灾害等原因而报废清理的利得或损失。无形资产报废利得，是指企业的无形资产不能为企业带来未来的经济利益，企业将其报废并予以转销而产生的利得（非流动资产出售利得一般记入"资产处置损益"账户，不记入"营业外收入"账户）。

非货币性资产交换利得，是指在非货币资产交换中换出资产为固定资产、无形资产的，换入资产公允价值大于换出资产账面价值的差额，扣除相关费用后计入营业外收入的金额。

债务重组利得，是指重组债务账面价值超过清偿债务的现金、非现金资产的公允价值、所转让股份的公允价值，或者重组后债务的账面价值之间的差额。

盘盈利得，是指企业对现金等资产清查盘点时发生盘盈，报经批准后计入营业外收入的金额。

捐赠利得，是指企业接受捐赠产生的利得。

政府补助，是指企业从政府无偿取得货币性资产或非货币性资产形成的利得，如企业遭受自然灾害而收到的政府补助资金。不包括政府作为所有者对企业的资本投入。

(3) 营业外支出

营业外支出是指企业发生的与其日常活动无直接关系的各项损失，主要包括非流动资产处置损失、非货币性资产交换损失、债务重组损失、公益性捐赠支出、非常损失、盘亏损失等。其中，非流动资产处置损失包括固定资产处置损失和无形资产出售损失。固定资产处置损失，是指企业出售固定资产所取得的价款或报废固定资产的材料价值和变价收入等，抵补处置固定资产的账面价值、清理费用、处置相关税费后的净损失；无形资产出售损失，是指企业出售无形资产所取得的价款，抵补出售无形资产的账面价值、出售相关税费后的净损失。

非货币性资产交换损失，是指在非货币资产交换中换出资产为固定资产、无形资产的，换入资产公允价值小于换出资产账面价值的差额，扣除相关费用后计入营业外支出的金额。

债务重组损失，是指重组债权账面余额与受让资产的公允价值、所转股份的公允价值或者重组后债权的账面价值之间的差额。

3. 净利润的核算

为了核算企业当期实现的净利润（或净亏损），企业应设置"本年利润"账户，主要用于期末（月末或者年末）结转各损益类账户的发生额，核定出本期净利润。期末（月末或者年末），企业应将收入类账户的余额转入"本年利润"账户的贷方，借记相关收入类账户，贷记"本年利润"账户；将成本、费用类账户的余额转入"本年利润"账户的借方，借记"本年利润"账户，贷记成本费用类账户。此时"本年利润"账户如表13-2所示。

表 13-2　本年利润

主营业务成本 其他业务成本 税金及附加 销售费用 管理费用 财务费用 勘探费用 汇兑损益（损失） 公允价值变动损益（损失） 投资收益（损失） 资产减值损失 资产处置损益（损失） 营业外支出 所得税费用 以前年度损益调整	主营业务收入 其他业务收入 汇兑损益（利得） 公允价值变动损益（利得） 投资收益（利得） 营业外收入 以前年度损益调整
借方余额：净亏损	贷方余额：净利润

转账后，"本年利润"账户如有借方余额，则反映的是当期发生的净损失；如有贷方余额，反映的是当期实现的净利润。"本年利润"账户的余额应转入"利润分配——未分配利润"账户，对此企业可以选择每个月结转一次或年末统一结转。

13.2* 所得税会计

1. 所得税会计概述

企业会计准则和所得税税法是基于不同目的、遵循不同原则分别制定的，二者在资产与负债的计量标准、收入与费用的确认原则等诸多方面存在一定的分歧，导致企业一定期间按企业会计准则要求确认的会计利润往往不等于按税法规定计算的应纳税所得额。所得税会计是研究如何处理会计利润和应纳税所得额之间差异的会计理论与方法。

1）会计利润与应纳税所得额之间的差异

按会计准则的要求，采用一定的会计程序和方法确定的税前利润总额，与按所得税法的要求，以一定期间应税收入扣减税法准予扣除的项目后计算的应税所得之间往往存在一定的差异，这种差异的性质可以分为永久性差异和暂时性差异两种类型。

（1）永久性差异

永久性差异是指某一会计期间，由于会计准则和税法在计算收益、费用或损失时的口径不同所产生的税前会计利润与应纳税所得额之间的差异。例如，企业购买国债取得的利息收入在税法上不属于应税收入，不缴纳所得税。再如税收罚款在会计上作为营业外支出使利润减少，但税法却不允许其在所得税前扣除。永久性差异的特点是本期发生，不会在以后期间转回。

（2）暂时性差异

暂时性差异是指资产、负债的账面价值与其计税基础不同产生的差异，该差异的存在将影响未来期间的应纳税所得额。例如按照会计准则的规定，交易性金融资产期末应以公允价值计量，公允价值的变动计入当期损益；但按税法规定，交易性金融资产持有期的公允价值变动不计入应纳税所得额，待处置交易性金融资产时，按实际取得成本从处置收入中扣除，则计税基础保持不变，仍为初始投资成本，由此产生了交易性金融资产的账面价值与其计税基础之间的差异。暂时性差异的特点是发生于某一会计期间，但在以后一期或若干期内能够转回。

2) 所得税的会计处理方法

所得税的会计处理方法有应付税款法和纳税影响会计法。应付税款法的会计处理比较简便，不符合权责发生制原则，因此我国企业会计准则不允许采用这种方法。在采用纳税影响会计法进行所得税的会计处理时，按照税率变动时是否需要对已入账的递延所得税项目进行调整，又可分为递延法和债务法两种具体处理方法。在债务法下，按照确定暂时性差异对未来所得税影响的目的不同，又分为利润表债务法和资产负债表债务法。我国现行的会计准则只允许采用资产负债表债务法进行所得税的会计处理。

资产负债表债务法要求企业从资产负债表出发，通过比较资产负债表上列示的资产、负债按照会计准则规定确定的账面价值与按照税法规定确定的计税基础，对于两者之间的差异分应纳税暂时性差异和可抵扣暂时性差异，确认相关的递延所得税负债和递延所得税资产，并在此基础上确定每一会计期间利润表中的所得税费用。资产负债表债务法在所得税的会计核算方面贯彻了资产、负债的界定。从资产负债角度考虑，资产的账面价值代表的是某项资产在持续持有及最终处置的一定期间内为企业带来经济利益的总额，而其计税基础代表的是该期间内按照税法规定就该项资产可以税前扣除的总额。资产的账面价值小于其计税基础的，表明该项资产于未来期间产生的经济利益流入低于按照税法规定允许税前扣除的金额，产生可抵减未来期间应纳税所得额的因素，减少未来期间以所得税税款的方式流出企业的经济利益，应确认为递延所得税资产。反之，一项资产的账面价值大于其计税基础，两者之间的差额会增加企业于未来期间的应纳税所得额及应交所得税，对企业形成经济利益流出的义务，应确认为递延所得税负债。所得税会计的关键在于确定资产、负债的计税基础。在确定资产、负债的计税基础时，应严格遵循税收法规中对资产的税务处理及可税前扣除的费用等的规定。

2. 资产的账面价值与计税基础

1) 资产的计税基础

资产的计税基础，是指企业收回资产账面价值过程中，计算应纳税所得额时按照税法规定可以自应税经济利益中抵扣的金额，即某一项资产在未来期间计税时按照税法规定可以税前扣除的金额。

资产在初始确认时，其计税基础一般为取得成本，即企业为取得某项资产支付的成本在未来期间准予税前扣除。在资产持续持有的过程中，其计税基础是指资产的取得成本减去以前期间按照税法规定已经税前扣除的金额后的余额。例如固定资产、无形资产等长期资产在某一资产负债表日的计税基础是指其成本扣除按照税法规定已在以前期间税前扣除的累计折旧额或累计摊销额后的金额。

(1) 固定资产

以各种方式取得的固定资产，初始确认时按照会计准则规定确定的入账价值基本上是被税法认可的，即取得时其账面价值一般等于计税基础。固定资产在持有期间进行后续计量时，由于会计与税法规定就折旧方法、折旧年限及固定资产减值准备的提取等处理不同，可能造成固定资产的账面价值与计税基础的差异。

① 折旧。会计准则规定，企业应当根据与固定资产有关的经济利益的预期实现方式合

理选择折旧方法,如可以按年限平均法计提折旧,也可以按照双倍余额递减法、年数总和法等计提折旧。税法中除某些按照规定可以加速折旧的情况外,基本上可以税前扣除的是按照年限平均法计提的折旧。另外,税法还就每一类固定资产的最低折旧年限做出了规定,而会计准则规定折旧年限是由企业根据固定资产的性质和使用情况合理确定的。例如,如果企业进行会计处理时确定的折旧年限与税法规定不同,也会产生固定资产持有期间账面价值与计税基础的差异。

② 减值准备。持有固定资产的期间内,在对固定资产计提了减值准备以后,因税法规定企业计提的资产减值准备在发生实质性损失前不允许税前扣除,也会造成固定资产的账面价值与计税基础的差异。

【例13-1】 天宇公司于2017年12月20日取得一套加工设备,原价为750万元,使用年限为10年,会计上采用年限平均法计提折旧,净残值为零。税法规定该类(由于技术进步、产品更新换代较快)固定资产采用加速折旧法计提的折旧可予税前扣除,该企业在计税时采用双倍余额递减法计算折旧,净残值为零。2019年12月31日,企业估计该项固定资产的可收回金额为550万元。

分析:2019年12月31日,该项固定资产的账面余额=750-75×2=600(万元),该账面余额大于其可收回金额550万元,两者之间的差额应计提50万元的固定资产减值准备。

2019年12月31日,该项固定资产的账面价值=750-75×2-50=550(万元),其计税基础=750-750×20%-600×20%=480(万元),该项固定资产的账面价值550万元与其计税基础480万元之间的70万元差额,将于未来期间计入企业的应纳税所得额。

【例13-2】 天宇公司于2017年年末以800万元购入一项生产用固定资产,按照该项固定资产的预计使用情况,天宇公司在会计核算时估计其使用寿命为5年。计税时,按照适用税法规定,其最低折旧年限为10年,该企业计税时按照10年计算确定可税前扣除的折旧额。假定会计与税法规定均按年限平均法计提折旧,净残值均为零。2018年该项固定资产按照12个月计提折旧。本例中假定固定资产未发生减值。

分析:该项固定资产在2018年12月31日的账面价值=800-800/5=640(万元),该项固定资产在2018年12月31日的计税基础=800-800/10=720(万元),该项固定资产的账面价值640万元与其计税基础720万元之间产生的80万元差额,在未来期间会减少企业的应纳税所得额。

(2) 无形资产

除内部研究开发形成的无形资产以外,其他方式取得的无形资产,初始确认时按照会计准则规定确定的入账价值与按照税法规定确定的计税基础之间一般不存在差异。无形资产的差异主要产生于内部研究开发形成的无形资产及使用寿命不确定的无形资产。

① 无形资产的计量。会计准则规定,企业内部形成的无形资产的研究开发支出必须明确地划分为研究支出和开发支出。研究阶段的支出,一般计入管理费用;开发阶段的支出,符合特定的条件,可予以资本化。而税法为了鼓励企业进行研究开发,一般给予自主进行研发的企业税收方面的优惠,计税基础为0。

② 无形资产的摊销及减值准备的计提。会计准则规定，应根据无形资产的使用寿命情况，区分为使用寿命有限的无形资产和使用寿命不确定的无形资产。对于使用寿命不确定的无形资产，不要求摊销，但持有期间每年应进行减值测试。税法规定，企业取得的无形资产成本（外购商誉除外），应在一定期限内摊销。对于使用寿命不确定的无形资产，会计处理时不予摊销，但计税时按照税法规定确定的摊销额允许税前扣除，造成该类无形资产账面价值与计税基础的差异。

在对无形资产计提减值准备的情况下，因税法规定计提的无形资产减值准备在转变为实质性损失前不允许税前扣除，即无形资产的计税基础不会随减值准备的提取发生变化，从而造成无形资产的账面价值与计税基础的差异。

【例13-3】 天宇公司于2018年1月1日取得某项无形资产，取得成本为3 000万元。取得该项无形资产后，根据各方面情况判断，公司无法合理预计其使用期限，将其作为使用寿命不确定的无形资产。2018年12月31日，对该项无形资产进行减值测试表明其未发生减值。企业在计税时，对该项无形资产按照10年期限采用直线法摊销，摊销金额允许税前扣除。

分析：会计上将该项无形资产作为使用寿命不确定的无形资产，因未发生减值，其在2018年12月31日的账面价值为取得成本3 000万元。

该项无形资产在2018年12月31日的计税基础为2 700万元（3 000－300）。

该项无形资产的账面价值3 000万元与其计税基础2 700万元之间的差额300万元将计入未来期间企业的应纳税所得额。

（3）以公允价值进行后续计量的资产

会计准则规定，以公允价值进行后续计量的资产，如以公允价值计量且其变动计入当期损益的金融资产、采用公允价值模式进行后续计量的投资性房地产等，某一会计期末的账面价值为该时点的公允价值。税法规定，企业以公允价值进行后续计量的金融资产、金融负债及投资性房地产等，持有期间公允价值的变动不计入应纳税所得额，在实际处置或结算时，处置取得的价款扣除其历史成本或以历史成本为基础确定的处置成本后的差额计入处置或结算期间的应纳税所得额。因此，根据税法的规定，企业以公允价值进行后续计量的资产在持有期间计税时不考虑公允价值的变动，其计税基础仍为取得成本，由此导致在公允价值发生变动的情况下该类资产的账面价值与其计税基础之间产生差异。

【例13-4】 天宇公司2018年10月20日自公开市场取得一项权益性投资，支付价款4 000万元，作为交易性金融资产核算。2018年12月31日，该投资的市价为4 200万元。

分析：该项交易性金融资产的期末市价为4 200万元，其按照会计准则规定进行核算的、在2018年资产负债表日的账面价值为4 200万元。

因税法规定以公允价值计量的金融资产在持有期间公允价值的变动不计入应纳税所得额，其在2018年资产负债表日的计税基础应维持原取得成本不变，为4 000万元。

该交易性金融资产的账面价值4 200万元与其计税基础4 000万元之间产生了200万元的暂时性差异，该暂时性差异在未来期间转回时会增加未来期间的应纳税所得额。

(4) 其他资产

因会计准则规定与税法规定不同,企业持有的其他资产,可能造成其账面价值与计税基础之间存在差异。

① 采用权益法核算的长期股权投资。长期股权投资采用权益法核算时,其账面价值会随着初始投资成本的调整、投资损益的确认、获得现金股利、应享有被投资单位其他权益变动的确认而发生相应的变动,但税法中并没有权益法的概念,税法要求长期股权投资在处置时按照取得投资时确定的实际投资成本予以扣除,即长期股权投资的计税基础为实际投资成本,由此导致长期股权投资,其账面价值与计税基础不同产生的差异是否需要确认相关的所得税影响。这里应当考虑持有该投资的意图:如果企业准备长期持有,一般情况下不确认相关的所得税影响;如果企业改变持有意图拟近期对外出售,应确认相关的所得税影响。

② 其他计提了资产减值准备的各项资产。有关资产计提了减值准备后,其账面价值会随之下降,而税法规定资产在发生实质性损失之前,不允许税前扣除,即其计税基础不会因减值准备的提取而变化,造成在计提资产减值准备以后,资产的账面价值与计税基础之间的差异。

【例13-5】 天宇公司2018年12月31日应收账款余额为5 400万元,该公司期末对应收账款计提了500万元的坏账准备。税法规定,不符合国务院财政、税务主管部门规定的各项资产减值准备不允许税前扣除。假定该公司应收账款及坏账准备的期初余额均为零。

该项应收账款在2018年资产负债表日的账面价值为4 900万元(5 400-500),因有关的坏账准备不允许税前扣除,其计税基础为5 400万元,该计税基础与其账面价值之间产生500万元暂时性差异,在应收账款发生实质性损失时,会减少未来期间的应纳税所得额和应交所得税。

2) 负债的计税基础

负债的计税基础,是指负债的账面价值减去未来期间计算应纳税所得额时按照税法规定可予抵扣的金额。用公式表示为

负债的计税基础＝账面价值－未来期间按照税法规定可予税前扣除的金额

负债的确认与偿还一般不会影响企业的损益,也不会影响其应纳税所得额,未来期间计算应纳税所得额时按照税法规定可予抵扣的金额为零,计税基础即为账面价值。但是,某些情况下,负债的确认可能会影响企业的损益,进而影响不同期间的应纳税所得额,使得其计税基础与账面价值之间产生差额,如按照会计规定确认的某些预计负债。

(1) 因提供产品售后服务等原因确认的预计负债

按照或有事项准则规定,企业对于预计提供售后服务将发生的支出在满足有关确认条件时,销售当期即应确认为费用,同时确认预计负债。如果税法规定,与销售产品相关的支出应于发生时税前扣除,则因该类事项产生的预计负债在期末的计税基础为其账面价值与未来期间可税前扣除的金额之间的差额,如有关的支出于实际发生时全部税前扣除,其计税基础为零;如果税法规定对于费用支出按照权责发生制原则确定税前扣除时点,所形成负债的计

税基础等于账面价值。

其他交易或事项中确认的预计负债,应按照税法规定的计税原则确定其计税基础。某些情况下,因有些事项确认的预计负债,税法规定其支出无论是否实际发生均不允许税前扣除,即未来期间按照税法规定可予抵扣的金额为零,账面价值等于计税基础。

【例13-6】 天宇公司2018年因销售产品承诺提供3年的保修服务,在当年度利润表中确认了750万元的销售费用,同时确认为预计负债,当年度未发生任何保修支出。假定按照税法规定,与产品售后服务相关的费用在实际发生时允许税前扣除。

分析:该项预计负债在天宇公司2018年12月31日资产负债表中的账面价值为750万元。该项预计负债的计税基础=账面价值-未来期间计算应纳税所得额时按照税法规定可予抵扣的金额=750万元-750万元=0。

(2)预收账款

企业在收到客户预付的款项时,因不符合收入确认条件,会计上将其确认为负债。税法中对于收入的确认原则一般与会计规定相同,即会计上未确认收入时,计税时一般亦不计入应纳税所得额,该部分经济利益在未来期间计税时可予税前扣除的金额为零,计税基础等于账面价值。

某些情况下,因不符合会计准则规定的收入确认条件,未确认为收入的预收款项,按照税法规定应计入当期应纳税所得额时,有关预收账款的计税基础为零,即因其产生时已经计算交纳所得税,未来期间可全额税前扣除。

【例13-7】 天宇公司于2018年12月20日自客户收到一笔合同预付款,金额为600万元,作为预收账款核算。按照适用税法规定,该款项应计入取得当期应纳税所得额计算交纳所得税。

分析:该预收账款在天宇公司2018年12月31日资产负债表中的账面价值为600万元。该预收账款的计税基础=账面价值(600万元)-未来期间计算应纳税所得额时按照税法规定可予抵扣的金额(600万元)=0。该项负债的账面价值600万元与其计税基础0之间产生的600万元暂时性差异,会减少企业于未来期间的应纳税所得额。

(3)应付职工薪酬

会计准则规定,企业为获得职工提供的服务而给予的各种形式的报酬及其他相关支出均应作为企业的成本费用,在未支付之前确认为负债。税法中对于合理的职工薪酬基本允许税前扣除,但如果规定了税前扣除标准的,按照会计准则规定计入成本费用支出的金额超过规定标准部分的,应进行纳税调整。因超过部分在发生当期不允许税前扣除,在以后期间也不允许税前扣除,即该部分差额对未来期间计税不产生影响,所产生应付职工薪酬负债的账面价值等于计税基础。

(4)其他负债

其他负债,如企业应交的罚款和滞纳金等,在尚未支付之前按照会计规定确认为费用,同时作为负债反映。税法规定,罚款和滞纳金不能税前扣除,即该部分费用无论是在发生当期还是在以后期间均不允许税前扣除,其计税基础为账面价值减去未来期间计税时可予税前扣除的金额(0)之间的差额,即计税基础等于账面价值。

其他交易或事项产生的负债,其计税基础的确定应当遵从适用税法的相关规定。

【例13-8】 天宇公司2018年12月因违反环保法规的规定,偷排工业污水,接到环保部门的处罚通知,要求其支付罚款800万元。税法规定,企业因违反国家有关法律法规支付的罚款和滞纳金,计算应纳税所得额时不允许税前扣除。至2018年12月31日,该项罚款尚未支付。

分析:应支付罚款产生的负债账面价值为800万元。该项负债的计税基础=账面价值(800万元)—未来期间计算应纳税所得额时按照税法规定可予抵扣的金额(0)=800万元。该项负债的账面价值800万元与其计税基础800万元相同,不形成暂时性差异。

3. 暂时性差异

暂时性差异是指资产、负债的账面价值与其计税基础不同产生的差额。因资产、负债的账面价值与其计税基础不同,产生了在未来收回资产或清偿负债的期间内,应纳税所得额增加或减少并导致未来期间应交所得税增加或减少的情况,形成企业的资产和负债,在有关暂时性差异发生当期,符合确认条件的情况下,应当确认相关的递延所得税负债或递延所得税资产。

根据暂时性差异对未来期间应纳税所得额的影响,分为应纳税暂时性差异和可抵扣暂时性差异。

除因资产、负债的账面价值与其计税基础不同产生的暂时性差异以外,按照税法规定可以结转以后年度的未弥补亏损和税款抵减,也视同可抵扣暂时性差异处理。

(1) 应纳税暂时性差异

应纳税暂时性差异,是指在确定未来收回资产或清偿负债期间的应纳税所得额时,将导致产生应税金额的暂时性差异,即在未来期间不考虑该事项影响的应纳税所得额的基础上,由于该暂时性差异的转回,会进一步增加转回期间的应纳税所得额和应交所得税金额,在其产生当期应当确认相关的递延所得税负债。

【例13-9】 天宇公司某年发生研究开发支出共1 200万元,其中研究阶段的支出为300万元,符合资本化条件的支出为700万元。税法规定企业可以按照研究开发支出的150%在计算应纳税额时予以扣除,则应纳税暂时性差异如下。

项 目	账面价值	计税基础	暂时性差异	暂时性差异类别
无形资产	700万元	0	700万元	应纳税暂时性差异

(2) 可抵扣暂时性差异

可抵扣暂时性差异是指在确定未来收回资产或清偿负债期间的应纳税所得额时,将导致产生可抵扣金额的暂时性差异。该差异在未来期间转回时会减少转回期间的应纳税所得额,减少未来期间的应交所得税。在可抵扣暂时性差异产生当期,符合确认条件时,应当确认相关的递延所得税资产。

【例 13 - 10】 天宇公司某年年末存货账面余额为 500 万元,已提存货跌价准备 50 万元,则存货账面价值为 450 万元;存货在出售时可以抵税 500 万元,其计税基础为 500 万元。则可抵扣暂时性差异如下。

项 目	账面价值	计税基础	暂时性差异	暂时性差异类别
无形资产	450 万元	500	50 万元	可抵扣暂时性差异

如上所述,由于资产和负债的账面价值和计税基础的差异,往往会产生可抵扣暂时性差异或应纳税暂时性差异。它们的关系如 13 - 3 所示。

表 13 - 3 资产、负债的账面价值与计税基础同可抵扣暂时性差异与应纳税暂时性差异的关系

资产、负债账面价值 与计税基础的比较	可抵扣暂时性差异	应纳税暂时性差异
资产		
资产账面价值小于计税基础	√	—
资产账面价值大于计税基础	—	√
负债		
负债账面价值大于计税基础	√	—
负债账面价值小于计税基础		√

4. 所得税会计处理的资产负债表债务法

资产负债表日,企业应通过比较资产、负债的账面价值与计税基础,确定应纳税暂时性差异与可抵扣暂时性差异,进而按照会计准则规定的原则确认相关的递延所得税负债及递延所得税资产。

1)递延所得税负债的确认和计量

应纳税暂时性差异在转回期间将增加企业的应纳税所得额和相应的应交所得税,导致经济利益流出企业,因而在其产生期间,其所得税影响金额构成一项未来的纳税义务,应确认为一项负债,即递延所得税负债产生于应纳税暂时性差异。

(1)递延所得税负债的确认原则

企业在确认因应纳税暂时性差异产生的递延所得税负债时,应遵循以下原则。

① 除所得税准则中明确规定可不确认递延所得税负债的情况以外,企业对于所有的应纳税暂时性差异均应确认相关的递延所得税负债。除与直接计入所有者权益的交易或事项及企业合并中取得资产、负债相关的以外,在确认递延所得税负债的同时,应增加利润表中的所得税费用。

【例 13 - 11】 天宇公司于 2017 年 12 月 6 日购入一套生产设备,取得成本为 500 万元,会计上采用年限平均法计提折旧,使用年限为 10 年,净残值为零,因该资产常年处于强震

动状态，计税时按双倍余额递减法计提折旧，使用年限及净残值与会计相同。天宇公司适用的所得税税率为25%。假定该企业不存在其他会计与税收处理的差异。

分析：2018年资产负债表日，该项固定资产按照会计规定计提的折旧额为50万元，计税时允许扣除的折旧额为100万元，则该固定资产的账面价值450万元与其计税基础400万元的差额构成应纳税暂时性差异，企业应确认相关的递延所得税负债。

【例13-12】 天宇公司于2016年12月底购入一台机器设备，成本为525 000元，预计使用年限为6年，预计净残值为零。会计上按直线法计提折旧，因该设备符合税法规定的税收优惠条件，计税时可采用年数总和法计提折旧，假定税法规定的使用年限及净残值均与会计相同。本例中假定该公司各会计期间均未对固定资产计提减值准备，除该项固定资产产生的会计与税法之间的差异外，不存在其他会计与税收的差异。

该公司每年因固定资产账面价值与计税基础不同应予确认的递延所得税情况如表13-4所示。

表13-4 应予确认的递延所得税情况

单位：元

	2017年	2018年	2019年	2020年	2021年	2022年
实际成本	525 000	525 000	525 000	525 000	525 000	525 000
累计会计折旧	87 500	175 000	262 500	350 000	437 500	525 000
账面价值	437 500	350 000	262 500	175 000	87 500	0
累计税折旧	150 000	275 000	375 000	450 000	500 000	525 000
计税基础	375 000	250 000	150 000	75 000	25 000	0
暂时性差异	62 500	100 000	112 500	100 000	62 500	0
适用税率	25%	25%	25%	25%	25%	25%
递延所得税负债余额	15 625	25 000	28 125	25 000	15 625	0

该项固定资产各年度账面价值与计税基础确定如下。

① 2017年资产负债表日：

账面价值＝实际成本－会计折旧＝525 000－87 500＝437 500（元）

计税基础＝实际成本－税前扣除的折旧额＝525 000－150 000＝375 000（元）

因账面价值437 500元大于其计税基础375 000元，两者之间产生的62 500元差异会增加未来期间的应纳税所得额和应交所得税，属于应纳税暂时性差异，应确认与其相关的递延所得税负债15 625元（62 500×25%），账务处理如下。

借：所得税费用　　　　　　　　　　　　　　　　　　　　　　15 625
　　贷：递延所得税负债　　　　　　　　　　　　　　　　　　　　15 625

② 2018年资产负债表日：

账面价值＝525 000－87 500－87 500＝350 000（元）

计税基础＝实际成本－累计已税前扣除的折旧额＝525 000－275 000＝250 000（元）

因资产的账面价值350 000元大于其计税基础100 000元，两者之间的差异为应纳税暂时性差异，应确认与其相关的递延所得税负债 25 000 元，但递延所得税负债的期初余额为 15 625 元，当期应进一步确认递延所得税负债 9 375 元，账务处理如下。

借：所得税费用　　　　　　　　　　　　　　　　　　　9 375
　　贷：递延所得税负债　　　　　　　　　　　　　　　　　9 375

③ 2019 年资产负债表日：

$$账面价值 = 525\,000 - 262\,500 = 262\,500（元）$$
$$计税基础 = 525\,000 - 375\,000 = 150\,000（元）$$

因账面价值 262 500 元大于其计税基础 150 000 元，两者之间为应纳税暂时性差异，应确认与其相关的递延所得税负债 28 125 元，但递延所得税负债的期初余额为 25 000 元，当期应进一步确认递延所得税负债 3 125 元，账务处理如下。

借：所得税费用　　　　　　　　　　　　　　　　　　　3 125
　　贷：递延所得税负债　　　　　　　　　　　　　　　　　3 125

④ 2020 年资产负债表日：

$$账面价值 = 525\,000 - 350\,000 = 175\,000（元）$$
$$计税基础 = 525\,000 - 450\,000 = 75\,000（元）$$

因其账面价值 175 000 元大于计税基础 75 000 元，两者之间为应纳税暂时性差异，应确认与其相关的递延所得税负债 25 000 元，但递延所得税负债的期初余额为 28 125 元，当期应转回原已确认的递延所得税负债 3 125 元，账务处理如下。

借：递延所得税负债　　　　　　　　　　　　　　　　　3 125
　　贷：所得税费用　　　　　　　　　　　　　　　　　　　3 125

⑤ 2021 年资产负债表日：

$$账面价值 = 525\,000 - 437\,500 = 87\,500（元）$$
$$计税基础 = 525\,000 - 500\,000 = 25\,000（元）$$

因其账面价值 87 500 元大于计税基础 25 000 元，两者之间的差异为应纳税暂时性差异，应确认与其相关的递延所得税负债 15 625 元，但递延所得税负债的期初余额为 25 000 元，当期应转回递延所得税负债 9 375 元，账务处理如下。

借：递延所得税负债　　　　　　　　　　　　　　　　　9 375
　　贷：所得税费用　　　　　　　　　　　　　　　　　　　9 375

⑥ 2022 年资产负债表日：

该项固定资产的账面价值及计税基础均为零，两者之间不存在暂时性差异，原已确认的与该资产相关的递延所得税负债应予全额转回，账务处理如下。

借：递延所得税负债　　　　　　　　　　　　　　　　　15 625
　　贷：所得税费用　　　　　　　　　　　　　　　　　　　15 625

② 不确认递延所得税负债的特殊情况。有些情况下，虽然资产、负债的账面价值与其计税基础不同，产生了应纳税暂时性差异，但出于各方面考虑，所得税准则中规定不确认相应的递延所得税负债。主要包括以下几种情形。

情形一，商誉的初始确认。非同一控制下的企业合并中，企业合并成本大于合并中取得的被购买方可辨认净资产公允价值份额的差额，按照会计准则规定应确认为商誉。因会计与税收的划分标准不同，会计上作为非同一控制下的企业合并，但如果按照税法规定计税时作为免税合并，商誉的计税基础为零，其账面价值与计税基础形成应纳税暂时性差异，准则中规定不确认与其相关的递延所得税负债。

【例13-13】 天宇公司以增发市场价值为15 000万元的自身普通股为对价购入B企业100%的净资产，对B企业进行吸收合并，合并前天宇公司与B企业不存在任何关联方关系。假定该项合并符合税法规定的免税合并条件，交易各方选择进行免税处理，购买日B企业各项可辨认资产、负债的公允价值及其计税基础如表13-5所示。

表13-5 B企业各项可辨认资产、负债的公允价值及其计税基础

单位：万元

	公允价值	计税基础	暂时性差异
固定资产	6 750	3 875	2 875
应收账款	5 250	5 250	—
存货	4 350	3 100	1 250
其他应付款	(750)	0	(750)
应付账款	(3 000)	(3 000)	0
不包括递延所得税的可辨认资产、负债的公允价值	12 600	9 225	3 375

B企业适用的所得税税率为25%，预期在未来期间不会发生变化，该项交易中应确认递延所得税负债及商誉的金额计算如下。

可辨认净资产公允价值	12 600
递延所得税资产（750×25%）	187.5
递延所得税负债（4 125×25%）	1 031.25
考虑递延所得税后	
可辨认资产、负债的公允价值	11 756.25
商誉	3 243.75
企业合并成本	15 000

因该项合并符合税法规定的免税合并条件，当事各方选择进行免税处理的情况下，购买方在免税合并中取得的被购买方有关资产、负债应维持其原计税基础不变。被购买方原账面上未确认商誉，即商誉的计税基础为零。

该项合并中所确认的商誉金额3 243.75万元与其计税基础（0）之间产生的应纳税暂时性差异，按照准则中规定，不再进一步确认相关的所得税影响。

应予说明的是，按照会计准则规定在非同一控制下企业合并中确认了商誉，并且按照所得税法规的规定商誉在初始确认时计税基础等于账面价值的，该商誉在后续计量过程中因会计准则与税法规定不同产生暂时性差异的，应当确认相关的所得税影响。

情形二，除企业合并以外的其他交易或事项中，如果该项交易或事项发生时既不影响会计利润，也不影响应纳税所得额，则所产生的资产、负债的初始确认金额与其计税基础不同，形成应纳税暂时性差异的，交易或事项发生时不确认相应的递延所得税负债。该规定主要是考虑到由于交易发生时既不影响会计利润，也不影响应纳税所得额，确认递延所得税负债的直接结果是增加有关资产的账面价值或是降低所确认负债的账面价值，使得资产、负债在初始确认时违背历史成本原则，影响会计信息的可靠性。

情形三，与子公司、联营企业、合营企业的长期股权投资产生的应纳税暂时性差异，通常情况下企业应确认相应的递延所得税负债。但是，如果投资企业既能控制暂时性差异转回的期间，且暂时性差异在可以预见的未来很可能无法转回，那么就不应确认相应的递延所得税负债。当然，上述两个条件的运用必须有确凿的证据。

【例 13-14】 天宇公司 2018 年 1 月 1 日以 12 750 万元的价款取得致远公司 40% 的股权，且能够参与致远公司的财务与经营决策，所以采取权益法对长期股权投资进行会计处理。2018 年致远公司共实现净利润 5 100 万元（假设没有其他相关的调整因素）。天宇公司适用的所得税税率为 25%，致远公司适用的所得税税率为 15%，天宇公司不存在递延所得税资产或递延所得税负债的期初余额。

分析：天宇公司应分享致远公司的净利润，增加长期股权投资 2 040 万元（5 100×40%）；但税法规定长期股权投资的计税基础在持有期间不变，由此就会产生 2 040 万元的应纳税暂时性差异。若无特殊情况，天宇公司应该按照如下方式确认递延所得税负债。

$$[5\,100/(1-15\%)] \times 40\% \times (25\%-15\%) = 240（万元）$$

借：所得税费用　　　　　　　　　　　　　　　　　　　　　　2 400 000
　　贷：递延所得税负债　　　　　　　　　　　　　　　　　　　　2 400 000

若天宇公司取得长期股权投资的目的是保证材料的供应，并非单纯为了获得利润。此外，天宇公司可以控制致远公司利润分配的时间，从而可以控制暂时性差异的转回时间，且不希望致远公司在可预见的期限内进行利润分配。种种原因表明，上述应纳税暂时性差异不应确认相关的递延所得税负债。

(2) 递延所得税负债的计量

所得税准则规定，资产负债表日，对于递延所得税负债，应当根据适用税法规定，按照预期收回该资产或清偿该负债期间的适用税率计量。即递延所得税负债应以相关应纳税暂时性差异转回期间按照税法规定适用的所得税税率计量。无论应纳税暂时性差异的转回期间如何，相关的递延所得税负债均不要求折现。

2) 递延所得税资产的确认和计量

可抵扣暂时性差异在转回期间将减少企业的应纳税所得额和应交所得税，导致经济利益流入企业，因而在其产生期间，其所得税影响金额应确认为一项资产，即递延所得税资产产生于可抵扣暂时性差异。

(1) 递延所得税资产的确认原则

递延所得税资产产生于可抵扣暂时性差异。确认因可抵扣暂时性差异产生的递延所得资产应以未来期间可能取得的应纳税所得额为限。在可抵扣暂时性差异转回的未来期间内，企业无法产生足够的应纳税所得额用以利用可抵扣暂时性差异的影响，使得与可抵扣暂时性差异相关的经济利益无法实现的，不应确认递延所得税资产；企业有明确的证据表明其于可抵扣暂时性差异转回的未来期间能够产生足够的应纳税所得额，进而利用可抵扣暂时性差异的，则应以可能取得的应纳税所得额为限，确认相关的递延所得税资产。

在判断企业于可抵扣暂时性差异转回的未来期间是否能够产生足够的应纳税所得额时，应考虑企业在未来期间通过正常的生产经营活动能够实现的应纳税所得额及以前期间产生的应纳税暂时性差异在未来期间转回时将增加的应纳税所得额。

① 对与子公司、联营企业、合营企业的投资相关的可抵扣暂时性差异，同时满足下列条件的，应当确认相关的递延所得税资产：一是暂时性差异在可预见的未来很可能转回；二是未来很可能获得用来抵扣可抵扣暂时性差异的应纳税所得额。

对联营企业和合营企业等的投资产生的可抵扣暂时性差异，主要产生于权益法下被投资单位发生亏损时，投资企业按照持股比例确认应予承担的部分相应减少长期股权投资的账面价值，但税法规定长期股权投资的成本在持有期间不发生变化，造成长期股权投资的账面价值小于其计税基础，产生可抵扣暂时性差异。

投资企业对有关投资计提减值准备的情况下，也会产生可抵扣暂时性差异。

② 对于按照税法规定可以结转以后年度的未弥补亏损和税款抵减，应视同可抵扣暂时性差异处理。在有关的亏损或税款抵减金额得到税务部门的认可或预计能够得到税务部门的认可且预计可利用未弥补亏损或税款抵减的未来期间内能够取得足够的应纳税所得额时，除准则中规定不予确认的情况外，应当以很可能取得的应纳税所得额为限，确认相应的递延所得税资产，同时减少确认当期的所得税费用。

【例13-15】 天宇公司2018年12月1日取得一项其他债权投资，成本为210万元，2018年12月31日，该项其他债权投资的公允价值为200万元。天宇公司适用的所得税税率为25%。要求：计算其他债权投资的账面价值和计税基础，并编制相关的会计分录。

分析：2018年12月31日该项其他债权投资的账面价值为200万元。2018年12月31日该项其他债权投资的计税基础为210万元。2018年12月31日该项其他债权投资产生的可抵扣暂时性差异为10万元，应确认的递延所得税资产为2.5万元。会计处理如下。

借：递延所得税资产　　　　　　　　　　　　　　　　　　　　　　　　25 000
　　贷：其他综合收益　　　　　　　　　　　　　　　　　　　　　　　　25 000

某些情况下，企业发生的某项交易或事项不属于企业合并，并且交易发生时既不影响会计利润也不影响应纳税所得额，且该项交易中产生的资产、负债的初始确认金额与其计税基础不同，产生可抵扣暂时性差异的，所得税准则中规定在交易或事项发生时不确认相应的递延所得税资产。其原因在于，如果确认递延所得税资产，则需调整资产、负债的入账价值，对实际成本进行调整将有违会计核算中的历史成本原则，影响会计信息的可靠性，该种情况下不确认相应的递延所得税资产。

【例13-16】 天宇公司于2018年度共发生研发支出200万元，其中研究阶段支出20万元,开发阶段不符合资本化条件支出60万元,符合资本化条件支出120万元形成无形资产,假定该无形资产于2019年7月30日达到预定用途,采用直线法按5年摊销。该企业2018年税前会计利润为1 000万元,适用的所得税税率为25%。不考虑其他纳税调整事项。假定无形资产摊销计入管理费用。要求:计算该企业2018年应交所得税金额和暂时性差异的金额。

分析:无形资产2018年按准则规定计入管理费用金额=20+60+[(120/5)/12]×6=92(万元),2018年应纳税调减金额=92×50%=46(万元),2018年应交所得税=(1 000-46)×25%=238.5(万元)。

2018年12月31日无形资产账面价值=120-[(120/5)/12]×6=108(万元),计税基础=108×150%=162(万元),可抵扣暂时性差异=162-108=54(万元),但不能确认递延所得税资产。

(2) 递延所得税资产的计量

① 适用税率的确定。同递延所得税负债的计量原则相一致,确认递延所得税资产时,应当以预期收回该资产期间的适用所得税税率为基础计算确定。无论相关的可抵扣暂时性差异转回期间如何,递延所得税资产均不要求折现。

② 递延所得税资产的减值。企业在确认了递延所得税资产以后,资产负债表日,应当对递延所得税资产的账面价值进行复核。如果未来期间很可能无法取得足够的应纳税所得额用以利用可抵扣暂时性差异带来的利益,应当减记递延所得税资产的账面价值。减记的递延所得税资产,除原确认时计入所有者权益的,其减记金额亦应计入所有者权益外,其他的情况均应增加所得税费用。递延所得税资产的账面价值减记以后,继后期间根据新的环境和情况判断能够产生足够的应纳税所得额用以利用可抵扣暂时性差异,使得所得税资产包含的经济利益能够实现的,应相应恢复递延所得税资产的账面价值。

3) 所得税费用的确认和计量

所得税会计的主要目的之一是确定当期应交所得税及利润表中的所得税费用。在按照资产负债表债务法核算所得税的情况下,利润表中的所得税费用包括当期所得税和递延所得税两个部分。

(1) 当期所得税

当期所得税是指企业按照税法规定计算确定的针对当期发生的交易和事项,应交纳给税务部门的所得税金额,即当期应交所得税。

企业在确定当期应交所得税时,对于当期发生的交易或事项,会计处理与税法处理不同的,应在会计利润的基础上,按照适用税收法规的规定进行调整,计算出当期应纳税所得额,按照应纳税所得额与适用所得税税率计算确定当期应交所得税。一般情况下,应纳税所得额可在会计利润的基础上,考虑会计与税收法规之间的差异,按照以下公式计算确定。

应交所得税=应纳税所得额×所得税税率
应纳税所得额=税前会计利润+纳税调整增加额-纳税调整减少额

纳税调整增加额:按准则规定核算时不作为收益计入报表,但计算应纳税所得额时作为收益需要交纳所得税;按准则规定核算时确认为费用或损失计入报表,但在计算应纳税所得额时不允许扣减。

纳税调整减少额：按会计准则规定核算时作为收益计入财务报表，但在计算应纳税所得额时不确认为收益；按会计准则规定核算时不确认为费用或损失，但在计算应纳税所得额时允许扣减。

(2) 递延所得税

递延所得税是指按照所得税准则规定当期应予确认的递延所得税资产和递延所得税负债金额，即递延所得税资产及递延所得税负债当期发生额的综合结果，但不包括计入所有者权益的交易或事项的所得税影响。用公式表示为

递延所得税＝（递延所得税负债的期末余额－递延所得税负债的期初余额）－（递延所得税资产的期末余额－递延所得税资产的期初余额）

应予说明的是，企业因确认递延所得税资产和递延所得税负债产生的递延所得税，一般应当计入所得税费用，但以下两种情况除外：一是某项交易或事项按照会计准则规定应计入所有者权益的，由该交易或事项产生的递延所得税资产或递延所得税负债及其变化亦应计入所有者权益，不构成利润表中的递延所得税费用（或收益）；二是企业合并中取得的资产、负债，其账面价值与计税基础不同，应确认相关递延所得税的，该递延所得税的确认影响合并中产生的商誉或是计入当期损益的金额，不影响所得税费用。

【例13-17】 天宇公司持有的某项其他债权投资，成本为500万元。会计期末，其公允价值为600万元，该企业适用的所得税税率为25%。除该事项外，该企业不存在其他会计与税收法规之间的差异，且递延所得税资产和递延所得税负债不存在期初余额。

会计期末在确认100万元的公允价值变动时，账务处理为

借：其他债权投资　　　　　　　　　　　　　　　　　　1 000 000
　　贷：资本公积——其他资本公积　　　　　　　　　　　　1 000 000

确认应纳税暂时性差异的所得税影响时，账务处理为

借：资本公积——其他资本公积　　　　　　　　　　　　　250 000
　　贷：递延所得税负债　　　　　　　　　　　　　　　　　　250 000

(3) 所得税费用

计算确定了当期所得税及递延所得税以后，利润表中应予确认的所得税费用为两者之和，即

$$所得税费用＝当期所得税＋递延所得税$$

【例13-18】 天宇公司2018年度利润表中利润总额为3 000万元，该公司适用的所得税税率为25%。递延所得税资产及递延所得税负债不存在期初余额。与所得税核算有关的情况如下。

2018年发生的有关交易和事项中，会计处理与税收处理存在差别的有以下几种。

① 2018年1月开始计提折旧的一项固定资产，成本为1 500万元，使用年限为10年，净残值为0，会计处理按双倍余额递减法计提折旧，税收处理按直线法计提折旧。假定税法规定的使用年限及净残值与会计规定相同。

② 向关联企业捐赠现金 500 万元。假定按照税法规定，企业向关联方的捐赠不允许税前扣除。

③ 当期取得作为交易性金融资产核算的股票投资成本为 800 万元，2018 年 12 月 31 日的公允价值为 1 200 万元。税法规定，以公允价值计量的金融资产持有期间市价变动不计入应纳税所得额。

④ 违反环保法规定应支付罚款 250 万元。

⑤ 期末对持有的存货计提了 75 万元的存货跌价准备。

分析：

① 2018 年度当期应交所得税：

$$应纳税所得额 = 3\,000 + 150 + 500 - 400 + 250 + 75 = 3\,575（万元）$$

$$应交所得税 = 3\,575 \times 25\% = 893.75（万元）$$

② 2018 年度递延所得税：

$$递延所得税资产 = 225 \times 25\% = 56.25（万元）$$

$$递延所得税负债 = 400 \times 25\% = 100（万元）$$

$$递延所得税 = 100 - 56.25 = 43.75（万元）$$

③ 利润表中应确认的所得税费用：

$$所得税费用 = 893.75 + 43.75 = 937.50（万元）$$

确认所得税费用的账务处理如下。

借：所得税费用　　　　　　　　　　　　　　　　　　　　　　9 375 000
　　递延所得税资产　　　　　　　　　　　　　　　　　　　　　562 500
　贷：应交税费——应交所得税　　　　　　　　　　　　　　　　8 937 500
　　　递延所得税负债　　　　　　　　　　　　　　　　　　　　1 000 000

该公司 2018 年资产负债表相关项目金额及其计税基础如表 13-6 所示。

表 13-6　资产负债表相关项目金额及其计税基础

单位：万元

项目	账面价值	计税基础	差异	
			应纳税暂时性差异	可抵扣暂时性差异
存货	2 000	2 075		75
固定资产：				
固定资产原价	1 500	1 500		
减：累计折旧	300	150		
减：固定资产减值准备	0	0		
固定资产账面价值	1 200	1 350		150
交易性金融资产	1 200	800	400	
其他应付款	250	250		
总　计			400	225

【例 13-19】 沿用例 13-18 中有关资料，假定天宇公司 2018 年当期应交所得税为 1 155 万元。资产负债表中有关资产、负债的账面价值与其计税基础等相关资料如表 13-7 所示，除所列项目外，其他资产、负债项目不存在会计和税收的差异。

表 13-7 相关资料

单位：万元

项目	账面价值	计税基础	差异	
			应纳税暂时性差异	可抵扣暂时性差异
存货	4 000	4 200		200
固定资产：				
固定资产原价	1 500	1 500		
减：累计折旧	540	300		
减：固定资产减值准备	50	0		
固定资产账面价值	910	1 200		290
交易性金融资产	1 675	1 000	675	
其他应付款	250	0		250
总计			675	740

分析：

(1) 当期所得税

当期所得税＝当期应交所得税＝1 155 万元

(2) 递延所得税

期末递延所得税负债（675×25%）	168.75
期初递延所得税负债	100
递延所得税负债增加	68.75
期末递延所得税资产（740×25%）	185
期初递延所得税资产	56.25
递延所得税资产增加	128.75

递延所得税＝68.75－128.75＝－60（万元）（收益）

(3) 确认所得税费用

所得税费用＝1 155－60＝1 095（万元）

确认所得税费用的账务处理如下。

借：所得税费用	10 950 000
递延所得税资产	1 287 500
贷：递延所得税负债	687 500
应交税费——应交所得税	11 550 000

13.3 税后利润及其分配

1. 税后利润的会计处理

企业应设置"本年利润"科目,核算企业当期实现的净利润(或发生的净亏损)。

企业期(月)末结转利润时,应将各损益类科目的金额转入本科目,结平各损益类科目。结转后本科目的贷方余额为当期实现的净利润,借方余额为当期发生的净亏损。

年度终了,应将本年收入、利得和费用、损失相抵后结出的本年实现的净利润,转入"利润分配"科目,借记本科目,贷记"利润分配——未分配利润"科目;如为净亏损作相反的会计分录。结转后本科目应无余额。

2. 利润分配

(1) 利润分配的顺序

企业当年实现的净利润加上年初未分配利润(或减去年初未弥补亏损)后的余额应按照以下分配顺序进行分配。

① 弥补以前年度亏损,并以 5 年为限。按所得税法规定,企业发生的年度亏损,可以用其后 5 年内的税前利润弥补。5 年内不足弥补的,可以从其后第 6 年开始用净利润弥补。如果净利润还不够弥补亏损的,也可以用发生亏损前提取的盈余公积弥补。

② 提取法定公积金,提取比例为 10%。我国《公司法》规定,公司的净利润在弥补以前年度亏损以后,如果还有剩余,应按税后净利润的 10% 提取法定公积金。在计算提取法定公积金的基数时,企业年初未分配利润不包括在内。公司法定公积金累计额已达到注册资本的 50% 时,可以不再提取。

③ 向优先股股东分配现金股利。

④ 提取任意公积金。

⑤ 向普通股股东或投资者分配现金股利或利润。

⑥ 分配股票股利,将利润转为股本。

股份公司当年无利润时,不得分配股利,但在用盈余公积金弥补亏损后,经股东大会特别决定,可以用盈余公积分配股利,在分配股利后企业法定公积金不得低于注册资本的 25%。

值得注意的是,企业在以前年度亏损未弥补之前,不得提取盈余公积金,不得向投资者分配利润。

(2) 利润分配的会计处理

为了核算和监督公司净利润的分配(或亏损的弥补)情况,以及历年积存的未分配利润(或亏损的弥补)情况,企业需要在"利润分配"账户下开设"提取法定盈余公积""提取任意盈余公积""支付现金股利""转作股本的股利""盈余公积补亏""未分配利润"等明细账户进行核算。

① 企业用盈余公积弥补亏损时:
借:盈余公积——法定盈余公积
　　　　——任意盈余公积

贷：利润分配——盈余公积补亏
② 企业按规定提取盈余公积时：
借：利润分配——提取法定盈余公积
            ——提取任意盈余公积
    贷：盈余公积——法定盈余公积
              ——任意盈余公积
③ 经股东大会或类似机构决议，向股东或投资者分配现金股利或利润时：
借：利润分配——应付现金股利
    贷：应付股利
④ 经股东大会或类似机构决议，向股东分配股票股利时，应在办理完增资手续后：
借：利润分配——转作股本的股利
    贷：股本
        资本公积——股本溢价

【例 13-20】 天宇公司当期实现的税后净利润为 31 860.29 万元，应从"本年利润"账户中转出，编制分录如下。

借：本年利润   318 602 900
    贷：利润分配——未分配利润   318 602 900

当天宇公司提取 3 186.03 万元的法定盈余公积时，应编制分录如下。

借：利润分配——提取法定盈余公积   31 860 300
    贷：盈余公积——法定盈余公积   31 860 300

当天宇公司提取 2 328 万元的任意盈余公积时，应编制分录如下。

借：利润分配——提取任意盈余公积   23 280 000
    贷：盈余公积——任意盈余公积   23 280 000

当天宇公司向股东分配 25 180 万元的现金股利时，应编制分录如下。

借：利润分配——应付现金股利   251 800 000
    贷：应付股利   251 800 000

3. 股利分配

股份公司在获得盈余时，通常会向股东发放股利。公司股利的形式一般包括现金股利、股票股利、财产股利和负债股利。

(1) 现金股利

现金股利是最常见的股利形式。与现金股利发放相关的有四个日期：一是股利宣布日，即公司董事会正式宣布将于未来某特定日期向股东发放股利，通常是在股利宣布日 4~6 周以后；二是除息日，从该日起，当期股利不得自动由卖方转给买方；三是股权登记日，公司登记股东的相关资料，只有登记日当日在册的股东才可获得股利发放；四是股利支付日，即公司向股东发放股利的日期。

公司的应付股利债务责任形成于股利宣布日，应作会计分录确认债务。

借：利润分配

贷：应付股利

　除息日及股权登记日均不需作会计记录。至股利发放日，公司清偿其股利债务责任后，应作如下分录。

　　借：应付股利
　　　贷：现金

（2）财产股利

　公司也可以非现金财产向股东分派股利。财产股利可以是企业持有的其他公司的股票或债券、公司的产品存货等。以非现金财产分派股利，存在记账价值是取财产的账面价值还是公允价值的问题。国际上较常见的做法是先将财产股利的账面价值调整为公允市价，确认因此产生的利得或损失，然后按公允价值记录财产股利的分配。

【例13-21】 天宇公司拟将所持有的光辉公司长期债券用于派发本年度股利。光辉公司债券账面价值为500 000元，宣布股利当日公允市价为520 000元。

① 股利宣布日，将光辉公司债券调整为公允市价并确认损益：

借：债权投资　　　　　　　　　　　　　　　　　　　　　　　　20 000
　　贷：投资收益　　　　　　　　　　　　　　　　　　　　　　　　20 000
借：利润分配——应付股利　　　　　　　　　　　　　　　　　　520 000
　　贷：应付股利　　　　　　　　　　　　　　　　　　　　　　　520 000

② 股利发放日。

借：应付股利　　　　　　　　　　　　　　　　　　　　　　　　520 000
　　贷：债权投资　　　　　　　　　　　　　　　　　　　　　　　520 000

（3）负债股利

　公司以负债形式支付的股利称为负债股利。这通常是由于公司现金周转出现困难经股东大会同意采取的股利发放形式。负债股利需要负担的利息计作利息费用。

【例13-22】 天宇公司年中宣布股利690 000元后，由于一大型投资项目的失败导致资金周转出现困难。公司签出1年期、利率为12%的应付票据支付股利。

① 宣布股利日：

借：利润分配——应付股利　　　　　　　　　　　　　　　　　　690 000
　　贷：应付股利　　　　　　　　　　　　　　　　　　　　　　　690 000

② 股利发放日：

借：应付股利　　　　　　　　　　　　　　　　　　　　　　　　690 000
　　贷：应付票据　　　　　　　　　　　　　　　　　　　　　　　690 000

③ 年末确认利息费用，设当年应计利息为41 400元：

借：财务费用（690 000×12%/2）　　　　　　　　　　　　　　　41 400
　　贷：应付利息　　　　　　　　　　　　　　　　　　　　　　　41 400

④ 债券到期清偿应付票据：

借：财务费用　　　　　　　　　　　　　　　　　　　　　　　　41 400

应付票据	690 000
应付利息	41 400
贷：库存现金	772 800

（4）股票股利

　　股票股利是指公司按照股东持有的股份数，按比例增发股票作为股利。股票股利通常按照同类股票发放，即普通股股东获得普通股，优先股股东获得优先股。由于股票股利是按比例发放，股东在获得股利后其持股比例与股利发放前比较并无改变。发放股票股利是股份公司将企业的部分留存收益转化为投入资本的一种手段。公司向股东派发股票股利，不会占用营运资产，不影响企业的现金周转，同时减少了企业留存收益余额，限制了未来期间现金股利的发放。对于股东而言，获得股票股利证明了公司规模的扩大及完善的财务政策，从而增强投资者的信心。潜在的投资者可能因此对公司发生投资兴趣，从而使公司股票的交易受到良性刺激。

　　实际上，股票股利并不是利润分配，其影响与效应与股份分割相似。从会计记账的角度出发，股票股利仍应按照其他股利发放时的程序作会计记录。当发放的股票股利为小量股票股利，即增发股份数少于先前的外发股份数的20%，应采用公允价值法，按照发行该类股票的市场价值，借记"利润分配"，按股票面值贷记"股本"，两者间的差额记入"资本公积"；若增发的股份数占先前外发股份的20%以上，应采用面值法，按发行股票的面值借记"利润分配——未分配利润"账户，贷记"股本"账户。我国目前采用面值法。

本章重点

　　利润的组成及计算；利润分配的顺序；会计准则与税收法规差异的原因与性质；资产负债表债务法的基本原理；暂时性差异的类型；资产或负债的计税基础；递延所得税资产和递延所得税负债的确认原则；所得税会计的确认、计量与相关信息的披露；

本章难点

　　资产负债表债务法的基本原理；暂时性差异的类型；资产或负债的计税基础；递延所得税资产和递延所得税负债的确认原则；所得税会计的确认与计量。

关键术语

　　利润　收益　损益　盈利　利得　损失　时间性差异　永久性差异　暂时性差异　应纳税暂时性差异　可抵扣暂时性差异　递延法　债务法　应付税款法　所得税　利润分配

思 考 题

1. 什么是利润？它包含哪些内容？
2. 企业利润分配的顺序是什么？

3. 解释时间性差异与暂时性差异有什么异同?
4. 账面价值与计税基础有什么差异?
5. 解释资产负债表债务法核算时一般应遵循的程序。

练 习 题

一、单项选择题

1. 天宇公司某年营业收入为 6 000 万元，营业成本为 4 000 万元，税金及附加为 60 万元，销售费用为 200 万元，管理费用为 300 万元，财务费用为 70 万元，资产减值损失为 20 万元，交易性金融资产公允价值变动收益为 20 万元，其他权益工具投资与其他债权投资公允价值变动收益为 20 万元，投资收益为 40 万元，营业外收入为 5 万元，营业外支出为 3 万元。天宇公司该年营业利润为（　　）万元。

   A. 1 430　　　　　B. 1 410　　　　　C. 1 360　　　　　D. 1 370

2. 下列交易或事项中，不影响股份有限公司利润表中营业利润金额的是（　　）。

   A. 计提存货跌价准备　　　　　　　B. 出售原材料并结转成本
   C. 按产品数量支付专利技术转让费　D. 清理管理用固定资产发生的净损失

3. 某企业一固定资产账面原值为 8 000 元，会计规定按直线法计提折旧，折旧年限 5 年，无残值。税法规定按直线法计提折旧，折旧年限为 8 年，假定无残值。该企业第一年末固定资产的计税基础及相应的暂时性差异分别为（　　）。

   A. 6 400 万元，600 万元　　　　　B. 7 000 万元，600 万元
   C. 6 400 万元，1 600 万元　　　　D. 7 000 万元，1 600 万元

4. 天宇公司某年的利润总额为 3 000 000 元，其中财务费用 20 000 元（其中包括国债投资的利息收入 1 000 元），资产减值损失 20 000 元，非公益性捐赠支出 50 000 元，公允价值变动收益 60 000 元，该公司所得税税率为 25%。假如不存在其他纳税调整事项，该公司当年应交所得税为（　　）元。

   A. 752 250　　　　B. 752 200　　　　C. 749 750　　　　D. 749 700

5. 下列不属于利润分配核算内容的是（　　）。

   A. 上交所得税　　　　　　　　　B. 向投资者分配利润
   C. 提取盈余公积　　　　　　　　D. 弥补以前年度亏损

二、多项选择题

1. 下列各项交易事项中，不会影响发生当期营业利润的有（　　）。

   A. 计提应收账款坏账准备
   B. 出售无形资产取得净收益
   C. 开发无形资产时发生符合资本化条件的支出
   D. 自营建造固定资产期间处置工程物资取得净收益
   E. 以公允价值进行后续计量的投资性房地产持有期间公允价值发生变动

2. 下列交易或事项中,应确认为营业外支出的有(   )。
   A. 对外捐赠支出
   B. 债务重组损失
   C. 计提的固定资产减值准备
   D. 出售无形资产发生的净损失
   E. 原材料非常损失
3. 下列项目中,应当作为营业外收入核算的有(   )。
   A. 非货币性资产交换中换出产品的公允价值大于其账面价值的差额
   B. 非货币性资产交换中换出固定资产的公允价值大于其账面价值的差额
   C. 接受捐赠收到的现金
   D. 出售无形资产的净收益
   E. 盘盈固定资产
4. "利润分配"科目的明细科目中,本年利润结转后应没有余额的有(   )。
   A. 提取盈余公积   B. 未分配利润
   C. 应付普通股股利   D. 应付优先股股利
   E. 盈余公积补亏
5. 下列各项中,在计算应纳税所得额时应予以调整的有(   )。
   A. 公允价值变动收益   B. 罚款支出
   C. 非公益性捐赠支出   D. 资产减值损失
   E. 国债投资的利息收入

三、计算题

1. 天宇公司某年度取得主营业务收入5 000万元,其他业务收入1 800万元,投资净收益700万元,营业外收入250万元;发生主营业务成本3 500万元,其他业务成本1 400万元,税金及附加60万元,销售费用380万元,管理费用340万元,财务费用120万元,资产减值损失150万元,公允价值变动净损失100万元,营业外支出200万元;本年度确认的所得税费用为520万元。按净利润的10%提取法定盈余公积,按净利润的15%提取任意盈余公积,向股东分派现金股利350万元,同时分派每股面值1元的股票股利250万股。假定天宇公司中期期末不进行利润结转,年末一次结转利润。

要求:
(1) 编制天宇公司结转利润的会计分录;
(2) 编制天宇公司分配利润的会计分录。

2. 天宇公司采用资产负债表债务法进行所得税的核算,所得税税率为25%,2018年年初递延所得税资产、递延所得税负债余额均为0,每年税前会计利润均为2 000万元。2018年、2019年发生以下事项。

① 每年计入投资收益的国债利息收入为50万元。
② 2018年5月份发生违反法律、行政法规而交付的罚款为20万元。
③ 2018年6月15日购入某生产设备,买价为100万元,增值税税额为16万元,无其他相关税费发生。天宇公司对该固定资产采用年限平均法计提折旧,预计使用年限为5年,

无残值。税法允许加速折旧，采用双倍余额递减法计提折旧，预计使用年限和净残值与会计规定相同。2019年年末该设备账面价值高于可收回金额10万元，计提10万元减值准备。确认减值后，资产的预计使用年限和净残值不变。

④ 2018年7月从二级市场上购入某股票作为其他权益工具投资核算。年末其他权益工具投资账面价值为200万元，包括成本180万元和公允价值变动20万元，2018年年末其他权益工具投资账面价值为220万元，包括成本180万元和公允价值变动40万元。

⑤ 2018年年初存货跌价准备为0，2018年年末存货账面价值为900万元，计提存货跌价准备100万元，2019年年末存货账面价值为800万元，销售结转存货跌价准备80万元，2019年年末计提存货跌价准备140万元。

⑥ 本期没有发生其他纳税调整事项。

要求：计算2018年和2019年递延所得税资产和负债、应交所得税和所得税费用的发生额，并作出相关会计分录。

3. 2016年12月26日天宇公司购入一条生产线，实际成本为75万元，预计使用年限为5年，预计净残值为0，采用直线法计提折旧，未计提减值准备。假定税法对折旧年限和净残值的规定与会计相同，因该生产线符合税法规定的税收优惠条件，计税时允许采用加速折旧法计提折旧，天宇公司在计税时按年数总和法计列折旧费用。除该项固定资产因折旧方法不同导致会计与税收之间的差异外，不存在其他会计与税收的差异。此前，递延所得税资产和递延所得税负债均无余额。天宇公司适用的所得税税率为25%。

要求：根据以上资料，确认天宇公司有关递延所得税负债的期末余额并作出相关的分录。

4. 天宇公司2015年发生亏损18万元，2016年盈利10万元，2017年亏损1万元，2018年盈利4万元，2019年亏损5万元，2020年盈利2万元，2021年盈利30万元。

要求：根据以上资料，请算出该公司2015—2021年总计应缴纳的企业所得税税额为多少万元（假定所得税税率为25%不变）？

第14章 财务报告

> 【学习目标】
> 通过本章的学习，要求学生掌握资产负债表、利润表、现金流量表和所有者权益变动表的编制方法；理解财务报表的意义、报表附注的重要性和附注披露的主要内容。

14.1 财务报表的内容与列报要求

1. 财务报表的定义和构成

财务报表，亦称财务会计报表，是企业对外提供的反映企业某一特定日期的财务状况和某一期间的经营成果、现金流量及所有者权益变动等信息的文件。财务报表是企业财务报告的主要组成部分。财务报告包括财务报表（基本的财务报表及财务报表附注），也包括中期报告、分部报告等其他财务报告。限于篇幅，本书仅阐述财务报表相关知识。

按财务报表编报期间的不同，财务报表可以分为中期财务报表和年度财务报表。中期财务报表是以短于一个完整会计年度的报告期间为基础编制的财务报表，包括月报、季报和半年报等。按财务报表编报主体的不同，财务报表可以分为个别财务报表和合并财务报表。个别财务报表是由企业在自身会计核算基础上对账簿记录进行加工而编制的财务报表，它主要用以反映企业自身的财务状况、经营成果和现金流量情况。合并财务报表是以母公司和子公司组成的企业集团为会计主体，根据母公司和所属子公司的财务报表，由母公司编制的综合反映企业集团财务状况、经营成果及现金流量的财务报表。

财务报表至少应当包括资产负债表、利润表、现金流量表、所有者权益变动表和附注。

2. 财务报表列报的基本要求

（1）列报的客观性

企业应当根据实际发生的交易和事项，按照各项具体会计准则的规定进行确认和计量，并在此基础上编制财务报表。企业应当在附注中对遵循企业会计准则编制的财务报表做出声明，只有遵循了企业会计准则的所有规定，财务报表才应当被称为"遵循了企业会计准则"。在编制财务报表的过程中，企业管理层应当对企业持续经营的能力进行评价，需要考虑的因素包括市场经营风险、企业目前或长期的盈利能力、偿债能力、财务弹性及企业管理层改变经营政策的意向等。评价后对企业持续经营的能力产生严重怀疑的，应当在附注中披露导致对持续经营能力产生重大怀疑的重要的不确定因素。

（2）列报的重要性

财务报表是通过对大量的交易或其他事项进行处理而生成的，这些交易或事项按其性质或功能汇总归类而形成财务报表中的项目。重要性是判断项目是否单独列报的基本标准。如果某项目不具有重要性，则可以将其与其他项目合并列报；如果具有重要性，则应当单独列报。具体而言，性质或功能不同的项目，一般应当在财务报表中单独列报，但是不具有重要性的项目可以合并列报，比如存货和固定资产在性质上和功能上都有本质差别，必须分别在资产负债表上单独列报；性质或功能类似的项目，一般可以合并列报，但是对其具有重要性的类别应该单独列报；项目单独列报的原则不仅适用于报表，还适用于附注；无论是《企业会计准则第30号——财务报表列报》规定的单独列报项目，还是其他具体会计准则规定单独列报的项目，企业都应当予以单独列报；重要性是判断项目是否单独列报的重要标准。企业在进行重要性判断时，应当根据所处环境，从项目的性质和金额大小两方面予以判断：一方面，应当考虑该项目的性质是否属于企业日常活动、是否对企业的财务状况和经营成果具有较大影响等因素；另一方面，判断项目金额大小的重要性，应当通过单项金额占资产总额、负债总额、所有者权益总额、营业收入总额、净利润等直接相关项目金额的比重加以确定。

（3）列报的一致性

可比性是会计信息质量的一项重要质量要求，目的是使同一企业不同期间和同一期间不同企业的财务报表相互可比。为此，财务报表项目的列报应当在各个会计期间保持一致，不得随意变更，这一要求不仅只针对财务报表中的项目名称，还包括财务报表项目的分类、排列顺序等方面。

（4）列报的及时性

财务报表是对企业所发生的经济活动的事后总结，具有很强的时效性。企业必须按规定的程序和期限及时编制、及时报送财务报表，以便会计信息使用者及时了解企业的财务状况、经营成果和现金流量。为了及时编制财务报表，企业会计部门应当科学合理地组织好日常的会计核算工作，认真做好记账、算账、对账、结账和财产清查等编制报表前的各项工作。同时，要加强与企业内部有关部门的协作与配合，使日常会计工作能均衡有序地进行，保证财务报表的编制和报送工作及时完成。

14.2　资产负债表

1. 资产负债表的性质和作用

资产负债表是指反映企业在某一特定日期所拥有或控制的经济资源、所承担的现时义务和所有者对净资产的要求权，即企业在某一特定日期的财务状况，因此亦可称为财务状况表。

资产负债表是根据"资产＝负债＋所有者权益"这一会计基本等式编制的。它所提供的是企业一定日期的财务状况，主要包括以下内容：企业所拥有的各种经济资源（资产）；企业所负担的债务（负债），以及企业的偿债能力（包括短期偿债能力长期偿债能力）；企业所有者在企业所持有的权益（所有者权益）。

通过资产负债表，可以提供某一日期资产的总额及其结构，表明企业拥有或控制的资源及其分布情况，使用者可以一目了然地从资产负债表上了解企业在某一特定日期所拥有的资产总量及其结构；可以提供某一日期的负债总额及其结构，表明企业未来需要用多少资产或劳务清偿债务及清偿时间；可以反映所有者所拥有的权益，据以判断资本保值、增值的情况及对负债的保障程度。此外，资产负债表还可以提供进行财务分析的基本资料，如将流动资产与流动负债进行比较，计算出流动比率；将速动资产与流动负债进行比较，计算出速动比率等，可以表明企业的变现能力、偿债能力和资金周转能力，从而有助于报表使用者做出经济决策。

2. 资产负债表上项目的分类与排列

为了帮助财务报表使用者对财务信息进行分析、理解及评价，需要对资产负债表上的项目，按照其共同特征进行适当的分类与排列。一般说来，在资产负债表上，资产按其流动性程度的高低顺序排列，即先流动资产，后非流动资产；负债按其到期日由近至远的顺序排列，即先流动负债，后非流动负债；所有者权益则按其永久递减的顺序排列，即先实收资本，后资本公积、盈余公积，最后是未分配利润。

3. 资产负债表的格式

资产负债表有两种格式，即账户式和报告式（垂直式）。账户式是我国企业资产负债表的惯用格式。报表分为左、右两边，左边列示资产各项目，反映全部资产的分布及存在形态；右边列示负债和所有者权益各项目，反映全部负债和所有者权益的内容及构成情况。资产负债表左、右两边平衡，资产总计等于负债和所有者权益总计，即"资产＝负债＋所有者权益"。此外，为了使使用者通过比较不同时点资产负债表的数据，掌握企业财务状况的变动情况及发展趋势，企业需要提供比较资产负债表，资产负债表还需分"年初余额"和"期末余额"两栏分别填列。

4. 资产负债表项目的计价

现行会计准则对资产负债表项目的计价采用的是一种混合模式，它综合运用了历史成本、可变现净值、公允价值、现值等计量属性。

(1) 按历史成本计量的项目

"存货"项目在没有发生减值的情况下，在资产负债表上是按其历史成本计价；"投资性房地产"项目在采用成本模式计量且没有发生减值的情况下，在资产负债表上按其历史成本计价；"固定资产"项目如没有发生减值，在资产负债表上按折余价值反映；"无形资产"项目如果没有发生减值，在资产负债表上按摊余价值反映。当然，折余价值和摊余价值本质上是历史成本（或者说是调整后的历史成本）。

(2) 按可变现净值计量的项目

现行会计准则规定，期末要求对存货项目进行减值测试。对各存货项目进行减值测试时，依据的标准是可变现净值，当存货的可变现净值低于其账面金额时，需要计提存货跌价准备，将存货的账面金额减至可变现净值。这就意味着计提了存货跌价准备的"存货"项目在资产负债表上是按可变现净值计量的。

(3) 按公允价值计量的项目

按照现行会计准则的规定，"交易性金融资产""其他权益工具投资""其他债权投资"等项目期末应当按公允价值计量。对于"投资性房地产"的计量，既可以采用成本模式，也可以采用公允价值模式。如果企业对投资性房地产的计量采用公允价值模式，则该项目在资产附加表上也是按公允价值计量的。

（4）按现值计量的项目

"应付债券"等非流动负债项目应按照未来现金流量的折现值（现值）计价。所谓按摊余成本计价，就是按现值计价。但计算现值所用的折现率是最初承担负债时所确定的实际利率，而不是期末的市场利率。

5. 资产负债表的填列方法

1）资产负债表"期末余额"栏的具体填列方法

下面分别就流动资产、非流动资产、流动负债、非流动负债和所有者权益，说明一般企业资产负债表主要项目"期末余额"栏的填列方法。

（1）流动资产项目的填列方法

①"货币资金"项目，反映资产负债表日企业持有的货币资金余额。该项目应根据"库存现金""银行存款"和"其他货币资金"账户的余额之和填列。

②"交易性金融资产"项目，反映资产负债表日企业分类为以公允价值计量且其变动计入当期损益的金融资产，以及企业持有的直接指定为以公允价值计量且其变动计入当期损益的金融资产的期末账面价值。该项目应根据"交易性金融资产"账户的相关明细账户期末余额分析填列。

③"应收票据"项目，反映资产负债表日因销售商品、提供服务等收到的商业汇票，包括银行承兑汇票和商业承兑汇票。因应收票据一般不计提坏账准备，故该项目大多数情况下根据"应收票据"账户的期末余额直接填列。

④"应收账款"项目，反映资产负债表日以摊余成本计量的、企业因销售商品、提供服务等经营活动应收取的款项。该项目应根据"应收账款"账户的期末余额，减去"坏账准备"账户中相关坏账准备期末余额后的金额分析填列。

⑤"应收款项融资"项目，反映资产负债表日以公允价值计量且其变动计入其他综合收益的应收票据和应收账款等。

⑥"预付款项"项目，反映企业按照合同规定预付的款项在资产负债表日的净额。该项目应根据"预付账款""应付账款"总账账户所属明细账户的借方余额之和，减去相应的"坏账准备"所属明细账户的贷方余额计算填列。

⑦"其他应收款"项目，反映资产负债表日企业持有的应收利息、应收股利和其他应收款净额。如果企业单独设立"应收利息"和"应收股利"账户，则该项目应根据"应收利息""应收股利"和"其他应收款"账户的期末余额合计数，减去"坏账准备"账户中相关坏账准备期末余额后的金额填列。如果企业不单独设立"应收利息"和"应收股利"账户，则该项目应根据"其他应收款"账户的期末余额，减去"坏账准备"账户中相关坏账准备期末余额后的金额填列。

⑧"存货""项目，反映资产负债表日企业持有的存货净额。该项目主要应根据"材料采购"（或"在途物资""商品采购"）、"原材料"（或"库存商品"）、"委托加工物资""包装物""低值易耗品""材料成本差异"（或"商品进销差价"）、"生产成本""自制半成品""产成品""发出商品"等账户借贷方余额的差额，减去"存货跌价准备"账户的期末余额后的金额填列。

⑨"合同资产"项目，反映企业按照《企业会计准则第 14 号——收入》的相关规定根据本企业履行履约义务与客户付款之间的关系应确认的合同资产在资产负债表日的余额中的流动部分。该项目应根据"合同资产"账户的相关明细账户期末余额分析填列，同一合同下的合同资产和合同负债应当以净额列示，其中净额为借方余额的，其流动性部分在"合同资产"项目中填列，已计提减值准备的，还应减去"合同资产减值准备"账户中相关的期末余额后的金额填列。

⑩"持有待售资产"项目，反映资产负债表日划分为持有待售类别的非流动资产及划分为持有待售类别的处置组中的流动资产和非流动资产的期末账面价值。该项目应根据"持有待售资产"账户的期末余额，减去"持有待售资产减值准备"账户的期末余额后的金额填列。

⑪"一年内到期的非流动资产"项目，反映资产负债表日企业持有的将于一年内到期的非流动资产的期末账面价值。该项目应根据"债权投资""其他债权投资""长期应收款"账户所属明细账户余额中将于一年内到期的长期债权的数额之和计算填列。

⑫"其他流动资产"项目，反映资产负债表日企业持有的除以上各个流动资产项目之外的其他流动资产净额。该项目包括的内容主要有：

- 企业购入的以摊余成本计量的一年内到期的债权投资的期末账面价值。该部分金额应当根据"债权投资"账户的相关明细账户期末余额，减去"债权投资减值准备"账户中相关减值准备的期末余额后的金额确定。
- 企业购入的以公允价值计量且其变动计入其他综合收益的一年内到期的债权投资的期末账面价值。该部分金额应当根据"其他债权投资"账户相关明细账户的期末余额确定。
- 按照《企业会计准则第 14 号——收入》的相关规定确认为资产的合同取得成本的期末余额中的流动部分。该部分金额应当根据"合同取得成本"账户的明细账户初始确认时摊销期限在一年或长于一年的一个正常营业周期之内的部分，减去"合同取得成本减值准备"账户中相关的期末余额后的金额确定。
- 按照《企业会计准则第 14 号——收入》的相关规定确认为资产的应收退货成本的期末余额中的流动部分。该部分金额应当根据"应收退货成本"账户的明细账户余额分析确定。

（2）非流动资产项目的填列方法

①"债权投资"项目，反映资产负债表日企业以摊余成本计量的长期债权投资的期末账面价值。该项目应根据"债权投资"账户的相关明细账户期末余额，减去"债权投资减值准备"账户中相关减值准备的期末余额后的金额分析填列。自资产负债表日起一年内到期的长期债权投资的期末账面价值，在"一年内到期的非流动资产"项目反映。企业购入的以摊余成本计量的一年内到期的债权投资的期末账面价值，在"其他流动资产"项目反映。

②"其他债权投资"项目，反映资产负债表日企业分类为以公允价值计量且其变动计入其他综合收益的长期债权投资的期末账面价值。该项目应根据"其他债权投资"账户的相关明细账户期末余额分析填列。自资产负债表日起一年内到期的长期债权投资的期末账面价值，在"一年内到期的非流动资产"项目反映。企业购入的以公允价值计量且其变动计入其他综合收益的一年内到期的债权投资的期末账面价值，在"其他流动资产"项目反映。

③"长期应收款"项目，反映资产负债表日企业持有的长期应收款净额。该项目应根据

"长期应收款"账户相关明细账户的期末余额中的非流动部分,减去相应的"坏账准备"所属明细账户的贷方余额计算填列。

④"长期股权投资"项目,反映资产负债表日企业持有的采用成本法和权益法核算的长期股权投资净额。该项目应根据"长期股权投资"账户的期末余额,减去"长期股权投资减值准备"账户的贷方余额计算填列。

⑤"其他权益工具投资"项目,反映资产负债表日企业指定为以公允价值计量且其变动计入其他综合收益的非交易性权益工具投资的期末账面价值。该项目应根据"其他权益工具投资"账户的期末余额填列。

⑥"投资性房地产"项目,反映资产负债表日企业持有的投资性房地产的期末账面价值。该项目应根据"投资性房地产"账户的期末余额,减去"投资性房地产累计折旧"和"投资性房地产减值准备"账户的期末余额后的金额填列。

⑦"固定资产"项目,反映资产负债表日企业固定资产的期末账面价值和企业尚未清理完毕的固定资产清理净损益。该项目应根据"固定资产"账户的期末余额,减去"累计折旧"和"固定资产减值准备"账户的期末余额后的金额,以及"固定资产清理"账户的期末余额填列。

⑧"在建工程"项目,反映资产负债表日企业尚未达到预定可使用状态的在建工程的期末账面价值和企业为在建工程准备的各种物资的期末账面价值。该项目应根据"在建工程"账户的期末余额,减去"在建工程减值准备"账户的期末余额后的金额,以及"工程物资"账户的期末余额,减去"工程物资减值准备"账户的期末余额后的金额填列。

⑨"无形资产"项目,反映资产负债表日企业无形资产的期末账面价值。该项目应根据"无形资产"账户的期末余额,减去"累计摊销"和"无形资产减值准备"账户的期末余额后的金额填列。

⑩"开发支出"项目,反映资产负债表日企业已经发生的研发支出中的资本化支出的余额。该项目应根据"研发支出"账户所属的"资本化支出"明细账户的期末余额填列。

⑪"长期待摊费用"项目,反映资产负债表日企业已经发生但应由本期和以后各期负担的分摊期限在一年以上的长期待摊费用的期末余额。该项目应根据"长期待摊费用"账户的期末余额分析填列。

⑫"递延所得税资产"项目,反映资产负债表日企业确认的可抵扣暂时性差异产生的所得税资产的余额。该项目应根据"递延所得税资产"账户的期末余额分析填列。

⑬"其他非流动资产"项目,反映资产负债表日企业持有的除以上各个非流动资产项目之外的其他非流动资产净额。该项目包括的内容主要有:

● 企业按照《企业会计准则第14号——收入》的相关规定,根据本企业履行履约义务与客户付款之间的关系应确认的合同资产在资产负债表日的余额中的非流动部分。该部分金额应根据"合同资产""合同负债"账户的相关明细账户期末余额分析确定,同一合同下的合同资产和合同负债应当以净额列示,其中净额为借方余额的,其非流动性部分在"其他非流动资产"项目中填列,已计提减值准备的,还应减去"合同资产减值准备"账户中相关的期末余额后的金额填列。

● 按照《企业会计准则第14号—收入》的相关规定确认为资产的应收退货成本的期末余额中的非流动部分。该部分金额应当根据"应收退货成本"账户的明细账户余额分析确定。

(3) 流动负债项目的填列方法

①"短期借款"项目，反映资产负债表日企业承担的向银行或其他金融机构等借入的期限在一年以下（含一年）的各种借款的期末账面价值。该项目应根据"短期借款"账户的期末余额填列。

②"交易性金融负债"项目，反映资产负债表日企业承担的交易性金融负债，以及企业持有的直接指定为以公允价值计量且其变动计入当期损益的金融负债的期末账面价值。该项目应根据"交易性金融负债"账户的相关明细账户的期末余额填列。

③"应付票据"项目，反映企业开出、承兑的商业汇票，包括银行承兑汇票和商业承兑汇票。该项目应根据"应付票据"账户的期末余额填列。

④"应付账款"项目，反映资产负债表日以摊余成本计量的、企业因购买材料、商品和接受服务等经营活动应支付的款项。该项目应根据"应付账款"和"预付账款"账户所属的相关明细账户的期末贷方余额合计数填列。

⑤"预收款项"项目，反映企业按照合同规定预收的款项在资产负债表日的账面价值。该项目应根据"预收账款""应收账款"账户的相关明细账户的期末贷方余额填列。

⑥"合同负债"项目，反映企业按照《企业会计准则第 14 号——收入》的相关规定，根据本企业履行履约义务与客户付款之间的关系应确认的合同负债。该项目应根据"合同负债"账户的相关明细账户期末余额分析填列，同一合同下的合同资产和合同负债应当以净额列示，其中净额为贷方余额的，应当根据其流动性在"合同负债"或"其他非流动负债"项目中填列。

⑦"应付职工薪酬"项目，反映资产负债表日企业承担的应付职工薪酬的余额。该项目应根"职工薪酬"账户的期末余额分析填列。

⑧"应交税费"项目，反映资产负债表日企业承担的应交未交税费的余额。该项目应根据"应交税费"账户的期末余额分析填列。

⑨"其他应付款"项目，反映资产负债表日企业承担的应付利息、应付股利及其他应付款的余额。如果企业单独设立"应付利息"和"应付股利"账户，则该项目应根据"应付利息""应付股利"和"其他应付款"账户的期末余额合计数填列。如果企业不单独设立"应付利息"和"应付股利"账户，则该项目应根据"其他应付款"账户的期末余额填列。

⑩"持有待售负债"项目，反映资产负债表日处置组中与划分为持有待售类别的资产直接相关的负债的期末账面价值。该项目应根据"持有待售负债"账户的期末余额填列。

⑪"一年内到期的非流动负债"项目，反映资产负债表日企业持有的将于一年内到期的非流动负债的期末账面价值。该项目应根据"长期借款""应付债券""长期应付款"账户所属明细账户余额中将于一年内到期的数额之和计算填列。

(4) 非流动负债项目的填列方法

①"长期借款"项目，反映资产负债表日企业承担的向银行或其他金融机构等借入的期限在一年以上（不含一年）的各种借款的期末账面价值中的非流动部分。该项目应根据"长期借款"账户的相关明细账户的期末余额分析填列。

②"应付债券"项目，反映企业为筹集长期资金而发行债券的本金和利息在资产负债表日的账面价值中的非流动部分。该项目应根据"应付债券"账户的相关明细账户的期末余额

分析填列。

③"长期应付款"项目，反映资产负债表日企业承担的除长期借款和应付债券以外的其他各种长期应付款项的期末账面价值中的非流动部分。该项目应根据"长期应付款""未确认融资费用"账户的相关明细账户的期末余额计算填列。

④"预计负债"项目，反映资产负债表日企业承担的就对外提供担保、未决诉讼、产品质量保证、亏损性合同等事项确认的预计负债的余额。该项目应根据"预计负债"总账账户所属各明细账户的期末余额中的非流动部分计算填列。

⑤"递延所得税负债"项目，反映资产负债表日企业确认的应纳税暂时性差异产生的所得税负债的余额。该项目应根据"递延所得税负债"账户的期末余额分析填列。

(5) 所有者权益（或股东权益）项目的填列方法

①"实收资本（或股本）"项目，反映企业接受投资者投入的实收资本在资产负债表日的余额。该项目应根据"实收资本（或股本）"账户的期末余额填列。

②"其他权益工具"项目，反映企业发行的除普通股（作为实收资本或股本）以外，按照金融负债和权益工具区分原则分类为权益工具的其他权益工具在资产负债表日的余额。该项目应该根据"其他权益工具"账户的期末余额填列。

③"资本公积"项目，反映企业收到投资者出资额超出其在注册资本或股本中所占份额的部分在资产负债表日的余额。该项目应该根据"资本公积"账户的期末余额填列。

④"其他综合收益"项目，反映企业根据会计准则规定未在当期损益中确认的各项利得和损失在资产负债表日的余额。该项目应该根据"其他综合收益"账户的期末余额填列。

⑤"盈余公积"项目，反映企业从净利润中提取的盈余公积在资产负债表日的余额。该项目应根据"盈余公积"账户的期末余额填列。

⑥"未分配利润"项目，反映企业在资产负债表日累计未分配利润或未弥补亏损的余额。该项目应根据"本年利润"账户及"利润分配"总账账户所属的"未分配利润"明细账户的期末余额分析填列。

2) 资产负债表"期末余额"栏的填列方法

(1) 根据总账科目余额直接填列

"交易性金融资产""递延所得税资产""短期借款""交易性金融负债""应付职工薪酬""应交税费""递延所得税负债""实收资本（或股本）""资本公积""库存股""盈余公积"等项目，应根据有关总账科目的余额填列。

(2) 根据总账科目余额加计填列

"货币资金"项目，需根据"库存现金""银行存款""其他货币资金"三个总账科目的期末余额的合计数填列；"其他应收款"项目根据"其他应收款""应收利息""应收股利"三个总账科目的期末余额的合计数填列；"其他应付款"项目根据"其他应付款""应付利息""应付股利"三个总账科目的期末余额的合计数填列；"长期应付款"项目应根据"长期应付款"科目和"专项应付款"科目的期末余额的合计数填列。

(3) 根据明细账科目余额计算填列

"一年内到期的非流动资产""一年内到期的非流动负债"项目，应根据有关非流动资产或负债项目的明细科目余额分析填列；"长期借款""应付债券"项目，应分别根据"长期借款""应付债券"科目的明细科目余额分析填列；"未分配利润"项目，应根据"利润分配"

科目中所属的"未分配利润"明细科目期末余额填列。

（4）根据总账科目和明细账科目余额分析计算填列

"长期借款"项目，应根据"长期借款"总账科目余额扣除"长期借款"科目所属的明细科目中将在资产负债表日起一年内到期且企业不能自主地将清偿义务展期的长期借款后的金额计算填列。"长期待摊费用"项目，应根据"长期待摊费用"科目的期末余额减去将于一年内（含一年）摊销的数额后的金额填列；"其他非流动负债"项目，应根据有关科目的期末余额减去将于一年内（含一年）到期偿还数后的金额填列。

（5）根据有关科目余额减去其备抵科目余额后的净额填列

"其他债权投资"或"其他权益工具投资""债权投资""长期股权投资""在建工程""商誉"项目，应根据相关科目的期末余额填列，已计提减值准备的，还应扣减相应的减值准备；"固定资产""无形资产""投资性房地产""生产性生物资产""油气资产"项目，应根据相关科目的期末余额扣减相关的累计折旧（或摊销、折耗）填列，已计提减值准备的，还应扣除相应的减值准备，采用公允价值计量的上述资产，应根据相关科目的期末余额填列。

（6）综合运用上述填列方法分析填列

"应收票据及应收账款"项目，应根据"应收票据""应收账款"科目所属各明细科目的期末借方余额合计数，减去"坏账准备"科目中有关应收账款计提的坏账准备期末余额后的金额填列。

3）资产负债表"年初余额"栏的填列方法

资产负债表中"年初余额"栏通常根据上年末有关项目的期末余额填列，且与上年末资产负债表"期末余额"栏一致。企业在首次执行新准则时，应当按照《企业会计准则第38号——首次执行企业会计准则》对首次执行新准则当年的"年初余额"栏及相关项目进行调整；以后期间，如果企业发生了会计政策变更、前期差错更正，应当对"年初余额"栏中的有关项目进行相应调整。此外，如果企业上年度资产负债表规定的项目的名称和内容同本年度不一致，应对上年末资产负债表相关项目的名称和数字按照本年度的规定进行调整，填入"年初余额"栏。

6. 资产负债表编制示例

【**例 14-1**】 天宇公司 2018 年 12 月 31 日的资产负债表（年初余额略）及 2019 年 12 月 31 日的科目余额表分别见表 14-1 和表 14-2。假设天宇公司 2018 年度除计提固定资产减值准备导致固定资产账面价值与其计税基础存在可抵扣暂时性差异外，其他资产和负债项目的账面价值均等于其计税基础。假定天宇公司未来很可能获得足够的应纳税所得额用来抵扣可抵扣暂时性差异，适用的所得税税率为 25%。

表 14-1 资产负债表

编制单位：天宇公司　　　　　　2018 年 12 月 31 日　　　　　　会企 02 表　单位：元

资产	期末余额	年初余额	负债和所有者权益（或股东权益）	期末余额	年初余额
流动资产：			流动负债：		
货币资金	1 406 300		短期借款	300 000	
交易性金融资产	15 000		交易性金融负债	0	

续表

资产	期末余额	年初余额	负债和所有者权益（或股东权益）	期末余额	年初余额
衍生金融资产	0		衍生金融负债	0	
应收票据	246 000		应付票据	200 000	
应收账款	299 100		应付账款	953 800	
预付款项	100 000		预收款项	0	
其他应收款	5 000		合同负债	0	
存货	2 580 000		其他应付款	51 000	
合同资产	0		应付职工薪酬	110 000	
持有待售资产	0		应交税费	36 600	
一年内到期的非流动资产	0		持有待售负债	0	
其他流动资产	100 000		一年内到期的非流动负债	1 000 000	
流动资产合计	4 751 400		其他流动负债	0	
非流动资产：			流动负债合计	2 651 400	
债权投资	0		非流动负债：		
其他债权投资	0		长期借款	600 000	
长期应收款	0		应付债券	0	
长期股权投资	250 000		长期应付款	0	
其他权益工具投资	0		专项应付款	0	
其他非流动金融资产	0		预计负债	0	
投资性房地产	0		递延收益	0	
固定资产	1 100 000		递延所得税负债	0	
在建工程	1 500 000		其他非流动负债	0	
生产性生物资产	0		非流动负债合计	600 000	
油气资产	0		负债合计	3 251 400	
无形资产	600 000		股东权益：		
开发支出	0		实收资本（或股本）	5 000 000	
商誉	0		资本公积	0	
长期待摊费用	0		减：库存股	0	
递延所得税资产	0		盈余公积	100 000	
其他非流动资产	200 000		未分配利润	50 000	
非流动资产合计	3 650 000		股东权益合计	5 150 000	
资产总计	8 401 400		负债和所有者权益（或股东权益）总计	8 401 400	

表14-2 科目余额表

单位：元

科目名称	借方余额	科目名称	贷方余额
库存现金	2 000	短期借款	50 000
银行存款	805 831	应付票据	100 000
其他货币资金	7 300	应付账款	953 800
交易性金融资产	0	其他应付款	50 000
应收票据	66 000	应付职工薪酬	180 000
应收账款	600 000	应交税费	226 731
坏账准备	−1 800	应付利息	0
预付账款	100 000	应付股利	32 215.85
其他应收款	5 000	合同负债	0
材料采购	275 000	持有待售负债	0
原材料	45 000	一年内到期的长期负债	0
周转材料	38 050	长期借款	1 160 000
库存商品	2 122 400	股本	5 000 000
材料成本差异	4 250	盈余公积	124 770.4
合同资产	0	利润分配（未分配利润）	218 013.75
持有待售资产	0		
其他流动资产	100 000		
长期股权投资	250 000		
固定资产	2 401 000		
累计折旧	−170 000		
固定资产减值准备	−30 000		
工程物资	300 000		
在建工程	428 000		
无形资产	600 000		
累计摊销	−60 000		
递延所得税资产	7 500		
其他长期资产	200 000		
合计	8 095 531	合计	8 095 531

根据上述资料，编制天宇公司2019年12月31日的资产负债表如表14-3所示。

表 14-3 资产负债表

编制单位：天宇公司　　　　　　　　2019 年 12 月 31 日　　　　　　　　　　　　　单位：元

资产	期末余额	年初余额	负债和所有者权益（或股东权益）	期末余额	年初余额
流动资产：			流动负债：		
货币资金	815 131	1 406 300	短期借款	50 000	300 000
交易性金融资产	0	15 000	交易性金融负债	0	0
衍生金融资产	0	0	衍生金融负债	0	0
应收票据	66 000	299 100	应付票据	100 000	200 000
应收账款	598 200	100 000	应付账款	953 800	953 800
预付款项	100 000	100 000	预收款项	0	0
其他应收款	5 000	5 000	合同负债	0	0
存货	2 484 700	2 580 000	应付职工薪酬	180 000	110 000
一年内到期的非流动资产	0	0	应交税费	226 731	36 600
其他流动资产	100 000	100 000	其他应付款	82 215.85	51 000
流动资产合计	4 169 031	4 751 400	一年内到期的非流动负债	0	1 000 000
非流动资产：			其他流动负债	0	0
债权投资	0	0	流动负债合计	1 592 746.85	2 651 400
长期债权投资	0	0	非流动负债：		
长期应收款	0	0	长期借款	1 160 000	600 000
长期股权投资	250 000	250 000	应付债券	0	0
其他权益工具投资	0	0	长期应付款	0	0
其他非流动金融资产	0	0	预计负债	0	0
投资性房地产	0	0	递延收益	0	0
固定资产	2 201 000	1 100 000	递延所得税负债	0	0
在建工程	728 000	1 500 000	其他非流动负债	0	0
生产性生物资产	0	0	非流动负债合计	1 160 000	600 000
油气资产	0	0	负债合计	2 752 746.85	3 251 400
无形资产	540 000	600 000	所有者权益（或股东权益）：		
开发支出	0	0	实收资本（或股本）	5 000 000	5 000 000
商誉	0	0	其他权益工具	0	0
长期待摊费用	0	0	资本公积	0	0
递延所得税资产	7 500	0	减：库存股	0	0
其他非流动资产	200 000	200 000	其他综合收益	0	0
非流动资产合计	3 926 500	3 650 000	盈余公积	124 770.4	100 000
			未分配利润	218 013.75	50 000
			所有者权益（或股东权益）合计	5 342 784.15	5 150 000
资产总计	8 095 531	8 401 400	负债和所有者权益（或股东权益）总计	8 095 531	8 401 400

14.3 利润表和综合收益表

1. 利润表

1) 利润表的内容

利润表是反映企业在一定会计期间经营成果的会计报表。利润表的列报必须充分反映企业经营业绩的主要来源和构成，有助于使用者判断净利润的质量及其风险，有助于使用者预测净利润的持续性，从而做出正确的决策。利用利润表，可以评价一个企业的经营成果和投资效率，分析企业的盈利能力及预测未来一定时期内的盈利趋势。

2) 利润表的结构

利润表的表首应标明企业和该表的名称，表的名称下面应标明编制的期间。由于利润表反映企业某一期间的经营成果，因而其时间只能表示为"某年某月份""某年某月某日至某年某月某日"或"某年某月某日结束的会计年度"。

利润表结构常见的主要有单步式和多步式两种。我国企业的利润表基本上采用的是多步式结构，即通过对当期的收入、费用、支出项目按性质加以归类，按利润形成的主要环节列示一些中间性利润指标，分步计算当期损益。

利润表主要反映以下几方面的内容。

① 营业收入。由主营业务收入和其他业务收入组成。

② 营业利润。即营业收入减去营业成本（主营业务成本、其他业务成本）、税金及附加、销售费用、管理费用、财务费用、资产减值损失，加上公允价值变动收益、投资收益。

③ 利润总额。营业利润加上营业外收入，减去营业外支出，即为利润总额。

④ 净利润。利润总额减去所得税费用，即为净利润。

⑤ 每股收益。普通股或潜在普通股已公开交易的企业，以及正处于公开发行普通股或潜在普通股过程中的企业，应当在利润表中列示每股收益信息，包括基本每股收益和稀释每股收益两项指标。

此外，为了使报表使用者通过比较不同期间利润的实现情况，判断企业经营成果的未来发展趋势，企业需要提供比较利润表。年度利润表就各项目再分为"本期金额"和"上期金额"两栏分别填列，月度利润表则分为"本月数"和"本年累计数"两栏。

3) 利润表的填列方法

（1）上期金额栏的填列方法

利润表"上期金额"栏内各项数字，应根据上年该期利润表"本期金额"栏内所列数字填列。如果上年该期利润表规定的各个项目的名称和内容同本期不一致，应对上年该期利润表各项目的名称和数字按本期的规定进行调整，填入利润表"上期金额"栏内。

（2）本期金额栏的填列方法

利润表"本期金额"栏内各项数字一般应根据损益类科目的发生额分析填列。

2. 综合收益表

1) 综合收益表的性质与内容

综合收益表是企业在一定时期内除所有者投资和对所有者分配等与所有者之间的资本业

务之外的交易或其他事项所形成的所有者权益的变化额，包括净利润和其他综合收益。净利润是综合收益的重要组成部分，其他综合收益是除净利润之外的所有综合收益。其他综合收益通常包括其他权益工具投资与其他债权投资的公允价值变动、按照权益法核算的在被投资单位其他综合收益中应享有的部分。

2）综合收益的列报方式

综合收益的列报可以有下列两种不同的方式。

① 编制独立的综合收益表。该表第一部分列示净利润，第二部分列示其他综合收益的具体构成项目及其调整金额。

② 将其他综合收益的数据与利润表数据列示于同一张报表。这张报表可称为"利润与综合收益表"。该表的上半部分列示利润表数据，下半部分列示其他综合收益数据。其格式如表14-5所示。

我国现行会计准则只要求企业采用简化的方法列报综合收益数据，即在利润表的最下端列示其他综合收益和综合收益总额。但是应在报表附注中详细披露其他综合收益各项目及其对所得税的影响，以及原计入其他综合收益、当期转入损益的金额等信息。

3）几个重要项目的填列说明

(1) 与其他权益工具投资、其他债权投资相关的其他综合收益

按照现行会计准则的规定，其他权益工具投资与其他债权投资的公允价值变动额应当计入"资本公积"，从而构成"其他综合收益"的组成部分。但如果本期处置了以前期间取得的其他权益工具投资与其他债权投资，由于要将处置所得与取得该资产的成本之间的差额全部计入当期损益，而该金融资产在以前期间的公允价值变动额已经计入相应期间的"其他综合收益"，因而应将这部分在前期已经计入其他综合收益转入当期利润的金额从本期的"其他综合收益"中减去，以避免重复计算。

(2) 与按权益法核算的长期股权投资相关的其他综合收益

在长期股权投资按权益法核算的情形下，被投资企业的其他资本公积的变动，也即被投资企业确认的其他综合收益额，投资企业要按其持股比例确认相应的份额，计入资本公积，并调整长期股权投资的余额。在这种情况下确认的资本公积也是投资企业当期的其他综合收益。

(3) 与计入其他综合收益项目相关的所得税影响

该项目是指在确认其他综合收益时考虑所得税的影响，由于相应确认递延所得税负债或递延所得税资产而对其他综合收益的调整，这意味着综合收益表中"其他综合收益"各项目所反映的都是未考虑所得税影响的税前金额。各项目所得税影响合并在本项目中反映。

3. 利润表编制示例

【例14-2】 天宇公司2019年度有关损益类科目本年累计发生净额如表14-4所示。

表14-4 天宇公司损益类科目2019年度累计发生净额

单位：元

账户名称	借方发生额	贷方发生额
主营业务收入		1 250 000
主营业务成本	750 000	

续表

账户名称	借方发生额	贷方发生额
税金及附加	2 000	
销售费用	20 000	
管理费用	107 100	
研发费用	50 000	
财务费用	41 500	
信用减值损失	10 000	
资产减值损失	20 000	
资产处置收益	900	
其他收益		10 000
投资收益		20 500
公允价值变动收益		1000
营业外收入		50 000
营业外支出	19 700	
所得税费用	85 300	

根据上述资料，编制天宇公司2019年度利润表与综合收益表如表14-5所示。

表14-5 利润表与综合收益表

编制单位：天宇公司　　　　　　　　2019年　　　　　　　　会企02表　　单位：元

项　目	本期金额	上期金额（略）
一、营业收入	1 250 000	
减：营业成本	750 000	
税金及附加	2 000	
销售费用	20 000	
管理费用	107 100	
研发费用	50 000	
财务费用	41 500	
资产减值损失	30 900	
加：其他收益	10 000	
投资收益	20 500	
公允价值变动收益	1000	
信用减值损失	-10 000	
资产减值损失	-20 000	
资产处置收益	-900	
二、营业利润（亏损以"-"号填列）	280 000	
加：营业外收入	50 000	

续表

项　　目	本期金额	上期金额（略）
减：营业外支出	19 700	
三、利润总额（亏损总额以"—"号填列）	310 300	
减：所得税费用	85 300	
四、净利润（净亏损以"—"号填列）	225 000	
五、每股收益：	（略）	
（一）基本每股收益		
（二）稀释每股收益		
六、其他综合收益		
1. 其他权益工具投资或其他债权投资	10 000	
加：当期利得（损失）金额		
减：前期计入其他综合收益当期转入利润的金额		
2. 按照权益法核算的在被投资单位其他综合收益中所享用的份额		
3. 现金流量套期工具		
加：当期利得（损失）金额		
减：前期计入其他综合收益当期转入利润的金额		
当期被套期项目初始确认金额的调整额		
4. 境外经营外币折算差额		
5. 与计入其他综合收益相关的所得税影响	−2 500	
6. 其他		
其他综合收益合计	7 500	
综合收益总额	500	

14.4　现金流量表

1. 现金流量表的作用

现金流量表，是指反映企业在一定会计期间现金和现金等价物流入和流出的报表。从内容上看，现金流量表被划分为经营活动、投资活动和筹资活动三个部分，每类活动又分为各具体项目，这些项目从不同角度反映企业业务活动的现金流入与流出，弥补了资产负债表和利润表提供信息的不足。通过现金流量表，报表使用者能够了解现金流量的影响因素，评价企业的支付能力、偿债能力和周转能力，预测企业未来现金流量，为其决策提供有力依据。具体而言，现金流量表使用者可以评估企业以下几个方面的事项：企业未来会计期间产生净现金流量的能力；企业偿还债务及支付企业所有者投资报酬的能力；企业的利润与经营活动所产生的净现金流量发生差异的原因；会计年度内影响或不影响现金的投资活动与筹资活动。

2. 现金流量表的编制基础

从编制原则上看，现金流量表按照收付实现制原则编制，将权责发生制下的盈利信息调整为收付实现制下的现金流量信息,便于信息使用者了解企业净利润的质量。

3. 现金流量的分类

在现金流量表中,现金及现金等价物被视为一个整体,企业现金形式的转换不会产生现金的流入和流出。例如,企业从银行提取现金是企业现金存放形式的转换,并未流出企业,不构成现金流量。同样,现金与现金等价物之间的转换也不属于现金流量。例如,企业用现金购买三个月到期的国库券。根据企业业务活动的性质和现金流量的来源,现金流量表在结构上将企业一定期间产生的现金流量分为三类:经营活动产生的现金流量、投资活动产生的现金流量和筹资活动产生的现金流量。

4. 现金流量表的填列方法

1) 经营活动产生的现金流量

经营活动是指企业投资活动和筹资活动以外的所有交易和事项。各类企业由于行业特点不同,对经营活动的认定存在一定差异。对于工商企业而言,经营活动主要包括销售商品、提供劳务、购买商品、接受劳务、支付税费等。对于商业银行而言,经营活动主要包括吸收存款、发放贷款、同业存放、同业拆借等。对于保险公司而言,经营活动主要包括原保险业务和再保险业务等。对于证券公司而言,经营活动主要包括自营证券、代理承销证券、代理兑付证券、代理买卖证券等。

在我国,企业经营活动产生的现金流量应当采用直接法填列。直接法是指通过现金收入和现金支出的主要类别列示经营活动的现金流量。

2) 投资活动产生的现金流量

投资活动是指企业长期资产的购建和不包括在现金等价物范围内的投资及其处置活动。长期资产是指固定资产、无形资产、在建工程、其他资产等持有期限在一年或一个营业周期以上的资产。这里所讲的投资活动,既包括实物资产投资,也包括金融资产投资。这里之所以将"包括在现金等价物范围内的投资"排除在外,是因为已经将包括在现金等价物范围内的投资视同现金。不同企业由于行业特点不同,对投资活动的认定也存在差异。例如,交易性金融资产所产生的现金流量,对于工商业企业而言,属于投资活动现金流量,而对于证券公司而言,属于经营活动现金流量。

3) 筹资活动产生的现金流量

筹资活动是指导致企业资本及债务规模和构成发生变化的活动。这里所说的资本,既包括实收资本(股本),也包括资本溢价(股本溢价);这里所说的债务,指对外举债,包括向银行借款、发行债券及偿还债务等。通常情况下,应付账款、应付票据等商业应付款属于经营活动,不属于筹资活动。

此外,对于企业日常活动之外特殊的、不经常发生的特殊项目,如自然灾害损失、保险赔款、捐赠等应当归并到相关类别中,并单独反映。比如,对于自然灾害损失和保险赔款,如果能够确定属于流动资产损失,应当列入经营活动产生的现金流量;属于固定资产损失,应当列入投资活动产生的现金流量。

4) 汇率变动对现金及现金等价物的影响

编制现金流量表时,应当将企业外币现金流量及境外子公司的现金流量折算成记账本位币。外币现金流量及境外子公司的现金流量,应当采用现金流量发生日的即期汇率或按照系统合理的方法确定的、与现金流量发生日即期汇率近似的汇率折算。汇率变动对现金的影响额应当作为调节项目，在现金流量表中单独列报。

汇率变动对现金的影响，是指企业外币现金流量及境外子公司的现金流量折算成记账本位币时，所采用的是现金流量发生日的汇率或按照系统合理的方法确定的、与现金流量发生日即期汇率近似的汇率，而现金流量表"现金及现金等价物净增加额"项目中外币现金净增加额是按资产负债表日的即期汇率折算的。这两者的差额即为汇率变动对现金的影响。

在编制现金流量表时，对当期发生的外币业务，也可不必逐笔计算汇率变动对现金的影响，可以通过现金流量表补充资料中"现金及现金等价物净增加额"数额与现金流量表中"经营活动产生的现金流量净额""投资活动产生的现金流量净额""筹资活动产生的现金流量净额"三项之和比较，其差额即为"汇率变动对现金的影响额"。

5）现金流量表补充资料

除现金流量表反映的信息外，企业还应在附注中披露将净利润调节为经营活动现金流量、不涉及现金收支的重大投资活动和筹资活动、现金及现金等价物净变动等信息。

（1）将净利润调节为经营活动现金流量

现金流量表采用直接法反映经营活动产生的现金流量，同时企业还应采用间接法反映经营活动产生的现金流量。间接法，是指以本期净利润为起点，通过调整不涉及现金的收入、费用、营业外收支及经营性应收应付等项目的增减变动，调整不属于经营活动的现金收支项目，据此计算并列报经营活动产生的现金流量的方法。在我国，现金流量表补充资料应采用间接法反映经营活动产生的现金流量情况，以对现金流量表中采用直接法反映的经营活动现金流量进行核对和补充说明。

采用间接法列报经营活动产生的现金流量时，需要对四大类项目进行调整：实际没有支付现金的费用；实际没有收到现金的收益；不属于经营活动的损益；经营性应收应付项目的增减变动。

（2）不涉及现金收支的重大投资活动和筹资活动

不涉及现金收支的重大投资活动和筹资活动，反映企业一定期间内影响资产或负债但不形成该期现金收支的所有投资活动和筹资活动的信息。这些投资活动和筹资活动虽然不涉及现金收支，但对以后各期的现金流量有重大影响。例如，企业融资租入设备，将形成的负债记入"长期应付款"账户，当期并不支付设备款及租金，但以后各期必须为此支付现金，从而在一定期间内形成了一项固定的现金支出。

企业应当在附注中披露不涉及当期现金收支，但影响企业财务状况或在未来可能影响企业现金流量的重大投资活动和筹资活动。主要包括：债务转为资本，反映企业本期转为资本的债务金额；一年内到期的可转换公司债券，反映企业一年内到期的可转换公司债券的本息；融资租入固定资产，反映企业本期融资租入的固定资产。

（3）现金及现金等价物净变动

企业应当在附注中披露与现金及现金等价物有关的下列信息：现金及现金等价物的构成及其在资产负债表中的相应金额；企业持有但不能由母公司或集团内其他子公司使用的大额现金等价物金额。企业持有现金及现金等价物但不能被集团使用的情形很多，例如国外经营的子公司，由于受当地外汇管制或其他立法的限制，其持有的现金及现金等价物不能由母公司或其他子公司正常使用。

5. 现金流量表的编制方法及程序

1) 直接法和间接法

编制现金流量表时，列报经营活动现金流量的方法有两种：一是直接法，二是间接法。在直接法下，一般是以利润表中的营业收入为起算点，调节与经营活动有关的项目的增减变动，然后计算经营活动产生的现金流量。在间接法下，将净利润调节为经营活动现金流量，实际上就是将按权责发生制原则确定的净利润调整为现金净流入，并剔除投资活动和筹资活动对现金流量的影响。

采用直接法编报的现金流量表，便于分析企业经营活动产生的现金流量的来源和用途，预测企业现金流量的未来前景；采用间接法编报的现金流量表，便于将净利润与经营活动产生的现金流量净额进行比较，了解净利润与经营活动产生的现金流量产生差异的原因，从现金流量的角度分析净利润的质量。所以，我国企业会计准则规定企业应当采用直接法编制现金流量表，同时要求在附注中提供以净利润为基础调节到经营活动现金流量的信息。

2) 工作底稿法、T形账户法和分析填列法

在具体编制现金流量表时，可以采用工作底稿法或T形账户法，也可以根据有关科目记录分析填列。

(1) 工作底稿法

采用工作底稿法编制现金流量表，是以工作底稿为手段，以资产负债表和利润表数据为基础，对每一项目进行分析并编制调整分录，从而编制现金流量表。工作底稿法的程序如下。

① 将资产负债表的期初数和期末数过入工作底稿的期初数栏和期末数栏。

② 对当期业务进行分析并编制调整分录。编制调整分录时，要以利润表项目为基础，从"营业收入"开始，结合资产负债表项目逐一进行分析。在调整分录中，有关现金及现金等价物的事项，并不直接借记或贷记现金，而是分别记入"经营活动产生的现金流量""投资活动产生的现金流量""筹资活动产生的现金流量"有关项目，借记表示现金流入，贷记表示现金流出。

③ 将调整分录过入工作底稿中的相应部分。

④ 核对调整分录，借方、贷方合计数均已经相等，资产负债表项目期初数加减调整分录中的借贷金额以后，也等于期末数。

⑤ 根据工作底稿中的现金流量表项目编制正式的现金流量表。

(2) T形账户法

采用T形账户法编制现金流量表，是以T形账户为手段，以资产负债表和利润表数据为基础，对每一项目进行分析并编制调整分录，从而编制现金流量表。T形账户法的程序如下。

① 为所有的非现金项目（包括资产负债表项目和利润表项目）分别开设T形账户，并将各自的期末期初变动数过入各账户。如果项目的期末数大于期初数，则将差额过入和项目余额相同的方向；反之，过入相反的方向。

② 开设一个大的"现金及现金等价物"T形账户，每边分为经营活动、投资活动和筹资活动三个部分，左边记现金流入，右边记现金流出。与其他账户一样，过入期末期初变动数。

③ 以利润表项目为基础，结合资产负债表分析每一个非现金项目的增减变动，并据此编制调整分录。

④ 将调整分录过入各T形账户，并进行核对，该账户借贷相抵后的余额与原先过入的

期末期初变动数应当一致。

⑤ 根据大的"现金及现金等价物"T形账户编制正式的现金流量表。

（3）分析填列法

分析填列法是直接根据资产负债表、利润表和有关会计科目明细账的记录，分析计算出现金流量表各项目的金额，并据以编制现金流量表的一种方法。

6. 现金流量表编制示例

【例 14-3】 天宇公司其他相关资料如下。

（1）2019 年度利润表有关项目的明细资料

① 管理费用的组成：职工薪酬 17 100 元，无形资产摊销 60 000 元，折旧费 20 000 元，支付其他费用 60 000 元。

② 财务费用的组成：计提借款利息 11 500 元，支付应收票据（银行承兑汇票）贴现利息 30 000 元。

③ 资产减值损失的组成：计提坏账准备 900 元，计提固定资产减值准备 30 000 元。上年年末坏账准备余额为 900 元。

④ 投资收益的组成：收到股息收入 30 000 元，与本金一起收回的交易性股票投资收益 500 元，自公允价值变动损益结转投资收益 1 000 元。

⑤ 营业外收入的组成：处置固定资产净收益 50 000 元（其所处置固定资产原价为 400 000 元，累计折旧为 150 000 元，收到处置收入 300 000 元）。假定不考虑与固定资产处置有关的税费。

⑥ 营业外支出的组成：报废固定资产净损失 19 700 元（其所报废固定资产原价为 200 000 元，累计折旧为 180 000 元，支付清理费用 500 元，收到残值收入 800 元）。

⑦ 所得税费用的组成：当期所得税费用 92 800 元，递延所得税收益 7 500 元。

除上述项目外，利润表中的销售费用 20 000 元至期末已经支付。

（2）资产负债表有关项目的明细资料

① 本期收回交易性股票投资本金 15 000 元、公允价值变动 1 000 元，同时实现投资收益 500 元。

② 存货中生产成本、制造费用的组成：职工薪酬 324 900 元，折旧费 80 000 元。

③ 应交税费的组成：本期增值税进项税额 42 466 元，增值税销项税额 212 500 元，已交增值税 100 000 元；应交所得税期末余额为 20 097 元，应交所得税期初余额为 0；应交税费期末数中应由在建工程负担的部分为 100 000 元。

④ 应付职工薪酬的期初数无应付在建工程人员的部分，本期支付在建工程人员职工薪酬 200 000 元。应付职工薪酬的期末数中应付在建工程人员的部分为 28 000 元。

⑤ 应付利息均为短期借款利息，其中本期计提利息 11 500 元，支付利息 12 500 元。

⑥ 本期用现金购买固定资产 101 000 元，购买工程物资 300 000 元。

⑦ 本期用现金偿还短期借款 250 000 元，偿还一年内到期的长期借款 1 000 000 元；借入长期借款 560 000 元。

根据以上资料，采用分析填列的方法，编制天宇公司 2019 年度的现金流量表。

① 天宇公司 2019 年度现金流量表各项目金额，分析确定如下。

销售商品、提供劳务收到的现金＝主营业务收入＋应交税费（应交增值税——销项税额）＋（应收账款年初余额－应收账款期末余额）＋（应收票据年初余额－应收票据期末余额）－当期计提的坏账准备－票据贴现的利息

＝1 250 000＋212 500＋（299 100－598 200）＋（246 000－66 000）－900－30 000

＝1 312 500（元）

购买商品、接受劳务支付的现金＝主营业务成本＋应交税费（应交增值税——进项税额）－（存货年初余额－存货期末余额）＋（应付账款年初余额－应付账款期末余额）＋（应付票据年初余额－应付票据期末余额）＋（预付账款期末余额－预付账款年初余额）－当期列入生产成本、制造费用的职工薪酬－当期列入生产成本、制造费用的折旧费和固定资产修理费

＝750 000＋42 466－（2 580 000－2 484 700）＋（953 800－953 800）＋（200 000－100 000）＋（100 000－100 000）－324 900－80 000

＝392 266（元）

支付给职工及为职工支付的现金＝生产成本、制造费用、管理费用中职工薪酬＋（应付职工薪酬年初余额－应付职工薪酬期末余额）－［应付职工薪酬（在建工程）年初余额－应付职工薪酬（在建工程）期末余额］

＝324 900＋17 100＋（110 000－180 000）－（0－28 000）

＝300 000（元）

支付的各项税费＝当期所得税费用＋税金及附加＋应交税费（应交增值税——已交税金）－（应交所得税期末余额－应交所得税期初余额）

＝92 800＋2 000＋100 000－（20 097－0）

＝174 703（元）

支付其他与经营活动有关的现金＝其他管理费用＋销售费用

＝60 000＋20 000

＝80 000（元）

收回投资收到的现金＝交易性金融资产贷方发生额＋与交易性金融资产一起收回的投资收益＝16 000＋500＝16 500（元）

取得投资收益收到的现金＝收到的股息收入＝30 000（元）

处置固定资产收回的现金净额＝300 000＋（800－500）＝300 300（元）

购建固定资产支付的现金＝用现金购买的固定资产、工程物资＋支付给在建工程人员的薪酬＝101 000＋300 000＋200 000＝601 000（元）

取得借款收到的现金＝560 000（元）

偿还债务支付的现金＝250 000＋1 000 000＝1 250 000（元）

偿还利息支付的现金＝12 500（元）

② 将净利润调节为经营活动现金流量，各项目计算分析如下。

资产减值准备＝900＋30 000＝30 900（元）

固定资产折旧＝20 000＋80 000＝100 000（元）

无形资产摊销＝60 000（元）

处置固定资产、无形资产和其他长期资产的损失（减：收益）＝－50 000（元）

固定资产报废损失＝19 700（元）

财务费用＝11 500（元）

投资损失（减：收益）＝－31 500（元）

递延所得税资产减少＝0－7 500＝－7 500（元）

存货的减少＝2 580 000－2 484 700＝95 300（元）

经营性应收项目的减少＝（246 000－66 000）+（299 100+900－598 200－1 800）＝－120 000（元）

经营性应付项目的增加＝（100 000－200 000）+（100 000－100 000）+［(180 000－28 000)－110 000］+［(226 731－100 000)－36 600］＝32 131（元）

③ 根据上述数据，编制现金流量表（见表14-6）及其补充资料（见表14-7）。

表14-6 现金流量表

编制单位：天宇公司　　　　　　　　　　2019年　　　　　　　　　　　　　　单位：元

项　目	本期金额	上期金额
一、经营活动产生的现金流量：		略
销售商品、提供劳务收到的现金	1 312 500	
收到的税费返还	0	
收到其他与经营活动有关的现金	0	
经营活动现金流入小计	1 312 500	
购买商品、接受劳务支付的现金	392 266	
支付给职工及为职工支付的现金	300 000	
支付的各项税费	174 703	
支付其他与经营活动有关的现金	80 000	
经营活动现金流出小计	946 969	
经营活动产生的现金流量净额	365 531	
二、投资活动产生的现金流量：		
收回投资收到的现金	16 500	
取得投资收益收到的现金	30 000	
处置固定资产、无形资产和其他长期资产收回的现金净额	300 300	
处置子公司及其他营业单位收到的现金净额	0	
收到其他与投资活动有关的现金	0	
投资活动现金流入小计	346 800	
购建固定资产、无形资产和其他长期资产支付的现金	601 000	
投资支付的现金	0	
取得子公司及其他营业单位支付的现金净额	0	
支付其他与投资活动有关的现金	0	
投资活动现金流出小计	601 000	
投资活动产生的现金流量净额	－254 200	
三、筹资活动产生的现金流量：		
吸收投资收到的现金	0	
取得借款收到的现金	560 000	
收到其他与筹资活动有关的现金	0	

续表

项　目	本期金额	上期金额
筹资活动现金流入小计	560 000	
偿还债务支付的现金	1 250 000	
分配股利、利润或偿付利息支付的现金	12 500	
支付其他与筹资活动有关的现金	0	
筹资活动现金流出小计	1 262 500	
筹资活动产生的现金流量净额	−702 500	
四、汇率变动对现金及现金等价物的影响	0	
五、现金及现金等价物净增加额	−591 169	
加：期初现金及现金等价物余额	1 406 300	
六、期末现金及现金等价物余额	815 131	

表 14-7　现金流量补充资料

单位：元

补充资料	本期金额	上期金额
1. 将净利润调节为经营活动现金流量：		略
净利润	225 000	
加：资产减值准备	30 900	
固定资产折旧、油气资产折耗、生产性生物资产折旧	100 000	
无形资产摊销	60 000	
长期待摊费用摊销	0	
处置固定资产、无形资产和其他长期资产的损失（收益以"−"号填列）	−50 000	
固定资产报废损失（收益以"−"号填列）	19 700	
公允价值变动损失（收益以"−"号填列）	0	
财务费用（收益以"−"号填列）	11 500	
投资损失（收益以"−"号填列）	−31 500	
递延所得税资产减少（增加以"−"号填列）	−2 500	
递延所得税负债增加（减少以"−"号填列）	0	
存货的减少（增加以"−"号填列）	95 300	
经营性应收项目的减少（增加以"−"号填列）	−120 000	
经营性应付项目的增加（减少以"−"号填列）	32 131	
其他	0	
经营活动产生的现金流量净额	365 531	
2. 不涉及现金收支的重大投资和筹资活动		
债务转为资本	0	
一年内到期的可转换公司债券	0	
融资租入固定资产	0	
3. 现金及现金等价物净变动情况		
现金的期末余额	815 131	
减：现金的期初余额	1 406 300	
加：现金等价物的期末余额	0	
减：现金等价物的期初余额	0	
现金及现金等价物净增加额	−591 169	

14.5 所有者权益变动表

1. 所有者权益变动表的内容及结构

所有者权益变动表是一张反映构成所有者权益各组成部分当期增减变动情况的报表。所有者权益变动表至少应当单独列示反映下列信息的项目：净利润；直接计入所有者权益的利得和损失项目及其总额；会计政策变更和差错更正的累积影响金额；所有者投入资本和向所有者分配利润等；提取的盈余公积；实收资本或股本、资本公积、盈余公积、未分配利润的期初和期末余额及其调节情况。

为了清楚地表明构成所有者权益的各组成部分当期的增减变动情况，所有者权益变动表应当以矩阵的形式列示：一方面，列示导致所有者权益变动的交易或事项；另一方面，按照所有者权益各组成部分及其总额列示交易或事项对所有者权益的影响。此外，企业还需要提供比较所有者权益变动表。所有者权益变动表就各项目再分为"本年金额"和"上年金额"两栏分别填列。

2. 所有者权益变动表的填列方法

（1）上年金额栏的填列方法

所有者权益变动表"上年金额"栏内各项数字，应根据上年度所有者权益变动表"本年金额"栏内所列数字填列。如果上年度所有者权益变动表规定的各个项目的名称和内容同本年度不相一致，应对上年度所有者权益变动表各项目的名称和数字按本年度的规定进行调整，填入所有者权益变动表"上年金额"栏内。

（2）本年金额栏的填列方法

所有者权益变动表"本年金额"栏内各项数字一般应根据"实收资本（或股本）""资本公积""盈余公积""利润分配""库存股""以前年度损益调整"科目的发生额分析填列。

3. 所有者权益变动表编制示例

【例14-4】 天宇公司根据本章前述三个例题资料编制2019年度的所有者权益变动表如表14-8所示。

表14-8 所有者权益变动表

编制单位：天宇公司　　　　　　　　　　2019年度　　　　　　　　　　单位：元

项目	本年金额						上年金额					
	实收资本（股本）	资本公积	减：库存股	盈余公积	未分配利润	所有者权益合计	实收资本（股本）	资本公积	减：库存股	盈余公积	未分配利润	所有者权益合计
一、上年年末余额	5 000 000	0	0	100 000	50 000	5 150 000						
加：会计政策变更												
前期差错更正												
二、本年年初余额	5 000 000	0	0	100 000	50 000	5 150 000						
三、本年增减变动金额（减少以"-"号填列）												

续表

项 目	本年金额						上年金额					
	实收资本（股本）	资本公积	减：库存股	盈余公积	未分配利润	所有者权益合计	实收资本（股本）	资本公积	减：库存股	盈余公积	未分配利润	所有者权益合计
（一）净利润					225 000	225 000						
（二）直接计入所有者权益的利得和损失												
1. 其他权益工具投资或其他债权投资公允价值变动净额												
2. 权益法下被投资单位其他所有者权益变动的影响												
3. 与计入所有者权益项目相关的所得税影响												
4. 其他												
（三）所有者投入和减少资本												
1. 所有者投入资本												
2. 股份支付计入所有者权益的金额												
3. 其他												
（四）利润分配												
1. 提取盈余公积				24 770.4	−24 770.4	0						
2. 对所有者（或股东）的分配					−32 215.85	−32 215.85						
3. 其他												
（五）所有者权益内部结转												
1. 资本公积转增资本（或股本）												
2. 盈余公积转增资本（或股本）												
3. 盈余公积弥补亏损												
4. 设定受益计划变动额结转留存收益												
5. 其他												
四、本年年末余额	5 000 000	0	0	124 770.4	218 013.75	5 342 784.15						

14.6　财务报表附注

附注是对资产负债表、利润表、现金流量表和所有者权益变动表等报表中列示项目的文字描述或明细资料，以及对未能在这些报表中列示项目的说明等。附注是财务报表的重要组成部分。附注应当按照如下顺序披露有关内容。

1. 企业的基本情况

附注中企业的基本情况应该包括：企业注册地、组织形式和总部地址；企业的业务性质和主要经营活动；母公司及集团公司的名称；财务报告的批准报出者和财务报告批准报出日，按照有关法律、行政法规等规定，企业所有者或其他方面有权对报出的财务报告进行修改的事实。

2. 财务报表的编制基础

财务报表的编制基础包括：会计年度；记账本位币；会计计量所运用的计量基础；现金及现金等价物的构成。

3. 遵循企业会计准则的声明

企业应当明确说明编制的财务报表符合企业会计准则的要求，真实、公允地反映了企业的财务状况、经营成果和现金流量等有关信息，以此明确企业编制财务报表所依据的制度基础。

4. 重要会计政策和会计估计

企业应当披露采用的重要会计政策和会计估计，不重要的会计政策和会计估计可以不披露。

1) 重要会计政策的说明

由于企业经济业务的复杂性和多样化，某些经济业务可以有多种会计处理方法，即存在不止一种可供选择的会计政策。企业在发生某项经济业务时，必须从允许的会计处理方法中选择适合本企业特点的会计政策。企业选择不同的会计处理方法，可能极大地影响企业的财务状况和经营成果，进而编制出不同的财务报表。为了有助于使用者理解，有必要对这些会计政策加以披露。

需要特别指出的是，说明会计政策时还需要披露下列两项内容。

(1) 财务报表项目的计量基础

会计计量属性包括历史成本、重置成本、可变现净值、现值和公允价值，这直接显著影响报表使用者的分析，这项披露要求便于使用者了解企业财务报表中的项目是按何种计量基础予以计量的，如存货是按成本计量还是按可变现净值计量等。

(2) 会计政策的确定依据

主要是指企业在运用会计政策过程中所作的对报表中确认的项目金额最具影响的判断。例如，企业如何判断持有的金融资产是持有至到期的投资而不是交易性投资；又比如，对于拥有的持股不足50%的关联企业，企业为何判断企业拥有控制权因此将其纳入合并范围；再比如，企业如何判断与租赁资产相关的所有风险和报酬已转移给企业，从而符合融资租赁的标准；以及投资性房地产的判断标准是什么等。这些判断对在报表中确认的项目金额具有重要影响。因此，这项披露要求有助于使用者理解企业选择和运用会计政策的背景，增加财务报表的可理解性。

2) 重要会计估计的说明

企业应当披露会计估计中所采用的关键假设和不确定因素的确定依据，这些关键假设和不确定因素在下一会计期间内很可能导致资产、负债账面价值进行重大调整。在确定资产和负债的账面金额过程中，企业有时需要对不确定的未来事项在资产负债表日对这些资产和负债的影响加以估计。例如，固定资产可收回金额的计算需要根据其公允价值减去处置费用后的净额与预计未来现金流量的现值两者之间的较高者确定，在计算资产预计未来现金流量的现值时需要对未来现金流量进行预测，并选择适当的折现率，应当在附注中披露未来现金流量预测所采用的假设及其依据、所选择的折现率为什么是合理的等。这些假设的变动对这些资产和负债项目金额的确定影响很大,有可能会在下一个会计年度内做出重大调整。因此,强调这一披露要求,有助于提高财务报表的可理解性。

5. 会计政策和会计估计变更及差错更正的说明

根据现行会计准则,企业披露会计政策和会计估计变更及差错更正的有关情况,具体包括:会计政策变更的性质、内容和原因;当期和各个列报前期财务报表中受影响的项目名称和调整金额;会计政策变更无法进行追溯调整的事实和原因,以及会计应用变更后的会计政策的时点、具体应用情况;会计估计变更的内容和原因;会计估计变更对当期和未来期间的影响金额;会计估计变更的影响数不能确定的事实和原因;前期差错的性质;各个列报前期财务报表中受影响的项目名称和更正金额,前期差错对当期财务报表有影响的,还应披露当期财务报表中受影响的项目名称和金额;前期差错无法进行追溯重述的事实和原因,以及对前期差错开始进行更正的时点和具体更正情况。

6. 重要报表项目的说明

企业应当以文字和数字描述相结合,尽可能以列表形式披露重要报表项目的构成或当期增减变动情况,并与报表项目相互参照。在披露顺序上,一般应当按照资产负债表、利润表、现金流量表、所有者权益变动表的顺序及其报表项目列示的顺序。

7. 其他需要说明的重要事项

主要包括或有事项和承诺事项、资产负债表日后非调整事项、关联方关系及其交易等。具体包括:预计负债的种类、形成原因及经济利益流出不确定性的说明;与预计负债有关的预期补偿金额和本期已确认的预期补偿金额;或有负债的种类、形成原因及经济利益流出不确定性的说明;或有负债预计产生的财务影响及获得补偿的可能性,无法预计的,应当说明原因;或有资产很可能会给企业带来经济利益的,其形成的原因、预计产生的财务影响等;在涉及未决诉讼、未决仲裁的情况下,披露全部或部分信息预期对企业造成重大不利影响的,该未决诉讼、未决仲裁的性质及没有披露这些信息的事实和原因。

8. 资产负债表日后事项的说明

每项重要的资产负债表日后非调整事项的性质、内容,以及其对财务状况和经营成果的影响。无法做出评估的,应当说明原因。

9. 关联方关系及其交易的说明

根据现行规定需要说明的内容如下。

① 母公司和子公司的名称,母公司不是该企业最终控制方的,说明最终控制方名称,母公司和最终控制方均不对外提供财务报表的,说明母公司之上与其最近的对外提供财务报表的母公司名称。

② 母公司和子公司的业务性质、注册地、注册资本(或实收资本、股本)及其当期发生的变化。

③ 母公司对该企业或者企业对子公司的持股比例和表决权比例。

④ 企业与关联方发生关联方交易的,该关联方的性质、交易类型及交易要素,其中交易要素至少应包括:交易的金额;未结算项目的金额、条款和条件,以及有关提供获取担保的信息;未结算应收项目的坏账准备金额;定价政策。

⑤ 企业应当分别对关联方及交易类型披露关联方交易。

14.7* 中期财务报告

1. 中期财务报告及其构成

中期财务报告,是指以中期为基础编制的财务报告。"中期",是指短于一个完整的会计年度(自公历1月1日起至12月31日止)的报告期间,它可以是一个月、一个季度或者半年,也可以是其他短于一个会计年度的期间。因此,中期财务报告包括月度财务报告、季度财务报告、半年度财务报告,也包括年初至本中期末的财务报告。中期财务报告至少应当包括以下部分:资产负债表、利润表、现金流量表和附注。

2. 中期财务报告的编制要求

1) 中期财务报告应遵循的原则

(1) 遵循一致性原则

企业在编制中期财务报告时,应当将中期视同为一个独立的会计期间,采用的会计政策、会计要素确认和计量原则应当与年度财务报表所采用的保持一致。

(2) 遵循重要性原则

重要性原则是企业编制中期财务报告的一个十分重要的原则,具体应注意:重要性程度的判断应当以中期财务数据为基础,而不得以预计的年度财务数据为基础;重要性原则的运用应当保证中期财务报告包括了与理解企业中期末财务状况和中期经营成果及其现金流量相关的信息;重要性程度的判断需要根据具体情况进行具体分析和职业判断。通常,在判断某一项目的重要性程度时,应当将项目的金额和性质结合在一起予以考虑,而且在判断项目金额的重要性时,应当以资产、负债、净资产、营业收入、净利润等直接相关项目数字作为比较基础,并综合考虑其他相关因素。

(3) 遵循及时性原则

为了体现企业编制中期财务报告的及时性原则,中期财务报告计量相对于年度财务数据的计量而言,在很大程度上依赖于估计。例如,企业通常在会计年度末对存货进行全面、详细的实地盘点,因此对年末存货可以达到较为精确的计价。但是在中期末,由于时间上的限制和成本方面的考虑,有时不大可能对存货进行全面、详细的实地盘点,在这种情况下,对于中期末存货的计价就在很大程度上依赖于会计估计。

2) 中期合并财务报表和提供母公司财务报表编制要求

企业上年度编制合并财务报表的,中期期末应当编制合并财务报表。上年度财务报告除了包括合并财务报表,还包括母公司财务报表的,中期财务报告也应当包括母公司财务报表。上年度财务报告包括了合并财务报表,但报告中期内处置了所有应纳入合并范围的子公司的,中期财务报告只需要提供母公司财务报表,但上年度比较财务报表仍应包括合并财务报表,上年度可比中期没有子公司的除外。

① 上年度编制合并财务报表的企业,其中期财务报告中也应当编制合并财务报表,而且合并财务报表的合并范围、合并原则、编制方法和合并财务报表的格式与内容等也应当与上年度合并财务报表相一致。但当年企业会计准则有新的规定除外。

② 企业中期合并财务报表合并范围发生变化的,应当区分以下情况进行处理。

- 如果企业在报告中期内处置了所有子公司,而且在报告中期又没有新增子公司,那么企业在其中期财务报告中就不必编制合并财务报表。尽管如此,企业提供的上年度比较财务报表仍然应当同时提供合并财务报表和母公司财务报表,除非在上年度可比中期末企业没有子公司。
- 中期内新增符合合并财务报表合并范围要求的子公司。在这种情况下,企业在中期末就需要将该子公司的个别财务报表纳入合并财务报表的合并范围。

③ 应当编制合并财务报表的企业,如果在上年度财务报告中除了提供合并财务报表之外,还提供了母公司财务报表,如上市公司,那么在其中期财务报告中除了应当提供合并财务报表之外,还应当提供母公司财务报表。

3) 比较财务报表编制要求

为了提高财务报表信息的可比性、相关性和有用性,企业在中期末除了编制中期资产负债表、中期利润表和中期现金流量表之外,还应当提供前期比较财务报表。中期财务报告应当按照下列规定提供比较财务报表。

① 本中期末的资产负债表和上年度末的资产负债表。

② 本中期的利润表、年初至本中期末的利润表及上年度可比期间的利润表。其中,上年度可比期间的利润表包括:上年度可比中期的利润表和上年度年初至上年可比中期末的利润表。

③ 年初至本中期末的现金流量表和上年度年初至上年可比本期末的现金流量表。

4) 中期财务报告的确认与计量

(1) 中期财务报告确认与计量的基本原则

① 中期财务报告中各会计要素的确认和计量原则应当与年度财务报表所采用的原则一致。

② 在编制中期财务报告时,中期会计计量应当以年初至本中期末为基础。

③ 企业在中期不得随意变更会计政策,应当采用与年度财务报表相一致的会计政策。

对于会计估计变更,在同一会计年度内,以前中期财务报表项目在以后中期发生了会计估计变更的,以后中期财务报表应当反映该会计估计变更后的金额,但对以前中期财务报表项目金额不作调整。

(2) 季节性、周期性或者偶然性取得收入的确认和计量

企业取得季节性、周期性或者偶然性收入,应当在发生时予以确认和计量,不应当在中期财务报表中预计或者递延,但会计年度末允许预计或者递延的除外。

(3) 会计年度中不均匀发生的费用的确认与计量

在编制中期财务报告时,企业在会计年度中不均匀发生的费用,应当在发生时予以确认和计量,不应在中期财务报表中预提或者待摊,但会计年度末允许预提或者待摊的除外。

5) 中期会计政策变更的处理

企业在中期发生了会计政策变更的,应当按照《企业会计准则第28号——会计政策、会计估计变更和差错更正》的规定处理,并在财务报表附注中作相应披露。

(1) 会计政策变更发生在会计年度内第1季度的处理

企业的会计政策变更发生在会计年度的第1季度,则企业除了计算会计政策变更的累积影响数并作相应的账务处理之外,在财务报表的列报方面,只需要根据变更后的会计政策编

制第 1 季度和当年度以后季度财务报表，并对根据准则要求提供的以前年度比较财务报表最早期间的期初留存收益和这些财务报表的其他相关项目数字作相应调整即可。

在财务报表附注的披露方面，应当披露会计政策变更对以前年度的累积影响数（包括对比财务报表最早期间期初留存收益的影响和以前年度可比中期损益的影响数）和对第 1 季度损益的影响数，在当年第 1 季度之后的其他季度财务报表附注中，则应当披露第 1 季度发生的会计政策变更对当季度损益的影响数和年初至本季度末损益的影响数。

（2）会计政策变更发生在会计年度内第 1 季度之外的其他季度的处理

企业的会计政策变更发生在会计年度内第 1 季度之外的其他季度，如第 2 季度、第 3 季度等，其会计处理相对于会计政策变更发生在第 1 季度而言要复杂一些。企业除了应当计算会计政策变更的累积影响数并作相应的账务处理之外，在财务报表的列报方面，还需要调整以前年度比较财务报表最早期间的期初留存收益和比较财务报表其他相关项目的数字，以及在会计政策变更季度财务报告中或者变更以后季度财务报告中所涉及的本会计年度内发生会计政策变更之前季度财务报表相关项目的数字。

在附注披露方面，企业需要披露会计政策变更对以前年度的累积影响数，主要有：对比较财务报表最早期间期初留存收益的影响数；以前年度可比中期损益的影响数，包括可比季度损益的影响数和可比年初至季度末损益的影响数；对当年度变更季度、年初至变更季度末损益的影响数；当年度会计政策变更前各季度损益的影响数。此外，在发生会计政策变更以后季度财务报表附注中也需要作相应披露。

3. 中期财务报告附注的编制要求

1）中期财务报告附注编制的基本要求

（1）附注应当以年初至本中期末为基础编制

编制中期财务报告的目的是向报告使用者提供自上年度资产负债表日之后所发生的重要交易或者事项，因此中期财务报告中的附注应当以"年初至本中期末"为基础进行编制，而不应当仅仅只披露本中期所发生的重要交易或者事项。

（2）附注应当对自上年度资产负债表日之后发生的重要交易或者事项进行披露

中期财务报告中的附注应当以年初至本中期末为基础编制，披露自上年度资产负债表日之后发生的，有助于理解企业财务状况、经营成果和现金流量变化情况的重要交易或者事项。此外，与理解本中期财务状况、经营成果和现金流量有关的重要交易或者事项，也应当在附注中作相应披露。

2）中期财务报告附注应当包括的内容

① 中期财务报表所采用的会计政策与上年度财务报表相一致的声明。企业在中期会计政策发生变更的，应当说明会计政策变更的性质、内容、原因及其影响数；无法进行追溯调整的，应当说明原因。

② 会计估计变更的内容、原因及其影响数；影响数不能确定的，应当说明原因。

③ 前期差错的性质及其更正金额；无法进行追溯重述的，应当说明原因。

④ 企业经营的季节性或者周期性特征。

⑤ 存在控制关系的关联方发生变化的情况；关联方之间发生交易的，应当披露关联方关系的性质、交易类型和交易要素。

⑥ 合并财务报表的合并范围发生变化的情况。

⑦ 对性质特别或者金额异常的财务报表项目的说明。
⑧ 证券发行、回购和偿还情况。
⑨ 向所有者分配利润的情况,包括在中期内实施的利润分配和已提出或者已批准但尚未实施的利润分配情况。
⑩ 根据《企业会计准则第 35 号——分部报告》规定披露分部属报告信息的,应当披露主要的报告形式的分部收入与分部利润(亏损)。
⑪ 中期资产负债表日至中期财务报告批准报出日之间发生的非调整事项。
⑫ 上年度资产负债表日以后所发生的或有负债和或有资产的变化情况。
⑬ 企业结构变化情况,包括如企业合并,对被投资单位具有重大影响、共同控制或者具有控制关系的长期股权投资的购买或者处置,终止经营等。
⑭ 其他重大交易或者事项,包括重大的长期资产转让及其出售情况、重大的固定资产和无形资产取得情况、重大的研究和开发支出、重大的资产减值损失、或有负债等。

企业在提供上述第 5 项和第 10 项有关关联方交易、分部收入与分部利润(亏损)信息时,应当同时提供本中期(或者本中期末)和本年度初至本中期末的数据,以及上年度可比本中期(或者可比期末)和可比年初至本中期末的比较数据。

14.8* 分部财务报告

1. 业务分部和地区分部

企业应当以对外提供的财务报表为基础,区分业务分部和地区分部披露分部信息。

(1) 业务分部的确定

业务分部,是指企业内可区分的、能够提供单项或一组相关产品或劳务的组成部分。该组成部分承担了不同于其他组成部分的风险和报酬。

通常情况下,一个企业的内部组织和管理结构,以及向董事会或者类似机构的内部报告制度,是企业确定分部的基础。企业在确定业务分部时,应当结合企业内部管理要求,并考虑下列因素。

① 各单项产品或劳务的性质,包括产品或劳务的规格、型号、最终用途等。通常情况下,产品或劳务的性质相同,其风险、报酬率及成长率通常可能较为接近,一般可将其划分到同一业务分部中。而对于性质完全不同的产品或劳务,则不能将其划分到同一业务分部中。

② 生产过程的性质,包括采用劳动密集方式或资本密集方式组织生产、使用相同或者相似设备和原材料、采用委托生产方式或加工方式等。对于其生产过程相同或相似的,可以将其划分为一个业务分部,如按资本密集型和劳动密集型划分业务部门。对于资本密集型的部门来说,其占用的设备较为先进,占用的固定资产较多,相应所负担的折旧费也较多,其经营成本受资产折旧费用影响较大,受技术进步因素的影响也较大;而对于劳动密集型部门来说,其使用的劳动力较多,相对而言劳动力的成本即人工费用的影响较大,其经营成果受人工成本的高低影响很大。

③ 产品或劳务的客户类型，包括大宗客户、零散客户等。对于购买产品或接受劳务的同一类型的客户，如果其销售条件基本相同，如相同或相似的销售价格、销售折扣，相同或相似的售后服务，因而具有相同或相似的风险和报酬。而不同的客户，其销售条件不尽相同，由此可能导致其具有不同的风险和报酬。

④ 销售产品或提供劳务的方式，包括批发、零售、自产自销、委托销售、承包等。企业销售产品或提供劳务的方式不同，其承受的风险和报酬也不相同。比如，在赊销方式下，可以扩大销售规模，但发生的收账费用较大，并且发生应收账款坏账的风险也很大；而在现销方式下，则不存在应收账款的坏账问题，不会发生收账费用，但销售规模的扩大有限。

⑤ 生产产品或提供劳务受法律、行政法规的影响，包括经营范围或交易定价限制等。企业生产产品或提供劳务总是处于一定的经济法律环境之下，其所处的环境必然对其经营活动产生影响。对在不同法律环境下生产的产品或提供的劳务进行分类，进而向会计信息使用者提供不同法律环境下产品生产或劳务的信息，有利于会计信息使用者对企业未来的发展走向做出判断和预测。对相同或相似法律环境下的产品生产或劳务提供进行归类，以提供其经营活动所生成的信息，同样有利于明晰地反映该类产品生产和劳务提供的会计信息。比如，商业银行、保险公司等金融企业易受特别的、严格的监管政策的影响，在考虑该类企业确定分部产品和劳务是否相关时，应当考虑所受监管政策的影响。

但是，企业在具体确定业务分部时，特定的分部不大可能同时符合上述列明的全部因素。通常情况下，业务分部应当在包含了上述所列明的大部分因素时予以确定。

(2) 地区分部

地区分部是指企业内可区分的、能够在一个特定的经济环境内提供产品或劳务的组成部分。该组成部分承担了不同于在其他经济环境内提供产品或劳务的组成部分的风险和报酬。

在确定地区分部时，应当结合企业内部管理要求，并考虑下列因素。

① 所处经济、政治环境的相似性，包括境外经营所在地区经济和政治的稳定程度等。不同生产经营所在地经济和政治环境有差异，意味着其生产经营活动所面临的经济和政治风险不同，不能将各分部归并为一个地区分部。反之，对于经济和政治环境基本相似的国家和地区，在确定地区分部时应将其归并为一个地区分部。

② 在不同地区经营之间的关系，包括在某地区进行产品生产，而在其他地区进行销售等。在不同地区的经营之间存在密切的联系，意味着不同地区的经营具有相同的风险和报酬，应当将其作为一个地区分部；反之，则不能作为一个地区分部。

③ 经营的接近程度大小，包括在某地区生产的产品是否需在其他地区进一步加工生产等。经营接近程度较高的地区，表明其在生产经营方面面临的风险和报酬也基本相同，应将其作为一个地区分部；反之，则表明面临的风险和报酬差异不同，不应确定为一个地区分部。

④ 与某一特定地区经营相关的特别风险，包括气候异常变化等。如果某一特定地区在生产经营上存在特定的风险，则不能将其与其他地区分部合并作为一个地区分部。

⑤ 外汇管理规定，即境外经营所在地区是否实行外汇管制。外汇管制的规定直接影响着企业内部资金的调度和转移，从而有可能影响企业的经营风险。在外汇管制的国家或地区，转移资金相对较为困难，承受着较大的资金转移风险；而外汇可以自由流动的国家或地区，转移资金则较为容易，其资金风险相对较小。因此，不能将外汇管制国家和地区与外汇

自由流动的国家和地区作为一个地区分部；对于外汇管制的国家和地区，也应当区分其管制程度大小，而不能一概而论地将其确定为一个地区分部。

⑥外汇风险，即外汇汇率变动的风险。外汇汇率波动不大的国家或地区，企业面临的风险和报酬基本相同，可以作为一个地区分部；外汇汇率波动较大的国家或地区，企业面临的风险和报酬差异不同，不能作为一个地区分部。

需要注意的是，企业在具体确定地区分部时，特定的分部不大可能同时符合上述列明的全部因素。通常，当包含了上述所列明的大部分因素时，就可认定为某个地区分部。

两个或两个以上的业务分部或地区分部同时满足下列条件的，可予以合并：具有相近的长期财务业绩，包括具有相近的长期平均毛利率、资金回报率、未来现金流量等；确定业务分部或地区分部所考虑的因素类似。

【例14-5】 天宇公司是一家全球性公司，总部设在美国，主要生产A、B、C、D四个品牌的皮箱、手提包、公文包、皮带等，以及相关产品的运输、销售，每种产品均由独立的业务部门完成。生产的产品主要销往中国、日本、欧洲、美国等地。天宇公司各项业务2018年12月31日的有关资料如表14-9所示。假定经预测，生产皮箱的4个部门今后5年内平均销售毛利率与2018差异不大，并且各品种皮箱的生产过程、客户类型、销售方式等类似，天宇公司将业务分部作为主要报告形式提供分部信息。

表14-9 天宇公司有关业务资料

金额单位：万元

项目	品牌A	品牌B	品牌C	品牌D	手提包	公文包	皮带	销售公司	运输公司	合计
营业收入	106 000	130 000	100 000	95 000	260 000	230 000	69 000	270 000	50 000	1 310 000
其中：对外交易收入	100 000	120 000	80 000	90 000	180 000	150 000	50 000	270 000	50 000	1 090 000
分部间交易收入	6 000	10 000	20 000	5 000	80 000	80 000	19 000			220 000
营业费用	74 200	92 300	69 000	66 500	156 000	142 600	55 200	220 000	30 000	905 800
其中：对外交易费用	60 000	78 300	57 000	62 000	149 000	132 000	47 200	205 000	30 000	820 500
分部间交易费用	14 200	14 000	12 000	4 500	7 000	10 600	8 000	15 000		85 300
营业利润	31 800	37 700	31 000	28 500	104 000	87 400	13 800	50 000	20 000	
销售毛利率	30%	29%	31%	30%	40%	38%	20%	18.5%	40%	
资产总额	350 000	400 000	300 000	250 000	650 000	590 000	250 000	700 000	300 000	3 790 000
负债总额	150 000	170 000	170 000	100 000	300 000	200 000	150 000	300 000	180 000	1 680 000

根据表14-9的资料可见，天宇公司生产皮箱的部门有4个，分别是生产品牌A、品牌B、品牌C、品牌D的部门，销售毛利率分别是30%、29%、31%、30%。由于近5年它们的平均销售毛利率差异不大，因此可以认为这4个皮箱分部具有相近的长期财务业绩；同时，A、B、C、D这4个部门都生产皮箱，其生产过程、客户类型、销售方式等类似，符合确定业务分部所考虑的因素的相似性。因此，天宇公司在确定业务分部时，可以将生产4个品牌皮箱的分部予以合并，组成一个"皮箱"分部。合并后，皮箱分部的分部收入为431 000万元，分部费用为302 000万元，分部利润为129 000万元。

2. 报告分部的确定

(1) 重要性标准的判断

报告分部是指符合业务分部或地区分部的定义,按规定应予披露的业务分部或地区分部。报告分部的确定应当以业务分部或地区分部为基础。当业务分部或地区分部的大部分收入是对外交易收入,且满足下列条件之一时,企业应当将其确定为报告分部。

① 该分部的分部收入占所有分部收入合计的 10% 或者以上。

【例 14-6】 沿用例 14-5,皮箱分部合并后,其分部收入合计 431 000 万元,其中对外交易收入合计 390 000 万元。对外交易收入占该分部收入合计的比例为 90% [(390 000/431 000)×100%],大部分收入为对外交易取得。同时,由于皮箱分部收入占所有分部收入合计的比例为 32.9% [(431 000/1 310 000)×100%],满足了不低于 10% 的条件,因此天宇公司在确定报告分部时应当将皮箱分部确定为报告分部。

② 该分部的分部利润(亏损)的绝对额,占所有盈利分部利润合计额或者所有亏损分部亏损合计额的绝对额两者中较大者的 10% 或者以上。

③ 该分部的分部资产占所有分部资产合计额的 10% 或者以上。

【例 14-7】 沿用例 14-5 的资料。由于 4 个品牌皮箱已经合并为一个皮箱分部,因此天宇公司应比较生产皮箱、手提包、公文包、皮带的各个分部及销售公司、运输公司等部门的分部资产情况,具体计算见表 14-10。通过计算可以看出,皮箱分部、手提包分部、公文包分部、销售公司分部的分部资产占所有分部资产合计额的比例分别为 34.3%、17.1%、15.6%、18.5%,符合不低于 10% 的要求,因此天宇公司在确定报告分部时,应当将皮箱分部、手提包分部、公文包分部、销售公司分部作为报告分部。

表 14-10 天宇公司报告分部确定过程计算表

单位:万元

项目	皮箱	手提包	公文包	皮带	销售公司	运输公司	合计
营业收入	431 000	260 000	230 000	69 000	270 000	50 000	1 310 000
其中:对外交易收入	390 000	180 000	150 000	50 000	270 000	50 000	1 090 000
分部间交易收入	41 000	80 000	80 000	19 000			220 000
……							
资产总额	1 300 000	650 000	590 000	250 000	700 000	300 000	3 790 000
占分部资产合计的百分比	34.3%	17.1%	15.6%	6.6%	18.5%	7.9%	100%

(2) 低于 10% 重要性标准的选择

业务分部或地区分部未满足三个重要性判断标准的,可以按照下列规定进行处理。

① 不考虑该分部的规模,直接将其指定为报告分部。在这种情况下,无论该分部是否满足 10% 的重要性标准,企业可以根据需要直接将其指定为报告分部。

② 不将该分部直接指定为报告分部的,可将该分部与一个或一个以上类似的、未满足规定条件的其他分部合并为一个报告分部。对分部报告的 10% 的重要性测试可能会导致存

在多种业务或多地区经营的企业拥有大量未满足10%临界线的小业务分部或小地区分部，在这种情况下，如果企业没有直接将这些分部指定为报告分部，则可以将一个或一个以上类似的、未满足重要性标准的小分部合并成一个报告分部。

③ 不将该分部指定为报告分部且不与其他分部合并的，应当在披露分部信息时，将其作为其他项目单独披露。如果企业不将该分部直接指定为报告分部，并且也不将该分部与其他未作为报告分部的其他分部合并为一个报告分部，则企业应当把这些分部作为其他项目（即未分配项目），单独进行披露。

(3) 报告分部75%的标准

企业的业务分部或地区分部达到规定的10%重要性标准确认为报告分部后，确定为报告分部的各业务分部或各地区分部的对外交易收入合计额占合并总收入或企业总收入的比重应当达到75%的比例。如果未达到75%的标准，企业必须增加报告分部的数量，将其他未作为报告分部的业务分部或地区分部纳入报告分部的范围，直到该比重达到75%。此时，其他作为报告分部的业务分部或地区分部很可能未满足前述规定的10%的重要性标准，但为了使报告分部的对外交易收入合计额占合并总收入或企业总收入的总体比重能够达到75%的比例要求，也应当将其确定为报告分部。

(4) 垂直一体化经营下报告分部的确定

当业务分部或地区分部的大部分收入是通过与企业外部客户交易而取得时，在满足其他重要性条件的情况下，可以将该业务分部或地区分部确定为报告分部。但是，如果企业的内部管理按照垂直一体化经营的不同层次来划分，即使其大部分收入不通过对外交易取得，仍可将垂直一体化经营的不同层次确定为独立的报告业务分部。

(5) 为提供可比信息报告分部的确定

企业在确定报告分部时，除应当遵循相应的确定标准以外，还应当考虑不同会计期间分部信息的可比性和一贯性。对于某一分部，在上期可能满足报告分部的确定条件从而确定为报告分部，但本期可能并不满足报告分部的确定条件。此时，如果企业认为该分部仍然重要，单独披露该分部的信息更有助于报表使用者了解企业的整体情况，则不需考虑该分部的规模，仍应当将该分部确定为本期的报告分部。

3. 分部信息的披露

企业应当区分主要报告形式和次要报告形式披露分部信息。作为主要报告形式，应按规定披露较为详细的分部信息；而作为次要报告形式，则可以披露较为简化的分部信息。在确定主要报告形式和次要报告形式时，应当以企业的风险和报酬的主要来源和性质为依据，同时结合企业的内部组织结构、管理机构及董事会或类似机构的内部报告制度等因素考虑。企业的风险和报酬主要受其产品和劳务差异影响的，披露分部信息的主要形式应当是业务分部，次要形式是地区分部；风险和报酬主要受企业在不同国家或地区经营活动影响的，披露分部信息的主要形式应当是地区分部，次要形式是业务分部。

1) 主要报告形式下分部信息的披露

在主要报告形式情况下，不论作为报告分部的是业务分部还是地区分部，都应当按规定披露下列分部信息。

(1) 分部收入

分部收入包括归属于分部的对外交易收入和对其他分部交易收入。主要由可归属于分部的对外交易收入构成，通常为营业收入。企业在披露分部收入时，对外交易收入和对其他分部交易收入应当分别披露。

分部收入通常不包括下列项目：利息收入（包括因预付或借给其他分部款项而确认的利息收入）和股利收入，但分部的日常活动是金融性质的除外；营业外收入；处置投资产生的净收益，但分部的日常活动是金融性质的除外；采用权益法核算的长期股权投资在被投资单位实现的净利润中应享有的份额，但分部的日常活动是金融性质的除外。

(2) 分部费用

分部费用包括可以归属于分部的对外交易费用和对其他分部交易费用。主要由可归属于分部的对外交易费用构成，通常包括营业成本、税金及附加、销售费用等。企业在披露分部费用时，折旧费、摊销费及其他重大的非现金费用应当单独披露。

分部费用通常不包括下列项目：利息费用（包括因预收或向其他分部借款而确认的利息费用），但分部的日常活动是金融性质的除外；营业外支出；处置投资发生的净损失，但分部的日常活动是金融性质的除外；采用权益法核算的长期股权投资在被投资单位发生的净损失中应承担的份额，但分部的日常活动是金融性质的除外；所得税费用；与企业整体相关的管理费用和其他费用。

(3) 分部利润（亏损）

分部利润（亏损）是指分部收入减去分部费用后的余额。因此，不属于分部收入的总部的收入和营业外收入等，以及不属于分部费用的所得税、营业外支出等，在计算分部利润（亏损）时不得作为考虑的因素。企业在披露分部信息时，分部利润（亏损）应当单独进行披露。如果企业需要提供合并财务报表，分部利润（亏损）应当在调整少数股东损益前确定。

(4) 分部资产

分部资产包括企业在分部的经营中使用的、可直接归属于该分部的资产，以及能够以合理的基础分配给该分部的资产。分部资产的披露金额应当按照扣除相关累计折旧或摊销额及累计减值准备后的金额确定，即按照分部资产的账面价值来确定。

(5) 分部负债

分部负债，是指分部经营活动形成的可归属于该分部的负债，不包括递延所得税负债。与分部资产的确认条件相同，分部负债的确认也应当符合下列两个条件：一是可直接归属于该分部；二是能够以合理的基础分配给该分部。

2) 次要报告形式下分部信息的披露

① 分部信息的主要报告形式是业务分部的，企业应当就次要报告形式披露下列信息：对外交易收入占企业对外交易收入总额10%或者以上的地区分部，以外部客户所在地为基础披露对外交易收入；分部资产占所有地区分部资产总额10%或者以上的地区分部，以资产所在地为基础披露分部资产总额。

② 分部信息的主要报告形式是地区分部的，企业应当就次要报告形式披露下列信息：对外交易收入占企业对外交易收入总额10%或者以上的业务分部，应当披露对外交易收入；分部资产占所有业务分部资产总额10%或者以上的业务分部，应当披露分部资产总额。

本章重点

资产负债表的结构与编制方法,利润表与综合收益表的结构与编制,现金流量表的作用、结构与编制方法,所有者权益变动表的结构与编制

本章难点

现金流量表的编制,综合收益表的编制,中期报告与分部报告的编制

关键术语

财务报表 资产负债表 利润表 现金流量表 所有者权益变动表 中期报告 分部报告

思 考 题

1. 什么是财务报告?我国现行会计政策对企业财务报告体系有哪些规定?
2. 财务报表的构成如何?编制要求有哪些?
3. 什么是资产负债表?我国资产负债表项目的分类方法是什么?
4. 我国资产负债表的格式、结构如何?编制过程中应注意哪些问题?
5. 什么是利润表?其格式、结构如何?编制过程中应注意哪些问题?
6. 什么是综合收益?我国现行会计准则要求在利润表中反映的其他综合收益的主要内容有哪些?
7. 什么是现金流量表?我国现金流量表的编制基础是什么?
8. 我国现行会计准则将现金流量分为哪几类?具体包括哪些内容?
9. 现金流量表中,经营活动的现金流量有哪两种报告方法?其基本原理是什么?
10. 什么是所有者权益变动表?其格式与结构如何?
11. 所有者权益变动表与资产负债表、利润表有何内在联系?
12. 什么是财务报表附注?财务报表附注有何作用?它应该包括哪些基本内容?
13. 什么是财务中期报告?我国现行会计政策对企业中期财务报告体系有哪些规定?
14. 什么是分部财务报告?我国现行会计政策对企业分部财务报告体系有哪些规定?

练 习 题

一、单项选择题

1. 月度财务会计报告应当于月度终了后(   )内对外提供。
   A. 6 天   B. 10 天   C. 15 天   D. 30 天
2. 年度财务会计报告应当于年度终了后(   )内对外提供。

A. 1个月　　　　B. 2个月　　　　C. 3个月　　　　D. 4个月
3. （　　）是反映企业在某一特定日期财务状况的报表。
   A. 资产负债表　　B. 利润表　　C. 现金流量表　　D. 财务状况变动表
4. 我国企业的资产负债表采用（　　）结构。
   A. 账户式　　　B. 报告式　　　C. 单步式　　　D. 多步式
5. 在资产负债表项目中，其金额是根据某个总分类账户余额直接填列的是（　　）。
   A. 货币资金　　B. 应收账款　　C. 短期借款　　D. 应付账款
6. 我国企业利润表的格式为（　　）。
   A. 账户式　　　B. 报告式　　　C. 单步式　　　D. 多步式
7. 静态报表是（　　）。
   A. 资产负债表　　B. 利润表　　C. 现金流量表　　D. 所有者权益变动表
8. 利润表的主要项目不包括（　　）。
   A. 营业利润　　B. 利润总额　　C. 流动资产　　D. 净利润
9. 编制资产负债表时，可以根据总账科目余额直接填列的项目是（　　）。
   A. 货币资金　　B. 应收账款　　C. 短期借款　　D. 未分配利润
10. （　　）不属于企业会计报表附注应披露的内容。
    A. 重要会计政策和会计估计　　B. 或有事项
    C. 报表所有项目的说明　　　　D. 关联方关系及其交易

二、多项选择题

1. 企业中期财务会计报告包括（　　）。
   A. 月度财务会计报告　　　　B. 半年度财务会计报告
   C. 季度财务会计报告　　　　D. 年度财务会计报告
2. 资产负债表的"货币资金"项目应根据（　　）科目的期末余额合计填列。
   A. 库存现金　　B. 银行存款　　C. 其他货币资金　　D. 交易性金融资产
3. 资产负债表的"应付账款"项目应根据（　　）科目所属各明细科目的期末借方余额合计填列。
   A. 应收账款　　B. 预付账款　　C. 应付账款　　D. 预收账款
4. 资产负债表的"存货"项目应根据（　　）科目的期末余额合计填列。
   A. 材料采购　　B. 原材料　　C. 固定资产　　D. 生产成本
5. 资产负债表的"未分配利润"项目应根据（　　）科目的余额计算填列。
   A. 实收资本　　B. 盈余公积　　C. 本年利润　　D. 利润分配
6. 在营业利润的基础上，加或减（　　）得出利润总额。
   A. 营业外收入　　B. 管理费用　　C. 营业外支出　　D. 投资收益
7. （　　）属于现金流量表的现金范畴。
   A. 企业的库存现金
   B. 不能随时支取的定期存款
   C. 提前通知金融企业便可支取的定期存款
   D. 可在证券市场上流通的从购买日起3个月内到期的短期债券投资
8. （　　）属于企业会计报表附注应披露的内容。

A. 重要会计政策和会计估计　　B. 或有事项
C. 资产负债表日后事项　　　　D. 关联方关系及其交易

9. 现金流量表的内容主要包括（　　）。
A. 经营活动现金流量　　　　B. 管理活动现金流量
C. 投资活动现金流量　　　　D. 筹资活动现金流量

10. 资产负债表可以提供进行财务分析的基本资料，据以判断企业的（　　），从而有助于会计报表的使用者做出经济决策。
A. 变现能力　　B. 偿债能力　　C. 资金的周转能力　　D. 盈利能力

三、计算题

1. （资产负债表的编制）天宇公司2018年3月31日有关科目余额如表14-11所示。

表14-11　有关科目余额

单位：元

会计科目	借方余额	贷方余额
库存现金	2 400.00	
银行存款	76 400.00	
应收票据	36 000.00	
应收账款	14 600.00	
预付账款	23 200.00	
其他应收款	3 000.00	
原材料	119 200.00	
库存商品	74 600.00	
固定资产	1 630 800.00	
累计折旧		289 200.00
短期借款		37 200.00
应付票据		50 000.00
应付账款		21 800.00
应付职工薪酬		26 200.00
应交税费		11 400.00
预收账款		15 800.00
应付利息		13 600.00
长期借款		152 000.00
实收资本		955 360.00
盈余公积		409 440.00
本年利润		269 800.00
利润分配	196 200.00	
生产成本	75 400.00	
合计	2 251 800.00	2 251 800.00

"应收账款""预付账款""应付账款""预收账款"四个科目所属各明细科目的期末余额如下。

应收账款——A公司6 800元（借方）；应收账款——B公司11 200元（借方）
应收账款——C公司3 400元（贷方）；预付账款——D公司13 400元（借方）
预付账款——E公司11 800元（借方）；预付账款——F公司2 000元（贷方）
应付账款——G公司9 400元（贷方）；应付账款——H公司13 000元（贷方）
应付账款——I公司600元（借方）；预收账款——J公司10 200元（贷方）
预收账款——K公司7 800元（贷方）；预收账款——L公司2 200元（借方）

该月末无一年内到期的长期负债。

要求：根据上述资料，编制天宇公司 2018 年 3 月 31 日的资产负债表（表 14-12，表中年初余额均略）。

表 14-12　资产负债表

编制单位：天宇公司　　　　　　　　2018 年 3 月 31 日　　　　　　　　会企 01 表
单位：元

资产	期末余额	年初余额	负债和所有者权益（或股东权益）	期末余额	年初余额
流动资产：			流动负债：		
货币资金			短期借款		
交易性金融资产			交易性金融负债		
衍生金融资产			衍生金融负债		
应收票据			应付票据		
应收账款			应付账款		
预付款项			预收款项		
其他应收款			合同负债		
存货			应付职工薪酬		
合同资产			应交税费		
持有待售资产			其他应付款		
一年内到期的非流动资产			持有待售负债		
其他流动资产			一年内到期的非流动负债		
流动资产合计			其他流动负债		
非流动资产：			流动负债合计		
债权投资			非流动负债：		
其他债权投资			长期借款		
长期应收款			应付债券		
长期股权投资			长期应付款		
其他权益工具投资			预计负债		
投资性房地产			递延收益		
固定资产			递延所得税负债		
在建工程			其他非流动负债		
生产性生物资产			非流动负债合计		
油气资产			负债合计		
无形资产			所有者权益（或股东权益）：		
开发支出			实收资本（或股本）		
商誉			资本公积		
长期待摊费用			减：库存股		
递延所得税资产			盈余公积		
其他非流动资产			未分配利润		
非流动资产合计			所有者权益（或股东权益）合计		
资产总计			负债和所有者权益（或股东权益）总计		

2.（利润表的编制）天宇公司2018年5月31日有关科目反映的发生额如表14-13所示。

表14-13 有关科目的发生额

单位：元

科目名称	1—4月发生额	5月份发生额
主营业务收入	2 500 000	640 000
其他业务收入	180 000	50 000
投资收益	100 000	28 600
营业外收入	15 000	4 000
主营业务成本	1 600 000	350 000
税金及附加	150 000	40 000
其他业务成本	120 000	30 000
销售费用	130 000	30 000
管理费用	160 000	40 000
财务费用	40 000	9 000
营业外支出	100 000	30 000
所得税费用	240 000	60 000

要求：根据上述资料，编制天宇公司2018年5月份的利润表。

表14-14 利 润 表

编制单位：天宇公司　　　　　　2018年5月　　　　　　　　会企02表
单位：元

项　目	本期金额	上期金额
一、营业收入		
减：营业成本		
税金及附加		
销售费用		
管理费用		
研发费用		
财务费用		
资产减值损失		
信用减值损失		
加：公允价值变动收益（损失以"－"号填列）		
投资收益（损失以"－"号填列）		
其中：对联营企业和合营企业的投资收益		
资产处置收益		
其他收益		
二、营业利润（亏损以"－"号填列）		
加：营业外收入		
减：营业外支出		
其中：非流动资产处置损失		
三、利润总额（亏损总额以"－"号填列）		
减：所得税费用		
四、净利润（净亏损以"－"号填列）		
五、每股收益：		
（一）基本每股收益		
（二）稀释每股收益		

3. （现金流量表的编制）天宇公司 2019 年度应付职工薪酬有关资料如表 14-15 所示。

表 14-15　天宇公司 2019 年度应付职工薪酬资料表

项目	年初数	本期分配或计提数	期末数
生产工人工资	100 000	1 000 000	80 000
车间管理人员工资	40 000	500 000	30 000
行政管理人员工资	60 000	800 000	45 000
在建工程人员工资	20 000	300 000	15 000

本期用银行存款支付离退休人员工资 500 000 元。假定应付职工薪酬本期减少数均以银行存款支付，应付职工薪酬为贷方余额。假定不考虑其他事项。

要求：计算下列项目的列报金额。

(1) 支付给职工及为职工支付的现金。

(2) 支付的其他与经营活动有关的现金。

(3) 构建的固定资产、无形资产和其他长期资产所支付的现金。

4. （现金流量表的编制）天宇公司为一家上市公司，2019 年度资产负债表和利润表见表 14-16 和表 14-17，表 14-18 是现金流量表的补充资料。

表 14-16　资产负债表

编制单位：天宇公司　　　　　2019 年 12 月 31 日　　　　　　　　　　　　单位：元

资产	年初数	期末数	负债和所有者权益（或股东权益）	年初数	期末数
流动资产：			流动负债：		
货币资金	45 500	155 500	短期借款		
交易性金融资产	30 000	22 000	应付账款	178 500	200 000
应收账款	82 000	64 000	预收账款		
预付账款	13 500	8 500	应付职工薪酬		
合同资产	0	0	应交税费		
其他应收款			其他应付款		
存货	80 000	120 000	一年内到期的非流动负债		
一年内到期的非流动资产			其他流动负债		
其他流动资产			流动负债合计	178 500	200 000
流动资产合计	251 000	370 000	非流动负债		
非流动资产：			长期借款	80 000	80 000
债权投资			应付债券	89 500	119 500
长期股权投资			长期应付款		
长期应收款			递延所得税负债		
固定资产	530 000	545 000	其他非流动负债		
无形资产			非流动负债合计	169 500	199 500

续表

资产	年初数	期末数	负债和所有者权益（或股东权益）	年初数	期末数
开发支出			负债合计	348 000	399 500
商誉			所有者权益（或股东权益）：		
长期待摊费用			实收资本（或股本）	400 000	400 000
递延所得税资产			资本公积		
其他非流动资产			盈余公积		
非流动资产合计			未分配利润	33 000	115 500
			所有者权益（或股东权益）合计	433 000	515 500
资产总计	781 000	915 000	负债和所有者权益（或股东权益）总计	781 000	915 000

表 14 - 17 利 润 表

编制单位：天宇公司　　　　　　2019 年度　　　　　　　　　　单位：元

项目	本月数	本年累计数
一、营业收入		800 000
减：营业成本		550 000
税金及附加		
销售费用		12 000
管理费用		46 000
研发费用		
财务费用		16 500
资产减值损失		
信用减值损失		
加：公允价值变动收益		
投资收益		4 000
资产处置损益		0
其他收益		0
二、营业利润		179 500
加：营业外收入		10 000
减：营业外支出		2 000
三、利润总额		187 500
减：所得税费用		75 000
四、净利润		112 500

其他有关资料如下。

① 支付 30 000 元现金股利。

② 主营业务成本中，包括工资费用 165 000 元；管理费用中，包括折旧费用 21 500 元，预付款项分摊 6 000 元，支付工资费用 10 000 元，支付其他费用 8 500 元。

③ 出售固定资产一台，原价为 150 000 元，已提折旧 50 000 元，处置价格为 98 000 元，现金已收到。

④ 购入固定资产，价款为 148 500 元，以银行存款支付。

⑤ 购入交易性金融资产,支付价款 13 000 元。

⑥ 出售交易性金融资产,收到现金 25 000 元,成本为 21 000 元。

⑦ 偿付应付公司债券 70 000 元,新发行债券 100 000 元,已收到现金。

⑧ 存货盘盈 10 000 元,已计入营业外收入。

⑨ 该公司的预付款项与购买商品、接受劳务无关。当年预付保险费 1 000 元。

⑩ 财务费用 16 500 元系支付的债券利息。

⑪ 期末存货均是外购原材料。

为简便起见,不考虑流转税,假定该公司没有现金等价物。

要求:编制天宇公司 2019 年度的现金流量表(见表 14-18 及表 14-19)。

表 14-18 现金流量表

编制单位:天宇公司　　　　　　　　　2019 年　　　　　　　　　会企 02 表　单位:元

项目	金额
一、经营活动产生的现金流量	
销售商品、提供劳务收到的现金	
收到的税费返还	
收到的其他与经营活动有关的现金	
现金流入小计	
购买商品、接受劳务支付的现金	
支付给职工以及为职工支付的现金	
支付的各项税款	
支付的其他与经营活动有关的现金	
现金流出小计	
经营活动产生的现金流量净额	
二、投资活动产生的现金流量	
收回投资所收到的现金	
取得投资收益所收到的现金	
处置固定资产、无形资产和其他长期资产收回的现金净额	
收到的其他与投资活动有关的现金	
现金流入小计	
购建固定资产、无形资产和其他长期资产所支付的现金	
投资所支付的现金	
支付的其他与投资活动有关的现金	
现金流出小计	
投资活动产生的现金流量净额	
三、筹资活动产生的现金流量	
吸收投资所收到的现金	
取得借款所收到的现金	

续表

项目	金额
收到的其他与筹资活动有关的现金	
现金流入小计	
偿还债务所支付的现金	
发生筹资费用所支付的现金	
分配股利、利润或偿付利息所支付的现金	
支付的其他与筹资活动有关的现金	
现金流出小计	
筹资活动产生的现金流量净额	
四、汇率变动对现金的影响	
五、现金及现金等价物净增加额	

表 14-19 现金流量表补充资料

单位：元

将净利润调节为经营活动现金流量：	
净利润	
加：资产减值准备	
固定资产折旧	
无形资产摊销	
长期待摊费用摊销	
处置固定资产、无形资产和其他长期资产的损失（减：收益）	
存货盘亏损失（收益以"－"号填列）	
固定资产清理损失（收益以"－"号填列）	
公允价值变动损失（收益以"－"号填列）	
财务费用（收益以"－"号填列）	
投资损失（收益以"－"号填列）	
递延所得税资产减少（增加以"－"号填列）	
递延所得税负债增加（减少以"－"号填列）	
存货的减少（增加以"－"号填列）	
经营性应收项目的减少（增加以"－"号填列）	
经营性应付项目的增加（减少以"－"号填列）	
经营活动产生的现金流量净额	

第15章

财务报告调整

> **【学习目标】**
>
> 通过本章的学习，要求学生：掌握会计准则对资产负债表日后事项的基本分类方法及分类的依据；掌握调整事项和非调整事项的具体会计处理方法；掌握会计政策变更与会计估计变更的会计处理方法；掌握追溯调整法与未来适用法；掌握前期差错更正的会计处理方法；理解资产负债表日后事项的性质与意义；理解会计变更与差错更正的基本概念与分类。

15.1 资产负债表日后事项

1. 资产负债表日后事项概述

1）资产负债表日后事项的意义

在我国，企业的会计年度从 1 月 1 日开始，至 12 月 31 日结束。因此，企业的年度财务报告应该反映企业在该年度 12 月 31 日（即资产负债表日）前的财务状况，以及于 12 月 31 日结束的会计年度的经营成果与现金流量信息。然而，企业的年度财务会计报告从编制、审批到最后报出，往往要经历较长一段时间。企业在资产负债表日以后、财务报告批准报出日之前这段时间里，会发生许多交易或其他事项，这些交易或者事项有的可能对企业报告期的财务状况、经营成果产生较大的影响；有的虽然与企业的报告期无关，但可能会影响财务报告使用者做出正确的估计和决策。因此，为了使财务报告的使用者能够全面、客观地了解企业的财务信息，就有必要对上述交易或事项进行分析、评价，以确定是否需要调整将要报出的报告年度的财务会计报告，或是否需要在财务报表附注中进行说明，以便使用者能够获取与财务报告公布日最为相关的信息。为了规范年度资产负债表日以后、财务报告批准报出日之前发生的与报告期的财务报告有关的交易或其他事项，我国有专门的会计准则——《企业会计准则第 29 号——资产负债表日后事项》。

2）资产负债表日后事项的性质与分类

（1）资产负债表日后事项的性质

资产负债表日后事项，是指资产负债表日至财务报告批准报出日之间发生的需要调整或说明的事项。财务报告批准报出日是指董事会或类似机构批准财务报告报出的日期，通常是指对财务报告的内容负有法律责任的单位或个人批准财务报告对外公布的日期。

资产负债表日后事项涵盖的期间是自资产负债表日次日起至财务报告批准报出日止的一段时间。对上市公司而言，这一期间内涉及几个日期，包括完成财务报告编制日、注册会计师出具审计报告日、董事会批准财务报告可以对外公布日、实际对外公布日等。具体而言，资产负债表日后事项涵盖的期间应当包括：报告期间下一期间的第一天至董事会或类似机构批准财务报告对外公布的日期；财务报告批准报出以后、实际报出之前又发生与资产负债表日后事项有关的事项，并由此影响财务报告对外公布日期的，应以董事会或类似机构再次批准财务报告对外公布的日期为截止日期。

如果公司管理层由此修改了财务报表，注册会计师应当根据具体情况实施必要的审计程序并针对修改后的财务报表出具新的审计报告。

【例15-1】 天宇公司2018年的年度财务报告于2019年2月20日编制完成，注册会计师完成年度财务报表审计工作并签署审计报告的日期为2019年4月16日，董事会批准财务报告对外公布的日期为2019年4月17日，财务报告实际对外公布的日期为2019年4月23日，股东大会召开日期为2019年5月10日。

根据资产负债表日后事项涵盖期间的规定，本例中，该公司2018年年报资产负债表日后事项涵盖的期间为2019年1月1日至2014年4月17日。如果在4月17日至23日之间发生了重大事项，需要调整财务报表相关项目的数字或需要在财务报表附注中披露，经调整或说明后的财务报告再经董事会批准报出的日期为2019年4月25日，实际报出的日期为2019年4月30日，则资产负债表日后事项涵盖的期间为2019年1月1日至2019年4月25日。

资产负债表日后事项并非覆盖上述特定期间内发生的所有事项，而是指该期间内发生的两类事项：一是与资产负债表日存在的状况有关的事项；二是虽然与资产负债表日存在的状况无关，但对企业财务状况具有重大影响的事项。也就是说，在上述特定期间内发生的事项中，那些既与资产负债表存在的状况无关又对企业财务状况无重大影响的事项，不属于资产负债表日后事项。

（2）资产负债表日后事项的分类

通常将资产负债表日后事项按其性质和处理方法分为两类：调整事项和非调整事项。

2. 调整事项

1）调整事项的性质

资产负债表日后调整事项是指对资产负债表日已经存在的情况提供了新的或进一步证据的事项，是有助于对资产负债表日存在状况的有关金额做出重新估计的一种资产负债表日后事项。

如果资产负债表日及所属会计期间已经存在某种情况，但当时并不知道其存在或者不能知道确切结果，资产负债表日后发生的事项能够证实该情况的存在或者确切结果，则该事项属于资产负债表日后事项中的调整事项。如果资产负债表日后事项对资产负债表日的情况提供了进一步证据，证据表明的情况与原来的估计和判断不完全一致，则需要对原来的会计处理进行调整。

调整事项的特点是：与资产负债表日存在的状况有关，能够为资产负债表日或以前发生的事项提供新的或进一步的证据，并对按资产负债表日存在的状况编制的财务报表产生重大影响。

2）调整事项的处理原则

（1）资产负债表日后调整事项的处理原则

企业发生的资产负债表日后调整事项，应当调整资产负债表日的财务报表。对于年度财务报告而言，由于资产负债表日后事项发生在报告年度的次年，报告年度的有关账目已经结转，特别是损益类科目在结账后已无余额。因此，年度资产负债表日后发生的调整事项，应具体分以下情况进行处理。

① 涉及损益的事项，通过"以前年度损益调整"科目核算。调整增加以前年度利润或调整减少以前年度亏损的事项，记入"以前年度损益调整"科目的贷方；调整减少以前年度利润或调整增加以前年度亏损的事项，记入"以前年度损益调整"科目的借方。

涉及损益的调整事项，如果发生在资产负债表日所属年度（即报告年度）所得税汇算清缴前的，应调整报告年度应纳税所得额、应纳所得税税额；发生在报告年度所得税汇算清缴后的，应调整本年度（即报告年度的次年）应纳所得税税额。

由于以前年度损益调整增加的所得税费用，记入"以前年度损益调整"科目的借方，同时贷记"应交税费——应交所得税"等科目；由于以前年度损益调整减少的所得税费用，记入"以前年度损益调整"科目的贷方，同时借记"应交税费——应交所得税"等科目。

调整完成后，将"以前年度损益调整"科目的贷方或借方余额，转入"利润分配——未分配利润"科目。

② 涉及利润分配调整的事项，直接在"利润分配——未分配利润"科目核算。

③ 不涉及损益及利润分配的事项，调整相关科目。

④ 通过上述账务处理后，还应同时调整财务报表相关项目的数字，包括：资产负债表日编制的财务报表相关项目的期末数或本年发生数；当期编制的财务报表相关项目的期初数或上年数；经过上述调整后，如果涉及报表附注内容的，还应当做出相应调整。

（2）资产负债表日后调整事项的具体会计处理方法

为简化处理，如无特殊说明，本章所有的例子均假定如下：财务报告批准报出日是次年3月31日，所得税税率为25%，按净利润的10%提取法定盈余公积，提取法定盈余公积后不再作其他分配；调整事项按税法规定均可调整应缴纳的所得税；涉及递延所得税资产的，均假定未来期间很可能取得用来抵扣暂时性差异的应纳税所得额；不考虑报表附注中有关现金流量表项目的数字。

① 资产负债表日后诉讼案件结案，法院判决证实了企业在资产负债表日已经存在现时义务，需要调整原先确认的与该诉讼案件相关的预计负债，或确认一项新负债。这一事项表明导致诉讼的事项在资产负债表日已经发生，但尚不具备确认负债的条件而未确认，资产负债表日后至财务报告批准报出日之间获得了新的或进一步的证据（法院判决结果），表明符合负债的确认条件，因此应在财务报告中确认为一项新负债；或者在资产负债表日虽已确认，但需要根据判决结果调整已确认负债的金额。

【例 15-2】 天宇公司与粤丰公司签订一项销售合同，合同中订明天宇公司应在 2018 年 8 月销售给粤丰公司一批物资。由于天宇公司未能按照合同发货，致使粤丰公司发生重大经济损失。2018 年 12 月，粤丰公司将天宇公司告上法庭，要求天宇公司赔偿 450 万元。2018 年 12 月 31 日法院尚未判决，天宇公司按或有事项准则对该诉讼事项确认预计负债 300 万元。2019 年 2 月 10 日，经法院判决天宇公司应赔偿粤丰公司 400 万元，双方均服从判决。判决当日，天宇公司向粤丰公司支付赔偿款 400 万元。两公司 2018 年所得税汇算清缴均在 2019 年 3 月 20 日完成（假定该项预计负债产生的损失不允许在预计时税前抵扣，只有在损失实际发生时才允许税前抵扣）。公司适用的所得税税率为 25%。

本例中，2019 年 2 月 10 日的判决证实了天宇公司与粤丰公司在资产负债表日（即 2018 年 12 月 31 日）分别存在现实赔偿义务和获赔权利，因此两公司都应将"法院判决"这一事项作为调整事项进行处理。天宇公司和粤丰公司 2018 年所得税汇算清缴均在 2019 年 3 月 20 日完成，因此应根据法院判决结果调整报告年度应纳税所得额和应纳所得税税额。

(1) 天宇公司的账务处理

① 2019 年 2 月 10 日，记录支付的赔款，并调整递延所得税资产：

借：以前年度损益调整 　　　　　　　　　　　　　　　　1 000 000
　　贷：其他应付款 　　　　　　　　　　　　　　　　　　　　1 000 000
借：应交税费——应交所得税 　　　　　　　　　　　　　　 250 000
　　贷：以前年度损益调整（1 000 000×25%） 　　　　　　　　 250 000
借：应交税费——应交所得税（3 000 000×25%）　　　　　　 750 000
　　贷：以前年度损益调整 　　　　　　　　　　　　　　　　　 750 000
借：以前年度损益调整 　　　　　　　　　　　　　　　　　 750 000
　　贷：递延所得税资产 　　　　　　　　　　　　　　　　　　 750 000
借：预计负债 　　　　　　　　　　　　　　　　　　　　　3 000 000
　　贷：其他应付款 　　　　　　　　　　　　　　　　　　　　3 000 000
借：其他应付款 　　　　　　　　　　　　　　　　　　　　4 000 000
　　贷：银行存款 　　　　　　　　　　　　　　　　　　　　　4 000 000

注：2018 年年末因确认预计负债 300 万元时已确认相应的递延所得税资产，资产负债表日后事项发生后递延所得税资产不复存在，故应冲销相应记录。

② 将"以前年度损益调整"科目余额转入未分配利润：

借：利润分配——未分配利润 　　　　　　　　　　　　　　750 000
　　贷：以前年度损益调整 　　　　　　　　　　　　　　　　　750 000

③ 因净利润变动，调整盈余公积：

借：盈余公积 　　　　　　　　　　　　　　　　　　　　　 75 000
　　贷：利润分配——未分配利润（750 000×10%）　　　　　　 75 000

④ 调整报告年度财务报表。

资产负债表项目的年末数调整：调减递延所得税资产 75 万元；调增其他应付款 400 万元，调减应交税费 100 万元，调减预计负债 300 万元；调减盈余公积 7.5 万元，调减未分配利润 67.5 万元，具体见表 15-1。

表 15-1 资产负债表

编制单位：天宇公司　　　　　2018 年 12 月 31 日　　　　　　　　　　　　单位：元

资产	调整前	调整后	负债和股东权益	调整前	调整后
流动资产：			流动负债：		
货币资金	50 000 000	50 000 000	短期借款	25 000 000	25 000 000
交易性金融资产	10 000 000	10 000 000	交易性金融负债	3 000 000	3 000 000
应收账款	81 000 000	81 000 000	应付账款	10 000 000	10 000 000
预付款项	1 000 000	1 000 000	预收款项	10 000 000	10 000 000
合同资产			合同负债		
其他应收款	3 000 000	3 000 000	应付职工薪酬	6 000 000	6 000 000
存货	29 000 000	29 000 000	应交税费	25 000 000	24 000 000
一年内到期的非流动资产	6 000 000	6 000 000	其他应付款	4 000 000	8 000 000
其他流动资产			一年内到期的非流动负债		
流动资产合计	180 000 000	180 000 000	其他流动负债		
非流动资产：			流动负债合计	83 000 000	86 000 000
可供出售金融资产	20 000 000	20 000 000	非流动负债：		
持有至到期投资	10 000 000	10 000 000	长期借款	30 000 000	30 000 000
长期应收款	15 000 000	15 000 000	应付债券	20 000 000	20 000 000
长期股权投资	55 000 000	55 000 000	长期应付款	10 000 000	10 000 000
其他权益工具投资			专项应付款		
投资性房地产			预计负债	12 000 000	9 000 000
固定资产	60 000 000	60 000 000	递延所得税负债		
在建工程	20 000 000	20 000 000	其他非流动负债		
生产性生物资产			非流动负债合计	72 000 000	69 000 000
油气资产			负债合计	155 000 000	155 000 000
无形资产	80 000 000	80 000 000	股东权益：		
开发支出	10 000 000	10 000 000	股本	200 000 000	200 000 000
商誉			资本公积	50 000 000	50 000 000
长期待摊费用			减：库存股		
递延所得税资产	5 000 000	4 250 000	其他综合收益		
其他非流动资产			盈余公积	300 000 000	29 925 000
非流动资产合计	275 000 000	274 250 000	未分配利润	20 000 000	19 325 000
			股东权益合计	300 000 000	299 250 000
资产总计	455 000 000	454 250 000	负债和股东权益总计	455 000 000	454 250 000

利润表项目的调整：调增营业外支出 100 万元，调减所得税费用 25 万元，调减净利润 75 万元。利润表略。

所有者权益变动表项目的调整：调减净利润 75 万元，提取盈余公积项目中盈余公积一栏调减 7.5 万元，未分配利润一栏调增 7.5 万元。所有者权益变动表略。

(2) 粤丰公司的账务处理

① 2019 年 2 月 10 日，记录收到的赔款，并调整应交所得税：

借：其他应收款 4 000 000
　　贷：以前年度损益调整 4 000 000
借：以前年度损益调整（4 000 000×25%） 1 000 000
　　贷：应交税费——应交所得税 1 000 000
借：银行存款 4 000 000
　　贷：其他应收款 4 000 000

② 将"以前年度损益调整"科目余额转入未分配利润：

借：以前年度损益调整 3 000 000
　　贷：利润分配——未分配利润 3 000 000

③ 因净利润增加，补提盈余公积：

借：利润分配——未分配利润 300 000
　　贷：盈余公积（3 000 000×10%） 300 000

④ 调整报告年度财务报表相关项目的数字（财务报表略）。

资产负债表项目的年末数调整：调增其他应收款 400 万元，调增应交税费 100 万元，调增盈余公积 30 万元，调增未分配利润 270 万元。

利润表项目的调整：调增营业外收入 400 万元，调增所得税费用 100 万元，调增净利润 300 万元。

所有者权益变动表项目的调整：调增净利润 300 万元，提取盈余公积项目中盈余公积一栏调增 30 万元，未分配利润一栏调减 30 万元。

② 资产负债表日后取得确凿证据，表明某项资产在资产负债表日发生了减值或者需要调整该项资产原先确认的减值金额。这一事项是指在资产负债表日，根据当时的资料判断某项资产可能发生了损失或减值，但没有最后确定是否会发生，因而按照当时的最佳估计金额反映在财务报表中；但在资产负债表日至财务报告批准报出日之间，所取得的确凿证据能证明该事实成立，即某项资产已经发生了损失或减值，则应对资产负债表日所作的估计予以修正。

【例 15-3】 天宇公司 2018 年 5 月销售给粤丰公司一批产品，货款为 100 万元（含增值税）。粤丰公司于 6 月份收到所购物资并验收入库。按合同规定，粤丰公司应于收到所购物资后两个月内付款。由于粤丰公司财务状况不佳，到 2018 年 12 月 31 日仍未付款。天宇公司于 12 月 31 日编制 2018 年财务报表时，已为该项应收账款提取坏账准备 5 万元。12 月 31 日资产负债表上"应收账款"项目的金额为 200 万元，其中 95 万元为该项应收账款。天宇公司于 2019 年 1 月 30 日（所得税汇算清缴前）收到法院通知，粤丰公司已宣告破产清算，无力偿还所欠部分货款。天宇公司预计可收回应收账款的 60%。适用的所得税税率为 25%。

本例中，根据资产负债表日后事项的判断原则，天宇公司在收到法院通知后，首先可判断该事项属于资产负债表日后调整事项。天宇公司原对应收粤丰公司账款提取了 5 万元的坏账准备，按照新的证据应提取的坏账准备为 40 万元（100×40％＝40），差额 35 万元应当调整 2018 年度财务报表相关项目的数字。天宇公司的账务处理如下。

① 补提坏账准备：

应补提的坏账准备＝1 000 000×40％－50 000＝350 000（元）

借：以前年度损益调整　　　　　　　　　　　　　　　　　　　　　350 000
　　贷：坏账准备　　　　　　　　　　　　　　　　　　　　　　　　　350 000

② 调整递延所得税资产：

借：递延所得税资产　　　　　　　　　　　　　　　　　　　　　　　87 500
　　贷：以前年度损益调整（350 000×25％）　　　　　　　　　　　　　87 500

③ 将"以前年度损益调整"科目的余额转入利润分配：

借：利润分配——未分配利润　　　　　　　　　　　　　　　　　　　262 500
　　贷：以前年度损益调整　　　　　　　　　　　　　　　　　　　　　262 500

④ 调整利润分配有关数字：

借：盈余公积　　　　　　　　　　　　　　　　　　　　　　　　　　26 250
　　贷：利润分配——未分配利润（262 500×10％）　　　　　　　　　　26 250

⑤ 调整报告年度财务报表相关项目的数字（财务报表略）。

资产负债表项目的调整：调减应收账款净值 350 000 元，调增递延所得税资产 87 500 元；调减盈余公积 26 250 元，调减未分配利润 236 250 元。

利润表项目的调整：调增资产减值损失 350 000 元，调减所得税费用 87 500 元，调减净利润 262 500 元。

所有者权益变动表项目的调整：调减净利润 262 500 元，提取盈余公积项目中盈余公积一栏调减 26 250 元，未分配利润一栏调增 26 250 元。

---

③ 资产负债表日后进一步确定了资产负债表日前购入资产的成本或售出资产的收入。这类调整事项包括两方面的内容：一是若资产负债表日前购入的资产已经按暂估金额等入账，资产负债表日后获得证据，可以进一步确定该资产的成本，则应对已入账的资产成本进行调整；二是企业在资产负债表日已根据收入确认条件确认资产销售收入，但资产负债表日后获得关于资产收入的进一步证据，如发生销售退回等，此时也应调整财务报表相关项目的金额。需要说明的是，资产负债表日后发生的销售退回，既包括报告年度或报告中期销售的商品在资产负债表日后发生的销售退回，也包括以前期间销售的商品在资产负债表日后发生的销售退回。

资产负债表所属期间或以前期间所售商品在资产负债表日后退回的，应作为资产负债表日后调整事项处理。发生于资产负债表日后至财务报告批准报出日之间的销售退回事项，可能发生于年度所得税汇算清缴之前，也可能发生于该企业年度所得税汇算清缴之后，其会计处理分别如下。

涉及报告年度所属期间的销售退回发生于报告年度所得税汇算清缴之前的，应调整报告年度利润表的收入、成本等，并相应调整报告年度的应纳税所得额及报告年度应缴的所得税等。

【例 15-4】 天宇公司 2018 年 11 月 8 日销售一批商品给粤丰公司，取得收入 120 万元（不含税，增值税率 13%）。天宇公司发出商品后，按照正常情况已确认收入，并结转成本 100 万元。2018 年 12 月 31 日，该笔货款尚未收到，天宇公司未对应收账款计提坏账准备。2019 年 1 月 12 日，由于产品质量问题，本批货物被退回。天宇公司于 2019 年 2 月 28 日完成 2018 年所得税汇算清缴。公司适用的所得税税率为 25%。

本例中，销售退回业务发生在资产负债表日后事项涵盖期间内，属于资产负债表日后调整事项。由于销售退回发生在天宇公司报告年度所得税汇算清缴之前，因此在所得税汇算清缴时，应扣除该部分销售退回所实现的应纳税所得额。

天宇公司的账务处理如下。

① 2019 年 1 月 12 日，调整销售收入：

借：以前年度损益调整　　　　　　　　　　　　　　　　　　1 200 000
　　应交税费——应交增值税（销项税额）　　　　　　　　　　156 000
　　贷：应收账款　　　　　　　　　　　　　　　　　　　　　　　1 356 000

② 调整销售成本：

借：库存商品　　　　　　　　　　　　　　　　　　　　　　1 000 000
　　贷：以前年度损益调整　　　　　　　　　　　　　　　　　　　1 000 000

③ 调整应缴纳的所得税：

借：应交税费——应交所得税　　　　　　　　　　　　　　　　50 000
　　贷：以前年度损益调整　　　　　　　　　　　　　　　　　　　　50 000

④ 将"以前年度损益调整"科目的余额转入利润分配：

借：利润分配——未分配利润　　　　　　　　　　　　　　　　150 000
　　贷：以前年度损益调整　　　　　　　　　　　　　　　　　　　　150 000

⑤ 调整盈余公积：

借：盈余公积　　　　　　　　　　　　　　　　　　　　　　　15 000
　　贷：利润分配——未分配利润　　　　　　　　　　　　　　　　　15 000

调整相关财务报表（略）。

资产负债表日后事项中涉及报告年度所属期间的销售退回发生于报告年度所得税汇算清缴之后，应调整报告年度会计报表的收入、成本等，但按照税法规定在此期间的销售退回所涉及的应缴所得税，应作为本年的纳税调整事项。

【例 15-5】 沿用例 15-4，假定销售退回的时间改为 2019 年 3 月 10 日。

天宇公司的账务处理如下。

① 2019 年 3 月 10 日，调整销售收入：

借：以前年度损益调整　　　　　　　　　　　　　　　　　　1 200 000
　　应交税费——应交增值税（销项税额）　　　　　　　　　　156 000
　　贷：应收账款　　　　　　　　　　　　　　　　　　　　　　　1 356 000

② 调整销售成本：

```
借：库存商品                                          1 000 000
    贷：以前年度损益调整                                    1 000 000
③ 将"以前年度损益调整"科目的余额转入利润分配：
借：利润分配——未分配利润                                 200 000
    贷：以前年度损益调整                                      200 000
④ 调整盈余公积：
借：盈余公积                                              20 000
    贷：利润分配——未分配利润                                  20 000
调整相关财务报表（略）。
```

④ 资产负债表日后发现了财务报表舞弊或差错。这一事项是指资产负债表日后发现报告期或以前期间存在的财务报表舞弊或差错。企业发生这一事项后，应当将其作为资产负债表日后调整事项，调整报告期间的财务报告相关项目的数字。具体会计处理可以参见"会计政策、会计估计变更和差错更正"。

3）非调整事项的处理原则

（1）资产负债表日后非调整事项的处理原则

资产负债表日后发生的非调整事项，是指表明资产负债表日后发生的情况的事项，与资产负债表日存在状况无关，不应当调整资产负债表日的财务报表。但有的非调整事项对财务报告使用者具有重大影响，如不加以说明，将不利于财务报告使用者做出正确估计和决策，因此应在附注中加以披露。

（2）资产负债表日后非调整事项的具体会计处理办法

资产负债表日后发生的非调整事项，应当在报表附注中披露每项重要的资产负债表日后非调整事项的性质、内容及其对财务状况和经营成果的影响。无法做出估计的，应当说明原因。

资产负债表日后非调整事项主要有以下几种。

① 资产负债表日后发生重大诉讼、仲裁、承诺。资产负债表日后发生的重大诉讼等事项，对企业影响较大，为防止误导投资者及其他财务报告使用者，应当在报表附注中披露。

② 资产负债表日后资产价格、税收政策、外汇汇率发生重大变化。资产负债表日后发生的资产价格、税收政策和外汇汇率的重大变化，虽然不会影响资产负债表日财务报表相关项目的数据，但对企业资产负债表日后期间的财务状况和经营成果有重大影响，应当在报表附注中予以披露。

③ 资产负债表日后发行股票和债券及其他巨额举债。企业发行股票、债券及向银行或非银行金融机构举借巨额债务都是比较重大的事项，虽然这一事项与企业资产负债表日的存在状况无关，但这一事项的披露能使财务报告使用者了解与此有关的情况及可能带来的影响，因此应当在报表附注中进行披露。

④ 资产负债表日后资本公积转增资本。企业以资本公积转增资本将会改变企业的资本（或股本）结构，影响较大，应当在报表附注中进行披露。

⑤ 资产负债表日后发生巨额亏损。企业资产负债表日后发生巨额亏损将会对企业报告期以后的财务状况和经营成果产生重大影响，应当在报表附注中及时披露该事项，以便为投

资者或其他财务报告使用者做出正确决策提供信息。

⑥ 资产负债表日后发生企业合并或处置子公司。企业合并或者处置子公司的行为可以影响股权结构、经营范围等方面,对企业未来的生产经营活动能产生重大影响,应当在报表附注中进行披露。

⑦ 资产负债表日后,企业制定利润分配方案,拟分配或经审议批准宣告发放股利或利润的行为,并不会导致企业在资产负债表日形成现时义务,虽然该事项的发生可导致企业负有支付股利或利润的义务,但支付义务在资产负债表日尚不存在,不应该调整资产负债表日的财务报告,因此该事项为非调整事项。不过,该事项对企业资产负债表日后的财务状况有较大影响,可能导致现金大规模流出、企业股权结构变动等,为便于财务报告使用者更充分地了解相关信息,企业需要在财务报告中适当披露该信息。

15.2 会计变更与差错更正

1. 会计变更

会计变更通常是指会计政策、会计估计或会计主体的变更。一个报告主体的会计变更可能对该会计主体所披露的特定日期的财务状况和一定时期的经营成果产生很大影响,也可能对比较财务报表和历史总结所反映的变动趋势产生重大影响。因此,会计变更的反映与报告应该便于财务报表的分析与理解。会计变更通常可以分为会计政策变更、会计估计变更和会计主体变更三种类型。

1) 会计政策变更

(1) 会计政策

会计政策,是指企业在会计确认、计量和报告中所采用的原则、基础和会计处理方法。其中,原则,是指按照企业会计准则规定的、适合于企业会计核算所采用的具体会计原则;基础,是指为了将会计原则应用于交易或者事项而采用的基础,主要是计量基础(即计量属性),包括历史成本、重置成本、可变现净值、现值和公允价值等;会计处理方法,是指企业在会计核算中按照法律、行政法规或者国家统一的会计制度等规定采用或者选择的、适合于本企业的具体会计处理方法。会计政策具有以下特点。

① 会计政策的选择性。会计政策的选择性是指在允许的会计原则、计量基础和会计处理方法中做出指定或具体选择。由于企业经济业务的复杂性和多样化,某些经济业务在符合会计原则和计量基础的要求下,可以有多种会计处理方法,即存在不止一种可供选择的会计政策。例如,确定发出存货的实际成本时可以在先进先出法、加权平均法或者个别计价法中进行选择。

② 会计政策的强制性。在我国,会计准则和会计制度属于行政法规,会计政策所包括的具体会计原则、计量基础和具体会计处理方法由会计准则或会计制度规定,具有一定的强制性。企业必须在法规所允许的范围内选择适合本企业实际情况的会计政策。即企业在发生某项经济业务时,必须从允许的会计原则、计量基础和会计处理方法中选择适合本企业特点的会计政策。

③ 会计政策的层次性。会计政策包括会计原则、计量基础和会计处理方法三个层次。其中，会计原则是指导企业会计核算的具体原则。例如，《企业会计准则第13号——或有事项》规定该义务是企业承担的现实义务，履行该义务很可能导致经济利益流出企业。该义务的金额能够可靠计量作为预计负债的确认条件就是预计负债确认的具体会计原则。会计基础是为将会计原则体现在会计核算中而采用的基础。例如，《企业会计准则第8号——资产减值》中涉及的公允价值就是计量基础。会计处理方法是按照会计原则和计量基础的要求，由企业在会计核算中采用或者选择的、适合于本企业的具体会计处理方法。例如，企业按照《企业会计准则第15号——建造合同》规定采用的完工百分比法就是会计处理方法。会计原则、计量基础和会计处理方法三者之间是一个具有逻辑性的、密不可分的整体，通过这个整体，会计政策才能得以应用和落实。

(2) 会计政策变更的含义与条件

会计政策变更，是指企业对相同的交易或者事项由原来采用的会计政策改用另一会计政策的行为。为保证会计信息的可比性，从而使财务报表使用者在比较企业一个以上期间的财务报表时能够正确判断企业的财务状况、经营成果和现金流量的趋势，一般情况下，企业采用的会计政策，在每一会计期间和前后各期应当保持一致，不得随意变更，否则势必削弱会计信息的可比性。但是，在下述两种情形下，企业可以变更会计政策。

① 法律、行政法规或者国家统一的会计制度等要求变更。这种情况是指按照法律、行政法规及国家统一的会计制度的规定，要求企业采用新的会计政策，则企业应当按照法律、行政法规及国家统一的会计制度的规定改变原会计政策，按照新的会计政策执行。例如，《企业会计准则第1号——存货》对发出存货实际成本的计价排除了后进先出法，这就要求执行企业会计准则体系的企业按照新规定，将原来以后进先出法核算发出存货成本改为准则规定的可以采用的会计政策。

② 会计政策变更能够提供更可靠、更相关的会计信息。由于经济环境、客观情况的改变，使企业原采用的会计政策所提供的会计信息已不能恰当地反映企业的财务状况、经营成果和现金流量等情况。在这种情况下，应改变原有会计政策，按变更后新的会计政策进行会计处理，以便对外提供更可靠、更相关的会计信息。例如，企业一直采用成本模式对投资性房地产进行后续计量，如果企业能够从房地产交易市场上持续地取得同类或类似房地产的市场价格及其他相关信息，从而能够对投资性房地产的公允价值做出合理的估计，此时企业可以将投资性房地产的后续计量方法由成本模式变更为公允价值模式。

对会计政策变更的认定，直接影响会计处理方法的选择。因此，在会计实务中，企业应当正确认定属于会计政策变更的情形。下列两种情况不属于会计政策变更。

① 本期发生的交易或者事项与以前相比具有本质差别而采用新的会计政策。这是因为会计政策是针对特定类型的交易或事项，如果发生的交易或事项与其他交易或事项有本质区别，那么企业实际上是为新的交易或事项选择适当的会计政策，并没有改变原有的会计政策。例如，企业以往租入的设备均为临时需要而租入的，企业按经营租赁会计处理方法核算，但自本年度起租入的设备均采用融资租赁方式，则该企业自本年度起对新租赁的设备采用融资租赁会计处理方法核算。由于该企业原租入的设备均为经营性租赁，本年度起租赁的设备均改为融资租赁，经营租赁和融资租赁有着本质差别，因而改变会计政策不属于会计政策变更。

② 对初次发生的或不重要的交易或者事项采用新的会计政策。对初次发生的某类交易

或事项采用适当的会计政策，并未改变原有的会计政策。例如，企业以前没有建造合同业务，当年签订一项建造合同为另一企业建造三栋厂房，对该项建造合同采用完工百分比法确认收入，不是会计政策变更。至于对不重要的交易或事项采用新的会计政策，不按会计政策变更做出会计处理，并不影响会计信息的可比性，所以也不作为会计政策变更。例如，企业原来在生产经营过程中使用少量的低值易耗品，并且价值较低，故企业在领用低值易耗品时一次计入费用；该企业于近期投产新产品，所需低值易耗品比较多，且价值较大，企业对领用的低值易耗品处理方法改为五五摊销法。该企业低值易耗品在企业生产经营中所占的费用比例并不大，改变低值易耗品处理方法后对损益的影响也不大，属于不重要的事项，会计政策在这种情况下的改变不属于会计政策变更。

(3) 会计政策变更的会计处理

发生会计政策变更时，有两种会计处理方法，即追溯调整法和未来适用法，两种方法适用于不同情形。

① 追溯调整法。追溯调整法，是指对某项交易或事项变更会计政策，视同该项交易或事项初次发生时即采用变更后的会计政策，并以此对财务报表相关项目进行调整的方法。采用追溯调整法时，对于比较财务报表期间的会计政策变更，应调整各期间净损益各项目和财务报表其他相关项目，视同该政策在比较财务报表期间上一直采用。对于比较财务报表可比期间以前的会计政策变更的累积影响数，应调整比较财务报表最早期间的期初留存收益，财务报表其他相关项目的数字也应一并调整。

追溯调整法通常由以下步骤构成：第一步，计算会计政策变更的累积影响数；第二步，编制相关项目的调整分录；第三步，调整列报前期最早期初财务报表相关项目及其金额；第四步，附注说明。其中，会计政策变更累积影响数，是指按照变更后的会计政策对以前各期追溯计算的列报前期最早期初留存收益应有金额与现有金额之间的差额。根据上述定义的表述，会计政策变更的累积影响数可以分解为以下两个金额之间的差额：一个是在变更会计政策当期，按变更后的会计政策对以前各期追溯计算，所得到列报前期最早期初留存收益金额；另一个是在变更会计政策当期，列报前期最早期初留存收益金额。上述留存收益金额，包括盈余公积和未分配利润等项目，不考虑由于损益的变化而应当补分的利润或股利。例如，由于会计政策变化，增加了以前期间可供分配的利润，该企业通常按净利润的20%分派股利。但在计算调整会计政策变更当期期初的留存收益时，不应当考虑由于以前期间净利润的变化而需要分派的股利。

在财务报表只提供列报项目上一个可比会计期间比较数据的情况下，上述第二项，在变更会计政策当期，列报前期最早期初留存收益金额，即为上期资产负债表所反映的期初留存收益，可以从上年资产负债表项目中获得；需要计算确定的是第一项，即按变更后的会计政策对以前各期追溯计算，所得到的上期期初留存收益金额。

累积影响数通常可以通过以下各步计算获得：第一步，根据新会计政策重新计算受影响的前期交易或事项；第二步，计算两种会计政策下的差异；第三步，计算差异的所得税影响金额；第四步，确定前期中的每一期的税后差异；第五步，计算会计政策变更的累积影响数。

需要注意的是，对以前年度损益进行追溯调整或追溯重述的，应当重新计算各列报期间的每股收益。

【例 15-6】 天宇公司 2017 年、2018 年分别以 4 500 000 元和 1 100 000 元的价格从股票市场购入 A、B 两只以交易为目的的股票（假设不考虑购入股票发生的交易费用），市价一直高于购入成本。公司采用成本与市价孰低法对购入股票进行计量。公司从 2019 年起对其以交易为目的购入的股票由成本与市价孰低改为按公允价值计量，公司保存的会计资料比较齐备，可以通过会计资料追溯计算。假设所得税税率为 25%，公司按净利润的 10% 提取法定盈余公积，按净利润的 5% 提取任意盈余公积。公司发行股票份额为 4 500 万股。两种方法计量的交易性金融资产账面价值如表 15-2 所示。

表 15-2 两种方法计量的交易性金融资产账面价值

单位：元

会计政策 股票	成本与市价孰低	2017 年年末公允价值	2018 年年末公允价值
A 股票	4 500 000	5 100 000	5 100 000
B 股票	1 100 000	—	1 300 000

根据上述资料，天宇公司的会计处理如下。

计算改变交易性金融资产计量方法后的累积影响数如表 15-3 所示。

表 15-3 改变交易性金融资产计量方法后的积累影响数

单位：元

时间	公允价值	成本与市价孰低	税前差异	所得税影响	税后差异
2017 年年末	5 100 000	4 500 000	600 000	150 000	450 000
2018 年年末	1 300 000	1 100 000	200 000	50 000	150 000
合 计	6 400 000	5 600 000	800 000	200 000	600 000

天宇公司 2019 年 12 月 31 日的比较财务报表列报前期最早期初为 2018 年 1 月 1 日。

天宇公司在 2019 年年末按公允价值计量的账面价值为 5 100 000 元，按成本与市价孰低计量的账面价值为 4 500 000 元，两者的所得税影响合计为 150 000 元，两者差异的税后净影响额为 450 000 元，即为该公司 2019 年期初由成本与市价孰低改为公允价值的累积影响数。

天宇公司在 2019 年年末按公允价值计量的账面价值为 6 400 000 元，按成本与市价孰低计量的账面价值为 5 600 000 元，两者的所得税影响合计为 200 000 元，两者差异的税后净影响额为 600 000 元。其中，450 000 元是调整 2019 年累积影响数，150 000 元是调整 2019 年当期金额。

天宇公司按照公允价值重新计量 2018 年年末 B 股票账面价值，其结果为公允价值变动收益少计了 200 000 元，所得税费用少计了 50 000 元，净利润少计了 150 000 元。

编制有关项目的调整分录如下。

(1) 对 2017 年有关事项的调整分录
① 对 2017 年有关事项的调整分录。

借：交易性金融资产——公允价值变动　　　　　　　　　　　　600 000
　　贷：利润分配——未分配利润　　　　　　　　　　　　　　　　450 000
　　　　递延所得税负债　　　　　　　　　　　　　　　　　　　　150 000

② 调整利润分配：按照净利润的10%提取法定盈余公积，按照净利润的5%提取任意盈余公积，共计提取盈余公积 450 000×15%＝67 500（元）。

借：利润分配——未分配利润　　　　　　　　　　　　　　　　67 500
　　贷：盈余公积　　　　　　　　　　　　　　　　　　　　　　　67 500

（2）对2018年有关事项的调整分录

① 调整交易性金融资产：

借：交易性金融资产——公允价值变动　　　　　　　　　　　　200 000
　　贷：利润分配——未分配利润　　　　　　　　　　　　　　　　150 000
　　　　递延所得税负债　　　　　　　　　　　　　　　　　　　　50 000

② 调整利润分配：按照净利润的10%提取法定盈余公积，按照净利润的5%提取任意盈余公积，共计提取盈余公积 150 000×15%＝22 500（元）。

借：利润分配——未分配利润　　　　　　　　　　　　　　　　22 500
　　贷：盈余公积　　　　　　　　　　　　　　　　　　　　　　　22 500

财务报表调整和重述（财务报表略）如下。

天宇公司在列报2019年财务报表时，应调整2019年资产负债表有关项目的年初余额、利润表有关项目的上年金额及所有者权益变动表有关项目的上年金额和本年金额。

① 资产负债表项目的调整：调增交易性金融资产年初余额800 000元；调增递延所得税负债年初余额200 000元；调增盈余公积年初余额90 000元；调增未分配利润年初余额510 000元。

② 利润表项目的调整：调增公允价值变动收益上年金额200 000元；调增所得税费用上年金额50 000元；调增净利润上年金额150 000元；调增基本每股收益上年金额0.003 3元。

③ 所有者权益变动表项目的调整：调增会计政策变更项目中盈余公积上年金额67 500元，未分配利润上年金额382 500元，所有者权益合计上年金额450 000元；调增会计政策变更项目中盈余公积本年金额22 500元，未分配利润本年金额127 500元，所有者权益合计本年金额150 000元。

② 未来适用法。未来适用法，是指将变更后的会计政策应用于变更日及以后发生的交易或者事项，或者在会计估计变更当期和未来期间确认会计估计变更影响数的方法。

在未来适用法下，不需要计算会计政策变更产生的累积影响数，也无须重编以前年度的财务报表。企业会计账簿记录及财务报表上反映的金额，变更之日仍保留原有的金额，不因会计政策变更而改变以前年度的既定结果，并在现有金额的基础上再按新的会计政策进行核算。

【例 15-7】 天宇公司原对发出存货采用后进先出法,由于采用新准则,按其规定,公司从 2020 年 1 月 1 日起改用先进先出法。2020 年 1 月 1 日存货的价值为 2 500 000 元,公司当年购入存货的实际成本为 18 000 000 元,2020 年 12 月 31 日按先进先出法计算确定的存货价值为 4 500 000 元,当年销售额为 25 000 000 元,假设该年度其他费用为 1 200 000 元,所得税税率为 25%。2020 年 12 月 31 日按后进先出法计算的存货价值为 2 200 000 元。

天宇公司由于法律环境变化而改变会计政策,假定对其采用未来适用法进行处理,即对存货采用先进先出法从 2020 年及以后才适用,不需要计算 2020 年 1 月 1 日以前按先进先出法计算存货应有的余额,以及对留存收益的影响金额。

计算确定会计政策变更对当期净利润的影响数如表 15-4 所示。

表 15-4 当期净利润的影响数计算表

单位:元

项目	先进先出法	后进先出法
营业收入	25 000 000	25 000 000
减:营业成本	16 000 000	18 300 000
减:其他费用	1 200 000	1 200 000
利润总额	7 800 000	5 500 000
减:所得税	1 950 000	1 375 000
净利润	5 850 000	4 125 000
差额	1 725 000	

公司由于会计政策变更使当期净利润增加了 1 725 000 元。其中,采用先进先出法的销售成本为

期初存货+购入存货实际成本-期末存货=2 500 000+18 000 000-4 500 000
=16 000 000(元)

采用后进先出法的销售成本为

期初存货+购入存货实际成本-期末存货=2 500 000+18 000 000-2 200 000
=18 300 000(元)

对于会计政策变更,企业应当根据具体情况,分别采用不同的会计处理方法。

① 法律、行政法规或者国家统一的会计制度等要求变更的情况下,企业应当分以下情况进行处理:国家发布相关的会计处理办法,则按照国家发布的相关会计处理规定进行处理;国家没有发布相关的会计处理办法,则采用追溯调整法进行会计处理。

② 会计政策变更能够提供更可靠、更相关的会计信息的情况下,企业应当采用追溯调整法进行会计处理,将会计政策变更累积影响数调整列报前期最早期初留存收益,其他相关项目的期初余额和列报前期披露的其他比较数据也应当一并调整。

③ 确定会计政策变更对列报前期影响数不切实可行的,应当从可追溯调整的最早期间期初开始应用变更后的会计政策;在当期期初确定会计政策变更对以前各期累积影响数不切实可行的,应当采用未来适用法处理。其中,不切实可行是指企业在采取所有合理的方法

后，仍然不能获得采用某项规定所必需的相关信息，而导致无法采用该项规定，则该项规定在此时是不切实可行的。

对于以下特定前期，对某项会计政策变更应用追溯调整法或进行追溯重述以更正一项前期差错是不切实可行的：应用追溯调整法或追溯重述法的累积影响数不能确定；应用追溯调整法或追溯重述法要求对管理层在该期当时的意图做出假定；应用追溯调整法或追溯重述法要求对有关金额进行重大估计，并且不可能将提供有关交易发生时存在状况的证据（例如，有关金额确认、计量或披露日期存在事实的证据，以及在受变更影响的当期和未来期间确认会计估计变更的影响的证据）和该期间财务报表批准报出时能够取得的信息这两类信息与其他信息客观地加以区分。

在某些情况下，调整一个或者多个前期比较信息以获得与当期会计信息的可比性是不切实可行的。例如，企业因账簿、凭证超过法定保存期限而销毁，或因不可抗力而毁坏、遗失，如火灾、水灾等，或因人为因素，如盗窃、故意毁坏等，可能使当期期初确定会计政策变更对以前各期累积影响数无法计算，即不切实可行，此时会计政策变更应当采用未来适用法进行处理。

对根据某项交易或者事项确认、披露的财务报表项目应用会计政策时常常要进行估计。本质上，估计是主观行为，而且可能在资产负债表日后才做出。当追溯调整会计政策变更或者追溯重述前期差错更正时，要做出切实可行的估计更加困难，因为有关交易或者事项已经发生较长一段时间，要获得做出切实可行的估计所需要的相关信息往往比较困难。

当在前期采用一项新会计政策或者更正前期金额时，不论是对管理层在某个前期的意图做出假定，还是估计在前期确认、计量或者披露的金额，都不应当使用"后见之明"。例如，按照《企业会计准则第22号——金融工具确认和计量》的规定，企业对原先划归为债权投资的金融资产计量的前期差错，即便管理层随后决定不将这些投资持有至到期，也不能改变它们在前期的计量基础，即该项金融资产应当仍然按照债权投资进行计量。

2）会计估计变更

（1）会计估计

会计估计，是指企业对结果不确定的交易或者事项以最近可利用的信息为基础所做的判断。会计估计具有如下特点。

① 会计估计的存在是由于经济活动中内在的不确定性因素的影响。在会计核算中，企业总是力求保持会计核算的准确性，但有些经济业务本身具有不确定性。例如，坏账、固定资产折旧年限、固定资产残余价值、无形资产摊销年限等，因而需要根据经验做出估计。可以说，在进行会计核算和相关信息披露的过程中，会计估计是不可避免的。

② 进行会计估计时，往往以最近可利用的信息或资料为基础。企业在会计核算中，由于经营活动中内在的不确定性，不得不经常进行估计。一些估计的主要目的是确定资产或负债的账面价值，如坏账准备、担保责任引起的负债；另一些估计的主要目的是确定将在某一期间记录的收益或费用的金额，如某一期间的折旧、摊销的金额。企业在进行会计估计时，通常应根据当时的情况和经验，以一定的信息或资料为基础进行。但是，随着时间的推移、环境的变化，进行会计估计的基础可能会发生变化。因此，进行会计估计所依据的信息或者资料不得不经常发生变化。由于最新的信息是最接近目标的信息，以其为基础所做的估计最接近实际，所以进行会计估计时，应以最近可利用的信息或资料为基础。

③ 进行会计估计并不会削弱会计确认和计量的可靠性。企业为了定期、及时地提供有

用的会计信息，将延续不断的经营活动人为划分为一定的期间并在权责发生制的基础上对企业的财务状况和经营成果进行定期确认和计量。例如，在会计分期的情况下，许多企业的交易跨越若干会计年度，以至于需要在一定程度上做出决定：某一年度发生的开支，哪些可以合理地预期能够产生其他年度以收益形式表示的利益，从而全部或部分向后递延，哪些可以合理地预期在当期能够得到补偿，从而确认为费用。由于会计分期和货币计量的前提，在确认和计量过程中，不得不对许多尚在延续中、其结果尚未确定的交易或事项予以估计入账。

(2) 会计估计变更

会计估计变更，是指由于资产和负债的当前状况及预期经济利益和义务发生了变化，从而对资产或负债的账面价值或者资产的定期消耗金额进行调整。

由于企业经营活动中内在的不确定因素，许多财务报表项目不能准确计量，只能加以估计，估计过程涉及以最近可以得到的信息为基础所做的判断。但是，估计毕竟是就现有资料对未来所做的判断，随着时间的推移，如果赖以进行估计的基础发生变化，或者由于取得了新的信息、积累了更多的经验或后来的发展可能不得不对估计进行修订，即发生会计估计变更，但会计估计变更的依据应当真实、可靠。会计估计变更的情形包括以下几种。

第一，赖以进行估计的基础发生了变化。企业进行会计估计，总是依赖于一定的基础。如果其所依赖的基础发生了变化，则会计估计也应相应发生变化。例如，企业的某项无形资产摊销年限原定为10年，以后发生的情况表明，该资产的受益年限已不足10年，此时应相应调减摊销年限。

第二，取得了新的信息、积累了更多的经验。企业进行会计估计是就现有资料对未来所作的判断，随着时间的推移，企业有可能取得新的信息、积累更多的经验，在这种情况下企业可能不得不对会计估计进行修订，即发生会计估计变更。例如，企业原根据当时能够得到的信息，对应收账款每年按其余额的5％计提坏账准备。现在掌握了新的信息，判定不能收回的应收账款比例已达15％，企业改按15％的比例计提坏账准备。

会计估计变更，并不意味着以前期间会计估计是错误的，只是由于情况发生变化，或者掌握了新的信息，积累了更多的经验，使得变更会计估计能够更好地反映企业的财务状况和经营成果。如果以前期间的会计估计是错误的，则属于会计差错，应按会计差错更正的会计处理办法进行处理。

(3) 会计估计变更的会计处理

企业对会计估计变更应当采用未来适用法处理。即在会计估计变更当期及以后期间采用新的会计估计，不改变以前期间的会计估计，也不调整以前期间的报告结果。

第一，会计估计变更仅影响变更当期的，其影响数应当在变更当期予以确认。例如，企业原按应收账款余额的5％提取坏账准备，由于企业不能收回应收账款的比例已达10％，则企业改按应收账款余额的10％提取坏账准备。这类会计估计的变更，只影响变更当期，因此应于变更当期确认。

第二，既影响变更当期又影响未来期间的，其影响数应当在变更当期和未来期间予以确认。例如，企业的某项可计提折旧的固定资产，其有效使用年限或预计净残值的估计发生的变更，常常影响变更当期及资产以后使用年限内各个期间的折旧费用，这类会计估计的变更应于变更当期及以后各期确认。

会计估计变更的影响数应计入变更当期与前期相同的项目中。为了保证不同期间的财务报表具有可比性,如果以前期间的会计估计变更的影响数计入企业日常经营活动损益,则以后期间也应计入日常经营活动损益;如果以前期间的会计估计变更的影响数计入特殊项目中,则以后期间也应计入特殊项目。

【例 15-8】 天宇公司有一台管理用设备,原始价值为 84 000 元,预计使用寿命为 8 年,净残值为 4 000 元,自 2019 年 1 月 1 日起按直线法计提折旧。2019 年 1 月,由于新技术的发展等原因,需要对原预计使用寿命和净残值做出修正,修改后的预计使用寿命为 6 年,净残值为 2 000 元。天宇公司适用的所得税税率为 25%。假定税法允许按变更后的折旧额在税前扣除。

天宇公司对上述会计估计变更的处理如下:不调整以前各期折旧,也不计算累积影响数;变更日以后发生的经济业务改按新估计使用寿命提取折旧。

按原估计,每年折旧额为 10 000 元,已提折旧 4 年,共计 40 000 元,固定资产净值为 44 000 元,则第 5 年相关科目的年初余额如表 15-5 所示。

表 15-5 相关科目年初余额表

单位:元

项目	金额
固定资产	84 000
减:累计折旧	40 000
固定资产净值	44 000

改变估计使用寿命后,自 2019 年 1 月 1 日起每年计提的折旧费用为 21 000 元 [(44 000-2 000)/(6-4)]。2019 年不必对以前年度已提折旧进行调整,只需按重新预计的尚可使用寿命和净残值计算、确定年折旧费用。

编制会计分录如下:

借:管理费用　　　　　　　　　　　　　　　　　　　　　　　　　21 000
　贷:累计折旧　　　　　　　　　　　　　　　　　　　　　　　　　21 000

第三,企业应当正确划分会计政策变更和会计估计变更,并按不同的方法进行相关会计处理。企业通过判断会计政策变更和会计估计变更划分基础仍然难以对某项变更进行区分的,应当将其作为会计估计变更处理。

3) 会计主体变更

严格意义上说,会计主体变更是指报告主体的变更,即财务报表所反映的会计主体(报告主体)的范围发生变化,本期报告主体较上期大或较上期小。例如,企业原来没有子公司,只需要编制个别财务报表,而本期收购了一家达到控股程度的附属公司,因而从本期开始要编制合并财务报表。同样是该企业编制报表,所反映的会计主体(报告主体)已不同。又如,原来纳入合并财务报表范围的某子公司,因故未纳入本期的合并报表。

对会计主体变更,通常采用追溯调整法。在会计主体发生变更当年的财务报告中,应当揭示这种变更的原因,要用追溯调整法重新编制前期报表,要在变更当年的比较财务报表中揭示这一变更对净利润、每股净利润的影响,但在变更年度各期财务报表中则不需重复这一报告。至于用追溯调整法重编前期财务报表的方法,与前述"会计政策变更"部分所介绍的方法相类似，不再重述。

2. 会计差错更正

1) 会计差错概述

为了保证会计资料的真实、合法和完整，企业应当建立健全的内部稽核制度。但是，在企业的日常会计核算中仍然可能由于各种原因造成会计差错。会计差错是指在会计确认、计量、记录等方面出现的错误，如抄写差错、对事实的疏忽和误解及会计政策的误用。会计差错按其形成原因一般包括：运用会计政策错误，是指企业在会计核算中，由于各种原因采用了会计准则等行政法规、规章所不允许的会计政策而产生的会计错误；运用会计估计错误，是指企业在会计核算中，对一些不确定的交易或事项运用会计估计有误而发生的会计错误；其他错误，是指企业在会计核算中，由于会计人员业务素质和专业水平等原因，导致对一些交易或事项的会计确认、计量、记录有误而产生的会计错误。

2) 会计差错更正的会计处理

对于发生的会计差错，企业应当区别差错发生的不同时间，分别采用不同的方法进行处理。

(1) 当期差错

当期差错，是指会计报告期间发现的由于会计错误造成的当期财务报表的遗漏或误报的差错。对于会计报告期间发现的当期会计差错，应当调整当期财务报表的相关项目。对于年度资产负债表日至财务会计报告批准日之间发现的报告年度的会计差错，应当按照资产负债表日后事项中的调整事项进行处理。

【例 15-9】 天宇公司某年 6 月 30 日发现，当年 3 月份管理部门购入的一项低值易耗品，价值为 6 000 元，误记为固定资产，并计提折旧 1 000 元。该低值易耗品已领用且价值一次摊销。

公司应于发现时进行更正，会计分录为

借：低值易耗品　　　　　　　　　　　　　　　　　　　　　　6 000
　　贷：固定资产　　　　　　　　　　　　　　　　　　　　　　6 000
借：累计折旧　　　　　　　　　　　　　　　　　　　　　　　1 000
　　贷：管理费用　　　　　　　　　　　　　　　　　　　　　　1 000
借：管理费用　　　　　　　　　　　　　　　　　　　　　　　6 000
　　贷：低值易耗品　　　　　　　　　　　　　　　　　　　　　6 000

(2) 前期差错

如果财务报表项目的遗漏或错误表述可能影响财务报表使用者根据财务报表所做出的经济决策，则该项目的遗漏或错误是重要的。重要的前期差错，是指足以影响财务报表使用者对企业财务状况、经营成果和现金流量做出正确判断的前期差错。不重要的前期差错，是指不足以影响财务报表使用者对企业财务状况、经营成果和现金流量做出正确判断的会计差错。

前期差错的重要性取决于在相关环境下对遗漏或错误表述的规模和性质的判断。前期差错所影响的财务报表项目的金额或性质，是判断该前期差错是否具有重要性的决定性因素。一般来说，前期差错所影响的财务报表项目的金额越大、性质越严重，其重要性水平越高。

企业应当采用追溯重述法更正重要的前期差错,但确定前期差错累积影响数不切实可行的除外。追溯重述法,是指在发现前期差错时,视同该项前期差错从未发生过,从而对财务报表相关项目进行更正的方法。

① 不重要的前期差错的会计处理。对于不重要的前期差错,企业不需调整财务报表相关项目的期初数,但应调整发现当期与前期相同的相关项目。属于影响损益的,应直接计入本期与上期相同的净损益项目。属于不影响损益的,应调整本期与前期相同的相关项目。

【例 15-10】 天宇公司在 2020 年 12 月 31 日发现,一台价值 9 600 元、应计入固定资产并于 2021 年 2 月 1 日开始计提折旧的管理用设备,在 2021 年计入了当期费用。该公司固定资产折旧采用直线法,该资产估计使用年限为 4 年,假设不考虑净残值因素。则在 2020 年 12 月 31 日更正此差错的会计分录为

借:固定资产　　　　　　　　　　　　　　　　　　　　　　9 600
　　贷:管理费用　　　　　　　　　　　　　　　　　　　　　　5 000
　　　　累计折旧　　　　　　　　　　　　　　　　　　　　　　4 600

② 重要的前期差错的会计处理。对于重要的前期差错,企业应当在其发现当期的财务报表中调整前期比较数据。具体地说,企业应当在重要的前期差错发现当期的财务报表中,通过下述处理对其进行追溯更正:追溯重述差错发生期间列报的前期比较金额;如果前期差错发生在列报的最早前期之前,则追溯重述列报的最早前期的资产、负债和与所有者权益相关项目的期初余额。

对于发生的重要的前期差错,如影响损益,应将其对损益的影响数调整发现当期的期初留存收益,财务报表其他相关项目的期初数也应一并调整;如不影响损益,应调整财务报表相关项目的期初数。

在编制比较财务报表时,对于比较财务报表期间的重要的前期差错,应调整该期间的净损益和其他相关项目,视同该差错在产生的当期已经更正;对于比较财务报表期间以前的重要的前期差错,应调整比较财务报表最早期间的期初留存收益,财务报表其他相关项目的数字也应一并调整。

确定前期差错影响数不切实可行的,可以从可追溯重述的最早期间开始调整留存收益的期初余额,财务报表其他相关项目的期初余额也应当一并调整,也可以采用未来适用法。当企业确定前期差错对列报的一个或者多个前期比较信息的特定期间的累积影响数不切实可行时,应当追溯重述切实可行的最早期间的资产、负债和与所有者权益相关项目的期初余额(可能是当期);当企业在当期期初确定前期差错对所有前期的累积影响数不切实可行时,应当从确定前期差错影响数切实可行的最早日期开始采用未来适用法追溯重述比较信息。

需要注意的是,为了保证经营活动的正常进行,企业应当建立健全内部稽核制度,保证会计资料的真实、完整。对于年度资产负债表日至财务报告批准报出日之间发现的报告年度的会计差错及报告年度前不重要的前期差错,应按照《企业会计准则第 29 号——资产负债表日后事项》的规定进行处理。

【例 15-11】 天宇公司在 2019 年发现,2018 年公司漏记一项固定资产的折旧费用

150 000元,所得税申报表中未扣除该项费用。假设20×8年适用所得税税率为25%,无其他纳税调整事项。该公司分别按净利润的10%、5%提取法定盈余公积和任意盈余公积。公司发行股票份额为1 800 000股。假定税法允许调整应交所得税。

分析:2018年少计折旧费用150 000元;多计所得税费用37 500元(150 000×25%);多计净利润112 500元;多计应交税费37 500元(150 000×25%);多提法定盈余公积和任意盈余公积11 250元(112 500×10%)和5 625元(11 250 011%)。

编制有关项目的调整分录如下。

① 补提折旧:

借:以前年度损益调整　　　　　　　　　　　　　　　　　　　　150 000
　　贷:累计折旧　　　　　　　　　　　　　　　　　　　　　　　　150 000

② 调整应交所得税:

借:应交税费——应交所得税　　　　　　　　　　　　　　　　　　37 500
　　贷:以前年度损益调整　　　　　　　　　　　　　　　　　　　　37 500

③ 将"以前年度损益调整"科目余额转入利润分配:

借:利润分配——未分配利润　　　　　　　　　　　　　　　　　　112 500
　　贷:以前年度损益调整　　　　　　　　　　　　　　　　　　　　112 500

④ 调整利润分配有关数字:

借:盈余公积　　　　　　　　　　　　　　　　　　　　　　　　　16 875
　　贷:利润分配——未分配利润　　　　　　　　　　　　　　　　　16 875

财务报表调整和重述(财务报表略)如下。

天宇公司在列报2019年财务报表时,应调整2019年资产负债表有关项目的年初余额、利润表有关项目及所有者权益变动表的上年金额。

① 资产负债表项目的调整:调增累计折旧150 000元;调减应交税费37 500元;调减盈余公积16 875元;调减未分配利润95 625元。

② 利润表项目的调整:调增营业成本上年金额150 000元;调减所得税费用上年金额37 500元;调减净利润上年金额112 500元;调减基本每股收益上年金额0.0625元。

③ 所有者权益变动表项目的调整:调减前期差错更正项目中盈余公积上年金额16 875元,未分配利润上年金额95 625元,所有者权益合计上年金额112 500元。

本章重点

资产负债表日后事项中调整事项与非调整事项的区分;调整事项的调整;会计政策变更的追溯调整法与未来使用法。

本章难点

资产负债表日后事项中调整事项的调整;会计政策变更的追溯调整法。

关键术语

资产负债表日后事项　调整事项　非调整事项　会计政策　会计政策变更　追溯调整法　未来使用法　会计主体变更　会计差错

思 考 题

1. 什么是资产负债表日后事项?为什么要考虑资产负债表日后事项?
2. 会计准则对资产负债表日后事项是如何分类的?为什么要这样分类?
3. 对资产负债表日后事项中的调整事项应当如何进行会计处理?为什么?
4. 对于资产负债表日后事项中的非调整事项应当如何进行会计处理?为什么?
5. 什么是会计政策变更?什么是会计估计变更?二者的主要区别是什么?区别二者有何意义?
6. 会计变更的会计处理方法有哪些?其使用条件如何?不同的会计处理方法对财务报表有何不同的影响?
7. 什么是会计差错?如何更正会计差错?

练 习 题

一、单项选择题

1. 资产负债表日至财务会计报告批准报出日之间发生的调整事项在进行调整处理时,下列不能调整的项目是(   )。
   A. 货币资金收支项目　　　　　　B. 涉及应收账款的事项
   C. 涉及所有者权益的事项　　　　D. 涉及损益调整的事项

2. 资产负债表日后发生的调整事项,涉及损益的,应通过(   )账户核算。
   A. 本年利润　　　　　　　　　　B. 以前年度损益调整
   C. 利润分配——未分配利润　　　D. 管理费用

3. 某上市公司 2017 年度财务报告于 2018 年 2 月 10 日编制完成,注册会计师完成外勤审计及签署审计报告的时间是 2018 年 4 月 10 日,经董事会批准报表可以对外公布的日期是 4 月 20 日,股东大会召开的日期是 4 月 25 日,按照企业会计准则的规定,资产负债表日后事项所属期间为(   )。
   A. 2018 年 1 月 1 日至 2018 年 2 月 10 日
   B. 2018 年 2 月 10 日至 2018 年 4 月 10 日
   C. 2018 年 1 月 1 日至 2018 年 4 月 20 日
   D. 2018 年 2 月 10 日至 2018 年 4 月 25 日

4. 某上市公司财务报告批准报出日为次年 4 月 30 日,该公司在资产负债表日后发生的以下事项中,属于调整事项的是(   )。
   A. 发行债券筹资
   B. 对一个企业的巨额投资

C. 外汇汇率发生较大变动

D. 在资产负债表日或以前已经存在，在资产负债表日后已确定获得或支付的赔偿

5. 资产负债表日后事项中的调整事项是指（　　）。

A. 资产负债表日该状况并不存在，而是期后发生或存在的对理解和分析财务会计报告无重大影响的事项

B. 资产负债表日该状况已经存在，对理解和分析财务会计报告无重大影响的事项

C. 资产负债表日该状况并不存在，而是期后发生或存在的对理解和分析财务会计报告有重大影响的事项

D. 资产负债表日该状况已经存在，对理解和分析财务会计报告有重大影响的事项

二、多项选择题

1. 下列资产负债表日至财务会计报告批准报出日之间发生的各事项中属于资产负债表日后事项的有（　　）。

   A. 支付生产工人工资　　　　　　B. 固定资产和投资发生严重减值
   C. 股票和债券的发行　　　　　　D. 火灾造成重大损失
   E. 报告年度销售的部分产品被退回

2. 资产负债表日后事项中属于非调整事项的有（　　）。

   A. 增发股票　　　　　　　　　　B. 出售子公司
   C. 发生洪涝灾害导致存货严重毁损　D. 报告年度销售的部分产品被退回
   E. 董事会提出股票股利分配方案

3. 对于资产负债表日后事项中非调整事项，应在财务报表附注中披露的有（　　）。

   A. 非调整事项的性质、内容　　　B. 非调整事项可能对财务状况的影响
   C. 非调整事项可能对经营成果的影响　D. 非调整事项无法估计上述影响的原因
   E. 非调整事项与调整事项划分的标准

4. 资产负债表日后事项中非调整事项的特点包括（　　）。

   A. 在资产负债表日或以前已经存在　B. 在资产负债表日并未发生或存在
   C. 对理解和分析财务会计报告有重大影响　D. 期后发生的事项
   E. 不调整账簿记录，但是要调整财务报表

5. 下列资产负债表日至财务会计报告批准报出日之间发生的各事项中，应调整报告年度财务报表相关项目金额的有（　　）。

   A. 董事会提出的现金股利分配方案
   B. 董事会提出的股票股利分配方案
   C. 发现报告中年度财务报告存在重要的会计差错
   D. 资产负债表日未决诉讼，实际判决金额与已经确认预计负债不同
   E. 新证据表明存货在报告资产负债表日的可变现净值与原估计不同

三、计算题

天宇公司是增值税一般纳税人，适用的增值税税率为13%。公司2018年度财务报告于2019年4月10日经董事会批准对外报出。报出前有关情况和业务资料如下。

（1）天宇公司在2019年1月进行内部审计过程中发现以下情况。

① 2018年7月1日，天宇公司采用支付手续费方式委托粤丰公司代销B产品200件，

售价为每件10万元,按售价的5%向粤丰公司支付手续费(由粤丰公司从售价中直接扣除)。当日,天宇公司发了B产品200件,单位成本为8万元。天宇公司据此确认应收账款1 900万元、销售费用100万元、销售收入2 000万元,同时结转销售成本1 600万元。

2018年12月31日,天宇公司收到粤丰公司转来的代销清单,B产品已销售100件,同时开出增值税专用发票;但尚未收到粤丰公司代销B产品的款项。当日,天宇公司确认应收账款170万元、应交增值税销项税额170万元。

② 2018年12月1日,天宇公司与粤海公司签订合同销售C产品一批,售价为2 000万元,成本为1 560万元。当日,天宇公司将收到的粤海公司预付货款1 000万元存入银行。2018年12月31日,该批产品尚未发出,也未开具增值税专用发票。天宇公司据此确认销售收入1 000万元,结转销售成本780万元。

③ 2018年12月31日,天宇公司对丁公司长期股权投资的账面价值为1 800万元,拥有丁公司60%有表决权的股份。当日,如将该投资对外出售,预计售价为1 500万元,预计相关税费为20万元;如继续持有该投资,预计在持有期间和处置时形成的未来现金流量的现值总额为1 450万元。天宇公司据此于2018年12月31日就该长期股权投资计提减值准备300万元。

(2) 2019年1月1日至4月10日,天宇公司发生的交易或事项资料如下。

① 2019年1月12日,天宇公司收到戊公司退回的2018年12月从其购入的一批D产品,以及税务机关开具的相关证明。当日,天宇公司向戊公司开具红字增值税专用发票。该批D产品的销售价格为300万元,增值税额为48万元,销售成本为240万元。至2019年1月12日,天宇公司尚未收到销售D产品的款项。

② 2019年3月2日,天宇公司获知庚公司被法院依法宣告破产,预计应收庚公司款项300万元收回的可能性极小,应按全额计提坏账准备。

天宇公司在2018年12月31日已被告知庚公司资金周转困难可能无法按期偿还债务,因而相应计提了坏账准备180万元。

(3) 其他资料

① 上述产品销售价格均为公允价格(不含增值税);销售成本在确认销售收入时逐笔结转。除特别说明外,所有资产均未计提减值准备。

② 天宇公司适用的所得税税率为25%;2018年度所得税汇算清缴于2019年4月28日完成,在此之前发生的2018年年度纳税调整事项,均可进行纳税调整;假定预计未来期间能够产生足够的应纳税所得额用于抵扣暂时性差异。不考虑除增值税、所得税以外的其他相关税费。

③ 天宇公司按照当年实现净利润的10%提取法定盈余公积。

要求:

(1) 判断资料(1)中相关交易或事项的会计处理哪些不正确(分别注明其序号)。

(2) 对资料(1)中判断为不正确的会计处理,编制相应的调整分录。

(3) 判断资料(2)中相关资产负债表日后事项,哪些属于调整事项(分别注明其序号)。

(4) 对资料(2)中判断为资产负债表日后调整事项的,编制相应的调整分录。

参考文献

[1] 中国注册会计师协会. 会计. 北京：中国财政经济出版社，2018.
[2] 财政部会计资格评价中心. 中级会计实务. 北京：中国财政经济出版社，2018.
[3] 江金锁. 中级财务会计. 上海：立信会计出版社，2016.
[4] 企业会计准则编审委员会. 企业会计准则（2014年版）案例讲解. 上海：立信会计出版社，2014.
[5] 王华，石本仁. 中级财务会计. 2版. 北京：中国人民大学出版社，2010.
[6] 徐经长，孙蔓莉，周华. 会计学. 北京：中国人民大学出版社，2013.
[7] 陈立军. 中级财务会计. 北京：中国人民大学出版社，2012.
[8] 谢明香. 中级财务会计. 北京：电子工业出版社，2014.
[9] 季秀杰. 财务会计. 北京：中国传媒大学出版社，2014.
[10] http：//www.cicpa.org.cn.
[11] http：//www.esnai.com.
[12] http：//www.casc.gov.cn.
[13] http：//www.asc.org.cn.
[14] http：//www.cninfo.com.cn.
[15] http：//www.csrc.gov.cn.